国家出版基金项目
NATIONAL PUBLICATION FOUNDATION

抗日战争专题研究

张宪文　朱庆葆　主编

第一辑
日本侵略者
研究

日本海运业与侵华战争

杨　蕾　著

江苏人民出版社

图书在版编目(CIP)数据

日本海运业与侵华战争 / 杨蕾著. -- 南京：江苏
人民出版社，2024.5

(抗日战争专题研究 / 张宪文,朱庆葆主编)

ISBN 978 - 7 - 214 - 27008 - 5

Ⅰ.①日… Ⅱ.①杨… Ⅲ.①海上运输-交通运输史
-研究-日本②侵华战争-历史-研究-日本 Ⅳ.
①F553.139②K313.46

中国版本图书馆 CIP 数据核字(2022)第 008541 号

书　　　名	日本海运业与侵华战争	
责 任 编 辑	邓玉琢	
著　　　者	杨　蕾	
装 帧 设 计	刘葶葶	
责 任 监 制	王　娟	
出 版 发 行	江苏人民出版社	
出版社地址	南京市湖南路 1 号 A 楼,邮编:210009	
照　　　排	江苏凤凰制版有限公司	
印　　　刷	苏州市越洋印刷有限公司	
开　　　本	652 毫米×960 毫米　1/16	
印　　　张	34.25　插页 4	
字　　　数	414 千字	
版　　　次	2024 年 5 月第 1 版	
印　　　次	2024 年 5 月第 1 次印刷	
标 准 书 号	ISBN 978 - 7 - 214 - 27008 - 5	
定　　　价	138.00 元	

(江苏人民出版社图书凡印装错误可向承印厂调换)

教育部哲学社会科学研究重大委托项目
2021年度国家出版基金资助项目
南京大学"双一流"建设卓越计划项目
"十四五"国家重点出版物出版专项规划项目

合作单位

南京大学　北京大学　南开大学　武汉大学

复旦大学　浙江大学　山东大学

台湾中国近代史学会

学术顾问

金冲及　章开沅　魏宏运　张玉法　张海鹏

姜义华　杨冬权　胡德坤　吕芳上　王建朗

编纂委员会

主　　　编　张宪文　朱庆葆

副　主　编　吴景平　陈红民　臧运祜　江　沛　宋志勇　王月清

　　　　　　张　生　马振犊　彭敦文　赵兴胜　陈立文　林桶法

常　务　编委　洪小夏　张燕萍　刘　颖　吕　晶　张晓薇

审稿委员会

　　主　任　马　敏　陈谦平

　　副主任　叶美兰　张连红　戚如高　王保顶　王卫星　姜良芹

　　委　员　关　捷　郑会欣　何友良　田　玄　刘金田　朱汉国　程兆奇

　　　　　　黄正林　李继锋　马俊亚　李　玉　曹大臣　徐　畅　齐春风

总　序

张宪文　朱庆葆

日本侵华与中国抗日战争是近代中国最重大的历史事件。中国人民经过 14 年艰苦卓绝的英勇奋战，付出惨重的生命和财产的代价，终于取得伟大的胜利。

自 1945 年抗日战争结束至 2015 年，度过了漫长的 70 年。对这一影响中国和世界历史进程的重大事件，国内外历史学界已经做过大量的学术研究，出版了许多论著。2015 年 7 月 30 日，在抗日战争胜利 70 周年前夕，中共中央政治局就中国人民抗日战争的回顾和思考进行集体学习，习近平总书记发表重要讲话，指示学术界应该广为搜集整理历史资料，大力加强对抗日战争历史的研究。半个月后，中共中央宣传部迅速制定抗日战争研究的专项规划。8 月下旬，时任中共中央宣传部部长刘奇葆召开中央各有关部委、国家科研机构和部分高校代表出席的专题会议，动员全面贯彻习总书记的讲话精神，武汉大学和南京大学的代表出席该会。

在这一形势下，教育部部领导和社会科学司决定推动全国高校积极投入抗战历史研究，积极支持南京大学联合有关高校建立抗战研究协同创新中心，并于南京中央饭店召开了由数十所高校的百余位教授、学者参加的抗战历史研讨会。台湾"中国近代史学会"也派出十多位学者,在吕芳上、陈立文教授率领下出席会议,共同协商在新时代深入开展抗战历史研究的具体方案。台湾著名资深教授蒋永敬在会议上发表了热情洋溢的讲话。经过几个月的酝酿和准备,南京大学决定牵头联合我国在抗战历史研究方面有深厚学术基础的北京大学、南开大学、武汉大学、复旦大学、浙江大学、山东大学及台湾"中国近代史学会",组织两岸历史学者共同组建编纂委员会,深入开展抗日战争专题研究。中央档案馆和中国第二历史档案馆也积极支持。在南京中央饭店学术会议基础上,编纂委员会初步筛选出130个备选课题。

南京大学多次举行党政联席会议和校学术委员会会议,专门研究支持这一重大学术工程。学校两届领导班子均提出具体措施支持本项工作,还派出时任校党委副书记朱庆葆教授直接领导,校社科处也做了大量工作。南京大学将本项目纳入学校"双一流"建设卓越计划,并陆续提供大量经费支持。

江苏省委、省政府以及江苏省委宣传部,均曾批示支持抗战历史研究项目。国家教育部社科司将本项研究列为哲学社会科学研究重大委托项目,并要求项目完成和出版后,努力成为高等学校代表性、标志性的优秀成果。

本项目编纂委员会考察了抗战历史研究的学术史和已有的成果状况,坚持把学术创新放在第一位,坚持填补以往学术研究的空白,不做重复性、整体性的发展史研究,以此推动抗战历史研究在已有基础上不断向前发展。

本项目坚持学术创新,扩大研究方向和范围。从以往十分关注的"九·一八"事变向前延伸至日本国内,研究日本为什么发动侵华战争,日本在早期做了哪些战争准备,其中包括思想、政治、物质、军事、人力等方面的准备。而在战争进入中国南方之后,日本开始实施一号作战，将战争引出中国国境，即引向亚太地区，对东南亚各国及东南亚地区的西方盟国势力发动残酷战争。特别是日军偷袭美军重要海军基地珍珠港，不仅给美军造成严重的军事损失，也引发了日本法西斯逐步走向灭亡的太平洋战争。由此，美国转变为支援中国抗战的主要盟国。拓展研究范围，研究日本战争准备和研究亚太地区的抗日战争，有利于进一步揭露日本妄图占领中国、侵占亚洲、独霸世界的阴谋。

本项目以民族战争、全民抗战、敌后和正面战场相互支持相互依靠的抗战整体，来分析和认识中国抗日战争全局。课题以国共两党合作为基础，运用大量史实，明确两党在抗日战争中的地位和作用，正确认识各民族、各阶级对抗日战争的贡献。本项目内容涉及中日双方战争准备、战时军事斗争、战时政治外交、战时经济文化、战时社会变迁、中共抗战、敌后根据地建设以及日本在华统治和暴行等方面，从不同视角和不同层面，深入阐明抗日战争的曲折艰难历程，以深刻说明中国抗日战争的重大意义，进一步促进中华民族的伟大复兴。

对于学界已经研究得甚为完善的课题，本项目进一步开拓新的研究角度和深化研究内容。如对山西抗战的研究更加侧重于国共合作抗战；对武汉会战的研究将进一步厘清抗战中期中国政治、经济、社会的变迁及国共之间新的友好关系。抗战前期国民党军队丢失大片国土，而中国共产党在十分艰难的状况下，在敌后逐步收复失地，建立抗日根据地。本项目要求各根据地相关研究课题，应在以往学界成果基础上，着力考察根据地在社会改造、经济、政治、人才培养等方面，如何探索和积累经验，为1949年后的新中国建设提供有益的借鉴。抗战时期文学艺术界以其特有的文化功能，在揭露日军罪行、动员广大民众投入抗战方面，发挥了重要作用。我们尝试与艺术界合作，动员南京艺术学院的教授撰写了与抗日战争相关的电影、美术、音乐等方面的著作。

本项目编纂委员会坚持鼓励各位作者努力挖掘、搜集第一手历史资料，为建立创新性的学术观点打下坚实基础。编纂委员会要求全体作者坚决贯彻严谨的治学作风，坚持严肃的学术道德，恪守学术规范，不得出现任何抄袭行为。对此，编纂委员会对全部书稿进行了两次"查重"，以争取各个研究课题达到较高的学术水平，减少学术差错。同时，还聘请了数十位资深专家，对每部书稿从不同角度进行了五轮审稿。

本项目自2015年酝酿、启动，至2021年开始编辑出版，是一项巨大的学术工程，它是教育部重点研究基地南京大学中华民国史研究中心一直坚持的重大学术方向。百余位学者、教授，六年时间里付出了艰辛的劳动，对抗战历史研究做出了重要贡献！编纂委员会向全体作者，向教育部、江苏省委省政府以及各学术合作院校，向江苏凤凰出版传媒集团暨江苏人民出版社，向全体编辑人员，表示最崇高的敬意和诚挚的感谢！

目 录

绪　论

　　近代日本的崛起是一个全面而复杂的历史进程,伴随着政治、经济、文化的对外掠夺和扩张,尤其日本的侵华战争更是给中国及亚洲人民造成了深重的灾难,以其规模之大、时间之久、破坏之巨、影响之深,在历史长河中留下深深的战争印记。战争虽然已经结束 70 余年,"但时至今日,日本仍有少数人无视铁的历史事实,无视在战争中牺牲的数以千万计的无辜生命,逆历史潮流而动,一再否认甚至美化侵略战争,破坏国际互信,制造地区紧张,引起了包括中国人民在内的全世界爱好和平人民的强烈谴责。这也说明,必须对日本侵华战争给中国带来的巨大灾难进行深入研究,以事实回击谬论"①。侵华战争研究涉及政治、经济、外交、文化等各个方面,已取得了丰硕的成果,现在逐渐走入研究深化和范围拓展阶段。20 世纪 90 年代中期以来,中国学界既注意探讨侵华事件、战争过程及其暴行等表象层面的问题,也关注近代日本的"大陆政策"与侵华政策、军国主义体制与政治因素、侵华思想与理论形态及文化心理,还有战争观、战争责任与历史认识等深层次的问题;

---

① 张宪文:《日本侵略给中国带来巨大灾难》,《人民日报》,2015 年 8 月 20 日第 7 版。

既研究侵华战争与各种事件,也聚焦政治外交、经济扩张与资源掠夺、思想文化统治与奴化教育等领域;既有侵华军队与人物史的研究,也考察机构、团体、社会民众等;既研究伪满洲国与日据时期的台湾,也研究华北、华中、华南等关内沦陷区的殖民统治,还把日本侵华与其在朝鲜、东南亚等亚太地区的侵略与殖民统治相联系,并与纳粹德国等进行比较。① 在充分肯定前人学术贡献的同时,我们还应该进一步地拓展研究视野,深入地挖掘研究资料,多角度地进行研究创新,在更大程度上继续拓宽日本侵华史的研究范围。

国内外关于日本对外扩张和侵华的研究,主要集中在政治、军事、外交、文化等领域,并且积累了相当的研究成果。但从海运的角度研究日本的海洋扩张和侵华尚属起步阶段。纵观中日学界的侵华史研究现状,以海洋史角度系统、全面阐述日本近代海上交通与侵华战争必然联系的研究成果不多。这一课题目前虽已引起中国台湾学者的关注②,但尚无大陆学者的研究报告和专著问世。台湾学者萧明礼的著作《"海运兴国"与"航运救国":日本对华之航运竞争(1914—1945)》是研究一战和二战时期日本对华海运的新作,资料丰富,论证充分。该著作分时段对两国海运竞争进行了考察,研究重点放在 1914 年后中日两国海运的经营比较,侧重于经济史角度的探讨。但该著作没有涉及明治维新到 1914 年的海运发展,因此也就缺乏对一战和二战时期海运业发展根源的考证。习近平在 2015 年 7 月 30 日的讲话中指出:"同中国人民抗日战争的历史地位和历史意义相比,同这场战争对中华民族和世界的影响相比,

① 臧运祜:《70 年后,再看 70 年——关于日本侵华史研究的回顾与思考》,《抗日战争研究》,2016 年第 1 期,第 49 页。
② 萧明礼:《"海运兴国"与"航运救国":日本对华之航运竞争(1914—1945)》,台北:台大出版中心,2017 年。

我们的抗战研究还远远不够,要继续进行深入系统的研究。"从海上交通的角度对抗日战争进行深入研究,揭示日本利用海上运输推进"大陆政策",进行侵华战争,将成为研究的新视角和新任务。

学术论文方面,杨栋梁于 1986 年发表《试论日本明治初期的海运政策》是中国学者利用日文资料研究 19 世纪末日本海运的发端之作,从政策史角度对日本近代海运业起步进行了探讨。朱荫贵对中日两国近代海运业发展状况进行了对比,其成果主要集中于最新专著《国家干预经济与中日近代化》中。该著作透过对轮船招商局与日本邮船株式会社的对比考察,指出日本海运业的成功,得益于明治维新前后官方的辅助政策。同样,韩庆的《明治时期日本政府的航运扶持政策探究》一文,也揭示了日本政府对海运的扶持政策是日本海运发展的关键因素。两位学者的研究都侧重于突出日本政府的扶植作用。孙雁的《三菱财阀"国策会社"性质探析》和郑忠、仇松杏的《"国策会社"日清公司论析(1909—1939)》两篇论文,分别对三菱会社和日清会社进行了分析,指出它们都是"国策会社"性质的海运会社。

国外对该问题的研究主要集中在日本。日本学者对于东亚海运史的研究中,小风秀雅《帝国主义下的日本海运》(山川出版社,1995 年)和片山邦雄《近代日本海运与亚洲》(御茶水书房,1996年)较有代表性,两书皆从国际海运竞争与日本近代化的角度,分析明治维新至 20 世纪 20 年代日本克服西方垄断、扩张自身实力的经过。但两本著作均存在诸多局限,一方面,由于站在日本的立场,不能对海运发展和日本对外扩张的关系进行正确解读。另一方面,研究以 19 世纪中后期到 20 世纪初为止,完全没有涉及 20 世纪三四十年代日本侵华时期以及太平洋战争时期的海运问题。松浦章以日本学者的视角关注了东亚海域中的海运互动,发表的成果多以实证为主。由于立场的局限，几乎没有涉及侵华战争时期的研究成果发表，也缺乏对近代海运扩张思想的探究。

本书力求从江户时期日本右翼精英的"海上扩张思想"开始，按照从"侵略思想"到"侵略政策"再到"战略准备"直至"侵略战争"的主线，以史实为依据，分阶段真实还原近代日本汽船株式会社以交通运输为手段参与侵华战争的轨迹，阐明近代日本汽船株式会社与侵华战争的关系，揭示它们以"国策会社"身份充当军国主义帮凶的实质。有关"国策会社"的性质判定，关捷曾经指出："国策会社"运营呈现如下特点：第一，国家资本占主导。第二，首脑由政府任命。第三，运营始终处于日本政府监管之下。第四，不仅经营盈利性事业，而且经营非营利性的行政事业。[①] 明治维新后，近代大型航运企业相继诞生，在创立和发展过程中不断被注入国家资本，逐渐形成海运"国策会社"，沦为国家和军方的附属。这些"国策会社"是"以国家资本为核心，由国家资本与财阀资本合资建立，受到国家政权严格控制、监督、管理，直接为日本帝国主义侵略政策服务的特殊股份公司"[②]。但从日本近代海运企业的发展和变迁看，"国策会社"的形成并非日本政府的突然决断，而是经历了几十年的演变过程。从萌芽到形成内核，再到正式诞生，紧跟日本对华侵略的步伐，逐步沦为日本实施大陆政策的帮凶。从日本近代第一个海运会社三菱会社的成立以及首条中国航线横滨—上海线的开辟可以看出，三菱会社从成立之初就具有"国策会社"的雏形，是海运企业中"国策会社"形成过程中的萌芽阶段。

---

① 参见关捷主编：《日本侵华政策与机构》，北京：社会科学文献出版社，2006 年，第 206—208 页。
② 张祖国：《二十世纪上半叶日本在中国大陆的国策会社》，《历史研究》，1986 年第 6 期，第 161 页。

　　日本邮船株式会社、大阪商船株式会社、日清汽船株式会社等大型海运会社以及原田汽船会社、山下汽船会社、川崎汽船会社等一般民营海运会社成立后,日本政府通过国家出面组建企业、颁布航海法律、提供政府航运助成金、指定特别命令航线等一系列措施,使主要海运企业为日本侵略政策所左右,深深打上"国策会社"的烙印。

　　平时开拓航线、建设港口、经营贸易,战时完全服从军事运输的需求,一方面对占领区域进行疯狂的经济掠夺,使占领地逐渐沦为日本的原料产地和商品市场,另一方面承担战备物资和人员的输送,充当支持侵略战争的工具,可以说,这些海运企业与日本政府推行的军国主义和军事侵略直接相关且密不可分。

　　本书通过翔实的史料,通过挖掘日本各大汽船会社社史、近代中日报刊资料、日本近代海运发展资料、中日海关资料、"南满洲铁道株式会社"资料等,考察了日本东亚海运扩张的步骤和过程,揭示了这些会社从成立开始,就具备"国策会社"的性质,发挥"国策会社"的作用,其实质就是充当日本推进"大陆政策"、发动和实施侵华战争工具及帮凶。从这方面说,本书将在前人研究基础上,围绕日本海运与侵华的关系展开论证,以期以海洋为视角的探讨能对日本侵华史研究有进一步的推进。

第一章　近代日本海洋扩张思想与日本海运会社的创立

第一节　近代日本海洋扩张思想的源流

众所周知,"大陆政策"是近代日本的重要国策之一,是日本近代侵略扩张政策的核心,是岛国日本向中国和朝鲜等大陆国家进行武力扩张,梦想称霸亚洲,进而征服全世界的侵略总方针。黄定天将日本"大陆政策"的具体内容概括为三大步骤:第一步吞并朝鲜、琉球和中国台湾;第二步则以朝鲜为跳板侵占中国东北进而占领全中国;第三步则以中国为基地北进西伯利亚,南进中南半岛及南洋群岛,侵华始终是"大陆政策"的核心。① 而周颂伦则将"大陆政策"的具体内容概括为"将岛帝国发展成大陆帝国"的战略。② 臧运祜认为"大陆政策"是太平洋政策的一部分,具体可分北进和南进两大内容。③ 幕

---

① 黄定天:《论日本大陆政策与俄国远东政策》,《东北亚论坛》,2005 年第 4 期,第 86 页。
② 周颂伦:《近代日本的基本国策——大陆政策》,《江海学刊》,2004 年第 1 期,第 151 页。
③ 臧运祜:《甲午战争与近代日本的亚太政策》,《社会科学研究》,2006 年第 3 期,第 139 页。

末思想家佐藤信渊认为日本"四边皆大洋海"[①],曾任日本外务大臣的柳原前光在《朝鲜论稿》中把日本形容为"皇国为绝海之一大孤岛"[②]。川胜平太指出:"日本是个岛国,由6 800多个岛屿组成,在大洋彼岸的文明洗礼下发展至今。从海洋和陆地的区分来看,日本社会的发展交替,经历了海洋型时代和内陆型时代。奈良、平安、镰仓及江户时代是内陆型的;奈良时代以前、室町时代以及明治时代以后则是海洋型的。"[③]因此,对于偏于一隅的岛国日本而言,推行"大陆政策",实现岛国(日本)到陆地(中国)的侵略扩张,实现对中国、朝鲜、东南亚诸国和印度的领土占领和资源掠夺,必须突破海洋这一天然"屏障",必须以海洋为媒介。在这个过程中,"大陆政策"虽言"大陆",实则与"海洋"紧密相连——海洋,无疑成为日本由"岛屿帝国"向"陆地帝国"过渡的最为重要和必不可少的关键性因素。

一、"海外雄飞论"中的海洋扩张思想

(一)本多利明与"四大急务"

"大陆政策"的形成,有其深刻的思想根源。日本德川幕府时期儒学家、国学家和洋学家提出的"海外雄飞论"、由尚武思想及武士道精神演变而来的军国主义思想等,影响深远,逐渐成为"大陆政策"形成的思想来源。其中,"海外雄飞论"系侵略扩张思想之总汇,是日本推行"大陆政策"的思想源头。[④]

---

① 尾藤正英、島崎隆夫:『日本思想大係45』、東京:岩波書店、1977年、425頁。

② 日本外務省編:『日本外交文書』第3卷、日本国際連合協会、1955年、149頁。

③ [日]川胜平太著,刘军译:《文明的海洋史观》,上海:上海文艺出版社,2014年,第118页。

④ 孙立祥:《"海外雄飞论"的引领与日本扩张道路的选择》,《华中师范大学学报(人文社会科学版)》,第55卷第6期(2016年11月),第111页。

　　"海外雄飞论"的代表人物之一本多利明(1743—1821年),著有《经世秘策》(1798年)、《西域物语》(1798年)、《贸易论》(1801年)等。在这些著作中,本多利明为日本描绘了效仿英国,通过海洋贸易和战争建成殖民帝国的"蓝图"。他在其代表作《经世秘策》中,提出了人口生育率和日本发展的矛盾。日本生育率过高必然会导致人口增长过快,而日本本就地狭人稠,难以满足人口快速增长的需要。因而他主张日本应当走出国门,发展远航贸易和殖民事业。在这一思想主导下,本多利明所献上国政"四大急务"——"第一焰硝,第二诸金,第三船舶,第四属国的开业"①。完成这四大急务后,日本将"变成世界上第一大富饶之国、第一大强盛之国"。并且认为,要实现与英国并驾齐驱,必须对其他国家"诉诸战争,以谋国益",这成为近代日本走上"战争崛起"道路的思想原点。"四大急务"中,所谓"焰硝"系指生产火药的原料硝石;所谓"诸金"系指制造枪炮的金属材料;所谓"船舶"系指从事军事扩张和海外贸易的船舶;所谓"属国的开业"系指殖民地开拓。不难看出,本多利明将"船舶",即造船和航海,纳入与火药、枪炮和殖民地开拓同等重要的"四大急务"中。发展海洋事业必然成为关系日本崛起的急务之一。

　　本多利明强调北方大陆是对外用兵和获取殖民地的主攻方向。受地理条件决定论影响,本多利明建议将日本首都迁往纬度"与英吉利相同"的堪察加半岛,作为建立世界上第一大富国和强国——"大日本国"的中心地带。1796年,他在获悉叶卡捷琳娜二世去世的消息后说:"今闻大德女帝叶卡捷琳娜去世,此乃获取虾

---

① 佐藤信淵:『経世秘策』,『日本思想大係(44)』,東京:岩波書店、1970年、14頁、15頁、36頁、30頁、42頁、22頁。

夷诸岛和堪察加之良机也。"本多利明主张,在开发虾夷诸岛和堪察加半岛之后,应继而开拓库页岛、中国东北及如今俄罗斯滨海地区等地区,并在与巴黎同一纬度的库页岛"建立大城郭"。本多利明还将殖民扩张的目光投向遥远的北美洲,称:"堪察加及唐太(库页岛)皆成大都会后,要乘势开发堪察加以南诸岛。……亚美利加所属诸岛亦独属我邦。"如此则阿留申群岛也被纳入其殖民开拓范围。另外,本多利明在《西域物语》中将日本、松前岛(北海道)等统称为"南方二十二岛",表明琉球王国也进入其殖民扩张视野。一句话,本多利明拟通过"北方开发",建立一个以堪察加半岛为首都,包括东北亚地区(朝鲜除外)和阿留申群岛的庞大殖民帝国。①纵观本多利明的北方殖民帝国妄想,海洋扩张战略是其思想主线之一,占领库页岛、琉球等岛屿,继而进攻大陆,建立以岛屿为依托的、包括大陆在内的"第一大富国"。

(二)佐藤信渊与"宇内混同"

佐藤信渊(1769—1850年)是"海外雄飞论"的另一典型代表人物,他出身于久保田藩(现秋田县)一医学世家,为德川幕府末期著名布衣学者、经世学派思想家。他发展了本多利明的思想,将扩张视角从东北亚拓展到整个亚洲和整个世界。佐藤信渊著有《海防策》(1808年)、《混同秘策》(1823年)、《天柱记》(1825年)等著作,其中也不乏对造船和海运的重要性的阐述,提出近代日本必须经略海洋和发展海上力量。

在佐藤信渊的著作中,他阐述了"三步走"战略②,提出如下

① 孙立祥:《"海外雄飞论"的引领与日本扩张道路的选择》,《华中师范大学学报(人文社会科学版)》,第55卷第6期(2016年11月),第111页。
② 同上书,第112页。

论断：

　　皇国征讨外国其势顺且易，他国征伐皇国其势逆且难。当今万国中土地最广大、物产最富饶、兵力最强盛者，非支那莫属。支那虽系皇国近邻，然倾其举国之力来伐，亦无加害皇国之良策也。……如若皇国征伐支那，只要调度得当，不出五至七年，必致彼国土崩瓦解。……故皇国开拓他邦，必由吞并支那始。以支那之强大犹不敌皇国，何况其他夷狄乎？此乃皇国能够天然混同世界之故也。故本书首先详论征服支那之方略。一旦支那入我版图，其他如西域、暹罗、印度等亚洲诸国……必慕我之德，畏我之威，叩首匍匐，甘为臣仆。故由皇国混同世界万国，非难事也。①

在以上论述中，佐藤信渊特别提出中国地大物博，兵力强盛，侵略中国是日本征服世界的起点，包括西亚、南亚、东南亚在内的亚洲诸国都将对日本俯首称臣，日本由此可以实现"混同世界万国"的梦想。就如何通过海洋实现对大陆的占领时，佐藤信渊还非常乐观地推测："只要调度得当，不出五至七年，必致彼国土崩瓦解。"至于具体推行征服中国的计划和突破口，佐藤信渊继续指出非中国东北地区莫属：

　　经略他邦之法，宜从薄弱处攻取。当今世界万国之中，皇国最易攻取之地，非支那国的满洲莫属。所为何也？满洲之地，与我日本之山阴及北陆、奥羽、松前等，一水之隔，凡八百余里，相对而望，可知满洲为容易侵扰之地。侵扰时应以防备

①　佐藤信渊：『混同秘策』、大川周明、横川四郎编：『佐藤信渊集』、东京：诚文堂新光社、1935 年、305—306 页。

薄弱处下手,西有防备时则扰东,东有防备时则扰西,如此必令它东西奔走相救。在左奔右走之间,必可窥知虚实强弱。尔后可避实就虚,避强攻弱。未必动用大军也,暂时可以轻兵骚扰之。满洲人有勇无谋,支那人胆小怕事。稍有敌情,则兴师动众,令人困马乏,财帛靡费,不待言也。

从中国和日本的地理状况分析,中国地域广大,与日本距离最近的地方就是东北,只有"一水之隔"。而且用"左奔右走""避实就虚""避强攻弱"的兵略之法。虽然这是书生的纸上谈兵,但是这些步骤仍然显示了侵略的野心。此外,他还提出了海战的地理因素,先占领沿海再深入内地,首先占领黑龙江。

何况由支那王都至满洲海岸,复来往去,沙漠辽远,山峦险峻。所以皇国征讨之,仅隔一百六七十海里,如顺风扬帆,一昼夜可抵达南岸。无论由东还是由西出发,舟行均甚为顺畅。若支那人以大众防守,我国军士则窥其空虚之处,乘虚而入,即取之也。如此,黑龙江地区,将悉为我之所有。

继而,继续向西渗透,提出了更为狂妄的侵略朝鲜和全中国的计划:

得黑龙江诸地后,宜施产灵法教大施恩德于北方夷人,使之抚纳归化,对彼之夷狄行使皇国之法,抚纳统辖而逐渐向西渗透,则取得混同江一带亦容易也。再得吉林城时,则支那、鞑靼诸部必闻风而动,依附归顺焉。若有桀骜不降者,则兴兵讨之,此亦易如反掌也。鞑靼既定,盛京亦危在旦夕,支那全国必为之震动。故皇国征讨满洲,成功虽或早或晚,但终归皇国所有,此乃必定无疑也。且不仅取得满洲,支那全国之衰微亦自此而始。既已取得鞑靼,朝鲜、支那随后可图。

在佐藤信渊的著作中,对其侵略中国的计划"兹述其详",从地理、气候、物产、生活习惯等方面分析了中日的异同,并提出从日本北部的青森和仙台地区出兵。

> 满洲之最北端,有条大河,名曰黑龙江。此大河入海之处,与我虾夷之唐太岛(库页岛)仅十余里海水之隔。此处距支那的王都北京城七百里,如飞脚疾走,凡八九十日即可到达。然至支那以此地为枢要,在名曰齐齐哈尔之处构筑城池,由支那北京派来将军一名,率军卒镇守。故唐太岛北部,支那人居住者不少。彼处位于北极出地五十五度之外,气候寒冷,谷物难生。土人以鱼类、鸟类、草根、树皮等为食,与我虾夷人无异。又军士之食粮,又须自支那内地遥遥搬运来,常以食物缺乏所困。故此地喜爱米谷甚于金玉。而我奥羽及古志等诸州,盛产米谷,常以食之不尽,至腐烂为忧。以有余而济不足,符合产灵之法教也。今运送北州之余米,储藏于虾夷诸港,由青森省与仙台省出军船与人员,于虾夷诸岛操练水军战法,并使其逐渐开发唐太岛北境,经年累月,便可习惯于寒冷风土,另派清官及精明商家,与彼国土人通商交易,多施酒食,取悦当地夷狄,宣示产灵之法教,教化土人,使其归顺。然后接近黑龙江,大施恩德,让利让惠,输送米谷,虽云交易,不唯盈利,以醇酒与美食相赠予,彼土居民必抚纳也。凡有血气者,无不知感恩戴德,何况人类乎! 彼等原以草根树皮为食,而代之以皇国粮米,彼等饮马奶以为宴乐,而代之以美酒,谁不欢喜而心悦诚服也? 不过三年,四海平定。

佐藤信渊"乐观"地估计了日本侵略中国的过程,提出不过三四年就可以由北到南侵略全中国,包括如何从饮食、道德、利益方面"教化""取悦"当地少数民族,使其彻底"归顺"。

> 支那人探知夷狄诚服于皇国之法教,必严禁与皇国通商。
> 夫《经济大典》云,产灵神教,乃救济世界万国苍生之法,然有
> 人竟敢抗拒之,实乃天地之罪人也……以皇国有余,济彼土之
> 不足,是乃奉行天意。然支那人拒绝之,其暴虐何甚矣。《尚
> 书》云"惟天奉民,惟辟奉天",奉天意而正万国之道,自开天辟
> 地始,即是皇国专务也。于是乎出兵黑龙江,以行天罚,以救
> 苍生,使其免于沉溺于恶俗之中。①

佐藤信渊在著作中详细地分析了中国东北地区的地理形势:
"复来往去,沙漠辽远,山峦险峻",因为远离政治中心而防守薄弱;
中国东北地区距离日本本土很近,"仅一百六七十里海上航程,顺
风举帆,一昼夜便可至其南岸。西征东伐,舟行甚便";气候寒冷,
衣食与虾夷人生活习惯相近,"土人以鱼类、鸟类、草根、树皮等为
食,与我虾夷人无异";距离日本大米产区和军事训练之所隔海相
望,"我奥羽及古志等诸州,盛产米谷",可以从"青森省与仙台省出
军船与人员,于虾夷诸岛操练水军战法";并加强贸易和文化教化,
使中国东北地区归顺,"与彼国土人通商交易,多施酒食,取悦当地
夷狄,宣示产灵之法教,教化土人,使其归顺"。诸多因素,使佐藤
信渊认为,中国东北地区应是距离日本最近的首要侵略目标。乘
船跨海,登陆中国东北地区,并将中国东北地区作为殖民地予以
"开拓",是日本推行向大陆进军、实现"海外雄飞"的第一步。佐藤
信渊思想的主线始终贯彻"欲开拓他邦",必先吞并中国,要吞并中
国,必先征服中国东北地区,循序渐进。这一整套战略的实施,无

---

① 佐藤信渊:『混同秘策』、308—309 頁。

疑离不开舟楫和海洋。

对于对华出兵的步骤，佐藤信渊在其代表作"《宇内混同秘策》"进行了更为详细的规划，分为九个步骤：

> 至于出兵顺序，第一为青森府，第二为仙台府。因开发唐太岛（库页岛）经年，二府之兵已习惯寒冷风土，可作先头部队，由黑龙江出发，以军船驶进西南部"考米尔河""塞肯河""伊尔河""亚拉河"等地方，或者登陆施土人以谷类美酒等，以抚纳夷狄。或者将屯兵之要塞尽数烧毁之，将敌兵击毙之，对防守严密之处，则不必登陆，而以大炮、火枪轰射之，骚扰其海岸；对防守空虚之处则见机渗透，或战，或以食物安抚夷人。第三为沼垂府，第四为金泽府，此二府出军船数十艘，抵达朝鲜国以东之满地，即"萃林河""亚兰河""库里因河""纳尔肯河"等岸边，与青森、仙台等地的兵士会合，共商计策，以骚扰敌国为主。以上四府的兵力七八千人，于满洲八百里海岸周旋，伺机登陆，各显其能。如此不用四五年，则令支那人大为困窘，终至放弃满洲，黑龙江各部，可悉为我所有也。由此逐渐向松花江推进，攻陷吉林城，安抚收纳夷狄，再攻盛京。第五为松江府，第六为萩府。此二府凭众多之军船、载火器大炮，抵朝鲜国东海，以经略咸镜、江原、庆尚三道诸州。第七为博多府，其兵力凭众多军船抵达朝鲜国南海，袭击忠清道诸州。朝鲜既为我松江与萩府之强兵所攻，困于东方一角，南方诸州，必有空虚之处。而我直攻之，尽显大炮、火枪之妙用，诸城必闻风溃逃。乃取数城为皇国郡县，留置清官及六府官员，施以产灵法教，厚待其民，而使其归化之。由此处再出军船，于渤海边时常耀武扬威，以骚扰登州、莱州滨海诸邑。此处距支那王都北京较近，支那全国必为之鼎沸矣。又，青森、仙台、

沼垂、金泽四府之兵力,自其本省渐次增加,以成大军,直攻盛京,且鞑靼诸部之夷狄皆已服膺皇国之恩德,大军一旦总攻支那,盛京必不能守。况我以武器炮术之妙,无坚不摧,自不待言矣。盛京既不能守,而北京亦岌岌可危也。清主必败走陕西,或不走而防守北京,但皇国雄兵即已席卷满洲,攻陷盛京,节节取胜,直达山海关,令智者无防守之策,勇者无迎战之法矣。第八为大泊府之兵,由琉球取台湾,直达浙江各地,经略台州、宁波等地。支那人强敌当前,远近之难皆不能救,诸城必皆悲叹连连,弃城奔走,溃不成军,又如何防御我火攻之法耶?惟杀人应谨慎从事,不用三炮(水战炮、行军炮、防守炮,引者注)利器,以安抚教谕即可降之也……第九为亲征。而必以熊本府之兵相从焉。而欲亲征,必先端正各方皇师之形象,探得所谓清王一筹莫展之时,尔后渡海出兵。先头兵力,直冲江南地区,速取南京应天府,以此为临时皇居。征用支那人有文才者,作大诰,周示天下,痛陈清主如何崇信邪魔左道,蔑视天地神意,拒绝皇国法教,不恤民情,得罪皇天,不示天罚无以救度苍生云。对归顺之支那人,则人尽其材,选用加官,封明室子孙朱子为"上公",使其祭祀先祖,大施恩德,以抚育支那人民。若能启用此策,十数年间,支那全国悉可平定矣。

在以上论断中,佐藤信渊详细提出了征服中国的九大步骤和方针,包括从青森和仙台出兵进军中国东北黑龙江流域,"以大炮、火枪轰射之,骚扰其海岸";提出对朝鲜和渤海地区以海战方式进行侵略,"出军船数十艘,抵达朝鲜国以东之满地","众多之军船、载火器大炮,抵朝鲜国东海","再出军船,于渤海边时常耀武扬威,以骚扰登州、莱州滨海诸邑";继续进军南下,"由琉球取台湾,直达浙江各地,经略台州、宁波等地","渡海出兵。先头兵力,直冲江南地区,速取南京应天府"。可见,就日本地缘政治来看,以中国东北沿海作为突破口,北上夺取中国东北地区、朝鲜,进而进攻北方诸岛,南下由琉球夺取台湾,同时侵袭浙江沿海各地,攻占南京作为日本临时皇居。由沿海向内地进军和扩张,同时辅以开展海洋贸易和文化侵略,使中国彻底臣服于日本,最终实现"岛国"到"陆国"的彻底转变。可以说,海战和海洋贸易是日本实现对外扩张必不可少的关键因素。

佐藤信渊乃一介平民书生,竟然能在19世纪20年代就亮出了征服中国的计划,而且进行了具体、系统的规划。"《宇内混同秘策》"问世后,不断再版,逐渐成为日本对外侵略、特别是对华侵略的思想渊源之一。20世纪40年代初,当日本全面入侵中国,并向整个亚洲推进,企图建立"亚细亚共荣圈"的时候,佐藤信渊的"宇内混同"论被一些人视为经典。孙立祥曾经指出:佐藤信渊的上述亡华计谋和统治谋略,同样被百年后的军国主义者不折不扣付诸实施。①

佐藤信渊征服中国的九大"秘策"后,继而提出日本无北顾之忧后再继续"南进",攻取"吕宋诸岛"作为图南基地,再征服东南亚安南、占城、柬埔寨、印度及印度洋中诸岛,"数年间,南洋数千里之地当悉入版图"。由此可见,佐藤信渊所描述的是一个征服中国东北地区、吞并中国,进而征服世界,最终建立以日本为中心的世界帝国的侵略扩张蓝图。向北防俄国南下,主张日本应当迅速开发库页岛、进而攻占勘察加半岛;向南开发小笠原诸岛、进而向菲律宾群岛等地发展势力,防止英国势力北上。这些策略实际上为日本提出了北进、南进相结合的国防政策和海洋战略。跨海入中国

---

① 孙立祥:《"海外雄飞论"的引领与日本扩张道路的选择》,《华中师范大学学报(人文社会科学版)》,第55卷第6期(2016年11月),第113页。

东北,到乘势进军中国江浙,在进而占领南洋,同时兼顾侵占库页岛和勘察加半岛——佐藤信渊的"海外雄飞论"无疑可以被称为"海上雄飞论"!

此后,美、英、俄各国先后迫使日本政府签订了不平等条约,日本的危机日益严重。此时风靡一时的"海外雄飞论"立论的焦点更侧重于保国动机,即欲借向外发展,解决亡国的危机。幕末长州藩士吉田松阴便是这种"海外雄飞论"的典型代表。

(三)吉田松阴与"急修武备"

吉田松阴(1830—1859 年)是江户幕府末期被改革派武士奉为师表的著名维新思想家、"海外雄飞论"晚期代表、明治维新先驱。他和佐藤信渊在社会思想上保持一致,尤其在对外政策的观点上,受了佐藤信渊的影响,并发展了其思想。在吉田松阴的著作中许多问题都涉及佐藤的著作内容。吉田松阴的对外侵略论是佐藤信渊思想的继承和进一步发展,不仅要吞并朝鲜和中国,还要君临印度。吉田松阴兴办松下村塾培养出一批明治维新干将,他的著作言论也成为日本明治维新重要的理论基础和思想渊源之一。

吉田松阴曾因偷渡美国不成和刺杀幕府老中事泄而两度身陷囹圄,他在监狱中完成了其代表作《幽囚录》。在这本书中,他指出日本已处在世界强国的包围圈内了,面对这样的形势,"夫水之流也,自流也;树之立也,自立也;国之存也,自存也。岂有待于外哉!无待于外,岂有制于外哉! 无制于外,故能制外"。为了日本的自存自立,必须首先"修武备",造舰炮,然后对外扩张。[1] 明确提出了发展海上军事力量的重要性:

> 日不升则昃,月不盈则亏,国不隆则替。故善保国者,不

---

[1] 吉田松陰:『幽囚録』,『吉田松陰全集』第 1 卷、東京:岩波書店、1935 年、596 頁。

徒无失其所有，又有增其所无。今急修武备，舰略具，炮略足，
则宜开垦虾夷，封建诸侯。乘间夺多加摸察加、奥都加，谕琉
球，朝觐会同，比内诸侯，责朝鲜，纳质奉贡，如古盛时。北割
满洲之地，南收台湾、吕宋群岛，渐示进取之势。然后爱民养
士，慎守边围，则可谓善保国矣。不然，坐于群夷争聚之中，无
能举足摇手，而国不替者，其几欤？①

由此可见，面对幕末时期的亡国危机，吉田松阴的观点不是闭关自
保，而是利用炮舰，继续扩张，以解除民族危机，即"善保国者，不徒
无失其所有，又有增其所无"的观点。明确提出发展海上力量，向
北开垦虾夷、占领中国东北地区，向南占领琉球、中国台湾地区、吕
宋诸岛的计划。

　　在此前他还发表了《幽室文库》，提到维护国家的强大和稳定，
必须"先定之于内，操所张弛，徐应之于外"，利用武力加速对外扩
张，"果丰国之所未果"，实现丰臣秀吉跨海作战，侵占大陆的计划。

　　　凡英雄豪杰之立事于天下，贻谋于万世，必先大其志，雄
其略，察时势，审时机，先后缓急，先定之于内，操所张弛，徐应
之于外……为今之计，不若谨疆域，严条约，以霸縻二虏（"二
虏"似指英、美两国，引者注）。乘间垦虾夷，收琉球，取朝鲜，
拉满洲，压支那，临印度，以张进取之势，以固退守之基。遂神
功之所未遂，果丰国之所未果也。收满洲逼俄国，并朝鲜窥清
国，取南洲袭印度。宜择三者之中易为者而先为之。此乃天
下万世，代代相承之大业矣。凡皇国臣民，不问公私之人，不
拘贫富贵贱，均应推荐拔擢，为军师舶司，打造大舰，操练船

————————

① 吉田松陰：『幽囚録』、596 頁。

军。东北,则虾夷、唐太;西南,则琉球、对岛。往来之间日夜留心,以通漕捕鲸,练习操舟之法,熟悉海势。……然后于广东、咬留吧、喜望峰、豪斯多拉理,皆设馆,留置将士,以探听四方之事……如此不过三年,可知大略。

吉田松阴在以上的论述中,继承了佐藤信渊的大陆扩张思想,更加明确了大陆扩张的战略步骤。这虽然和佐藤信渊的主张颇为相近,但在实施步骤上,吉田松阴则更加重视海上力量的投入和发展。为实现北攻南进的目标,迫切需要"打造大舰,操练船军",还需要"以通漕捕鲸,练习操舟之法,熟悉海势",并在沿海各国各邦设立情报机构,"探听四方之事",及时搜罗信息。

到了江户幕府末期,吉田松阴声嘶力竭地叫喊,提出修建军舰、参与海战的重要性:"急修武备,一旦军舰大炮大体充实,即可开拓虾夷,封立诸侯,收复琉球。"这一侵略思想,受到日本明治政府当政者的重视,并将其上升为国策。1868 年 3 月 14 日,日本政府以天皇名义发表的"宸翰"(即天皇亲笔信),宣布要"继承列祖列宗的伟业","开拓万里波涛,布国威于四方"。[1] 吉田松阴在荻城外的松下村塾任教,以佐藤信渊的著名论著作为主要讲义,直接影响了他的学生明治重臣木户孝允、山县有朋、伊藤博文等人。木户孝允的"征韩论"和山县有朋的"主权线""利益线"论,都受到吉田松阴对外扩张思想的影响。这些维新"志士"和明治重臣,以及后来的军国主义分子基本都贯彻了佐藤信渊和吉田松阴所提出的由朝鲜到中国东北再到整个中国的"割取"计划,挑起了日本对周边国家和亚洲的侵略战争。

可以说,幕末时期"海外雄飞论"的三大代表人物,无论是要建

---

[1] 关捷主编:《日本侵华政策与机构》,第 8 页。

立"第一大富国"的本多利明,还是要实现"宇宙混同"的佐藤信渊,还是为加强海军战备、实施海战呐喊的吉田松阴,都一致提出经略海洋、再由海洋向大陆扩张的根本思想。

二、德富苏峰的"南进"海洋论

曾起草太平洋战争宣战诏书的德富苏峰(1863—1957 年)指出日本"北进"和"南进"的主张:"日本作为岛国的命运在德川幕府瓦解时已经宣布结束。在 1868 年(明治元年)3 月 14 日的诏书中说'开拓万里波涛,布国威于四方,置天下于富岳之安',预示着日本国不久就成为大洋国,进而成为大陆国的命运。70 余年来不管经历了多少曲折,走上了这条道路……所谓明治中期以后流行一时的北守南进论只不过是回避俄罗斯势力的口实,日本决不守北、守南,有机会的话北进、南进。日本人的祖先从朔北大陆走来,踏着南洋波涛而来。说日本人是大陆国民、海洋国民只不过是恢复祖先本来面目。大陆、大洋都是我祖先的故乡。"[1]德富苏峰还提出"南方经营"理论,所谓"南方的经营,就意味着占领台湾……台湾是南太平洋要冲,我国防要害,可与英国争雄,将旭日旗插在北进或许犹豫一日,将台湾纳入大日本皇帝陛下主权内决不可迟疑"[2]。他还在"《占领台湾意见书》"中说:"我国的前途必须采取北守南攻的方针,此乃识者所夙知,台湾恰可谓第一驻足之地,由此而及海峡诸半岛和南洋群岛乃当然之势。"[3]由此可见,德富苏峰极力鼓吹南方经营和占领台湾。

---

① 德富蘇峰:『昭和国民読本』,東京日日新聞社、大阪毎日新聞社、1939 年、41 頁。
② 德富蘇峰:『明治文學全集 34 德富蘇峰集』,東京:筑摩書房、1974 年、258—260 頁。
③ 矢野暢:『日本の南洋史観』,東京:中央公論社、1979 年、108 頁、208 頁。

著有《南洋时事》《日本风景论》《地理学讲义》《大役小志》《不为所知的国度》等著作的日本国粹主义思想家志贺重昂（1863—1927年），曾对马来、印度，进行地理考察，甚至到达南非、南美和欧洲。他一方面主张增强日本国民对世界的认识，一方面指出日本的生存危机及解决办法。他在《日本最大的问题》中写道："土地贫瘠，面积狭窄，人口众多，地价高昂，生产费用高而生产量又小的岛国，迟早将会被土地肥沃且又面积广大，人口少，地价低廉，生产费用低而生产量又大的大陆国家所压倒。只是因日本长期锁国，较少接触大陆国家，才没有过早地陷入这种困境。而英国为了摆脱这种困境，在海外积极开拓殖民地，以海外发展为国是，扩张海军，鼓励贸易，开拓市场。日本也应像英国那样以海外发展为国是，以防备岛国所容易陷入的困境。"①他极力倡导日本开拓殖民地、扩充海军、发展贸易，还将"南洋"作为重要的战略基地：马里亚纳群岛、加罗林群岛、马绍尔群岛的地位，从政治地理上讲有更大的价值。总之，这些"日本的南洋"从经济上讲有10％的价值，从政治地理上讲有100％的价值。②志贺重昂将南洋作为"日本的南洋"，指出了其经济和政治价值，占领南洋是日本解决资源和人口危机的出路。

明治政府初期，木户孝允将上述"海外雄飞论"具体化为"征韩论"，并欲付诸实践。强调："韩地之事，乃全国借以成立国体，故以今日之宇内条理推之，（日本）于东海大放异彩者自此始。"③山县有朋则集幕末的"海外雄飞论"和木户孝允等人的"征韩论"之大成。

---

① 志贺重昂：『日本の最大の問題』、『志賀重昂全集』第1巻、志賀重昂全集刊行会、1928年、104頁。

② 志贺重昂：『日本人の一大短見』、『志賀重昂全集』第1巻、志賀重昂全集刊行会、1928年、320頁。

③ 妻木忠太：『木戸孝允日記』第1巻、早川良吉、1932年、231頁。

山县有朋先后向天皇和政府提交《近邻兵备略表》和《军事意见书》，书中明确提出将朝鲜作为首先而且是直接的侵略对象，并主张以武力解决。实际上标志着日本对外扩张目的确立与意志的坚定化，是日本走上海上扩张、走向军国主义道路的标志。1889 年 12 月 24 日，山县有朋内阁成立，山县有朋就任首相。1890 年 12 月，日本召开了帝国会议第一次会议。山县有朋以日本首相的身份第一次发表了《外交政略论》的施政方针演说，强调指出：

> 盖国家独立自卫之道有二：一为守卫主权线；二为保护利益线……大凡国家不得主权线及利益线，则无以为国，而今介于列国之间，欲维持一国之独立，只守卫主权线，已决非充分，必亦保护利益线不可。[1]

所谓"利益线"主要指朝鲜，山县有朋认为朝鲜与日本主权安危紧密相关，即"与邻国接壤并与我之主权安危紧密相关之区域"，即"我国利益线之焦点在于朝鲜"。[2]

对于近代日本积极贯彻幕末思想家北上侵略朝鲜，南下侵略中国台湾地区的思想并加以实施，臧运祜提出这种思想的出现表明了日本北进大陆、南进海洋的战略意图，亚太政策初露锋芒，1876 年签订的《江华条约》则是日本迈出"大陆政策"的第一步，山县有朋的"利益线"主张及在国会发表的演说，标志着"大陆政策"基本形成。[3]

---

① 大山梓：「山県有朋意見書」、東京：原書房、1966 年、217 頁。

② 大山梓：「山県有朋意見書」、東京：原書房、1966 年、205 頁。

③ 臧运祜：《甲午战争与近代日本的亚太政策》，第 140 页。

三、福泽谕吉的"脱亚论"与海洋强国

把侵略主张和实施方略，演变为侵华理论与侵华战争的，除了明治重臣，还有被称为"日本近代最重要的启蒙思想家"的私塾先生与民间报人福泽谕吉（1835—1901 年）。他在近二十年的时间里，写了四十多篇鼓吹侵华的文章，把日本"文明开化"的近代化进程与侵略中国密切联系起来，公开鼓吹弱肉强食的强盗哲学，可以称得上是日本第一位军国主义理论家。

福泽谕吉最著名的论断是"脱亚论"。1885 年 3 月 16 日他在《时事新报》上发表《脱亚论》。文章中写道：

> 我日本不幸的是有近邻国家，一曰支那，一曰朝鲜。……譬如支那、朝鲜政府古板专制，无法可依，因此西洋人亦怀疑日本为无法度之国。……故今日之谋，我国不可再有等待邻国开明、共同振兴亚细亚之犹豫，应摆脱与其为伍，与西洋的文明国家共进退。对待支那、朝鲜，不应因其为邻国而有特别眷顾，宜按西洋对其方式对之。亲恶友者难避恶名。我们内心应谢绝亚细亚东方的恶友。

福泽谕吉以 1882 年创办《时事新报》为阵地，向日本社会鼓吹蔑视亚洲邻国的民族主义的"文明论"和"脱亚论"，主张对外侵略扩张。可以说，福泽谕吉是日本发动对外侵略战争的鼓手和帮凶，是日本极端民族主义理论的奠基人。他的很多言论都充满了强烈的民族主义情绪，为日本侵华整体战略指明了方向。他被奉为"日本近代思想启蒙家"，可见，他蛊惑国民参与战争，煽动国民极端民族情绪，是日本"大陆政策"能够自上而下、自内到外进行贯彻的"催化剂"和"助推器"。

福泽谕吉向刚刚成立的明治政府提出以下建议，提出"开发"中国内地丰富资源的建议，实则是对侵略扩张的规划。

> "开发"几千年来人手未曾触及的中国内地富源，变其未制品为制成品，以之一变世界之商情，乃我等日本人之职责也。……使旅顺变为东亚的直布罗陀以控制海上全权，是日本军人之天职；使东京变为远东之伦敦，而金州、大连湾变为日本所占有的华北香港，乃我日本绅商之使命也。①

福泽谕吉看到从经济上推进"大陆政策"的重要性，提出除军事上的海权之外的海上"全权"，即强调在军事占领的同时，将经济侵略纳入"大陆政策"的实施过程。这一点，和幕末思想家佐藤信渊军事进攻辅以海洋贸易的观点有相似之处，但比佐藤信渊更进一步，也就是经济和军事齐头并进、双管齐下的战略。福泽谕吉进行了狂妄的设计，要把中国的环渤海地区变成日本的内海，同时将北方的重要军港金州、大连等打造成日本独霸中国东北的前哨阵地，奢望将东京变成东方的伦敦。由此，使明治时期的日本与英美一样进入世界强国之列。

明治初期，这些思想家脱亚入欧的言论深深地影响了日本政府的海军决策，推动了其加强海军军备的步伐。1882 年 12 月，日本天皇召集地方官，下达扩充陆海军以及为此而增加税收的敕令。当时，日本政府参照英式海军，制订了加紧建造拥有 5 艘大舰、8 艘中型舰、7 艘小型舰和 12 艘水雷炮舰的 8 年扩军计划。据统计，1881—1887 年间，日本国家岁出总额所增无几，但军费开支却成倍增长。1881 年军事开支 1 185 万元，而 1887 年则达到 2 223 万日

---

① 福沢諭吉：『福沢諭吉全集』第 14 卷、東京：岩波書店、1958 年、125 頁。

元。① 同期内，海军经费则急剧增加了200％。② 右大臣岩仓具视认为，动用非常收税法，将"导致人民怨恨"，但是"不足深虑"。也就是说，日本政府在推行军国主义政策上，并不考虑本国人民的穷困和怨恨。③ 日本海军以击沉中国北洋舰队主力舰为目标，决定建造所谓松岛级的"三景舰"，并发行海军公债，租借朝鲜绝影岛，设置煤炭储存所等。为了适应在中国南海和黄海作战，则在吴和佐世保两地（分别在广岛和长崎县境内，现今仍为重要军港）设置了镇守府。④

明治政府积极实践海洋扩张，提出"海运强国"的主张，对造船和航运作了国家政策方面的支持。一方面，以国家命令的形式，支持和整合日本海运企业，于1885年成立半官半民的日本邮船株式会社。另一方面，1896年出台《航海奖励法》和《造船奖励法》，以法律的形式固定奖励办法，大力推进造船和海运的发展。并在1906年整合四个航运公司成立专营长江航运的"国策会社"——日清汽船株式会社，进一步将侵略势力深入中国内陆。这一系列的举措，充分体现了日本政府推进海洋扩张、实施"大陆政策"的决心和行动。

"大陆政策"出笼后，日本政府极力加以推行，并在实践中通过甲午战争侵占中国台湾，将朝鲜变为殖民地。不久，又提出了"满蒙政策"，逐步扩大在中国东北和内蒙古的侵略势头。田中义一内阁成立后，1927年8月，日本又在中国旅顺秘密召开了第二次"东方会议"，研究所谓"对华积极政策"。会后，田中向天皇提出了"对

---

① 杉田一次：『近代日本の政治戦略』、東京：原書房、1978年、118頁。

② 大隈重信：『日本開国五十年史』、210頁、218頁。

③ 米庆余：《近代日本的东亚战略和政策》，北京：人民出版社，2007年，第112页。

④ 同上书，第113页。

'满'积极政策"奏折,即"田中奏折"。该文件在南京《时事月报》第一卷第 2 期上全文发表,全文共 2.4 万余字,内容分为 21 项,提出如下狂妄言论:

> 惟欲征服支那,必先征服满蒙。如欲征服世界,必先征服支那。倘支那完全可被我国征服,则其他如小中亚细亚及印度南洋等,异服之民族必畏我敬我而降于我,是世界知东亚为我国之东亚,永不敢向我侵犯。这是明治大帝的遗策,也是我大日本帝国存立的必要大事……
>
> 然欲以铁与血主义实保中国东三省,则第三国之阿美利加必受支那以夷制夷之煽动起来而制我,斯时也,我之对美角逐势不容辞……将来欲制支那,必以打击美国势力,为先决问题……中国为独立计,不得不与美一战。

"田中奏折"标志着日本"大陆政策"已上升为日本对外侵略扩张的国家根本战略。其理论体系较之山县有朋的主张更为明确、具体和完善。就侵略目标而言,将山县有朋的"利益线"具体化为中国"满蒙"地区、中国关内、印度及亚洲各国,进而扩大为全世界;就侵略步骤而言,明确规定,继吞并朝鲜之后的第一步为中国"满蒙"地区,第二步为中国关内,第三步为亚洲其他国家乃至全世界;就侵略手段而言,其所谓"征服",既包括军事的、政治的,也包括经济的,而以军事为主。就侵略路线而言,坚持从中国"满蒙"地区入手的"北进"路线。"田中奏折"是山县有朋的"保护利益线"理论和政策的继承和发展,标志"大陆政策"的最后形成。①

　　"田中奏折"中还提出"以大连为中心,建设'大连轮船公司'和

---

① 翟文奇:《日本"大陆政策"形成的基础与思想渊源》,《齐齐哈尔大学学报(哲学社会科学版)》,2006 年第 6 期,第 112 页。

'满铁',以垄断亚洲的陆海交通运输业……改善'满铁'的经营方针,大力发展钢铁业,企图利用中国东北的资源,实现煤铁自给自足,欲为世界第一国"[1]。充分证明了海洋运输业在日本近代侵略政策中的地位,日本妄图成立新的轮船会社和'满铁'相配合,垄断亚洲的陆海交通,借以掠夺朝鲜和中国东北丰富的煤炭和其他矿产,冶炼钢铁,为在亚洲的军事扩张,继而成为"世界第一国"做准备。

综上所述,纵观"大陆政策"形成的根源和过程,这些日本幕末时期到明治初期的主要思想家、政治家的言论代表了该时期日本思想界的亚太战略,他们都认识到制海权、海洋贸易在推行"大陆政策"的重要性。无论是"北攻"朝鲜、中国东北地区及北方诸岛,"南进"中国关内、印度、东南亚,还是进而雄飞于海外、"挫美折欧",他们的主要著作和言论中都不约而同地强调了日本海外扩张过程中造船业和航运业的重要性。本多利明献上国政"四大急务"——"第一焰硝,第二诸金,第三船舶,第四属国的开业"[2],将"船舶"即造船和航海,纳入与火药、枪炮和殖民地开拓同等重要的"四大急务"中。此外,以海洋扩张战略为主线,提出建立北方殖民帝国妄想,占领库页岛、琉球等岛屿,继而进攻大陆,建立以岛屿为依托的、包括大陆在内的"第一大富国";佐藤信渊则在"宇内混同秘策"中,始终贯彻"欲开拓他邦",必先吞并中国的思想,并进一步具体提出发展舰船和火炮,同时辅以开展海洋贸易和文化侵略,兼顾"北进"和"南下",由沿海向大陆实现"岛国"到"陆国"的彻底转

---

[1] 关捷主编:《日本侵华政策与机构》,第 53 页。

[2] 佐藤信淵:『経世秘策』,『日本思想大係(44)』,東京:岩波書店、1970 年、14 頁、15 頁、36 頁、30 頁、42 頁、22 頁。

变,最终实现"混同世界万国"的梦想。吉田松阴继承了佐藤信渊的大陆扩张思想,更加明确了"垦虾夷,收琉球,取朝鲜,拉满洲,压支那,临印度"的战略步骤,还并提出"今急修武备,舰略具,炮略足,则宜开垦虾夷,封建诸侯",打造大型舰船,"练习操舟之法,熟悉海势"的具体方案。1868 年 4 月 6 日,明治天皇在紫宸殿率公卿诸侯向内外宣布《五条誓文》的同时,又向国内发表了"安抚亿兆、宣布国威"的"宸翰",再次宣称"欲继承列祖伟业……开拓万里波涛,宣布国威于四方"①。明治重臣木户孝允侵略朝鲜的理论和山县有朋的"利益线"论,都直接受到其老师吉田松阴对外扩张主义的影响,也贯彻了明治天皇的旨意。与前述思想家不同的是,作为明治政府的骨干力量,他们将这些理论付诸实施。有如臧运祜所说:"幕末思想家的主张及其初步勾画的日本对外战略,成为近代日本亚太政策的直接渊源。"②明治时期最重要的理论家福泽谕吉被誉为"日本近代最重要的启蒙思想家",所谓"启蒙"实则为将日本"文明开化""殖产兴业"的近代化进程与侵略朝鲜、中国密切联系起来,提出发展军事力量的同时,重视海外贸易,将东京变成东方的伦敦,实现脱离亚洲,与西方列强为伍,争霸世界的战略。由此可见,日本近代思想家和政治家的理论和实践,深刻地打上了由海洋向大陆扩张的烙印,深刻地影响到近代日本军国主义的形成和对外侵略的决策,并由此给包括中国在内的亚洲各国人民造成了深重的灾难。

近代日本从明治维新到 1945 年战败投降,其东亚海洋扩张经历了一个持久而漫长的过程。侵华战争既是大陆战,也是海洋战;

① 日本外务省编:『日本外交文書』第 1 卷第 1 冊、557 页。
② 臧运祜:《甲午战争与近代日本的亚太政策》,第 139 页。

海上航路既是经济线,也是军事线;海洋扩张既是日本的国家战略,也和所有裹挟在这场战争中的企业、个人息息相关。因此,担负军事运输、战备储备任务的近代日本汽船会社和侵华战争有着必然的关系,充当了日本侵略中国和其他亚洲国家的工具,也同样摆脱不了应负的战争责任。

第二节　近代日本主要汽船会社的创立

佐藤信渊曾经说过:"察我日本全国之形势,自赤道以北30度至45度,气候温和,土壤肥沃,万种物产无不满盈,四边皆大洋海,舶运便利,万国无双,地杰人灵,勇决殊于他邦。其有约之势堂堂八表,充分具备可天然鞭打宇内之实证。若以神之雄威,征伐蠢尔之蛮夷,则混同世界、统一万国有何难哉?"[①]作为一介书生的佐藤信渊,其上述言论包含了让日本"混同世界、统一万国"的侵略妄想。他对日本"四边皆大洋海,舶运便利"的描述非常客观的:作为岛国的日本,四面环海,海洋是其推行"大陆政策"、实行扩张的必由之路。可以说,海上运输业的发展源于其得天独厚的地理优势,更是其生存和发展、进而走向侵略扩张的必不可少的条件,而发展海洋运输首要的条件之一就是成立汽船会社。近代汽船会社的成立是日本发展海运的基础。

1853年,美国的佩里将军率领四只船来到日本浦贺港,提出与日本通商,美国船只可在日本补给等条件,震动日本朝野,后来被日本称为"黑船来航"。日本幕府与之签订《日美亲善条约》,又称《神奈川条约》,之后又补订《下田条约》,日本国门由此被打开,日本历史翻

---

① 尾藤正英、島崎隆夫:『日本思想大係45』、東京:岩波書店、1977年、425頁。

开新的一页,东亚格局也由此产生了深刻的变化。1862 年,日本解除了禁止船只进行海外渡航和贸易的禁令,标志着长达 230 余年的锁国令被废除。日本政府实行开放政策,鼓励造船和发展海运。

明治维新后,1870 年成立的三菱会社在政府的推动下,不断被注入国家资本,逐渐成为带有政府背景的最大的民营航运企业。1885 年,著名的日本邮船株式会社成立,由三菱会社和日本海军的附属——共同运输会社合并而成,是半官半民性质的航运会社,带有明显的军事色彩。大阪商船会社成立于 1884 年,虽然成立初期是名副其实的民营汽船会社,但随着政府资本的不断介入而逐渐加深了国有化进程。可以说,明治维新后,日本成立的主要民营汽船会社,从其成立之初,就不是完全归私人所有的企业,而是具有"国策会社"性质的海运会社。由四家经营长江航路的汽船会社整合而来的日清汽船株式会社,在日本政府资助下与英国、中国的轮船公司在长江航运市场展开激烈竞争,更是典型的"国策会社"。从创立之初,这些近代日本的主要汽船会社就无法摆脱充当侵略扩张工具的命运,在日本历次对外战争中承担了军事运输、配合侵略战争的任务。

一、明治维新前的日本海运

德川幕府建立初期,曾积极推行对外开放政策,努力扩大对外贸易,由此推动了日本和东亚各国的贸易。幕府不仅通过开放全国所有港口,允许外国商人自由通商,免除外国船只的进出口税,给外国人以治外法权等优惠措施招徕外国商船,并创立了"朱印船贸易"制度。当时的海运主要依靠木质帆船,政府允许的"朱印船"约有 200 艘,到达过 20 多个国家,呈现出帆船贸易往来的盛况。所谓"朱印船",是指持有"异国渡海朱印状",被许可前往安南、暹罗、吕宋、柬埔寨等东南亚国家进行贸易活动的船只。所谓的"朱印状"相当于外交护照，原则上只用一次，归国后上缴。由"朱印船"进行的贸易称为"朱印船贸易"。这一制度起源于室町时代，丰臣秀吉曾一度对其改革。但当时的朱印状并非为了促进通商，而是以朱印状区分是正当贸易船还是非正当的海盗船。相比之下，德川家康的朱印船制度则是为了保护和鼓励海外渡航和对外贸易。在德川幕府的鼓励下，日本在庆长年间（1596—1615 年），先后与朝鲜、葡萄牙、西班牙、荷兰、英国建立了贸易关系。朱印船的主要贸易为输入生丝、绢织物、棉织物、毛织物等中国商品，以及鲨鱼皮、象牙、胡椒、水牛角、铅、药等东南亚商品。输出物主要是银、铜、铁、硫磺等矿物，其他还有刀剑、工艺品等。林罗山在《长崎逸事》书中写道："方今吾客商通外夷者殆三十国。自有我邦以来，未有如今日之多且盛也。"[①]正如管宁所说："满载日本白银的朱印贸易船遍及中国东南沿海、东南亚及印度等十几个国家和地区，运回日本国内所需的各种物资。"[②]朱印船船主主要是日本西南大名、幕府官员、内外豪商。关于朱印船船只的资料很少，从现存的绘画作品来看，都是中国式帆船，有的上面用一些西洋船的技术和日本传统技术进行了改造。这些船主要购买自中国和暹罗，也有少部分在日本建造。朱印船贸易期间，日本来往于海外的人约有 10 万人，东南亚一些地方出现了数百甚至上千的日本定居者。但是到 1636 年，伴随着对基督教的禁教运动，1633 年 2 月到 1639 年 7 月，德川幕府连续五次颁布所谓"锁国令"（宽永锁国令），严厉禁止日本船只出海贸易。同时查禁天主教，将与贸易活

---

① 林罗山：『長崎逸事』，『林罗山文集』第十二、京都史跡学会、1979 年。
② 管宁：《日本德川幕府锁国的原因及其影响》，《世界历史》，1983 年第 1 期，第 52 页。

动无关的外国人驱逐出境。加强贸易统制和沿海警备，并最终断绝了与葡萄牙等国的贸易关系，完成了所谓的"锁国体制"。日本人及日本船的海外渡航戛然而止，甚至连制造载重五百石以上的船只都被列为违法。其后的二百余年，日本的海上航运事业处于停滞的状态，只剩下朝鲜、荷兰及中国海商和日本保持贸易联系，日本国内只有大阪、江户两地仅存着以贡米为中心的贸易。

19 世纪上半期，当日本在锁国政策下局限于东北亚一隅时，世界正在发生着快速的变化。英、法、俄、美等国经历产业革命、交通革命的洗礼之后，成为称霸世界的强国。此时，他们开始为产业革命后所需要的原料、市场、殖民地展开激烈争夺。物产丰富、市场广大的东亚进入他们的视野，西方列强开始了积极经营远东的行动。此时正值幕末时期，闭关锁国、几乎禁绝海外贸易的情况有所改观，欧美的大型船只来到日本，开始尝试和日本展开通商贸易。直到 1853 年，众所周知的佩里舰队来航，日本才彻底打开大门。

日本开国之后，面对西方列强，幕府被动地做了一些突破，被迫在 1853 年 9 月解除了建造大船的禁令。日本一方面自行建造大船，一方面发放补助金，允许购买外国建造的船只。继而，幕府在 1862 年解除了禁止船只进行海外渡航和贸易的禁令，标志着长达 230 年左右的锁国禁令被废除。

日本对外实行以建立邦交和开港贸易为中心的开放政策。由于解除了造船令和海运禁令，继而建造和购买了各种船舶。当时幕府拥有西洋型木质帆船和轮船，共计 44 艘，各藩所有 94 艘，总共有 138 艘，约合 1.7 万吨的载重量。① 欧美的轮船公司也随着日本的开国积极进入日本航运市场，开通了日本和欧美之间的轮船航

---

① 日本郵船株式会社：『七十年史』、日本郵船株式会社、1956 年、2 頁。

线，如英国半岛东方轮船公司①经营着横滨—上海—香港线；海洋轮船公司（Ocean Steam Ship Co.）经营利物浦—横滨的直通航线；美国的太平洋邮递公司（Pacific Mail S. S. Co.）经营海参崴—横滨—香港间的远东航线；美国东西洋轮船公司（Oriental and Occidental Steamship Co.）经营海参崴和香港线等。② 这些外国船只从日本输出生丝、茶、米、煤炭，往日本输入棉毛纺织品、砂糖和石油等。面对欧美轮船公司的"侵入"，日本政府采取了各种措施，比如修建新的水陆运输港口、完善港湾的设施等等，意图加强自身的海外贸易能力。

明治维新开始后，日本推行殖产兴业、文明开化、富国强兵三大政策。1869 年 10 月，日本政府颁布命令，允许各地大名自由建造船舰并允许庶民购置大船。1870 年，又发布了商船规则，对西洋轮船的所有者实施保护奖励，并成立了半官半民的洄漕会社。该会社经营东京和大阪间的定期航线，是日本最早的海运会社。拥有"阳春""长鲸"等政府船及各藩国的委托船，运送邮件和旅客及货物。开通了定期的航线，每月三次从东京和大阪对发船只，在横滨和神户短暂停留。最主要的业务依然是从幕府时期就传承下来的贡米运输。洄漕会社也是日本最早利用轮船进行航运的海运公司，可以被称作日本轮船航运的始祖。但是这个会社只存在了一年就解散了，主要的原因是船只老化以及缺乏具有近代化经营理念的人才。在海外航运方面，更无法和先进的欧美国家所抗衡。

在《横滨每日新闻》第 1 号，也就是 1870 年 12 月 8 日的广告

---

① 半岛东方轮船公司：英文名称为 Peninsular and Oriental Steam Navigation Company, London，俗称铁行轮船公司或大英轮船公司，简称 P&O。

② 冈田俊雄编：『大阪商船会社 80 年史』、大阪商船三井船舶株式会社、1966 年、2—4 页。

中,曾经这样写道:"米飞脚船出入,十五日开帆,日本号船今八日开往香港。"①这是一则美国轮船公司在日本报刊发布的招揽客货的广告。该报第 3 号,也就是 12 月 14 号的广告中也有美国轮船公司的广告:"米飞脚船出入日,十五日开帆,日本号船正月元日由香港到当所(横滨)入津。美国船同正月九日从圣佛朗西斯科到达。"②这里提到的"米飞脚船"即是美国轮船公司在日本的代称,该公司在日本经营旧金山—横滨—香港的航线。此时正值著名的《横滨每日新闻》在日本创刊。在 1871 年 1 月 20 日的《横滨每日新闻》中,刊登了如下广告:

> 太平洋飞脚蒸汽船社,五只蒸汽船,开设兵库、长崎、上海定期航路。③

在这段时期,美国的太平洋邮便汽船会社经营着从中国和日本到美国的航线。此外,还有德国、法国、英国的公司也在强占刚刚开放的日本航运市场。日本与外国之间的轮船航路,呈现出日本海外航运市场以美国公司为主,其他欧洲国家公司为辅的独占情况。④ 面对欧美航运公司对日本航线的垄断,日本从政府到民间都迫切需要成立自己的航运公司与之抗衡。

二、三菱会社的成立——日本海运"国策会社"的源头

(一)三菱商会——岩崎弥太郎与近代海运企业的初创

1870 年 5 月,日本成立三菱会社,经营东京、大阪、高知间的国

---

① 『横濱每日新聞』第一卷,不二出版、1989 年、1 頁。
② 『横濱每日新聞』第一卷,不二出版、1989 年、3 頁。
③ 『横濱每日新聞』第一卷,不二出版、1989 年、5 頁。
④ 松浦章:『汽船の時代—近代東アジア海域』、大阪:清文堂、2017 年。

内航运。最初创立三菱企业的是岩崎弥太郎。

岩崎弥太郎出生在一个"地下浪人"的家庭。岩崎弥太郎七代以前的祖先，经过多年苦心经营，买下乡士（乡居的武士）的地位，使得岩崎家脱离了平民之籍。但后来却家道中落，岩崎弥太郎的祖父因为贫困不得不把乡士地位卖掉。岩崎家从此便被排斥于正规武士之外，成为地下浪人。1866年，高知成立"开成馆"作为土佐藩的直营商馆。岩崎弥太郎被任命为开成馆货殖局的下级官员。开成馆的主要业务是将藩内的产物（纸、樟脑、砂糖、茶、柴鱼等）贩卖到别藩。岩崎弥太郎后来经营"开成馆"分馆"土佐商会"，成绩卓著。1867年年底，他被提升为新留守居组。第二年，日本国内局势发生了很大变化。当时，主张改革的大久保利通等领导了倒幕运动。在伏见鸟羽之战中，德川方面完全崩溃。在战乱中，长崎发生大火，长崎"土佐商会"被烧毁。1868年9月8日，新政府改年号为"明治"。1869年1月，因长崎"土佐商会"已被封闭，岩崎弥太郎由长崎调至土佐藩开成馆大阪商会，7月被任命为开成馆代理干事。

1870年，土佐藩基于财务困难，决定缩小"大阪商会"。也正是这一年，明治维新政府认为藩营事业（公办）会压迫民间企业（民办），决定大举废止藩营事业。岩崎弥太郎在这一年9月来到东京，与后藤象二郎等商谈，决定9月底"大贩商会"脱藩自立，以"土佐开成商社"民间商社的名义继续营运。但是新商会在正式开张时，商号却不叫"土佐开成商社"，而称"九十九商会"，这个商号取名于土佐九十九湾。岩崎弥太郎虽然表面上没有参与九十九商会，可却是实际上的负责人。他获得了商会里的"红叶""夕颜""鹤"等三艘藩船的使用权，开始经营大阪—东京、神户—高知的海上运输业。

1871 年 7 月,明治政府决定废藩置县,土佐藩变成高知县。县当局劝岩崎弥太郎将"九十九商会"转变为个人的事业,岩崎弥太郎同意了。他以 4 万两银子将"夕颜""鹤"两艘船买下,船上的标志与今天的三菱标志一样,是由三柏叶的标志与岩崎家的三阶菱组合形成。

1872 年 1 月,"九十九商会"改为"三川商会"。1873 年 3 月,岩崎弥太郎又将"三川商会"改名为"三菱商会",正式向各界表明,三菱商会是他个人的企业。三菱商会拥有原来隶属于藩的商会财产以及汽船 6 艘,其中拖船 3 艘,库船、帆船、脚船各 1 艘。1874 年 4 月,三菱会社将公司由大阪迁往东京,1875 年更名为三菱汽船会社。①

可见,此时的三菱会社是岩崎弥太郎的个人事业,是民营的轮船公司。

(二)日本首条外国航线横滨—上海线的开通

1875 年 1 月,为了利用侵略台湾事件后的船只,以及和美国的太平洋邮船公司相竞争,日本政府将侵台事件作战时购入的 13 艘船舶交付三菱会社使用,并下达命令让三菱会社开通了首条外国航线——横滨—上海线,利用东京丸、新潟丸、金川丸、高砂丸四艘轮船,每周航行 1 次,并在与 P&O 公司竞争中逐渐取得优势②,邮便汽船三菱会社的近代海运事业开始兴起。

由此可见,日本近代海运事业兴起于三菱会社,虽然这一会社最初为岩崎弥太郎的私人企业,但 1875 年后随着日本政府将侵台

---

① 冈田俊雄编:『大阪商船会社 80 年史』、大阪商船三井船舶株式会社、1966 年、6 页。
② 参见冈田俊雄编:『大阪商船会社 80 年史』、大阪商船三井船舶株式会社、1966 年、6 页。

事件作战中购入的船只交付三菱会社使用,并开设政府指令下的
"命令航线",此时的三菱会社已经和国家战略步骤紧密相关。《东
京日日新闻》对海上航路进行报道,兼有出帆广告的作用。这则广
告上画的船只悬挂着日本国旗和三菱会社的社旗。写明该航线从
横滨和上海同时出发,途经日本著名港口神户和门司。广告明确
写有航行于横滨和上海之间的四艘轮船的名字,即东京丸、新潟
丸、金川丸、高砂丸。有关四艘船的情况可以参见《日本邮船百年
史资料》,这份资料中详细记载了其中三艘船只的情况,金川丸在
三菱商会与共同运输会社合并时转移资料不明,而没有留下记载。

　　东京丸(一)二二一七总吨,元治元年建造,美国纽约建
造,旧名纽约,木船,明治一九年五月一七日卖出。

　　高砂丸(一)二一二一总吨,万延元年建造,英国伦敦建
造,主发动机二连式,旧名戴它,铁船,明治三一年一月二八日
卖出。

　　新潟丸(一)一九一〇总吨,安政二年建造,英国建造,二
连式,旧名百哈,铁船,明治二六年四月一一日卖出。①

1875 年 2 月 11 日的《申报》中,对日本民营轮船公司的上海航
线进行了报道。

　　日本于上海设轮船公司　本报登有日本三菱轮船洋行之
告白。因知该公司今开在法租界泰来洋行之旧基,定于华正
月十二日开设也。每礼拜,上海与东洋之间有火船来往。其
初来之船,则前向万昌公司所购买者,其船名曰牛约,现已改
名曰托局麦鲁,是为一大船也。此事系属创举,亦以见日本与

① 日本経営史研究所編:『日本郵船百年史資料』、日本郵船株式会社、1988 年、660 頁。

中华通商增盛之一斑云。①

这是一篇广而告之的报道,说明了三菱会社开创上海航线的时间、依托的洋行、轮船的情况以及该航线的意义。其中提到的船名"托局麦鲁",按照音译为 Tuo-ju-mai-lu,其实是日语"东京丸"(Tokyo-maru)的中文写法。三菱会社在上海的法租界设立该轮船公司的上海支局,以增加与中国方面的通商。

《申报》还有一篇报道也涉及上海航线的开通。

> 启者,本东洋三菱轮船洋行,今议定在横滨、上海一路来往。每礼拜创走火轮船,均不停止,其船亦顺路到神户及实莫尼西气及长崎三处。现在船名托局麦鲁,即先名牛约者。准于西历二月初三日,即中历去腊二十七日,自横滨开来中国。议于二月十七日,即华正月十二日,自上海开回东洋等处。本公司各船皆请用者西国船主及执事……上海一千八百七十五年二月四日。②

这篇报道对于航线情况的叙述比上篇更为详细,由此也能看出航线的运行情况。其中提到的停泊港口为神户和门司、长崎。可以说,这条航线加强了日本著名商港和上海之间的联系。同时,也是日本民营轮船公司在政府的命令和支持下,首次侵入中国航运市场。

但实际上,这条中国航线并没有取得令人满意的贸易额,由于依然存在和美国太平洋邮船会社的竞争,该航线对中国贸易输出只有 365 万日元,输入 866 万日元。③ 因此,明治政府开始采取行

---

① 《申报》第 6 册,上海书店影印,1983 年 2 月,第 121 页。
② 《申报》第 6 册,上海书店影印,1983 年 2 月,第 123 页。
③ 日本郵船株式会社:「七十年史」、日本郵船株式会社、1956 年、8 頁。

动,进行了新的刺激和规划。

（三）岩崎弥太郎的"公业"和"海上霸王"三菱会社

面对首条海外航线出师不利的局面,以及应对激烈的东亚航运市场竞争,明治政府采取了国家支持海运的方针。1875 年 5 月 18 日,日本内务卿大久保利通向政府提出海运政策建议,有如下论断:

（1）自由放任主义

（2）民有民营海运的保护监督

（3）在分析国有国营海运利弊的同时,取第二条,与船主签订合同,成立强有力的海运会社,并对这样的新设会社进行（国家方面的）保护和助成。

由此可见,作为明治重臣的大久保利通希望日本政府出资资助民营轮船公司的船舶和航线,成立大的航运会社,这即是"第一命令书"出台的背景。大久保利通上书不到半年,明治政府便于 1875 年 9 月 15 日颁布了针对三菱会社的"第一命令书":

（1）东京丸等十三只汽船无偿给付三菱会社

（2）作为运航费助成金,十五年间每年二十五万日元

（3）对海运技术人员培育给予每年一万五千日元的助成金

根据"第一命令书",日本政府将侵台时购买的 13 艘轮船全部无偿赠予三菱会社。这种政府将购买的船只无偿交付给航运会社的行为,是政府出资支持和充实航运企业的方式之一,指将国有成分"注入"本为民营会社的三菱会社资本中。同时,根据"第一命令书",日本政府将在长达 15 年时间里,连续给予航运企业"运航费助成金",每年高达 25 万日元,并大力出资加强对技术人员和船员

的培训,这都是政府以资本投入的方式强势介入民营航运企业运营的表现。可以说,在日本政府推动海运发展的过程中,三菱会社逐渐脱离完全私营,走上了"半官半民"性质的道路。

此后,日本政府加快了"打造"国策航运会社的步伐。1876 年 9 月 15 日,日本政府再次颁布资助令,即"第二命令书"。将第一命令书提到的 25 万日元助成金,指定到包括横滨—上海线和长崎—釜山线及四条日本沿岸航线上。同时,政府又将从邮便蒸汽船会社购买的 15 艘船舶(千里丸、万里丸等 15 艘)全部让渡给三菱会社。由此,三菱会社几乎拥有了当时日本所有的大型船舶,达到拥有船舶总数 37 只,总吨数 3 万余吨的规模。①

著名的英国轮船公司 P&O 公司也曾经在 1876 年 2 月开创香港、上海和横滨间的航线,和邮便汽船三菱会社在中国航路上产生了激烈的航运竞争,但是邮便汽船三菱会社在日本政府的全力支持下,逐渐取得这条航线竞争的优势。P&O 公司最终在同年 10 月退出香港、上海和横滨航线的运营。在日本邮船会社的社史中对这条航线的开通作了如下记载。

> 彼阿汽船(P&O 公司)已经终止了这条航路,我辈将在日本沿海实现雄飞。可以说,如果我们利用日本邮便航路横断地球,海运事业将相当可观。②

英国轮船公司终止中日航线,使日本海运业大大振奋,认为战胜第一大海运强国后,"将在日本沿海实现雄飞",并准备以中日航线为契机,开辟横跨欧亚美的远洋航线,把海运视野拓展到全球。对中国航路进行垄断、开辟远洋航线,的确是幕末以来日本"海外雄飞"

---

① 日本郵船株式会社:「七十年史」、日本郵船株式会社、1956 年、10—11 頁。
② 日本郵船株式会社:「七十年史」、日本郵船株式会社、1956 年、12 頁。

欲望在航运业的重要体现。

由此可见，日本政府将资本投入的重点放在岩崎弥太郎所创立的三菱会社上，发布"第一命令书""第二命令书"：第一，政府将侵台购买的13只船舶和从其他运输会社购买的15只船舶无偿拨付或者赠予给三菱会社。第二，在长达15年时间内，每年拨付补助金，而且补助金重点拨付到横滨—上海线、长崎—釜山线及4条日本沿海航线。中国和朝鲜的航线成为其扩张的主要目标，这非常符合日本政府推进"大陆政策"的规划。第三，对船员和技术人员予以补助。拨付船舶、实行运费补助、资助人员培训，日本政府就是这样通过国家资本投入的方式让三菱会社"几乎拥有了当时日本所有的大型船舶"，将三菱会社"打造"成日本明治维新后的第一大航运会社。岩崎弥太郎虽然曾经几次宣布"三菱商会是自己的私人产业"，但此时他的命运已经开始和国家政策紧紧挂钩——看似民营，实则背后是强大的国家经济支持。此时的岩崎弥太郎已经不能"独善其身"，只能带领三菱会社走上"公业"的道路。可以说，这个"公业"和前文所述的日本的"海外雄飞"和大陆扩张思想是息息相关的。这一不断膨胀的轮船公司已经初步具备为战争服务、充当军事运输工具的物质基础。

1877年日本国内爆发西南战争。大久保利通等时刻关注战况，深夜与大隈重信商量，破格资助岩崎弥太郎，以15年分期贷款偿还的方式，借给弥太郎345万日元资金，购买10艘船，让三菱商社全面协助军事运输，等到战后，将这些船只悉数赠予三菱公司。在持续8个月的西南战争期间，政府花在船运上的费用高达1 300万日元，相当于战争总费用的1/3，其中大部分被三菱公司赚去了。1877年，三菱共拥有61艘汽船，吨位高达35 464吨，占日本全国汽船总吨数的 73%，三菱公司一跃成为海上霸王。[1]
从此，岩崎弥太郎以汽船航运业为中心，将事业范围扩大到汇兑
业、海上保险业、仓储业等。在三菱公司进行押汇的货物都由三
菱的船只来运送，由三菱负责保险，收在三菱仓库之中，于是，三
菱的汇兑、保险、运输、仓储等方面的利润都成倍地增长，一派蒸
蒸日上的景象。

日本西南战争爆发后，由于战争需要的增加，成立了很多轮船
会社，日本国内民营海运业迅速发展起来。

> 当时的大阪是西南战争的军需基地，因此以大阪为中心
> 的船运需要增大，轮船的建造和买卖盛行。在大阪附近设立
> 的轮船会社有：冈山的偕行会社，广岛的广凌会社，丸龟的玉
> 藻社，和歌山的明光会社、共立会社，德岛的船场会社、太阳会
> 社，淡路的淡路汽船会社等。此外，个人从事海运业的也很
> 多，这些船舶有 110 余只，船主有 70 名以上。[2]

由此可见，三菱会社壮大成为"海上霸王"的过程，即是其参与
战争运输，全面协助军事运输的过程。战争总费用的 1/3 花在船
运方面，三菱会社借此机会拥有全国汽船总数的 73%，是名副其实
的由明治政府一手打造的最大的航运公司。众所周知，1906 年成
立的"满洲铁道株式会社"被称为日本最大的"国策会社"。世人皆
知"满铁"而寡闻航运业中的国家资本，因此，从三菱会社的崛起过
程看来，三菱会社可以称得上航运企业中"国策会社"的源头。三
菱会社以民营会社身份逐渐被注入国有资本后，立刻就参与到政
府的军事行动中，时刻紧跟侵略战争的步伐，发挥近似"国策会社"

---

[1] 日本郵船株式会社：『七十年史』、日本郵船株式会社、1956 年、12—15 頁。
[2] 岡田俊雄編：『大阪商船会社 80 年史』、大阪商船三井船舶株式会社、1966 年、8 頁。

的作用。在甲午战争、日俄战争等对外战争中屡屡充当战争工具。

三、日本邮船株式会社的成立——"国策会社"内核的半官半民企业

三菱会社借国家资本急速扩充的势头并没有维持太久,政府内部最支持三菱会社的内务卿大久保利通去世(1878 年)、大藏大臣大隈重信下野。"第三命令书"不仅没有像前两次一样给予大力支持,反而增加了很多诸如在船舶改造和售卖方面的限制。三菱会社的发展因此降温。同时,全国上下对其垄断航运市场又有诸多非议。政府基于以下原因,创立了新的轮船公司,即共同运输会社。

（1）虽然增加了很多轮船会社,但是规模都不大,为了对抗海外贸易被外国轮船掌握的现状,政府必须尽快整备优秀船舶以应对。

（2）当时朝鲜和中国情况不稳定,对日不友好,出于对西南之役中取得的经验,痛感军事输送的重要性,必须设立大型轮船会社。

（3）三菱会社掌握着沿岸航权,引起运费高昂、货物积压,引起世人不满,因此必须成立其他大型轮船公司予以牵制,刺激产业的发展。①

该会社还确立了一个基本方针,即作为"海军辅助机构,受到保护,由海军军人担任新会社首脑"②。由此可见,和岩崎弥太郎私人成立的三菱会社不同,共同运输会社自成立之初便是政府行为,是国家"痛感军事输送的重要性"而成立的轮船会社,受海军保护,由军人担任社长,具有强大的军方背景。可以说,日本共同运输会社是

---

① 参见日本邮船株式会社:『七十年史』、日本邮船株式会社、1956 年、15—16 頁。

② 日本邮船株式会社:『七十年史』、日本邮船株式会社、1956 年、16 頁。

日本海军的附属。

　　共同运输会社于 1882 年 7 月成立,规定使用新造船舶或者船龄两年以内的船舶,作为日本海军的附属,平时用于邮政、客货运送,在战时可以由政府自由征用,还用于海军军校和官方商船学校毕业生的实地练习。同年 10 月,由政府委任海军少将伊藤隽吉任社长,海军大佐远武秀行任副社长。会社成立之初的 300 万日元中,政府占有 130 万元,其他向社会各界募集。① 可见,共同运输会社成立之初,由政府出资的股份占了近一半。而且,从战时可以由政府自由征用,并可用于海军军校的实习等可以清楚地看到,共同运输会社的政府和军方背景十分强大,具有名副其实的"国策会社"内核,是和日本海军并立的、专门从事海上运输的企业,势必在战争中积极投入军事运输中。

　　共同运输会社成立后,与三菱会社在日本国内航运上产生了激烈的竞争。

表 1－1　三菱会社、共同运输会社船只、运费收入比较表

时间	社名	船只数量 (只)	吨数 (吨)	客货运费 收入(日元)
1883 年	三菱会社	汽船 32	21 579	3 033 980
	共同运输会社	汽船 13	5 266	377 287
		帆船 12	3 173	
1884 年	三菱会社	汽船 33	23 026	2 297 676
	共同运输会社	汽船 24	13 804	1 004 066
		帆船 15	4 419	

资料来源:日本邮船株式会社『七十年史』、日本邮船株式会社、1956 年、20 頁。

---

① 日本邮船株式会社:『七十年史』、日本邮船株式会社、1956 年、17 頁。

　　1882 年共同运输会社成立后，随着船只整备的逐步完善，1883—1884 年间，船舶数量和运费收入大大增加：仅仅一年时间，船舶总数由 25 只增加到 39 只，增幅为 56％！营业额由 37 万日元迅速增加到 100 万日元。1884 年的总收入是上一年的2.66 倍！相比之下，之前的"海运霸王"三菱会社船舶仅增加 1 艘，营业额反而从 302 万日元下降到 229 万日元。经过几年，两社的竞争出现白热化，而且如前文所述，共同运输会社有强大的政府和军方背景，资本雄厚，经营有保障，逐渐在竞争中独占鳌头。

　　两社激烈的竞争，以及三菱会社收入的降低，引起三菱会社的不满，而且激烈角逐也引起政府的注意。政府一度担心三菱会社和共同运输会社会因为恶性竞争而通通倒闭。而此时，来自欧美国家的航运竞争形势依然十分严峻，明治以来向大陆扩张的呼声也日渐高昂。如何实现保护日本航运业不受外国垄断，甚至和欧美同立东亚航运舞台，如何继续趁着海运发展的势头，推进侵略朝鲜和中国东北的计划，成为日本政府的急务之一。因此，日本政府决定将两社合并，成立更大型的新会社加以应对。

　　由政府出面对两社的股东进行劝说并对两个会社的资产进行了重新评估后，政府提出：

　　　　将新会社命名为"日本邮船株式会社"，由森冈昌纯为新
　　　　会社成立委员会会长。三菱会社的庄田平五郎、本健三郎、共
　　　　同运输会社的崛基、小室信夫为成立委员会委员……议定创
　　　　立规约。[1]

---

[1] 日本郵船株式会社：「七十年史」、日本郵船株式会社、1956 年、23 頁。

日本政府于 1885 年 9 月 29 日特许日本邮船株式会社成立,认可其拟定的创立规约,并下达了政府的命令书。任命森冈昌纯为首任社长,庄田平五郎、本健三郎、崛基、小室信夫为会社理事,并发出"今般政府特许,日本邮船会社创立,十月一日正式开业"[①]的广告。至此,日本邮船会社正式成立了。

1885 年 10 月 1 日,日本邮船株式会社成立并营业。刚刚成立的日本邮船株式会社拥有的船只如下表:

表 1 - 2　日本邮船株式会社成立初期的船只种类和数量统计表

	汽船	帆船	合计	比例	总计
三菱会社	29 只	1 只	30 只	船43.5%	
	39 013吨	606 吨	39 619吨	运力54.3%	69 只 72 922 吨
共同运输会社	29 只	10 只	39 只	船56.5%	
	29 184吨	4 119吨	33 303吨	运力45.7%	

资料来源:『七十年史』、日本邮船株式会社、1956 年 7 月、24 页

如表 1-2 所示,1885 年,日本邮船株式会社正式成立时,三菱会社和日本共同运输会社合并后的船只数量为 69 只,总运力近 8 万吨。由此也能看出,日本政府通过成立新运输会社的方式,成功地将民营的三菱会社纳入国家完全管控的航运企业中,使日本邮船会社成为具有"国策会社"内核的航运企业。日本邮船株式会社分别在以下地区设立支店和出张所:

支店:横滨、大阪、神户、四日市、下关、长崎、鹿儿岛、告知、石卷、函馆、小樽、根室、酒田、新潟、伏木、上海、釜山、元山

出张所:土崎、敦贺、直江津、名古屋、石浜、仙台、八户、荻

---

① 日本郵船株式会社:『七十年史』、日本郵船株式会社、1956 年、23 页。

浜、盐釜、寿都、青森、须崎、仁川①

以上各支店和出张所大多沿袭于三菱会社和共同运输会社。由这些支店和出张所设立的位置，可以看出日本邮船会社刚刚成立时的经营范围。除了日本著名的大港横滨、大阪、神户之外，还包括日本各地的主要港口，如下关、长崎、青森等。在海外支店和出张所中，上海、仁川、釜山等中国和朝鲜的港口成为航运重要据点。如前文所述，横滨和上海间航线于 1875 年开通，是首条日本和中国间的航线。虽然只有这一条中国航线，但日本邮船会社仍然在上海设立支店而不是出张所，说明对中国业务的重视程度。这条航线被认为"日本和中国之间贸易上、国际交往上，非常重要的航路……为了维持本航路，(我社)曾密切联系政府当局，用尽一切手段"②。此外，还经营长崎—海参崴线、长崎—仁川线，以及 11 条日本沿岸航线，总业务为 14 条航线。③ 可见，政府对于中国业务的重视以及在维持中国航线上所发挥的作用。对于日本政府来说，中国航路在贸易上和国际交往上具有举足轻重的地位，这条航线是日本海运业实现海外扩张的第一步。所谓"用尽一切手段"，即政府出资对航线进行补助，实行"特别补助金"等对客货运费进行补贴，对企业亏损进行补偿。这是国家资本介入航运企业经营的重要方式，也是其具有"国策会社"性质的重要体现。此外，开通日本本土连接海参崴以及连接仁川的航线，也充分证明了日本经略东北亚的显著意图。

综上所述，19 世纪末期成立的日本邮船株式会社其经营范围

---

① 日本郵船株式会社：『七十年史』、日本郵船株式会社、1956 年、27 頁。

② 日本郵船株式会社：『七十年史』、日本郵船株式会社、1956 年、30 頁。

③ 岡田俊雄编：『大阪商船会社 80 年史』、大阪商船三井船舶株式会社、1966 年、7 頁。

遍布日本各地,并已将势力延伸到朝鲜和中国地区。因其"出身血统"中包含有作为海军附属而存在的共同运输会社,所以日本邮船株式会社自成立之初就包含日本政府的意志和军方背景的"血液",表面是股份制经营的民营轮船公司,实则是具有"国策会社"内核的半民半官的企业。随着日本"大陆政策"的步步推进,日本邮船株式会社也逐渐扩大在朝鲜和中国的业务,并开始布局日本和中国各大港口的航运网络。

四、大阪商船株式会社的成立
——成为"国策会社"附庸的海运会社

由于1877年日本西南战争的爆发,日本国内海运界迎来一个发展契机。尤其以大阪为中心的航运活动非常频繁,这是因为当时的大阪经济发达,是西南战争的军需基地,这就急需更多的轮船投入战争运输中,大大刺激了新船的建造和买卖。在大阪附近创立了很多私人的轮船公司,如冈山的偕行会社、广岛的广凌会社、丸龟的玉藻社、和歌山的明光会社、共立会社、德岛的船场会社、太阳会社、淡路的淡路汽船会社等,还有很多其他以个人名义从事海运业的人和公司,总船舶数达到110只,船主有70人以上。①

西南战争结束后,军需运输的急务瞬间缓解,这些新增加的轮船和轮船会社仍然需要维护和使用,这就需要解决合理经营和避免恶性竞争的问题。因此,众多船主经过多次商议,决定联合成立"大阪汽船取扱会社"。大阪汽船取扱会社于1881年4月宣布成立,各船主加入,遵守新会社的章程,比如维护一定的运费稳定、按照统一安排进出港口、商议合理的手续费等。但毕竟都是小公司

---

① 冈田俊雄编:『大阪商船会社80年史』,大阪商船三井船舶株式会社、1966年、8頁。

的联盟，所以时有船主为了私利不遵守章程。为了继续强化这些同盟约定，又增资改名为"同盟汽船取扱会社"。但仍然没走出组建同盟——破坏规程，恶性竞争——再组建同盟，完善规程——再破坏规程的怪圈，恶性竞争不断循环。

1882 年，大阪财界人士和 17 名大船主作为发起人，决定成立新的会社，并进行了创立的准备，成立 7 人组成的创立委员会，商议创立证书，向大阪府知事提出向社会募集股份的申请①。以下是大阪商船会社创立证书。

大阪商船创立证书

第一条：会社名称为责任有限大阪商船会社。

第二条：会社地点位于大阪府，支店、出张所等设置于大阪以西通航各地。

第三条：会社经营涸漕业，目的是运送客货。

第四条：会社的资本金一百五十万元，分三万股，每股金五十元。

第五条：会社营业年限自创立之日起满三十年。

第六条：会社是有限责任制，股东的责任受其股份所限。

第七条：会社股东拥有和其股份相应的权利责任。

第八条：会社的股东只限于本国人。

由以上大阪商船会社创立时所商议的申请书可以看出该会社的基本性质和主要业务范围。大阪商船会社主要经营大阪以西的日本沿海航运，不涉及日本东部及海外航线业务，这一点明显和日本邮船株式会社不同。从大阪商船会社成立的过程和资本来

---

① 冈田俊雄编：『大阪商船会社 80 年史』、大阪商船三井船舶株式会社、1966 年、10 頁。

源来看，它起源于多家经营大阪附近航海业务的私人航运公司，创立的资本金 150 万元直接分成股份，一方面由创立者们入股，一方面向社会进行股份募集，并严格按照占有股份的数量享受权利和承担责任。因此，"有限责任大阪商船会社是由创立委员、大量官民的共同努力协力而成立，其资本集结了零细的民间资本，在会社成立的过程中采取了最为民主的方法，这些和 1885 年 10 月开业的日本邮船会社相比，其历史背景、资本形成的过程和其他特点上是有着巨大差异的"①。由此可以看出，大阪商船会社自商议成立之时开始，其背景、资本、业务范围与日本邮船株式会社完全不同，可以说，大阪商船会社的性质是真正的民营轮船会社。

1884 年，有限责任大阪商船会社在大阪府北区设立本社，主要经营旅客货物运输、货物交换等业务，5 月 1 日正式开业。全部股份分为汽船出资股东和资本出资股东两种，其中汽船出资股东占 86%。② 开业当初的支店和出张所如下。

支店：马关、博多、德岛、长崎、熊本、广岛

出张所：百贯、宇品

主要代理店：神户、兵库、和歌山、冈山、尾道、高松、多度津、今治、新居浜、宇和岛、三津浜、高知、境、别府、大分、细岛、鹿儿岛

由以上支店的分布可以看出，大阪商船会社经营的是大阪以西的各港口业务。和邮船会社相比，支店和出张所的数量少，范围也小，没有涉及朝鲜和中国。

---

① 冈田俊雄编：『大阪商船会社 80 年史』、大阪商船三井船舶株式会社、1966 年、12 页。

② 冈田俊雄编：『大阪商船会社 80 年史』、大阪商船三井船舶株式会社、1966 年、14 页。

在 1884 年 5 月 1 日当日，以下诸船悬挂着大字社旗，从大阪出港了：

大阪—伊万里线　丰浦丸(187 总吨)　大阪细岛线　佐伯丸(195 总吨)

大阪—广岛线　太势丸(132 总吨)　大阪尾道线　盛行丸(184 总吨)

大阪—坂越线　兵库丸(41 总吨)

以上就是 1884 年 5 月 1 日，大阪商船会社成立当天，从大阪港发出的五艘商船。由此，也能看出大阪商船会社经营的主要干线航线是以大阪为中心的国内航线。

由以上大阪商船会社成立时向政府提出的申请书、最初的组织结构、资金来源、业务范围等可以看出，该会社起源于多家经营大阪附近航海业务的私人航运股份公司，是名副其实的民营轮船公司。

甲午战争后，日本借《马关条约》占据中国的台湾及其附属岛屿。海运业立刻跟上扩张步伐。1896 年 5 月，作为"台湾总督府"的命令航路，大阪商船株式会社的大阪—台湾线正式开航。这条航线利用须磨丸等三艘汽船每月在大阪和台湾之间航行三次。"这是日本和台湾相连接的定期航路的开始"[1]。1897 年 4 月，该航线根据命令将航线变更为神户—基隆线。1898 年，大阪商船会社利用从英国订制的新船台中丸、台南丸开始神户—基隆线的航行。到 1911 年，该航线首次使用 6 000 吨级的两艘大型船只。[2]

1899 年，"台湾总督府"以每年 12.5 万元的补助，命令大阪商

---

[1][2] 冈田俊雄编：『大阪商船会社 80 年史』、大阪商船三井船舶株式会社、1966 年、277 頁。

船会社开航淡水—香港航线,宣告日本航运业在政府保护下,由台湾进入华南水域。① 大阪商船借着政府补助金开设新航线、造船奖励金制度新造大型轮船,得以削价竞争,与美国道格拉斯公司对抗。虽然每年亏损高达8万日元,但靠着"总督府"的补助,大阪商船得以承受如此巨额赤字。② 1903年,基隆港第一期扩建完成,台湾茶叶不再由厦门转口,而且日本商社逐步控制台湾蔗糖的收购渠道③,并与大阪商船签订运输契约等有利因素的影响,也让大阪商船在这场竞争中逐渐取得上风。1904年,美国道格拉斯轮船公司退出台湾两岸航线。

1902年4月,根据"台湾总督府"的命令,大阪商船会社开通横滨—高雄线。最初使用船2只,每月航海2次,是新开的台湾定期航线之一。到1910年,增加使用船达到8只,每月航海8次。到1919年,大阪商船会社和山下汽船之间在这条航路上的竞争日益激烈,于是,两社于1925年互相妥协,达成协议。该航线由此成为大阪商船会社、山下汽船、近海邮船会社三社共同受命的命令航线。④

1905年,大阪商船会社将福建到香港航线延长到上海⑤,同时将安平—香港线改为打狗(高雄)—香港线。1907年,日本实现了国有铁道和船运货物的连带运输。到1909年,"台湾总督府"的铁道也加入到连带运输中,三者实现联营,日本和中国台湾之间的运

---

① [日]松浦章著,李玉珍译:《英商道格拉斯汽船公司的台湾航路》,《台北文献》,直字第142期,2002年12月,第43页。

② 伊藤武男:『香港商業報告書』,東京高等商業学校、1907年、103頁。转引自萧明礼:《"海运兴国"与"航运救国"》,第41页。

③ [日]矢内原忠雄著,周宪文译:《日本帝国主义下之台湾》,吴涟台湾史料基金会,2004年,第36页。

④ 岡田俊雄編:『大阪商船会社80年史』、大阪商船三井船舶株式会社、1966年、279頁。

⑤ 浅香貞次郎:『臺灣海運史』、臺灣海務協會、290頁。

输实现铁路和海运的联合。1911 年,打狗(高雄)—香港线延伸至上海,次年延长到天津。由此,台湾与华北有了直接的轮船航路。至此,台湾与华南、华中间的定期航线皆为大阪商船会社独占。到 1911 年,"台湾总督府"已设有 4 条华南"命令航路"。

由以上航线开辟可以看出,虽然大阪商船会社成立之初是民营轮船公司,但随着日本海运的发展和日本侵略扩张步伐的加快,政府逐渐以航路补助金、造船奖励金等方式对大阪商船会社实施助成、控制和干涉,最终大阪商船会社的船舶也开始用于军事目的,逐渐蜕变为"国策会社"的附庸,配合政府对殖民地的扩张和统治。

五、日清汽船株式会社——近代日本海运"国策会社"

(一)甲午战争和日俄战争对日本海运业的推动

19 世纪末、20 世纪初,日本借甲午战争和日俄战争的胜利获得了更多的海外权益,进出口贸易快速发展。

表 1 - 3　日本与外国贸易统计(1989 年、1903 年、1907 年)

时间		输出(万日元)	输入(万日元)
明治三十一年	1898 年	16 575	27 750
明治三十六年	1903 年	28 950	31 713
明治四十年	1907 年	43 241	49 446

资料来源:日本邮船株式会社『七十年史』、日本邮船株式会社、1956 年、113 頁。

日本邮船株式会社在不断扩大船只数量的同时,借两次战争胜利之后的经济恢复和发展之机,迅速开辟新的航线,除原有的内海航路之外,新增了很多东亚航路和远洋航路。日本邮船株式会社的远洋航路从最初的伦敦航路等 4 条航线,到 1910 年增加到 23 条。东亚航线中与中国的航运最为频繁,航线集中在上海、天津、汉口、大连这几个大港口，及中国北部的牛庄、青岛，南部的香港。①　此时的大阪商船会社也以台湾为航运中心，纷纷开通开往中国东部、南部、北部和朝鲜的轮船航线。"日本以运输能力150万吨的规模一跃成为世界排名第七位的海运强国"②。中日之间的航运和贸易逐渐被日本航运会社所垄断，中国航运企业逐渐丧失了抢占东亚乃至世界市场的良机。

（二）整合长江航运——日清汽船株式会社的成立

长江自古以来是中国水上运输的干线，承担大量货物和人员的运输，对中国经济的发展起到举足轻重的作用。日本政府认为扩展长江轮船业是发展在华势力、争夺利权的关键："该水域巷道全部开放之日，也即为我国（日本）发展市场之时"，反之，如在轮船业的争夺中失败了，"那么我们现今能得到的唯一利益的内河航运业和涉及其他方面的许多利益，在对清国的经营上都将失去"③。为此，日本政府从财政上拨付大量资金作为长江航路的补助费用，在日本政府制定的近代航线补助费用中，中国长江航线补助数额位居第一，其金额远远超过其他航路。日本公司在华经营的长江航线全被定为"命令航路"，全部享受日本政府的财政补助，无一例外，这就十分清楚地表明了日本政府对长江航运业的特殊重视④，也体现出

---

① 日本经营史研究所编：『日本邮船百年史资料』、日本邮船株式会社、1988 年、704—705 頁。

② 冈田俊雄编：『大阪商船会社 80 年史』、大阪商船三井船舶株式会社、1966 年、23 頁。

③ 『近衛篤麿日記』、同刊行会版、1969 年、别卷 234 頁。转引自［日］小风秀雅：《帝国主义形成期的日本海运业》，《史学杂志》，第 92 编第 10 号，1983 年 10 月。参见朱荫贵：《国家干预经济与中日近代化》，北京：社会科学文献出版社，2017 年，第 194 页。近卫笃磨（1863—1904 年），日本政治家，日本对华侵略的重要决策人物之一。

④ 参见朱荫贵：《国家干预经济与中日近代化》，北京：社会科学文献出版社，2017 年，第 195 页。

日本将侵略势力深入中国内地的野心。日本政府认为，"江南一带水道纵横，天然交通已很发达，长江水系都可通航，只要航业方面多加注意，则经济侵略的目的也就达到了"，"陆军派的北进策和海军派的南进策都被经济侵略的掩饰而日趋发展"。[1] 另外，日本政府认为其大陆政策的逐渐实施，必然引起国际战争，特别是日美战争，因此将长江流域规划为其后防区域。[2] 长江流域是中国经济最为发达的区域，也是深入华中、连接华南等战略物资腹地的重要区域，和中国经济发展息息相关。日本为了推行其大陆政策，势必将长江流域作为日后扩张的后备战略区域，对此尤为重视。

1895—1907 年间，长江航线上主要的日系企业包括大东汽船会社、大阪商船会社、日本邮船株式会社及其创立的子公司湖南汽船会社。其中大东汽船会社是首家合法在中国内河流域经营定期航运的日本航运企业。[3] 日俄战争后，长江航线上出现了英国、德国、中国、日本等几个国家航运势力相互角逐的局面。

> 日俄战争结束时，经营长江航线的轮船业者共有 5 国、11 家会社、船舶吨位合计超过 10 万吨。其中，中、英、德三国各有 2 家，法国 1 家，日本则有 4 家之多。[4]

可以看出，日本在长江航运中所面临的竞争非常激烈，不仅有来自中国本土的竞争，还面临和英国、德国、法国企业的竞争。其中，英国是最早涉足长江航运的劲敌。如在上海—汉口线上，英国有太古洋行、怡和洋行，汉口—宜昌线上，有四家航运会社参与竞

① 章勃：《日本对华之交通侵略》，北京：商务印书馆，1931 年，第 24—25 页。
② 参见章勃：《日本对华之交通侵略》，北京：商务印书馆，1931 年，第 25 页。
③ 萧明礼：《"海运兴国"与"航运救国"》，第 37 页。
④ 浅居诚一：「日清汽船株式会社三十年史及追補」，日清汽船株式会社、1941 年、34 页。

争,除了大阪商船会社和中国的招商局,也有太古和怡和两家英国轮船会社参与经营和竞争。① 因此,面对欧洲航运企业,日本企业在长江航线上并不占优势。1905 年 8 月,日本政界具有极大影响力的西园寺公望前往中国长江航线考察,其后根据考察结果向日本政府建议整合长江航线的经营现状。

西园寺公望曾是明治元老伊藤博文的得意门生。而伊藤博文的老师是幕末著名的思想家吉田松阴。吉田松阴是继本多利明和佐藤信渊之后又一位极力主张日本对外扩张的思想家。吉田松阴不仅继续论证和传播"海外雄飞"思想,还通过兴办松下村塾培养出一批明治维新扩张思想的主张者。吉田松阴的思想为后人描绘了一幅侵略扩张"蓝图",而且提供了"六步走"外征战略和无限扩大版图理论。由此可见,他主张逐渐从日本本土向东北亚、东南亚和南亚扩张,是幕末时期日本侵略扩张思想的主要代表。西园寺公望继承了师祖吉田松阴的侵略思想,曾在 20 世纪初期与另一扩张论分子、日本"陆军之父"山县有朋的弟子桂太郎交替出任首相,在日本近代史上被称为"桂园时代"。这一时期,是日本军国主义形成的重要时期,是日本继续加紧推进"大陆政策"步伐的时期。西园寺公望带领考察团到长江流域进行考察后,向政府提出了进一步加强日本对长江航运控制的建议。

日本在经历日俄战争后经济不景气的情况下,也被迫采取经营合理化手段。② 于是,西园寺公望在考察中国长江之后,日本政府决定听从他的建议,合并四家长江航运公司,成立更大的、由国家主导的轮船公司,进一步强势进入长江航运市场。

---

① 浅居诚一:『日清汽船株式会社三十年史及追补』、日清汽船株式会社、1941 年、26 页。
② 浅居诚一:『日清汽船株式会社三十年史及追补』、日清汽船株式会社、1941 年、34 页。

　　由时任递信省管船局长的内田嘉吉进行协商,1907 年 3
月 25 日,日清汽船株式会社正式成立,资本额 802 万元,为日
本第四大航运企业。至此,日本终于达成整合长江流域航运
业者,以实现一元化经营的目标。[1]

　　在日本政府主导下,经过递信省多方协调,大东汽船会社、日
本邮船株式会社、大阪商船会社、日本邮船株式会社子公司湖南汽
船会社于 1907 年 3 月 25 日正式成立日清汽船株式会社——“终于
达成整合长江流域航运业者,以实现一元化经营的目标”。这是日
本首家以经营中国国内航线为主的航运会社,从其成立的过程中
递信省所担负的主导作用能看出其“国策会社”的性质,也突显了
日本抢占中国内河航运市场,将势力深入中国内陆的航运规划和
战略决策。

表 1-4　1907 年日清汽船株式会社创社股东出资、持股比例与提供航线表

会社名	持股额（股）	持股比例（%）	出资额（元）	出资比例（%）	航线
大阪商船会社	74 350	46.3	3 717 500	46.3	上海—宜昌线
日本邮船株式会社	65 950	41.1	3 297 500	41.1	上海—汉口线
湖南汽船会社	16 200	10.1	810 000	10.1	汉口—湘潭线
大东汽船会社	4 000	2.5	200 000	2.5	上海—苏州—杭州及苏州—清江浦线
合计	160 500	100	8 025 000	100	

资料来源:萧明礼《“海运兴国”与“海运救国”》,第 45 页。

　　由表 1-4 可以看出,日本最大的两家轮船会社日本邮船株式会

---

[1] 浅居诚一:「日清汽船株式会社三十年史及追補」,日清汽船株式会社、1941 年、34 頁。

社和大阪商船会社出资比例最大，两家占总出资比例的87.4%。一方面，如前文所述，这两家会社是开通长江航线最早的会社，他们分别经营上海—宜昌线和上海—汉口线多年，积累的实力也最为强大。可以说，两条航线分别是两社的"势力范围"。另一方面，两家会社大部分航线都受到递信省的资助，在递信省出面协调合并之时，必须遵从国家指令。在政府保证其"势力范围"的前提下，希望多出资占有更多的股份，以保证在新组建的会社中继续经营两大会社各自的主干航线。湖南汽船会社则是另辟蹊径，以经营湖南航线为主。大东汽船会社则是经营江南短途航线。四社合并后的日清汽船株式会社，总资金达到802万元，为日本第四大航运企业。

（三）日清汽船株式会社的初步发展

在长江航路上，日清汽船株式会社和英国的太古洋行、怡和洋行、中国的招商局等展开了激烈的航运竞争。正如小风秀雅指出的："日清汽船作为国策会社，借着日本政府补助，在激烈的国际竞争下扩大经营规模，成为日本经济势力进入长江中游倚赖的运输媒介。"[①]

> 但是，日清汽船从成立到1914年一次大战爆发为止，盈余每年成长，但若扣除列入营收的政府补助，1912年之前其实长期亏损，再次证实官方补助是日本航运业者得以在对外削价竞争中屹立不摇的利器。再者，日清汽船也频敢乘势取利。1911年辛亥革命后，各国商船为避免兵灾，纷纷停航，日清汽船则继续维持营运，故该年度之客货营收较前一年略微增加。只是在革命动荡中博命经营的风险极高，日清汽船在汉口的仓库被炮击焚毁，而两湖地区成为南北交兵战场，日清船只遭

---

① 小風秀雅：『帝国主義下の日本海運　国際競争と対立自立』、東京：山川出版社、1995年、280頁。

革命军或清军炮火波及亦有所闻。由此可见,日本为了取得在华航运优势,不计代价。①

日清汽船株式会社自 1907 年成立后,如果扣除政府补助,处于长期亏损的状态,这说明政府补助占了营收额的大部分。来自政府的航运补助成为支撑日清汽船株式会社经营的重要财力来源。从日清汽船株式会社的收支表格,能清楚看到这一点。

表 1 - 5　　1907—1914 年日清汽船株式会社收支表(单位:日元)

年份	营收				支出	赢余		补助金占比%
	运费		补助金	合计(含其他收入)		含补助金	不含补助金	
	货物	乘客						
1907	1 031 000	811 000	792 000	2 701 000	2 562 000	139 000	−653 000	29.32
1908	1 011 000	685 000	797 000	2 570 000	2 368 000	202 000	−595 000	31.01
1909	1 246 000	641 000	799 000	2 748 000	2 257 000	491 000	−308 000	29.08
1910	1 280 000	666 000	799 000	2 825 000	2 261 000	564 000	−235 000	28.28
1911	1 285 000	808 000	800 000	2 996 000	2 410 000	586 000	−214 000	26.7
1912	2 505 000	833 000	756 000	4 227 000	3 345 000	882 000	126 000	17.89
1913	2 299 000	760 000	758 000	4 020 000	3 063 000	957 000	199 000	18.86
1914	2 009 000	633 000	759 000	3 607 000	2 781 000	826 000	67 000	21.04

资料来源:萧明礼《"海运兴国"与"航运救国"》,第 67 页

从表 1 - 5 可以看出,1907 年日清汽船株式会社成立后,到 1914 年为止,不含奖励金的盈利多为负数,呈亏损状态,但含有补助金的赢余却几乎年年增加,说明政府补助金的力度很大,几年内补助金在营收中的比例均在 40% 左右,再次证明"官方补助是日本航运业者得以在对外削价竞争中屹立不摇的利器"。可见,在长江

① 萧明礼:《"海运兴国"与"航运救国"》,第 44 页。

航运竞争中,政府的资金支持是日清汽船株式会社顺利运转的决定性因素。辛亥革命期间,两湖地区是重要的革命战场,日清汽船株式会社的仓库和码头都有损毁情况,这时,其他各国航运公司纷纷停航,而日清汽船会社"乘势取利",抢占了先机,这背后也赖于日本政府的资金补助。从"日本为了取得在华航运优势,不计代价"也可以看出日本政府在其航运扩张中发挥的重要作用。同时,也体现了所谓"国策会社"在执行国家战略时所承担的任务,即以国家资本为主导,其运营处在国家的控制和管理之下,不惜重金占领市场,与欧美展开激烈竞争,争夺长江航运的主动权,继而通过对长江航运的控制,以控制中国的华东,并进一步深入华中地区。

综上所述,1853 年,美国"黑船来航",日本被迫打开国门。在与欧美航运势力的竞争中,在政府的鼓励下,到 19 世纪七八十年代,洄漕会社、三菱会社,以及由三菱会社和日本共同运输会社合并而成的日本邮船株式会社、以大阪为中心的多家民营轮船会社联合成立的大阪商船会社相继建立,这是明治初期日本航运业初步兴起的主要表现。

1870 年,岩崎弥太郎创办的三菱会社,获得政府出资购买的轮船以及航线补助金,日本政府通过注入国家资本将三菱会社打造成日本明治维新开始后的第一大航运会社。岩崎弥太郎虽然曾经宣布"三菱商会是自己的私人产业",但此时他的命运已经开始和国家政策紧紧挂钩——看似民营,实则背后是强大的国家经济支持。三菱会社由此走上国家"公业",平时进行航运贸易,战时承担军事运输的道路,这是日本航运企业"国策会社"的源头。在西南战争中,日本政府"痛感军事输送的重要性",力求打造用于军事用途的大型轮船公司,由海军出资、海军军官担任社长的共同运输会社应运而生。1885 年,三菱会社和共同运输会社在日本政府主导下合并成更大的航运企业——日本邮船株式会社,是政府整合航运力量,实现海外扩张的重要举措。通过命令书的发布,日本邮船会社成为表面是股份制经营的民营轮船公司,实则是具有"国策会社"内核的半民半官的企业。几乎同时期成立的大阪商船株式会社,从申请书、组织结构、资金来源、业务范围等可以看出,该会社起源于多家经营大阪附近航海业务的私人航运股份公司,"与日本邮船比,其历史背景、资本形成的过程和其他特点上是有着巨大差异",是名副其实的民营轮船公司。但政府逐渐以航路补助金、造船奖励金等方式对大阪商船株式会社实施助成、控制和干涉,最终大阪商船会社也积极参与军事运输。甲午战争后的第二年,即1896年5月,大阪商船株式会社立即开通大阪—台湾线,并作为"台湾总督府"命令航路予以资金的大力支持,这是日本和台湾相连接的定期航路的开始,20世纪初,已经有四条日本与台湾间的命令航路,加强了日本本土和台湾之间的联络是维系日本殖民侵略的干线。

可以说,明治维新后日本成立的主要汽船会社,无论是从事"公业"还是私营,从其成立之初就体现国家意图,发挥"国策会社"的战略作用,直接或间接地支持了日本政府的海外扩张。

第二章　近代日本推动海运的相关法律

第一节　《航海奖励法》与《造船奖励法》对海运扩张的推动

　　明治维新是日本历史发展的转折点,在殖产兴业、富国强兵、文明开化三大政策的大力推动下,日本迅速走上近代化的道路,摆脱了被沦为西方列强殖民地的危机。明治维新开始后,随着近代化的推进,日本逐步走上对外扩张的道路。四面环海的日本若想实现"海外雄飞"的构想,必定需要通过远洋轮船,跨越日本海或太平洋。

　　甲午战争使日本深感"船舶不足",欲"开拓他邦",必须拥有强大的海上力量。此外,甲午战争的胜利、对台湾及其附属岛屿的占领,使日本在实现由"岛国"向"陆国"的道路上更进一步,大大刺激了日本侵略朝鲜和中国的野心。明治政府出于对外军事扩张和经济扩张的考虑,决定加大对海运业和造船业的鼓励和刺激,以海运配合"将中国纳入日本版图"的狂妄计划。此时,正值日本首条远洋定期航线(孟买线)开通一周年,日本民间企业家和投资家对于海外航路扩张抱有极大热情,于是纷纷请求政府进一步保护和强化海运业和造船业。再加上该时期和欧美国家一系列航海条约的成功修订,使日本在国际关系上取得了与欧美国家相对平等的贸易地位,大大促进了远洋航海和自由贸易的发展。1896 年 3 月,日本政府为了适应日益开放的国际环境,终于回应了以东京商工会议所为首的商界倡议,制定了《航海奖励法》和《造船奖励法》。

一、《航海奖励法》和《造船奖励法》出台的背景

(一)明治初期的鼓励造船和购船政策

明治维新开始后,日本政府无论在经济上还是在政治上,都充满了对近代日本"海外雄飞"的期待,越过海洋屏障到大陆建立"皇国"成为日本自上而下的迫切愿望。为了实现"海外雄飞",日本急需发展海运业和造船业。因此,在明治政府成立后的第二年,也就是 1869 年 10 月,日本立刻颁布了奖励造船和购船的政策。由太政官布告,奖励建造和购买西式帆船和汽船(蒸汽船)。但是就当时日本的现实情况来看,有三大不利因素限制了日本自造西式帆船和轮船:其一,明治维新虽然提出了"殖产兴业"的政策,并在实践中通过建立模范工厂、鼓励投资等方式推进工业体系的建立,但是由于明治天皇刚刚登基,明治维新刚刚起步,一系列政策措施尚在初步推进中,因此,重工业基础依然非常薄弱,不具备自造轮船的基础。其二,由于采矿业、钢铁冶炼业、机器制造业尚在筹备和建立过程中,用于制造新式轮船的材料十分缺乏,轮船的建造受到极大限制。其三,造船技术的落后也是该政策推行缓慢的原因,造船需要的工业技术和近代化的技术工人十分缺乏,也成为限制西式帆船和新型轮船建造的关键因素。因此,虽然明治政府一成立就开始推行政策,鼓励建造和购买新船,但实际上,这两个方面不能齐头并进,只能以鼓励购买船只为主。1875 年以后,明治政府开始

设立民营造船工厂,以建造沿岸航行的小型木船为中心。这些木船并非西式帆船,而是以建造落后于时代的旧式帆船为主。直到1887年,政府才建立官营造船厂,开始建造沿岸航行用的小型木造蒸汽轮船,并承担此类船只的维修和保养业务。

明治初期的这些造船激励措施一定程度上鼓励了造船和购船,有效地激发了民间造船、船只买卖以及投入海上航运业的热情,这给作为国家政策而出现的《造船奖励法》和《航海奖励法》的出台打下了基础。

（二）系列通商条约的修订

1876年2月26日,日本和朝鲜签订《江华条约》及附录,内含"朝鲜国为自主助之邦,与日本保有平等之权";开放口岸"听准日本人民往来通商,可随意在上述场所租借土地、经造房屋或租借朝鲜人民之房宅";"准许日本国之航海者自由测量海岸";日本国政府向朝鲜开放口岸派驻官员,与朝鲜官员会商管理商民涉及两国事件;"日本国人民在朝鲜指定口岸如果犯罪、涉及对朝鲜国人民之事件,概由日本国官员审理⋯⋯双方各据本国法律裁判";等等。①《江华条约》由日方的黑田清隆、井上馨和朝鲜方面的申櫶签字。规定朝鲜开放釜山等三港进行通商贸易,日本有单方面的领事裁判权等。日本不仅在"附属贸易协定"中获得免税特权,还规定"听准日本人民往来通商,可随意在上述场所租借土地、经造房屋或租借朝鲜人民之房宅",这充分说明,这个条约是双方关系不对等的条约,可以说,这是日本第一次强加于外国的不平等条约。当时正为同欧美缔结不平等条约而苦恼的日本,转而把不平等条

---

① 日本外务省编:「日本外交年表竝主要文書・文書」,東京:原書房、1972年、65—67頁。

约强加于亚洲的朝鲜,是日本推行"大陆政策"的重要一步。为顺利实现所谓"通商",获取大陆资源,日本势必加强海上运输,以便更进一步控制朝鲜。

甲午战争后,日本和清政府签订了"中日通商行船条约",签订时间为 1896 年 7 月 21 日,日本的全权代表是林董,中国方面全权代表是张荫桓。同年 10 月 20 日交换批准书后,条约于 1896 年 10 月 28 日生效。这个条约延续到中华民国。"中日通商行船条约"共 29 条,内容包括:在贸易上给予日本与欧美同等的待遇(第 9 条);给予日本领事裁判权(第 22 条);自交换批准书起 10 年后可提出条约修正案,如在提交后 6 个月内未达成协议,条约自动延长 10 年,期间不得修改(第 26 条)。由此可见,这些条款都是对日本有利的内容,也体现出条约中中日双方的不对等。

19 世纪末,日本一边把"不平等"强加给朝鲜和中国,另一方面,又在积极向西方列强追求"平等"。

明治维新前的日本曾与欧美诸国签订过不平等的条约,明治维新后,日本政府为修改这些不平等条约耗费了十多年。

> 修订条约之大业乃明治维新以来国家的夙愿,长久以来,我国朝野一致认为,条约修订不完成,维新的伟业就只是功成一半。明治十三年(1880 年),当时的外务大臣井上伯爵最初制定了一个条约修订方案,与缔约各国开启了谈判。然长年累月的百般努力,不幸半途而废。[1]

经过十多年的修约活动,日本分别和美国、德国、英国等国家签订了通商航海条约,这为日本和欧美在航海和贸易上的平等竞

---

[1]［日］陆奥宗光著,赵戈非、王宗瑜译:《蹇蹇录——甲午战争外交秘录》,北京:生活·读书·新知三联书店,2018 年,第 60 页。

争打下了基础。

明治政府刚刚成立，就向各个列强国家递交了申请，希望能修改领事裁判权、恢复关税自主权，但西方列强置之不理。1886 年，井上馨正式对欧美国家提出修改条约方案，但进展依然缓慢。"明治二十五年（1892 年）四月，天皇发布的诏书中称……条约修订伴随中兴伟业，事关国权大本，朕与我臣民皆切望条约修订早日实现。"①此后，陆奥宗光对井上馨的方案进行了修改，以实现如下目的："从体系上做了根本性的修改，拟向各缔约国提出一个近乎全面对等的条约方案。"②日本相继与德国、俄国、英国、美国、分别签订了通商航海条约。

通商航海条约是全面规定两国间经济和贸易关系的条约。其内容比较广泛，常涉及缔约国之间经济和贸易关系的各方面问题。主要是确立缔约国之间的友好关系，双方对于对方国民前来从事商业活动给予应有的保障、赋予航海上的自由权等。其中虽有关于投资保护的规定，但主要是保护航海贸易，而不在于保护投资者。这一类型的条约主要出现在第二次世界大战以前，当时的国际经济活动以国际贸易为主，国际投资不占主要地位，反映在条约中就是关于贸易的保护规定较多，而关于投资的保护规定则很少。

1889 年 6 月 11 日，日、德签订《日德通商航海条约》。同年 8 月 8 日，日、俄签订《日俄通商航海条约》。1894 年 7 月 16 日，日、英签订《日英改订通商航海条约》。条约在伦敦签署，象征西方列强对日本的不平等条约与治外法权的结束。1894 年 11 月 22 日，

---

① ［日］陆奥宗光著，赵戈非、王宗瑜译：《蹇蹇录——甲午战争外交秘录》，北京：生活·读书·新知三联书店，2018 年，第 60—61 页。
② 同上书，第 61 页。

日、美签订《日美通商航海条约》。到 1894 年年底，日本与欧美列强所签订的不平等条约全部修订完毕，这一系列通商航海条约使日本政府取得了与欧美列强"平起平坐"的地位，从国际关系和贸易往来上实现了所谓"脱亚入欧"。由此，日本在国际关系领域，迈出推进"大陆政策"和海洋扩张的重要一步。

（三）甲午战争与《航海奖励法》《造船奖励法》

臧运祜认为，甲午战争是近代日本亚太政策实施的一个重要阶段，日本从此取得了从北、南两个方向踏向亚洲大陆的基地，并为继续北上、南进亚太地区打下了基础。同时，它不但打败了老大而软弱的清帝国，又把朝鲜、琉球等藩属强行割裂出来，从而打破了亚太地区旧有的"华夷秩序"，达到了"脱亚入欧"的目的，为其称霸亚太地区开辟了道路。[①] 1895 年 4 月 15 日，陆军大臣山县有朋上奏《扩充军备意见书》，再次强调"为使此次战争胜利不失其效，进而成为东洋之盟主，则必须进一步谋求扩张利益线"。[②] 可以说，甲午战争改变了东亚的格局，是东亚国际关系重要的转折点，也是日本真正实现海上扩张的重要一环。

通过《马关条约》的签订，日本不仅实现对台湾及其附属岛屿的占领，还攫取了其他利益，这成为日本发展东亚海运、扩张中国航路的一个重要契机，加速了日本海运的海外侵略步伐。

> 日清战争（甲午战争）胜利的结果，我国不仅占领了台湾，而且还在中国获得了各种权益，我国的海运自然也将视野扩展到国外。迄今为止的贸易及对外航路实权一直被外国所独

---

① 臧运祜：《甲午战争与近代日本的亚太政策》，《社会科学研究》，2006 年第 3 期，第 142 页。

② 大山梓：『山県有朋意見書』，東京：原書房，1966 年、231 页。

占。日清战争(甲午战争)时,海运界完成了物资和兵力的输送,战争结束后必须将重点转移到贸易这一重大任务上来。因此,明治二十九年(1896 年)10 月《造船奖励法》和《航海奖励法》颁布实施,同时指定了特定航路的补助。在政府这些海运补助政策下,我国海运业在近海航路和远洋航路飞速发展。①

日清战争(甲午战争)使政府看到了海运业和造船业的盛衰可以左右国家的发展,于是明治二十九年(1896 年)10 月日本政府施行了《造船奖励法》《航海奖励法》,资助国内的造船和航路的开设。②

日本在甲午战争中的胜利,航运的发展甚至被提高到可以"左右国家发展"的高度,"拓展海外航路成为从政府到民间的一致意见"。这也成为 1896 年日本颁布《造船奖励法》和《航海奖励法》的重要背景。正如日本邮船会社社史中所记载的那样:

我国的贸易由于多年的锁国政策而显著落后于其他国家,开国后迟迟得不到发展,……所以扩展海外航路成为当时舆论的重点,……明治二十九年(1896 年)三月,公布了《航海奖励法》和《造船奖励法》,于同年十月开始实施。③

当时的日本,从国家到民众"扩展海外航路成为当时舆论的重点",于是,1896 年公布了《航海奖励法》和《造船奖励法》,并于同年 10 月 1 日开始实施。

---

① 岡田俊雄編:『大阪商船会社 80 年史』、大阪商船三井船舶株式会社、1966 年、22—23 頁。
② 岡田俊雄編:『大阪商船会社 80 年史』、大阪商船三井船舶株式会社、1966 年、28 頁。
③ 日本郵船株式会社:『七十年史』、日本郵船株式会社、1956 年、54—55 頁。

二、《航海奖励法》和《造船奖励法》的主要内容

与西方列强的修约完成,日本从国际关系上与西方列强站在了相对平等的舞台上,开始走上所谓"脱亚入欧"之路。尤其甲午战争后,日本海洋运输业又借占领台湾之机取得了较快地发展,迎来了较好的发展时机,拓展海外航路成为从政府到民间的共识。为进一步实现海上扩张,推行"大陆政策",在第二次伊藤内阁当政期间(1892 年 8 月 8 日—1896 年 9 月 18 日),1896 年 3 月出台了《航海奖励法》和《造船奖励法》,并于同年 10 月 1 日开始正式实施。

（一）《航海奖励法》

《航海奖励法》[①]总共计 18 条,1 633 字。本书首次对《航海奖励法》的原文进行了翻译整理。

航海奖励法(原文译文)

第一条　帝国臣民以及仅雇佣帝国国民为职员或股东的商事会社具有所有权,且为帝国船籍的船舶,在帝国与外国之间或外国各港口之间运输货物或旅客者,依据此法律,对船舶给予航海奖励金。

第二条　依据此法律,能享受航海奖励金的船舶应拥有以下条件:总吨数一千吨以上、时速最快达十海里、合乎递信大臣所制定的造船规章、由铁或钢制造而成的汽船。

第三条　以下船舶不可享受航海奖励金。

第一　此条法律实施后,凡属帝国船籍,船龄超过五年的外国制造船舶。

[①]『御署名原本　明治二十九年　法律第十五号　航海奨励法』、日本国立公文書館、アジア歴史資料センター、資料号 A03020216099。

第二　凡船龄超过十五年的船舶。

第三　凡应帝国政府命令行驶航线的船舶。

第四条　航海奖励金奖励对象为：总吨数达一千吨，时速最快行驶十海里的船舶，总吨数每增加一吨、航海里程每增加一千海里，发放二十五钱。船舶总吨数每增加五百吨，增加其百分之十的奖励金，时速每增加一海里，增加其百分之二十的奖励金。且总吨数六千五百吨以上或时速达十八海里以上的船舶，以及总吨数六千吨或时速最快十七海里的船舶，按比例支付航海奖励金。奖励金发放方式为：船龄五年的船舶一次性支付，未满五年者支付金额按照百分之五依次逐年递减。在计算航海奖励金时，吨位和里程数不计算小数点。

第五条　航海里程按各港口之间的最近航线计算。

计算其航海里数时，停靠帝国各港口开往外国的船舶，以最终停靠地点为起点。外国来到帝国，停靠帝国各港的船舶以最初停泊点为终点。证明其航海里程需有停靠地当地官府开具的停靠证明。

第六条　由递信大臣发令，给予一定金额，接受航海奖励金的船舶可用于公用。

船舶所有者对前项发放金额不服时，接受其通知，前项的诉讼不可停止船舶使用。

第七条　享有航海奖励金的船舶拥有者根据递信大臣命令，按照以下比例，雇用航路修业生为乘务员者，并支付递信大臣所定的补贴。

总吨数一千吨以上，二千五百吨未满　二人

总吨数二千五百吨以上，四千吨未满　三人

总吨数四千吨以上　四人

第八条　享有航海奖励金的船舶所有者未经过递信大臣的许可，不可雇用外国人为其本支部事务员或该船舶职员。

第九条　接受航海奖励金的船舶所有者需服从递信大臣命令，该船舶不得收取邮政官员乘坐费用，以及使用该船舶运输邮件、小件邮件、邮政用品、小包裹邮政用品的费用。

第十条　享受航海奖励金船舶的所有者及其继承者在接受航海奖励金航海期间、并在其结束航海之后五年内不能将船舶买卖、交换、赠予、抵押、商用，否则，需偿还其船舶已经所接受的航海奖励金。得到递信大臣许可者除外。

第十一条　按照此法律规程，在船舶所有者义务相关事宜上，递信大臣可对代入或船长下达命令。

第十二条　以欺诈形式骗取航海奖励金者，及违反第十条规章者处以一年以上五年以下的严重监禁，并附加以二百银圆以上一千银圆以下罚款。

前项作案未遂者依法按刑法犯罪未遂处理。

第十三条　根据此法律，违反递信大臣所发命令或违背第八条规章者处以五百银圆以下罚款。

第十四条　违反此条法律者参考刑法数罪并罚之例。

第十五条　以欺诈形式骗取航海奖励金者，需偿还所得金额。违反第十条规章者需偿还其已接受的航海奖励金。

第十六条　船舶所有者违反此条法律者，递信大臣可停止发放航海奖励金。此条规程同样适用于第十一条的代入和船长。

第十七条　前项数条处罚均适用于违反上述各条的商事会社相关业务负责人和董事。

第十八条　此条法律自明治二十九年十月一日起正式

实行。

由以上详细的法律条文可以看出，该《航海奖励法》具有如下特点：

① 本法适用的对象是国内的日本人及日本会社："对帝国臣民以及只雇佣帝国臣民为社员或股东的商事会社。"对船只进行奖励，并非对个人或者会社进行奖励。

② 鼓励制造钢制船体，与世界趋势接轨，"由铁或钢制造而成的汽船"。

③ 鼓励对外航海。"在帝国与外国之间或外国各港口之间运输货物或旅客者"。

④ 奖励大型船只、速度快的船舶："总吨数达一千吨，时速最快行驶十海里的船舶，总吨数每增加一吨、航海里程每增加一千海里，发放二十五钱。船舶总吨数每增加五百吨，增加其百分之十的奖励金，时速每增加一海里，增加其百分之二十的奖励金。且总吨数六千五百吨以上或时速达十八海里以上的船舶，以及总吨数六千吨或时速最快十七海里的船舶，按比例支付航海奖励金。"

⑤ 获得奖励金的船舶，政府可以征用。"接受航海奖励金的船舶可用于公用"。

⑥ 必须是真实停靠的船舶。"证明其航海里程需有停靠地当地官府开具的停靠证明"。

⑦ 对所雇佣的船运学校的毕业生进行一定补助，可雇佣外国船员。

⑧ 严惩骗取奖励金行为。

由以上《航海奖励法》的原文翻译及所分析的特点来看，此法律只适用于船舶，而非个人或者会社。这样就杜绝了个人和会社获取奖励金后挪作他用或者冒领奖励金的情况。而且规定了船舶越大、速度越快、距离越远，收到的奖励金越多，这既是政府鼓励建造和使用大型船舶，鼓励开辟远洋航线，参与世界航运市场竞争的表现，也是日本在修订和西方列强的不平等条约，取得通商航海平等权利后，意欲与西方列强平起平坐的表现。而且，此法还规定对航线的补助必须是真实有效的航行，还需要对方港口开具到达港口的停靠证明，以防止作伪，并对冒领补助金的行为进行严惩。

这部《航海奖励法》还有一个最重要的特点，即因奖励金由政府发放，所以获得奖励金的船舶可以在特殊情况下由政府征用，而且船长可受递信省所支配。这一点，充分证明了其奖励金的国家属性——政府正是通过发放航海奖励金，对船舶和航线实行特殊补助的办法，将大型的、快速的、适合远洋航行的船舶纳入政府控制范围内。这项规定就为日本在历次对外战争中征用民营轮船会社的船只做了法律上的铺垫。因此，后来的日俄战争、第一次世界大战、日本侵华战争中，有许多大型船只参与其中，成为为战争运输物资和人员的"御用船"。这就决定了日本邮船株式会社、大阪商船株式会社和后来成立的日清汽船株式会社，及其他小型的轮船会社在侵略战争中所扮演的角色，它们都主动和被动地成为了支持侵略战争的工具。

（二）《造船奖励法》

《造船奖励法》①总共计 8 条，573 字。本书首次对《造船奖励法》的原文进行了翻译整理。

造船奖励法（原文译文）

第一条　在帝国臣民以及只雇佣帝国臣民为社员或股东

---

① 『御署名原本　明治二十九年　法律第十六号　造船奖励法』、日本国立公文書館、アジア歴史資料センター、资料号 A03020216100。

的商事会社中，设立具备递信大臣所规定资格的造船所。对船舶制造者，依据此法律规程，对所制造的船舶给予造船奖励金。

第二条 依据此法律，享受造船奖励金需具备以下条件：船舶为钢或铁制造，总吨数达七百吨以上，依据递信大臣所制定的造船规程、并接受其监督制造而成。

第三条 造船奖励标准为：总吨数七百吨以上未满一千吨者，依据船舶总体吨数一吨奖励十二银圆（明治维新时铸造）。一千吨以上每吨奖励二十银圆，若连带发动机一起制造者，每一马力另增五银圆奖金。另，于帝国内其他工厂制造发动机且事先得到递信大臣的许可者皆享受同等奖励。

第四条 享受造船奖励金的船舶的船体及发动机，除依据递信大臣所定规程外，不可供应外国产品。

第五条 以欺诈形式骗取造船奖励金者，处以一年以上五年以下的严格监禁，并附加以二百银圆以上一千银圆以下罚款，并偿还其骗取的造船奖励金。

前项作案未遂者依法按刑法犯罪未遂处理。

第六条 违反此条法律者参考刑法数罪并罚之例。

第七条 前两条处罚同样适用于商事会社承担相关业务的负责人或董事。

第八条 此法律于明治二十九年（1896 年）十月一日起开始施行，有效期十五年。

由以上详细的法律条文可以看出，可以分析出《造船奖励法》具有如下特点：

① 本法适用的对象是国内的日本人及日本会社："在帝国臣民

以及只雇佣帝国臣民为社员或股东的商事会社。"对符合条件的船舶进行奖励，并非对个人或者会社进行奖励。

②鼓励制造钢制船体，与世界趋势接轨。"船舶为钢或铁制造"。

③鼓励制造大型船只，船舶越大奖励越多："总吨数七百吨以上未满一千吨者，依据船总体吨数一吨奖励十二银圆（明治维新时铸造）。一千吨以上每吨奖励二十银圆。"

④鼓励自造发动机，进行技术创新，一是由造船企业自行研制发动机的："若连带发动机一起制造者，每一马力另增五银圆奖金。"一是购买日本工厂发动机的："帝国内其他工厂制造发动机且事先得到递信大臣的许可的皆享受同等奖励。"

⑤如递信大臣许可，也可以使用外国船体和发动机。

⑥严惩骗取奖励金行为。

由此可见，此法律条文适用范围虽然针对日本的个人及会社，但其所奖励的对象是造船所所造的船只，这是一个量化的标准，按照船只的数量给予奖励，这样可以有效防止国家的补助金直接给个人和会社后，产生资金挪用或者拖延怠工等行为。此外，制定了相应的国家标准，并非任何人和任何会社都可以建造造船厂，这样也有效地控制了所造船只的质量，防止有个别个人或公司唯利是图，防止有人以获取奖励金为目的而设置不合格的造船厂，建造不合格的船只。此外，19世纪末、20世纪初，正处于旧式木造帆船退出航运舞台，新式钢铁轮船登上航运舞台的交替阶段，远洋航线成为未来发展的趋势。此法律只适用于钢铁制造的船舶，这样可以有效推动钢铁轮船的建造，紧跟世界航运市场的趋势。仅仅材料是钢铁制造还远远不够，要达到远洋航行，掠夺更多资源，抢占世界市场，还需要更多大型的船舶。所以此法律明确规定了所造的合格船舶载重量越大,奖励金越多。对于轮船的心脏——发动机,此法律也有更为详细的鼓励措施,新法奖励自行研发和制造发动机,也可以购买日本国产发动机。一方面可以鼓励学习先进技术,进行技术创新,另一方面也推进同类国产发动机的制造和销售。这样一来,与发动机相关的日本工厂也因此受益。正值日本推行"殖产兴业""富国强兵""文明开化"三大政策后 30 年,日本已经初步建立了近代军用和民用工业的基础,具备建造大型船舶和军舰的能力,此时出台《造船奖励法》,更显示了日本发展海运,"脱亚入欧",向东亚和全世界扩张的野心。

三、《航海奖励法》和《造船奖励法》对日本海运业和造船业的推动

(一)《航海奖励法》对航运的刺激

由于《航海奖励法》的实施,日本邮船会社和大阪商船会社纷纷开辟新的航线。据日本邮船会社社史记载:

> 明治二十九年(1896 年)三月十五日,由横滨出帆,经由神户、下关、香港、科伦坡、孟买,驶往伦敦和安特卫普。这是本国海运划时代的大飞跃。①
>
> 明治二十九年十月《航海奖励法》实施的结果,本航路就航船在第二年三月出帆的金州丸开始,逐次接受该法的补助金资助。……对本航路与美国航路,向政府提出每年给予一定金额的补助金,其结果是明治三十二年(1899 年)三月,议会通过了将欧美航路设置为特定助成航路的法案,本航路从明治三十三年(1900 年)一月开始,十年间每年可获得二百六十

---

① 日本邮船株式会社:「七十年史」、日本邮船株式会社、1956 年、59 頁。

万三千元以内的补助金。①

日本海运业的划时代的事件是 1896 年通往伦敦和安特卫普的欧洲航路的开通。由于《航海奖励法》的实施，欧洲航路从 1900 年 1 月开始，接受政府的航路补助，十年间每年可以获得政府最高多达 260 万元左右的补助金。同样，美国航路和澳大利亚航路也获得相应补助。

> 本航路（美国航路）从开航当初就受到《航海奖励法》所规定的补助金……从明治三十三年（1900 年）开始，十年间每年可获得金额六十五万四千元以内的补助金。②

> 对政府来说，开通本航路（澳大利亚航路）被认为是政府急务，明治二十九年（1896 年）成为特定助成航路，政府命令当社利用总吨数二千五百吨以上、速力十二节以上的船舶三只，开通横滨到阿德莱德每月一次的定期航路。从同年十月一日开始到明治三十四年（1901 年）三月，四年六个月期间（其后延长到五年），每年获得三十四万八千元以内的补助金。③

美国航路和欧洲航路一起得到了政府的支持，根据《航海奖励法》，1900 年开始，每年可获得 65 万左右的政府补助金。

这些航海补助金，大大促进了欧洲、美洲和澳大利亚航路的贸易发展。如果将 1896 年的贸易额设比率值为 100，可以通过下表来看获得航海补助金后，几大航线贸易量的增加情况。

---

① 日本郵船株式会社：『七十年史』、日本郵船株式会社、1956 年、64 頁。

② 日本郵船株式会社：『七十年史』、日本郵船株式会社、1956 年、69 頁。

③ 日本郵船株式会社：『七十年史』、日本郵船株式会社、1956 年、72 頁。

表 2 - 1　日本邮船株式会社各年度贸易增长表

(单位:万日元)

年度	日欧贸易	占百分比	日美贸易	占百分比	日澳贸易	占百分比
1887 年	4 154	33%	2 481	52%	56	24%
1893 年	6 884	55%	3 382	71%	121	53%
1896 年	12 575	100%	4 790	100%	229	100%
1897 年	13 671	109%	7 946	166%	277	121%
1898 年	13 968	111%	8 731	182%	339	148%
1899 年	12 818	102%	10 213	213%	387	169%
1900 年	16 924	135%	11 532	241%	498	217%
1901 年	15 675	125%	11 507	240%	431	188%
1902 年	16 093	128%	12 888	269%	484	211%

(注:其中设 1896 年贸易量为 100%)

资料来源:日本郵船株式会社『七十年史』、日本郵船株式会社、1956 年、65 頁、71 頁、74 頁。

从表 2 - 1 可以看出,1896 年 10 月 1 日实施《航海奖励法》以后,日欧、日美、日澳贸易都呈现增加的趋势。1902 年的日美贸易量更是达到 1896 年的 269%,日本和澳大利亚之间贸易量也增加了接近一倍。可见,19 世纪末、20 世纪初,日本海运开始逐渐扩张其势力,追赶其他列强。

(二)《造船奖励法》实施的影响

如前所述,《造船奖励法》的助成金补助规定是:总吨数 700 吨以上的船舶,1 吨补助 12 银圆;总吨数 1 000 总吨以上的船舶,1 吨补助 20 银圆。对于生产发动机的,1 马力再增加 5 银圆。这个法令自 1896 年 10 月 1 日实施开始,总共持续 15 年。19 世纪末到一战结束后,日本国产的船舶数量和进口船舶的数量可以参见下表。

表 2 - 2　日本船舶建造数量和进口数量统计表(1894—1919 年)

年份	登记船舶数		建造船数		进口船数	
	只数	总吨数	只数	总吨数	只数	总吨数
1894 年	461	263 629	33	5 847	38	96 072
1895 年	528	331 374	47	8 977	35	66 424
1896 年	570	363 223	36	5 860	27	34 891
1897 年	626	426 624	57	10 698	22	67 454
1898 年	674	464 246	54	13 929	10	44 110
1899 年	753	498 376	32	18 157	9	25 454
1900 年	859	534 239	53	15 308	13	28 492
1901 年	969	577 660	71	31 829	12	19 344
1902 年	1 033	605 122	67	16 328	10	20 684
1903 年	1 088	657 269	65	33 612	17	33 440
1904 年	1 224	791 057	114	27 500	72	177 298
1905 年	1 390	932 740	103	30 089	100	138 706
1906 年	1 492	1 034 456	90	35 151	23	30 142
1907 年	1 574	1 109 444	79	29 898	34	32 009
1908 年	1 618	1 152 575	77	68 070	21	19 178
1909 年	1 653	1 189 957	68	50 795	8	8 032
1910 年	1 703	1 224 091	71	35 644	20	40 268
1911 年	1 854	1 375 083	137	43 817	49	129 454
1912 年	1 981	1 430 329	170	43 013	24	49 019
1913 年	2 072	1 513 941	112	54 950	27	55 120
1914 年	2 133	1 577 025	85	58 846	13	32 182
1915 年	2 132	1 604 900	73	78 918	11	25 081
1916 年	2 159	1 696 631	93	138 011	11	32 065
1917 年	2 179	1 827 132	196	226 943	13	7 280

续表

年份	登记船舶数		建造船数		进口船数	
	只数	总吨数	只数	总吨数	只数	总吨数
1918 年	3 641	2 310 959	516	598 691	20	3 632
1919 年	2 870	2 840 650	323	636 271	15	947
合计	39 236	28 332 732	2 822	2 317 152	654	1 216 778

资料来源：冈田俊雄编『大阪商船会社 80 年史』、大阪商船三井船舶株式会社、1966 年、407 頁、414 頁。

由表 2-2 可以看出，1896 年 10 月《造船奖励法》实施之后，1897 年、1898 年连续两年造船数在 50 只以上，但 1899 年反而又减少到 32 只，并没有出现持续的增加，这是什么原因呢？如果细读《航海奖励法》内容可以看出，根据规定，《航海奖励法》对航海中所使用的船舶给与补助时，不分外国建造的船只和日本本国产的船只，一律享有补助金额，因此，很多航运公司和造船厂并没有大力推行国产船舶的制造。这就导致本国造船数量并没有在几年内因《造船奖励法》的颁布和实施出现突然迅速增加的现象。

针对此种局面，日本政府又于 1899 年 3 月，对两部法律及时进行了部分修改，规定：外国建造的船舶只享受国内建造船舶的一半补助[①]，也就是对外国船舶减少 50％的补助金。这一举措非常见效，很多公司开始投入造船事业。

表 2-3　受《造船奖励法》补助的日本造船厂造船数量（1897—1918 年）

造船厂	只数	总吨数	造船厂	只数	总吨数
三菱造船所	71	379 367	小野铁工造船所	5	8 787

---

① 冈田俊雄编：『大阪商船会社 80 年史』、大阪商船三井船舶株式会社、1966 年、407 頁。

续表

造船厂	只数	总吨数	造船厂	只数	总吨数
川崎造船所	62	269 515	浅野造船所	1	8 150
大阪铁工所	87	220 609	播磨造船所	4	6 333
浦贺船渠	16	57 018	松尾铁工场	2	6 059
石川岛造船所	10	22 002	原田造船所	1	1 921
藤永田造船所	7	14 179	栃木造船所	1	1 483
合 计				267 只	995 423总吨

资料来源:冈田俊雄编『大阪商船会社 80 年史』、大阪商船三井船舶株式会社、1966 年、407 頁。

由表 2-3 可以看出,在《造船奖励法》实施期间,共有 12 家造船厂共建造 267 只新船,总吨数为 995 423 吨。最主要的造船厂有三菱造船所、川崎造船所、大阪铁工所,这三家造船厂分别占造船总数的 26.5%、23.2%、32.5%,三家造船厂占了总造船数量的 82.3%,是该时期造船的主力造船厂。

对 19 世纪末、20 世纪初期的日本来说,造船国产化还存在一定局限性,由于国内采矿和炼钢业的发展落后于西方,所以造船所使用的原材料钢铁等还需要依赖国外进口,尤其是发动机还不能实现完全国产化,这也是《造船奖励法》鼓励发动机国产化的原因之一,甚至为了加快造船数量,对于购买使用外国发动机的也给予一定的补助。此外,日本的造船厂从技术上看,还只能自行生产小型的船舶,对于建造大型船舶所使用的设备、工人、技术等,还存在很大的缺口和不足。但是从总的趋势看来,船舶国产化的比率在逐渐增加。

从 1894 年开始到 1903 年为止,日本国内造船为 16 万总吨,与此相对,输入船舶为 43 万 6 000 总吨,输入船舶占 73%。

但从 1904 年开始到 1913 年为止的十年间，国内造船达到 41
万 9 000 总吨，输入船舶为 67 万 9 000 总吨，输入船舶只占
62％。可见，输入船舶成逐渐减少的趋势。①

可见，1904—1913 年 10 年间的船舶进口比率为 62％，和
1894—1903 年 10 年间的 73％相比，下降了 10％以上。这 20 年也
是日本造船业逐渐崛起的重要时期。可以看出，到《造船奖励法》
终止时，1918 年当年日本国内建造船舶数为 516 只，计 598 691 总
吨，而进口的船舶数仅为 20 只，3 632 总吨。由 1903 年又经过 16
年，到 1918 年，进口船舶的总吨数大幅下降，国产船舶的总吨数
已经呈现出明显大幅上升的趋势，国产船舶的总吨数已经为进口
船舶总吨数的近 165 倍！由国产造船的数量表格看，1916 年之
前的造船数量几乎都为个位数，1916—1918 年则分别为 38 只、
58 只、28 只，这是《造船奖励法》实施 22 年来所造总船数 267 只
的 46.4％！可见，这三年是日本造船实现国产化的重要转折点。

到 1919 年，日本国产船舶吨数（636 271 总吨）竟达到进口船舶
（947 总吨）的 672 倍。

因此，可以断定地说，由于《造船奖励法》的实施，19 世纪末、20
世纪初，日本造船业和航运业实现了由依赖进口船舶到船舶国产
化的重大转变。这个重要的转折发生在 1916—1918 年左右。这
个巨大的转变不仅仅代表日本海运业在这一时期开始逐渐具备海
外扩张的物质基础，而且，三菱造船所、大阪铁工所、川崎造船所已
经成为日本最主要的造船企业，它们不仅仅可以建造民用船舶，也
借《造船奖励法》的实施逐渐获得了建造大型军舰的技术和设备。
它们所建造的民用船舶可以用于推进"大陆政策"过程中对朝鲜和

---

① 冈田俊雄编：『大阪商船会社 80 年史』、大阪商船三井船舶株式会社、1966 年、406 頁。

中国的资源掠夺，所建造的军舰可以成为日本海军扩充军备的重要来源，在物资和战备上充当了日本侵略战争的帮凶。

综上所述，明治维新开始后，日本政府无论在经济上还是在政治上，都充满了对近代日本实现"海外雄飞"的幻想，越过海洋屏障到大陆建立"皇国"成为日本自上而下的迫切愿望。而实现这一步，急需发展海运业和造船业。因此，在明治政府成立后的第二年，也就是1869年10月，日本立刻颁布了奖励造船和购船的政策。虽然受时代所限，没有取得特别明显的效果，但是有效地促进了民间从事造船和船只买卖、从事海上航运业的热情，这给作为国家政策而出现的《造船奖励法》和《航海奖励法》的出台打下了较为广泛的民众基础。到1894年年底，日本与欧美列强所签订的不平等条约全部修订完毕，这一系列通商航海条约使日本政府取得了与欧美列强平起平坐的地位，在国际关系和贸易往来上，实现了所谓"脱亚入欧"。由此，日本从国际法领域迈出推进大陆政策和海洋扩张的重要一步。通过《马关条约》的签订，日本不仅实现对台湾及其附属岛屿的占领，还攫取了其他利益，这成为日本发展东亚海运，扩张中国航路的一个重要契机，加速了日本海运的海外扩张。从国家到民众"扩展海外航路成为当时舆论的重点"，于是，1896年公布了《航海奖励法》和《造船奖励法》，并于同年10月1日开始实施。

本书首次全文披露和翻译整理了《航海奖励法》和《造船奖励法》的内容，并分析了两项法律对日本造船业和航运业产生的深远影响。日本航运企业借助国家资本，开辟了到达欧洲、美洲、澳大利亚的远洋航路，而且由于《造船奖励法》的实施，19世纪末、20世纪初，日本造船业和航运业实现了由依赖进口船舶到船舶国产化的重大转变。这不仅仅代表日本海运业在这一时期开始逐渐具备海外扩张的物质基础,而且,主要的造船企业借《造船奖励法》的实施逐渐获得了建造大型军舰的技术和设备。他们所建造的民用船舶可以用于推进"大陆政策"过程中对朝鲜和中国的资源掠夺,所建造军舰可以成为日本海军扩充军备的重要来源,在物资和战备上充当了日本侵略战争的帮凶。可以说,《航海奖励法》和《造船奖励法》的颁布和实施,是日本航运业和造船业的重要转折点,也是日本大陆政策快速推进的重要表现。

第二节　《远洋航路补助法》对海运扩张的推动

随着甲午战争和日俄战争的结束,出于19世纪末、20世纪初期对外扩张的需要,日本开始重点扶持远洋航线以配合国家战略。日本政府于1909年3月25日制定和颁布《远洋航路补助法》,同时废止《航海奖励法》。[①]《远洋航路补助法》对远航航路(欧洲航线、北美航线、南美航线和澳大利亚航线)实行扶持政策,增加资金并提高补助上限,还修改了以前法案的弊端,对命令航线、特定航线予以更大优惠。

通过这一系列法案的实施,大大提高了日本的远洋海运能力,保障了日本海运会社在各航线上与欧美海运强国展开竞争并处于优势地位。可以说,这是四面环海的日本推行对外扩张必备的物质条件。

一、《远洋航路补助法》的内容及影响

远洋航路补助法(原文译文)

第一条　主管大臣对于从事航运业的、以日本臣民或

---

① 韩庆、王娟、逢文昱:《明治时期日本政府的航运扶持政策探究》,《大连海事大学学报》,2014年第13卷第1期,第78页。

只雇佣日本臣民作为会社职员,以及股东的商业会社,依本法支付航海补助金。在五年期间内,允许其在下述远洋航路中定期航行,关于补贴金额及年限,需征得日本议会的同意。

一、欧洲航路

二、北美航路

三、南美航路

四、濠州(澳大利亚)航路

本法的补助适用于前项规定的定期航海。

第二条 使用航海补助的船,其总吨位需达三千吨以上,行驶速度平均一小时在十二海里以上,并符合主管大臣所定的造船规定,且仅限于登记在日本船籍上,船龄在十五年以内的钢制汽船,至于船的速度,则需根据主管大臣所定的方法来计算。

第三条 外国制造的船也可适用于航海补助,但仅限于登记日本船籍时船龄在五年以内,或由于一些特殊情况已经使用了航海补助,并获得主管大臣的许可的船。

第四条 航海补助金的支付基准为:船舶总吨位每一吨、航海里数一千海里,行驶速度为一小时十二海里的补助为五十钱以内,速度每小时增加一海里,则应根据航线的路况,适当多支付百分之十以内的金额。但是,对于船龄超过五年的船舶,则每年减少其航海补助的百分之五。

针对外国制造的船只,需按照上述规定支付航海补助金基准的一半计算。

特别是,对于获得主管大臣认可、按照规定设计制造的船舶,或在定期航行开始后,使用于定期航线五年的船舶,可根据前两项的规定,在应支付的航海补助金的百分之二十五内,适当增加补助,按照航海补助金的计算,航海里数据各港间最近的航线来计算。不满一吨或者不满一海里的尾数应舍去,不计算在内。

第五条　在航海补助中,旅客旅费、货物的运费需根据主管大臣的许可制订。

必要时,主管大臣可以指定其中某一种类来降低旅客的旅费、货物的运费。

第六条　根据规定,使用航海补助的船只,应免费装载主管大臣指定地方的邮包以及邮政包裹。对于主管大臣出于以下原因派遣的人员如:修理无线通信设备、处理通信事务或航海视察等,需让其免费搭乘。

第七条　补助航海的从事者应遵从主管大臣的规定,建设维持定期航海所需的设施。

第八条　补助航海的从事者应遵从主管大臣的规定,在下述的比例以内,收取一定的费用让航海修业生乘坐船只。

总吨位　三千吨以上,五千吨以下　　　四人
总吨位　五千吨以上,八千吨以下　　　五人
总吨位　八千吨以上　　　　　　　　　六人

第九条　辅助航海从事者可未经主管大臣批准,雇佣外国人作为总店或者分店的事务员或者是使用船的职员。

在国外死亡及由于其他不得已的事由,导致使用船只缺少职员时,应根据前项规定,允许补充职员。在这种情况下,需要由补助航海的从事者,或船长直接向主管大臣申请批准。

第十条　补助航海从事者应遵从主管大臣的规定,提交与补助航海相关的收支计算书及营业状况报告书。

必要时，主管大臣可以派遣职员到补助航海从事者的总店、分店、代理店或正在使用的船只上，监督其收支计算及营业状况。

在上述情况下，补助航海从事者应遵从该派遣官员的要求，公开业务上的一切事项，并提供账簿及其他所有文件以供审阅。

第十一条　主管大臣应规定相应的补偿金额，对使用补助航海的船只在公用目的时，进行征用或使用。

使用补助航海的船，自最后一次航海结束之日后三年内，仍可适用于前项规定。

对补偿金额不满的人，自被征用或者收到通知之日起三个月内，可向一般法院提起诉讼、向其申请停止对本船的征用。

第十二条　针对用于补助航行的船只，自获得航行补助金后航行期间以及最后航行结束之日起三年之内，皆可将船转让给外国人，供租借或作担保之用。但是仅限于以下几种情况：偿还之前对该船舶支付的航海补助金时，因天灾及其他不可抗力而难以航行时，以及获得了主管大臣的许可时。

第十三条　下述事项皆为主管大臣决定

一、补助航海的起点、终点及停靠港口

二、使用船只的数量、总吨位、速度、船龄及船的费用等相关事项

三、航海频率、航海天数及出发、抵达时间相关事项

四、航海补助金的支付方法

五、对于未履行义务的船只，会采取减付航海补助金，甚至停止、废除以及要求该船偿还航海补助金等措施。

第十四条　涉及属于补助航海从事者的义务的事项，主

管大臣可以直接向其代理人或船长下达命令。

第十五条　依照第十一条的规定,征用船只的船主或代理人等若拒绝船只被使用,或者违反第十二条规定的话,则处以二百日元以上一千日元以下的罚款,并责令该船偿还政府向其支付的航行补助金相应的金额。

前项涉及的偿还金可以按照国税滞纳处分的方式进行征收,但按照权利的先后顺序,该征收应排在国税征收之后。

第十六条　明治三十三年法律第五十二号是根据本法或者本法发出的命令,如有犯罪则按本法处置。

《远洋航路补助法》第一条,明确了日本政府补助在四条航线上定期航行的船舶:欧洲航线、北美航线、南美航线和濠州(澳大利亚)航线。补助范围是符合造船规程的铁质或钢质轮船,并且必须在日本登记注册,且规定船龄在15年以内,吨位在3 000吨以上(含3 000吨),航速在12节以上(含12节)。还规定外国制造的船舶不可适用本航海补助法。但是如果在日本注册的且船龄5年以内的外国船舶如果有特殊事由,可以获得主管大臣许可的,不在此限制之列。此外,航海补助金的计算是适用船舶的总吨数的每1吨、航海里数1 000海里、航速12节,补助50钱以内。速度每增加1节,补助金最高相应增加10%。根据航线的实际情况支付补助金。但是,船龄超过5年的船舶,每超过1年递减5%。外国制造的船舶,根据前项规定,政府支付的航海补助金减半。特别是获得主管大臣认可设计制造的船舶或定期轮船开始航行后,航线中使用的超过5年的船舶,按照前面的两项规定支付航海补助金,另外还可以相应加付25%以内的额外补助。航海补助金的计算,以各港口间的最短航线为准。不满1吨或不满1海里的尾数舍弃不算。《远洋航路补助法》首先明确了只是补助远航航线,并提高了补助的上限,对以前法案的弊端进行了修改,并且对命令航线加以优惠。通过这一法案的实施,日本轮船公司迅速向外扩张,进一步抢占各个航线。①

除前述四条航路以外,还有日本与中国港口间航路、东洋近海航路、日本海诸航路及中间停泊航路等,故其金额在1896年之后有如下增加。

表2-4　日本政府对远洋航路及近海航路补助金 （单位:元）

年份	1896年	1897年	1898年	1899年	1900年	1901年	1902年	1903年
补助额（日元）	134 775	538 702	671 321	896 898	4 132 629	5 333 959	6 132 517	6 077 306
年份	1904年	1905年	1906年	1907年	1908年	1909年	1910年	—
补助额（日元）	1 853 935	1 665 339	4 659 988	7 016 077	6 859 261	7 518 780	9 816 954	—

根据表2-4数据,可以看出随着时间推移,航路补助金也在不断变化,可以明显看出,航运补助金有两次高峰,一次是甲午战争之后的1896年开始,持续上升到日俄战争前的1902年;另一次高峰是日俄战争后的1905年持续到1910年,尤其是1905年到1907年,补助金额大幅提高。这也从另一个侧面说明,甲午战争和日俄战争是日本海运业跃进的两个台阶,一方面,战争中军事和民用运输量的增加,刺激海运业发展;另一方面,战后政府对航运业的大力补助,是航运业发展的重要动力。

上述航路补助金的接收方多为日本邮船、大阪商船及东洋汽船等,现将这些会社所接受的金额归纳如下:

---

① 参见韩庆、王娟、逄文昱:《明治时期日本政府的航运扶持政策探究》,《大连海事大学学报》,2014年第13卷第1期,第78页。

表 2-5　各会社接受航海补助金统计表　　（单位：元）

会社名称	1906 年	1907 年	1908 年	1909 年	1910 年	1911 年
日本邮船	2 398 764	4 589 751	4 561 591	3 896 730	4 885 909	4 824 336
大阪商船	1 165 524	1 201 168	1 178 449	1 830 758	2 046 411	2 499 780
东洋汽船	946 535	1 056 191	1 174 531	2 316 144	2 530 846	2 811 892
日清汽船	—	791 943	796 588	308 323	799 159	799 526
大东汽船	36 813	—	—	—	—	—
大家商船	124 500					

随着一战战局的进展，日本政府开始致力于贸易保护的管理和指导，1916 年召开临时会议，提出以下的航路补助办法。1916—1919 年，补助办法的具体内容如下①：

欧洲航路补助：1916 年 1 801 900 元

1917 年 1 754 196 元

1918 年 1 689 805 元

1919 年 1 569 672 元

北美航路补助：1916 年 2 940 912 元

1917 年 2 802 119 元

1918 年 2 669 925 元

1919 年 2 509 187 元

南美航路补助：1916 年 297 558 元

1917 年 291 211 元

1918 年 284 860 元

1919 年 269 350 元

澳大利亚航路补助：1916 年 173 808 元

① 畝川鎮夫：『海運興国史』，海事彙報社，1927 年、456—458 頁。

$$1917 年 160\ 253 元$$
$$1918 年 169\ 470 元$$
$$1919 年 188\ 497 元$$

以上是远洋航路补助案的具体内容，包括补助的年限和不同年限给予的补助金。《远洋航路补助法》主要补助对象是欧洲航路、北美航路、南美航路、澳大利亚航路，这些是日本海外航路的主干，也是日本参与世界交通和贸易竞争的主要手段。通过这些航路的开辟和运营，日本在政府的主导下，建立起由国家保护和管理海运的系统，逐渐构筑起近代海运的世界网络。这些都使近代日本海运业迅速崛起的表现。

二、与《远洋航路补助法》相配合的其他补助命令

日本政府颁布《远洋航路补助法》对四大远洋航路进行补助的同时，还对包括南洋航路、中国航路的近海航路颁布奖励命令，也投入了大量的资金，维持这些航路的开辟和运营。

南洋航路：1916—1917 年两年间，每年南洋航路 28 万元。

大连航路：10 万元。

日本海横断航路：251 500 元。

上海航路：1916 年 215 000 元，1917 年 215 000 元，1918 年 107 500 元。

北中国航路：1916 年 117 000 元，1917 年 117 000 元，1918 年 47 904 元。

本州北海道联络航路：1916 年 50 000 元，1917 年 50 000 元，1918 年 24 932 元。

北海道航路：1916 年、1917 年各 194 040 元，1918 年

64 228元。

　　此外伊豆诸岛、小笠原、冲绳等其他远离大陆的岛屿：1916—1917 年两年间总额是 60 076 元。

以上是对近海航路的补助办法。可以看出，虽然补助金额和四大远洋航路相比，总数量较少一些，但是从这些航路的布局来看，能看出这些航路都是东亚和东北亚的重点干线。有些航线的补助金额也非常巨大，如南洋航路，虽然距离上远不如四大远洋航路，但是每年补助 28 万元，两年间补助 56 万元，金额与北美航路和南美航路的补助相当，每年的补助额甚至超过了澳大利亚航路。从航路命令就能看出日本对于南洋重要性的认识，也是日本觊觎南洋资源的体现。中国航路方面，对于驶往重要港口的航线，补助金额也很突出，如上海航路连续两年为 21 万元，华北航路连续两年 11 万元，大连航路每年 10 万元。值得注意的还有日本海横断航路，补助金达到 25 万元，数量非常可观。日本横断航路是日本推行"北进"战略的关键航线，重要的港口有朝鲜西海岸港口、海参崴、新潟、秋田等，是日本经营东北亚的重要航路。还要注意的是，1918 年的航路补助金和 1916 年、1917 年的航路补助金相比，出现了大幅下降。如上海航路，从约 21 万元削减到 10 万元，华北航路从 11 万元削减到不到 5 万元，北海道航路更是从 19 万元迅速递减到 6 万元。

　　可以看出，一方面，第一次世界大战期间，欧洲各国忙于战事，无暇东顾。战争期间军用和民用的运输需求旺盛，以德国航运企业为代表的欧洲航运公司受战争影响，大量船只被政府征用参与战争运输，被迫退出东亚航运市场。日本政府快速抓住这一千载难逢的时机，意在通过政府的大力扶持，扩大航运公司的规模，增加航运公司的运力，快速抢占东亚和东北亚地区的航运市场，以图成为东亚航运的霸主。另一方面，这一过程也能看出日本在东亚的航运布局。大连和上海分别是东北和华东的航运枢纽,两条航线单独进行补贴。两条航线的补助金额巨大,它们是日本将经济势力深入东北和华东、华中的重要工具。南洋航线(包括南洋航路和冲绳在内的岛屿)和东北亚航线(包括日本海横断航路、本州和北海道间航路、北海道航路)的补助金也占了很大一部分,可以说明,东南亚和东北亚是日本近代航运规划的重要区域,是日本"南进"和"北进"的重要方向。

此时,除远洋航路和近海航路补助办法之外,日本递信省及其他地方机构对航路也实行特别补助,又选定了一些特定航路为命令航路,其中包括中国内地航路。

上海—汉口线

总吨数两千吨以上,最快速度每小时十一海里以上的船舶六艘,每年三月到十一月九个月,每周航行四次以上,十二月开始到第二年的二月的三个月间,每两周航行六次以上,一年期间航行一百九十二次以上。

上海至汉口:往返都在镇江、南京、芜湖以及九江停靠,但是通州、张黄港、江阴、天星桥、仪征、大通、安庆、湖口、武穴、靳州、黄石港以及黄州停靠。

汉口—宜昌线

总吨数一千五百吨以上,最快速度每小时十海里以上的船舶两艘,航行时间是每年的四月到九月,六个月的时间,每月航行六次以上,从十月开始到第二年的三月,六个月的时间内,每月航行四次以上,一年内发船六十次以上。

汉口至宜昌:往返都在沙市停靠,但是也在新堤和岳州停靠。

上海—苏州线

总吨数八吨以上,最快速度一小时五海里以上被用作拖船的汽船三艘,总吨数十五吨以上被用作拖船的船只三艘,每月二十五次以上,一年内发船三百次以上。

上海—杭州线

总吨数八吨以上,最快航行速度每小时五海里以上拖船用汽船四艘,总吨数十五吨以上被用作拖船的船舶四艘,每月航行二十五次以上,一年内发船三百次以上。

日本递信省及其他地方机构还选定一些特定航路为命令航路,进行特殊补助。除了美洲和澳大利亚航线,主要是长江航线。20世纪初期日本不惜重金拓展长江航路,能从一个侧面说明长江航路的重要性,更说明日本循序渐进侵入中国内陆航运市场并觊觎中国内陆资源的意图。

第三节　近代日本的海事系统

海运对国民经济来说,既是一个独立的产业,也是和其他产业密切相关的,是国民经济系统中的重要一环。海运业的兴起,可以带动造船业、海上保险等其他附属工业和部门的发展,又涉及船主、海员及货物的仓储和装卸等。可以说,海运是一个非常复杂的系统。19世纪末到20世纪上半叶,随着近代日本海运业的发展,与海事相关的产业体系和管理也逐步完善。对这个系统的梳理,有助于理解近代日本海运业发展的脉络和方式方法,既可以对其中的科学化成分进行借鉴,也可以对其含有侵略因素的部分进行批判。根据亩川镇夫《海运兴国史》[①]的内容所整理,与近代日本海运直接和间接相关的产业如下。

---

① 畝川鎮夫:『海運興国史』、海事彙報社、1927年、2—3頁。

一、与日本海事网络直接相关的部分

（一）海运部分

1. 船主

2. 代理店

3. 回漕店（包括货物运送店、货物收集店）

4. 仲立店（船舶和运费的中介和经纪人）

（二）海员

1. 商船学校（包括官立、公立、私立学校）

2. 海员养成所（包括公立、私立海员养成所和训练营）

（三）造船

1. 造船厂

2. 铁工所（船舶机械及其他附属工业）

3. 船装品工业（俗称的其他船具类产品）

4. 制铁业

5. 船具商

6. 船底涂料

（四）保险

1. 海上保险

2. 再保险

3. 保险中介

（五）燃料

1. 煤炭

2. 石油

二、与日本海事网络间接相关的部分

（一）港湾

1. 船舶引航

2. 码头装卸

3. 装运工人（包括海上装卸、仓库装卸、收集和送达货物装卸）

4. 筑港和栈桥

（二）海事行政

1. 递信省（管船局、海事部、灯台局、海员审判所）

2. 大藏省（海关）

3. 内务省（土木局）

4. 文部省（商船学校、海事气象台）

5. 商工省（保险局、矿山局）

6. 海军省（水路部）

7. 地方厅（各道、府、县）

8. 殖民地（朝鲜、中国台湾、"关东州"）

（三）其他相关协会

1. 海运（船主协会、船主会、船主同盟、海运集会场所、海运业组合、运费同盟）

2. 造船（造船协会、船级协会）

3. 保险（海上保险协会）

4. 海员（海员协会、海员救济会、海员养成所、海员组合、司厨联盟、海员之家）

5. 燃料（按燃料协会、燃料研究所、煤炭联合会）

6. 行政（港湾协会、海法会）

7. 文献（书籍、报纸、杂志）

8. 其他（水难救济会、海事协同会、大连海务协会、检定协会、近藤纪念海事财团、海事研究会、包装协会、审判辅佐、律师、通关人）

由以上近代日本海事网络的系统可以看出，海运业是一个非常综合的产业，海运的发展是个系统工程，并非只有海上航运。首先，海运和航运会社的组建密切相关。海运会社的设立和扩充是海运发展的保障。19 世纪末、20 世纪初，是日本航运会社建立比较集中的时期。其次，海运和造船密切相关，造船包括造船厂的选址、修建，以及船渠的修建和扩建。海运大发展时期也是日本造船厂在各地修建、扩建较多的时期。造船还和制铁业息息相关，如长崎制铁所也在造船中承担重要任务。再次，海运和其他产业有机结合，如保险业和教育业，即海上保险会社的成立和运营，以及海员、商业学校的教育等。最后，海运的发展也离不开各种协会的建立，如海事协会、保险协会、船员协会等。由此可见，海运是综合性产业部门，海运的发展和国家政策、命令息息相关，还可以带动其他产业的共同发展，是日本产业近代化的支柱产业之一。

近代日本海运系统的"海事行政"中还有和殖民地相关的部门，这说明近代日本的海运和日本政府的殖民地占领关系密切，也是维系日本和殖民地经济、政治的重要辅助部门。

第三章　第一次世界大战前后日本海运会社的东亚海运网

第一节　第一次世界大战前后的日本海运业

由 17 个小型民营轮船会社组成的大阪商船株式会社和由三菱会社、共同运输会社合并而来的日本邮船株式会社相继成立,成为日本近代海运业开始崛起的重要表现。其中,大阪商船株式会社主要经营大阪以西的 22 条日本国内航路,日本邮船株式会社主要经营 11 条日本内海航路和 3 条日本近海航路(横滨—上海、长崎—海参崴、长崎—仁川)。[①] 日本邮船株式会社在海外航线上和欧美轮船公司开始了激烈的竞争。1896 年 10 月 1 日,《造船奖励法》和《航海奖励法》开始实施后,对日本的造船业和航海业起到"助推器"的作用,成为日本海运业和造船业的重要转折点,日本造船业实现了由依赖船舶进口到船舶国产化的重大转变。1907 年,"国策会社"日清汽船株式会社成立,以经营长江航路为主,使日本的势力进一步深入中国内地。一战前后日本航运业的发展,不仅

---

① 長谷川茂:『関西汽船 25 年の路』、関西汽船株式会社、1868 年、28 頁。

代表日本海运业在这一时期开始逐渐具备海外扩张的物质条件，更是日本"大陆政策"快速推进的重要表现。

一、19 世纪末期日本海运业的发展

甲午战争结束后，日本政府认识到海上力量具有"左右国家发展"的重要性，于 1896 年出台了《航海奖励法》和《造船奖励法》。两项法规的颁布和实施，表面上体现了日本政府对海运公司和海运行业的重视，更深层次地体现了日本"大陆政策"步伐往朝鲜和中国东北地区的步步推进过程中，日本政府意欲将由岛屿之国变为陆地国家的内在"动力"。日本海运业因甲午战争胜利和《航海奖励法》《造船奖励法》的实施，在 19 世纪末期出现了迅猛扩张的趋势。

甲午战争对海运业发展的影响巨大，也使日本的海运会社认识到发展海外业务的重要性。

> 我们在日清战役（甲午战争）的胜利，大大激发了国民昂扬的意志，而且海外发展的气运也逐渐成熟，迎来了新的局面。……日清战役（甲午战争）的经验，使我国痛感海运力量不足，而且认识到海运在国防上的必要性，更甚者，（发展海运）符合三国干涉引发的卧薪尝胆的国民感情。同时，海运发展的经济基础已经逐步确立。
>
> 以欧、美、澳三大远洋航路的开设为契机，其他各方面新航路纷纷开设。①

以上材料所提到的"海运发展的经济基础已经逐步确立"，就包括两大会社船只运力的增加和国内铁路的修建。在日本邮船株式会

---

① 日本邮船株式会社：『七十年史』，日本邮船株式会社，1956 年、54 页。

社社史中有这样的记载：

> 当社运船船腹合计六十八只、达到十三万五千总吨,数量
> 增加百分之五十,吨数增加了百分之一百一十。而大阪商船
> 会社拥有的船腹也从明治二十六年(1893年)末的四十九只、
> 一万七千总吨增加到明治二十八年末(1895年)的五十五只,
> 二万六千总吨。①

> 铁道营业的里程数量已经由明治二十四年(1891年)的二
> 千七百千米增加到明治二十九年(1896年)的三千八百千米。
> 船舶依赖于国内交通运输的发展,随着铁路的普及,国内运输
> 逐渐有依赖利用铁路的倾向。如前文所记,船舶增加,(货物)
> 已经不能在国内彻底消化,(海运)必须进出于海外。②

由此可见,甲午战争后,日本的船舶数量、铁路里程增加非常快。尤
其以日本邮船株式会社和大阪商船株式会社船舶增加最为明显,日
本邮船株式会社的运力增加了110%,大阪商船株式会社的运力增加
了50%。铁路里程方面,日本国内铁路的里程增加了41%。这些都
成为日本进一步扩张海运势力的物质基础,正如日本邮船株式会社
社史所说"海外发展的气运也逐渐成熟,迎来了新的局面","必须进
出于海外"。于是,日本邮船株式会社除1893年开辟的印度航线外,
又相继开辟了日本与欧洲、美洲和澳大利亚的航线。

表3-1　甲午战争后日本邮船株式会社开辟的远洋航线

航线名	开航时间	第一船	《航海奖励法》补助
日欧航线	1896年3月	土佐丸(5 402总吨)	1900年开始　10年

---

① 日本邮船株式会社：『七十年史』、日本邮船株式会社、1956年、54页。
② 日本邮船株式会社：『七十年史』、日本邮船株式会社、1956年、54—55页。

续表

航线名	开航时间	第一船	《航海奖励法》补助
日美航线	1896 年 8 月	三池丸(3 308总吨)	1900 年开始　10 年
日澳航线	1896 年 10 月	山城丸(2 528总吨)	1896 年开始　5 年
台湾航线	1896 年 9 月	——	"台湾总督府"命令航路

资料来源:日本邮船株式会社『七十年史』、日本邮船株式会社、1956 年、54—64 頁。

　　19 世纪末期,随着日本对朝鲜和中国扩张步伐的加快,具有"国策会社"背景的日本邮船株式会社也积极开辟了去往朝鲜和中国的航线。

　　　　在创设远洋诸航路的同时,在近海航路方面也努力扩张。(甲午)战后我国与清国、特别是北清方面的贸易呈现发达景象,近藤社长于明治三十二年(1899 年)八月在货物课长岩永省一、大阪支店店长原田金之祐的陪同下,调查了以上地区。回国后,向内阁大臣提出建议书,劝说必须振兴东洋贸易。作为其方策,提出必须扩充东洋航路和开设日清之间的金融机构。于是,当社开设了以下新航路。[1]

　　上文中的"近藤社长"指的是日本邮船株式会社第三任社长近藤廉平,他于 1895 年 11 月 15 日上任。之前曾在农商务省任书记官,曾在三菱会社和共同运输会社的合并中发挥了重要作用,日本邮船株式会社创立后,在庶务课任职。近藤廉平在中国考察后所开辟的新航线有:上海—天津线、神户—北清线、神户—韩国—北清线、长崎—香港线等。[2] 加上 1896 年开辟的台湾航路,航线的范围扩大到中国的东北、华北、华南地区。到 1903 年初,日本邮船株式会社的航线列表如下:

───────────

[1] 日本邮船株式会社:『七十年史』、日本邮船株式会社、1956 年、75—76 頁。

[2] 日本邮船株式会社:『七十年史』、日本邮船株式会社、1956 年、76 頁。

表 3－2　日本邮船株式会社航线表（1885—1903 年）

	航线名	使用船数	总吨数	航海次数	航线补助
远洋航路	欧洲线	12	74 210	二周一回	递
	美国线	6	36 078	四周二回	递、自
	横滨—墨尔本线	3	12 711	四周一回	递
	横滨—孟买线	5	19 392	四周两回	递、自
小计		26	142 391		
近海航路	横滨—上海线	3	8 591	每周一回	递
	神户—北清线	3	5 687	每周一回	递
	神户—韩国—北清线	2	4 957	四周二回	递、自
	神户—海参崴线	2	5 580	每二十四日两回	递、自
小计		10	24 815		
日本沿岸航路	神户—小樽东回线	8	22 515	每三日一回	递
	神户—小樽西回线	6	12 303	每周一回	递
	神户—四日市线	2	1 962	每四日二回	递、自
	青森—室兰线	3	4 804	每日一回	递
	青森—室兰直航线	2	1 930	每日一回	递
	函馆—青森线	2	1 482	每日一回	自
	基隆—神户线	2	5 484	每月四回	台、自
	横滨—小笠原岛线	1	1 438	每月一回	东
	函馆—根室线	2	2 184	每月六回	北
	根室—纲走线			每月三回	
	根室—纱那线			每月三回	

续表

	航线名	使用船数	总吨数	航海次数	航线补助
	函馆—小樽线	2	2 153	每月五回	北
	稚内—纲走线			每月五回	
	小樽—稚内线	1	735	每月五回	北
小计		31	56 990		
	其他航线	8	19 933		
合计:75 只　244 129总吨					
	上海—汉口线	2	1 999	每月五至六回	自

（注:"递"为递信省补助、"东"为东京府补助、"北"为北海道厅补助、"台"为"台湾总督府"命令航路、"自"为自由航路）

资料来源:日本邮船株式会社『七十年史』,日本邮船株式会社、1956年、93—94页。

由表3-2可以看出,到1903年为止,日本邮船会社共有4条远洋航线、4条近海航线和14条国内航线。航行范围涉及欧洲、美国、澳大利亚、朝鲜、海参崴、中国香港,还包括甲午战争中侵占的中国台湾,中国的天津、牛庄、芝罘等港口。清政府不断开辟新的通商口岸,日本轮船得以进入中国的华北和东北。此外,就当时的日本来看,横滨、神户是日本最重要的对内对外航运港口,北海道西南部的函馆和小樽、本州北端的青森是日本国内的主要港口。这不由使人想到幕末时期"海外雄飞论"代表人物佐藤信渊在其代表作"《宇内混同秘策》"中对日本侵略中国所进行的详细规划。佐藤信渊认为,中国东北地区是距离日本最近的首要侵略目标,"至于出兵顺序,第一为青森府,第二为仙台府",可以从"青森与仙台出军船与人员,于虾夷诸岛操练水军战法",乘船跨海,登陆中国东北地区,实现其吞并中国的设想。可以说,开辟和经营横滨、神户等日本中心港口到北海道西南部和本州北部的航线,和日本经略东北亚策略密切相关。

从表 3 - 2 还可以看出,到 1903 年,在日本邮船会社开通的 4 条远洋航线、4 条近海航线和 14 条国内航线中,除了函馆—青森线是自由航线之外,其余航线都接受了来自政府的补助金——或者直接来自递信省,或者来自地方政府。如北海道道厅和"台湾总督府"的补助就属于地方补助金。取得政府补助的航线占所有航线的 95％。一方面体现了日本政府该时期对航运事业的推动,另一方面体现了这些航线的国家背景。这些航线或多或少地受到国家政策的左右,伴随着日本向中国东北、华北、华南和朝鲜半岛、台湾的扩张。回顾日本邮船株式会社成立的过程来看,这个有着"国家政策"内核的航运企业的确在日本推行东亚扩张、推进"大陆政策"的过程中起到了至关重要的作用。

至于另一个重要港口大阪,大阪出发的航线则被大阪商船株式会社所垄断。19 世纪末,大阪商船株式会社也扩充了到中国台湾、朝鲜和中国沿海的航线。

大阪商船会社所扩充的主要近海航线为:

一、台湾航路　明治二十九年五月

二、扬子江航路(上海—汉口线明治三十一年一月　汉口—宜昌线明治三十二年五月)

三、北清航路　明治三十二年九月

四、朝鲜航路　明治三十二年四月

大阪商船株式会社一改以经营日本国内航线为主业的方针,在甲午战争后,随着营业额的增加,又相继开通了到达朝鲜、中国台湾、中国北部沿海的航路。同日本邮船株式会社一样,大阪商船株式会社的航线也受到了递信省的补助金。

另一个值得注意的问题是,19 世纪末,日本邮船株式会社和大阪商船株式会社纷纷开通了长江航运的航线,这源于甲午战争后《马关条约》及 1896 年 7 月的《中日通商行船条约》的签订。[①]由于有这两个条约作为依据,日本航运会社开辟了长江航线,直接参与到与英国怡和洋行和太古洋行的长江航运竞争中,"打破了中英航商独占长江内河航线的局面"[②]。这一航线将在后文中加以论述。可以说,这是日本航运势力侵入中国内陆地区的标志性事件。

二、20 世纪初期日本海运业的发展

进入 20 世纪,1904 年日俄战争的爆发再次推动了日本海运的扩张。日俄战争中,大阪商船株式会社和日本邮船株式会社都有轮船被政府征用,被称为"御用船"。"为了支持日俄战争,船舶 1 088 只、65 万 7 千吨中的大部分被征用,最多时,陆军使用 177 只、44 万吨,海军使用 89 只、23 万吨,合计达 266 只、67 万吨。"[③]战争的征用使可以正常进行货物运输的船只数量大大减少,从而影响了一些航路的运营,如欧洲航线等的正常运行,并且使一些船只沉没和损坏。但日本的海运业不仅没有因此受到限制,反而由于战争胜利得到了发展契机。日本借日俄战争的胜利获得了更多的海外权益,进出口贸易快速发展。

---

① 聂宝璋、朱荫贵编:《中国近代航运史资料》第二辑上册,北京:中国社会科学出版社,2002 年,第 341—342 页。

② 浅居诚一:『日清汽船株式会社三十年史及追補』,日清汽船株式会社、1941 年、152—153 頁。

③ 岡田俊雄编:『大阪商船会社 80 年史』、大阪商船三井船舶株式会社、1966 年、33 頁。

表 3 - 3　日本与外国贸易统计　　　（单位:万日元）

时间		输出	输入
明治三十一年	1898 年	16 575	27 750
明治三十六年	1903 年	28 950	31 713
明治四十年	1907 年	43 241	49 446

资料来源:日本邮船株式会社『七十年史』、日本邮船株式会社、1956 年、113 頁。

在《造船奖励法》的推动下,各大造船厂,如三菱长崎造船所和川崎造船所等船厂的造船数量也不断增加。加上日本国内铁路的修建使货物运输更为便利,于是,各轮船公司为了满足贸易需要,开始大量从外国购入新船和订制新船。"明治三十八年(1905 年)末,我国船舶达到 1 390 只、93 万 2 千吨,和战前相比,总吨数增加了 5 成。"①可以说,船舶数量和运载能力的增加成为 19 世纪末、20 世纪初日本海运业发展的显著表现。

表 3 - 4　根据《造船奖励法》所造的合格船只统计(1896 年 10 月—1913 年 12 月)

造船所	数量(只)	总吨数
三菱长崎造船所	43	207 765
川崎造船所	35	101 713
大阪铁工所	30	30 521
其他	4	4 568
合计	112	344 567

资料来源:日本邮船株式会社『七十年史』、日本邮船株式会社、1956 年、118 頁。

航线方面,大阪商船株式会社和日本邮船株式会社在不断扩大船只数量的同时,纷纷借两次战争胜利之后的经济恢复和发展

---

① 岡田俊雄编:『大阪商船会社 80 年史』、大阪商船三井船舶株式会社、1966 年、33 頁。

之机，迅速开辟新的航线，除原有的内海航路之外，新增了很多东亚航路和远洋航路。日本邮船株式会社的远洋航路从最初的伦敦航路等 4 条航线，增加到 1910 年的 23 条。东亚航线中与中国的航运最为频繁，航线集中在上海、天津、汉口、大连这几个大港口，及中国北部的牛庄、青岛及东南部的香港。① 中日之间的航运和贸易逐渐被日本所垄断，中国逐渐丧失了抢占东亚乃至世界市场的良机。

大阪商船株式会社发展也很迅速，其运载能力比创立之初增长了10 倍。

> 根据明治二十六年(1893 年)的统计，日本船的装载量十五万两千吨，世界排名十二位，日清战争(甲午战争)后明治二十九年(1896 年)三十三万五千吨，日俄战争后明治三十九年(1906 年)达一百万吨，到大正二年(1913 年)成为世界第七位的海运国家。二十年间，日本船的装载增加约十倍，取得了令世界震惊的发展。我社明治二十六年总装载量一万八千吨，日清战争(甲午战争)后三万吨，日俄战争后十一万吨，现在达到十七万七千吨，与建立初期比增长了十倍。②

甲午战争和日俄战争刺激了大阪商船株式会社的发展，运输能力由甲午战前的不到 2 万吨，增长到日俄战争后的 11 万吨，继而在第一次世界大战之前达到近 18 万吨，与会社成立时相比，运输能力增加了 10 倍。到成立 30 周年(1913 年)的时候，大阪商船的汽船运输总吨数已经超过 19 万吨，拥有 44 条定期航路，成为仅次

---

① 日本経営史研究所编：『日本郵船百年史資料』、日本郵船株式会社、1988 年、704—705 頁。

② 岡田俊雄编：『大阪商船会社 80 年史』、大阪商船三井船舶株式会社、1966 年、23 頁。

于日本邮船株式会社的第二大汽船会社。①

　　根据大阪商船株式会社所统计的日本运输能力与世界运输能力比较可以看出,第一次世界大战之前(1913 年),"日本以运输能力 150 万吨的规模一跃成为世界排名第七位的海运强国"②。

表 3 - 5　世界和日本的船舶运输能力比较(单位:千吨)

年份	世界	日本	世界排名
1893 年	15 264	152	12
1896 年	17 738	335	9
1896 年与 1893 年比	116%	220%	
1903 年	27 183	586	9
1906 年	31 745	997	6
1906 年与 1893 年比	208%	656%	
1913 年	43 079	1 500	7
1913 年与 1893 年比	282%	986%	

　　资料来源:岡田俊雄編『大阪商船会社 80 年史』、大阪商船三井船舶株式会社、1966 年、23 頁。

三、日本航运势力向中国内河航运的扩张

　　19 世纪末,借《马关条约》和《中日通商行船条约》签订之机,日本邮船株式会社和大阪商船株式会社都开设了长江航线,将航运势力深入到中国内河航运中,直达中国内陆地区。

　　为开设扬子江航路,向递信省申请航海补助金。明治三十年(1897 年)10 月命令书下达,明治三十一年(1898 年)1 月开始上海—汉口线。此为日本人在扬子江干流经营的首条航

① 日本経営史研究所編:『創業百年史』、大阪商船三井船舶株式会社、1985 年、139 頁。
② 岡田俊雄編:『大阪商船会社 80 年史』、大阪商船三井船舶株式会社、1966 年、23 頁。

线。第二年一月,又开设汉口宜昌线,确立了上海宜昌间1 000海里的航权。①

1895—1907年间,长江航线上主要的日系企业包括大东汽船株式会社、大阪商船株式会社、日本邮船株式会社及其创立的子公司湖南汽船会社。其中大东汽船会社是首家合法在中国内河流域经营定期航运的日本航运企业。② 日俄战争后,日本海运界继续迎来发展"契机",日本政府整合经营长江航线的日籍航运企业,成立了专营中国航运的"国策会社"——日清汽船株式会社。

日俄战争结束时,在长江航路上共有5国、11家公司,船舶吨位合计超过10万吨。其中,中、英、德三国各有2家、法国1家,日本则有4家。③ 经营长江流域航运的日本会社中,日本邮船株式会社和大阪商船株式会社的航运力量最强。四家航运企业和英国的怡和、太古洋行以及中国的招商局等航运公司进行了激烈竞争。除了不同国家之间的航运竞争,这四个公司互相之间为了航运收益也存在争权夺利的现象。这严重影响了日本政府在长江航运的航运布局,继而影响日本政府对中国内地的扩张规划。由此,日本政府决定将四家公司合并,一方面为应对与外国的竞争,另一方面为尽快抢占长江航运的势力范围。于是,日本政府指定时任递信省(主管交通、通信)管船局(主管航运)局长内田嘉吉对大阪商船株式会社、日本邮船株式会社、大东汽船株式会社、湖南汽船会社提出调解协商方案,劝导他们推进四社合并。1907年2月,这四家会社终于就合作问题达成一致意见:四家公司协商合并成立新的

---

① 冈田俊雄编:『大阪商船会社80年史』,大阪商船三井船舶株式会社、1966年、32页。

② 萧明礼:《"海运兴国"与"航运救国"》,第37页。

③ 浅居诚一:『日清汽船株式会社三十年史及追补』,日清汽船株式会社、1941年、34页。

会社,新会社接受日本政府对新航路的补助,继续扩大经营。就这样,在日本政府的直接扶持和推动下,日清汽船株式会社就此诞生。日清汽船株式会社成立之后,日本政府于 1907 年 4 月 1 日颁布命令书,有如下航路获得补助,补助金合计每年 80 万元。

　　　　上海—汉口线

　　　　汉口—宜昌线

　　　　汉口—湘潭线

　　　　上海—苏州线

　　　　上海—杭州线

　　　　苏州—杭州线

　　　　汉口—常德线(新设)

　　　　鄱阳湖线(新设)

　　　　镇江—清江浦线(新设)

　　日清汽船株式会社是航运企业中正式的"国策会社",受到国家的扶持,执行国家的命令,平时以民用运输为主,战时船只受国家征收用作军事运输。

四、第一次世界大战给日本海运业带来的发展"良机"

　　第一次世界大战的爆发,给日本飞速起步的近代海运业带来新的刺激,使日本海运在前期发展的基础上实现了新的跃进。

　　日本邮船株式会社社史对一战给海运业带来的新契机有如下描述。

　　　　日本远离战局中心,又恰逢战乱扩大和欧洲方面生产的减退及物资需求激增,我们产业界迎来了大发展,带来了输出贸易的盛况。我们海运界也因外国船的撤退,出现了前所未有的繁荣。①

第一次世界大战以欧洲为主要战场,远离战争中心的日本不仅没有直接受到战争的破坏,还因欧洲商品生产的衰退和物资短缺而获得了更多的商贸机会。随着生产和贸易的增加以及欧洲商船因战争造成的航运减退,日本的轮船航运出现了"前所未有的繁荣"。

各大报纸对当时的航运盛况也进行了报道:

> 受到时局的影响,各海运国不得不从世界航路上撤退。以致我国船舶以堂堂雄姿傲然海上,欣喜之情不能自已。②

日本海运在20世纪初期得到大发展的直接因素就是以往活跃在世界海运市场的欧洲船舶因战争影响而大量减少,使得世界物流业出现航运不足的局面,这给日本船舶扩展海外市场带来了很好的时机。对于欧洲船舶不足的原因和如何抓住良机发展日本海运,《大阪每日新闻》和《大阪朝日新闻》有如下的报道:

> 现今(日本)海运界活跃的原因以一言以蔽之,就是欧洲船舶不足。造成船舶不足的原因则有三条:第一,建造数减少。第二,因战争损失船数增加。第三,不能用于贸易的船只增加。对于建造数的减少,毫无疑问,主要是因为战争的征用,造成造船材料的不足和工人数量的缺乏。如英国,平时每年新造船吨数大约一百六十万吨到二百万吨,但是去年九个月的建造数只有五十六万一千一百吨。即便前一年也没超过七十五万吨。……世界各国造船数在之前五年间每年平均大约造船二百六十万吨到三百三十万吨之间。然而,去年的新

① 日本郵船株式会社:「七十年史」、日本郵船株式会社、1956 年、123 頁。
② 「欧州戦乱と邦船活動」、『時事新報』、1914 年 10 月 31 日。

造船只有一百五十万吨,还不到往年的一半。①

欧洲海运界因一战遭受重创,主要表现为用于贸易运输的船只不足。这和造船数量减少、战争损耗等息息相关。一战以前在造船和海运界首屈一指的英国,在战争爆发后,其所造船只的总吨数减少一半以上,可以说影响巨大。除了英国,德国海运也在一战中损失惨重。

> 德国在大正三年(1914 年)6 月曾以 513 万吨的装载量居于世界第二位,但是因终战后的讲和条约,大部分海洋船只被国联没收,减少到只有 42 万吨,其国际航线也因此暂时隐退。②

德国在一战前夕曾经是居世界第二位的海运强国,但是其战后大部分船只因战争原因,有的损毁,有的被别国没收,其航线也受到重创。在这种情况下,欧洲运输船只出现不足,日本海运界抓住发展良机:

> 由于世界船舶依然处于(运力)不足的局面,我国海运界在欧洲、濠州(澳大利亚)、南北美洲之间空前活跃。对于期待海运进步的我们来说,实则为千载一遇的良机。③

一战对于日本海运界来说,可以称为"千载一遇"的好机会,使其达到"空前活跃"的局面,拓展了欧洲、澳大利亚和美洲的诸多航线:"我社在大战中就尽早着眼于诸航路,进出欧洲、澳大利亚、印度、

---

① 「世界海運業の趨勢」、『大阪毎日新聞』、1916 年 4 月 22 日。
② 岡田俊雄編:『大阪商船会社 80 年史』、大阪商船三井船舶株式会社、1966 年、40 頁。
③ 「海運業空前の殷盛」、『中外商業新報』、1915 年 6 月 7 日。

南洋,日本邮船、山下汽船、三井物产等会社也扩张了许多航线。"①

　　海上航运是物资运输的重要途径,海运进步的前提是生产和贸易的扩大,两者密不可分。一战爆发以后,来自欧洲的产品订单大量增加,日本的生产和贸易随之扩大。《福冈日日新闻》曾有这样的报道:

> 去年二月末开始,随着欧洲交战国生产状态的调整,诸种物资和军需品的订单纷纷从我国订货。从神户、横滨出发前往国外的船舶平均一个月有二十三四艘之多……由此可见,海运界呈现出未曾出现过的活跃局面。②

　　神户和横滨作为日本大型对外贸易港,成为对欧美贸易运输的基地。欧洲因战争导致的生产萧条,给日本企业带来大量商品订单。这些来自欧洲的订货大大激活了日本的贸易和经济,使运输业也呈现出活跃的局面。

> 我国海运业者应该很好地利用这次良机,而且必须抱有雄飞于世界的觉悟。要扩大商权、促进对外贸易,需要以扩充海外航路为先手。③

日本航运业努力抓住一战中的发展良机,扩充贸易。将扩充海外航路作为贸易和海运发展的当务之急。于是,各大轮船公司在维持欧洲航线的同时,开辟了更多远洋航线。

> 由于一战中的"无限制潜水艇战",欧洲航线受到极大影响。为了在战争中进一步抢占欧洲市场,日本采取增加欧洲

---

① 冈田俊雄编:『大阪商船会社80年史』,大阪商船三井船舶株式会社、1966年、41页。
②「海運業の近勢」、『福岡日日新聞』、1916年5月16日。
③「世界海運業と我が日本」、『大阪朝日新聞』、1915年11月20日。

航线的海运保险,申请交战区联合军舰的保护等做法维持欧洲线的顺利运营。此外,还相继开通新的远洋航线,如世界一周线、纽约线、地中海线、加尔各答——纽约线等等,日本与美洲的航线进一步扩充。①

日本采取了增加海运保险、申请联合军舰保护等措施,维持战争中欧洲航线的正常运行,以保证日欧间贸易的顺利发展。同时,进一步扩充了日本到世界各地的航线。大阪商船株式会社在1918年已经有亚洲航线、美洲航线、澳大利亚航线、欧洲航线,与建立初期相比,航线范围大大增加,覆盖除南极洲之外的各个大洲。航线的不断扩充的另一个重要表现是日本进出口商品贸易额的大量增加。

表3-6　第一次世界大战中的日本输出入贸易

年份	输出(万日元)	指数	输入(万日元)	指数	合计(万日元)	指数
1914 年	59 110	100	59 537	100	118 647	100
1915 年	70 830	120	53 244	89	124 074	105
1916 年	112 746	191	75 642	127	188 388	159
1917 年	160 300	271	103 581	174	263 881	222
1918 年	196 210	332	166 814	280	363 024	306
1919 年	209 887	355	217 345	365	427 232	360

资料来源:日本邮船株式会社『七十年史』、日本邮船株式会社、1956年、124页。

由表3-6可以看出,随着一战的爆发,日本的进出口贸易逐年增加。如果以1914年的进出口数量为指数100来看,到1918年,日本贸易进出口指数达到306,是1914年的三倍之多,1919年的贸易进出口指数更是达到360之多。从图3-1可以清晰表示进出口

① 日本邮船株式会社:『七十年史』、日本邮船株式会社、1956年、125页。

贸易额的消长。

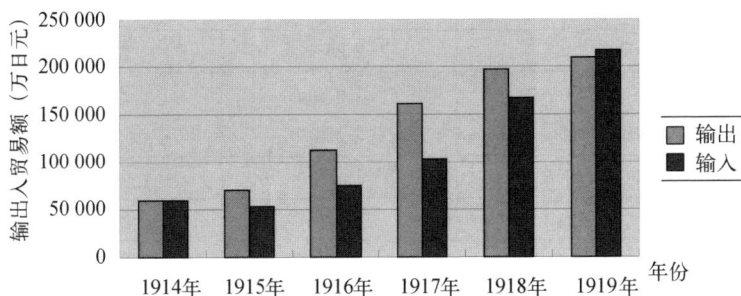

图 3 - 1　第一次世界大战中的日本输出入贸易

　　由图 3 - 1 可见,日本进出口贸易急剧增加。在战争中的 1914—1918 年,出口贸易都比出口的总额度大,尤其从 1915 年开始,出口贸易额逐年增加,是日本产品借欧洲生产不景气之机抢占世界市场的体现。这些贸易额的增加大大加强了日本的国力,为日本航运业继续在东亚扩张打下了基础。

　　第一次世界大战之前的日本民营轮船公司从创立到崛起,经过明治维新、甲午战争和日俄战争,逐步发展并快速跃进,表现为大型轮船会社的建立和新航线的不断设立,到 20 世纪初期日本海运位列世界海运第七位。第一次世界大战的爆发后,日本因远离欧洲战场、欧洲生产衰退及所需物资增加等因素影响,迎来"千载难逢"的发展机遇,不管是运载量还是航线数都有了显著增加,可以从表 3 - 7 看出日本海运能力的显著增长。

表 3 - 7　第一次世界大战前后主要海运国运载量(单位:千吨)

国名	1914 年(大正三年)	1920 年(大正九年)
英国本国	18 872	18 110
英国属领国	1 613	2 032
美国	2 026	12 406

国名	1914 年(大正三年)	1920 年(大正九年)
五大湖	2 260	2 118
法国	1 922	2 963
德国	5 134	419
荷兰	1 471	1 773
意大利	1 430	2 118
日本	1 708	2 995
挪威	1 957	1 979
西班牙	883	937
瑞典	1 015	996
世界总计	45 503	53 904

资料来源:冈田俊雄编『大阪商船会社 80 年史』、大阪商船株式会社、1966 年、41 頁。

　　1914 年,日本海运以 170 万吨的航运规模位列世界第七,到一战结束后的 1920 年又以近 300 万吨的规模紧随美国和英国之后,一跃成为世界第三的海运强国。1919 年日本的输出入贸易额更是达到 1914 年的 3 倍以上。可以说,第一次世界大战使日本海运继 19 世纪末出现飞跃发展之后再一次实现快速地跃进,使日本在造船、航运、港口等方面,做好了对外扩张的准备,日本海运业完全具备了为日本政府推行"大陆政策"充当工具的实力。

　　综上所述,到 1903 年为止,日本邮船株式会社共有 4 条远洋航线、4 条近海航线和 14 条国内航线。航行范围涉及欧洲、美国、澳大利亚、朝鲜、海参崴、中国香港,还包括甲午战争中侵占的中国台湾,以及中国的天津、牛庄、芝罘等港口。大阪商船株式会社一改以经营日本国内航线为主业,在甲午战争后,随着营业额的增加,也相继开通了到达朝鲜、中国台湾、中国北部沿海的航路。两大会社的航线均受到递信省补助金的资助。此外,日本邮船株式会社和大阪商船株式会社纷纷开通了长江航线，直接参与到与英国怡和洋行和太古洋行的长江航运竞争中，"打破了中英航商独占长江内河航线的局面"①。这是日本航运势力侵入中国内陆地区的重要标志性事件。

进入 20 世纪，日俄战争的爆发再次推动了日本海运的扩张。第一次世界大战之前（1913 年），"日本以运输能力 170 万吨的规模一跃成为世界排名第七位的海运强国"②。这一时期，日本强势入侵中国内河航线的运营，1907 年，日本政府成功整合经营长江航线的日籍航运企业，成立了专营长江航运的"国策会社"——日清汽船株式会社。日本为了取得在华航运优势，不计代价。③ 所谓"国策会社"在执行国家战略时所承担的任务，就是不惜代价推进对中国大陆经济的渗透和控制。

第一次世界大战的爆发给飞速起步的日本海运业带来新的刺激，使日本海运在前期发展的基础上实现了新的跃进。到一战结束后的 1920 年，日本以 300 万吨的海运规模紧随美国和英国之后，一跃成为亚洲第一、世界第三的海运强国。日本在造船、航线、港口等方面，做好了进一步侵略大陆的准备。可以说，此时的日本已经完全具备了在亚洲实现侵略扩张的海上实力。

第二节　第一次世界大战前后日本对华航路开设和运营案例

第一次世界大战给日本海运业带来新的发展机遇，新的航运

---

① 浅居诚一：『日清汽船株式会社三十年史及追補』、日清汽船株式会社、1941 年、152—153 頁。

② 冈田俊雄编：『大阪商船会社 80 年史』、大阪商船三井船舶株式会社、1966 年、23 頁。

③ 萧明礼：《"海运兴国"与"航运救国"》，第 44 页。

会社的不断建立，除日本邮船株式会社、大阪商船株式会社、日清汽船株式会社等大型会社之外，其他如原田商社、山下汽船会社等中小型轮船公司也纷纷建立。这些会社购买或租用船只投入到东亚、东南亚和欧美航线中来，使日本海运业在一战前后呈现出前所未有的大发展景象。其中，对华航运出现了较强的发展势头，这和日本推进"大陆政策"，进一步觊觎大陆有极大关系。

对于一战前后日本海运会社经营的中国航路，很多学者从不同角度和不同立场对于中日航线进行了研究和考证。从1875年横滨—上海线的开通，到一战前后，在中国形成以大港口为中心的几大航运区域，如中国的大连、朝鲜为代表的东北亚区域，青岛、天津为代表的华北区域，上海为代表华东区域，以宜昌、汉口为中心的华中区域，以台湾的淡水、高雄和福州、厦门为代表的华南区域。对这些航线的研究一直受到学界关注，对这些航线的实证研究可以有助于我们了解日本通过规划、开辟、经营这些航线，构建东亚海运网络的过程。本节将从不同区域航线的实证研究来还原一战前后日本对华航路的开创和运营。

一、上海—青岛航路的开通和运营

1842年《南京条约》签订，上海作为中国较早的对外通商口岸向外国开放，加快了海港和城市的近代化。上海港逐步成为近代东亚地区的商贸大港和大型物资集散地。

19世纪末的山东也迎来了一个发展时期，位于山东半岛东南部的青岛，自1897年被迫开港，海运业发展较快，在外来因素的刺激下走向近代化的道路，在20世纪初期逐步取代了烟台港在山东的中心港地位，成为近代山东的海上航运枢纽。

本节利用日本汽船株式会社社史和新闻等资料，在分析这一时期两地航运的同时,结合先行研究,对 19 世纪末、20 世纪初期上海和青岛之间轮船航路的航运情况进行了考察和分析,并指出 20 世纪初期,日本的汽船株式会社加入上海和青岛航路的竞争是日本取代德国占领青岛后,将青岛纳入日本亚洲航运网的重要一步。

（一）20 世纪初开始的青岛和上海航路

1914 年之前,承担山东地区和日本海上贸易的主要是山东北部的港口芝罘港(烟台)。芝罘港据 1858 年 6 月的《天津条约》于 1862 年开港。开港之初,作为山东唯一的贸易港,不仅是货物的集散港,也是中国南北方船舶的中继港。[①] 但是,由于港口设施的不健全、陆路运输的不便等原因,进入 20 世纪后其地位开始走向衰微。与此相对,1897 年开港的青岛港,由于德国欲将其建设成东亚的重要军港,在德国的经营下其港湾设备不断完善,并开通了与欧洲各地的海运航线,取得了比较快的发展。

1908 年的《青岛经济事情》中,对 20 世纪初期青岛的交通情况有这样的描述:

> 青岛繁荣的计划主要依据其交通便利。既有山东铁道的铺设,又有海运的保护政策。一方面,要将山东内地、直隶、河南纳入其贸易圈,另一方面,期待其成为上海、长崎、仁川、大连港的中心点。[②]

可见,对近代青岛来说,交通因素在其城市和贸易的发展上起到了极其重要的作用。一方面,以铁路运输为代表的陆运得到了发展,另一方面,航运在政策保护下发展也很快。凭借这样的交通便利,青岛不仅可以将贸易圈扩大到山东内地和直隶、河南等地

---

① 東亜同文会調査編纂部：『山東及膠州湾』、博文館、1914 年、311 頁。
② 『支那経済報告書(第十一号)』、1908 年、114 頁。

区,并具有成为东亚的几个大港口,即上海、长崎、仁川、大连的中心点的发展前景。这既是对青岛交通的概括,也是对 20 世纪初期青岛陆上和海上发展的一个预测。

《中外日报》1905 年 5 月 20 日的《杂事汇报》中,有一则《青岛之交通》的报道,记载了上海和青岛之间的轮船航运情况。

> 从上海至青岛之邮船(汉堡阿美利加拉因公司),则有新近建造极为清洁之塘沽,每一礼拜往返一次。此外另有德国船二艘,专航行上海—青岛—烟台—天津各埠,又有支那印度轮船公司之邮船三艘,亦航行以上各埠。故一礼拜内,到青岛与由青岛起程之邮船,有五六艘。

20 世纪初期,在青岛和上海之间承担轮船航运的有德国的汉堡阿美利加拉因公司。这个公司的轮船,每周一次往返于两地。此外,还有两艘德国船从上海出发,经过青岛,到达烟台和天津。此外,还有印度支那轮船公司、怡和轮船公司的轮船参与两地之间的运输,每周有五六艘轮船从青岛入港。

《中国经济报告书》中的《青岛经济事情》,对 1907 年青岛的汽船航路进行了记述。

> 现在在青岛汽船会社和航路名列举如下:
> 汉堡亚美利加轮船会社(享丰洋行)
> 上海—青岛线
> 该线为德国邮船,每周一回从青岛,周日出港。
> 上海—青岛—芝罘(烟台)—塘沽(天津)线
> 该线为德国邮船,每周一回航海。
> 青岛—神户线
> 该线是每周一回的定期航线。

盎斯洋行(日本邮船株式会社代理店)

青岛—香港线

每周一回的定期航海。

可见,以青岛为据点的汽船会社中,占有最大优势的是德国的汉堡亚美利加轮船公司(享丰洋行),也就是 Hamburg America Line,中国名为亨宝轮船公司。[①] 汉堡亚美利加轮船公司以青岛为基地,经营着上海和青岛及山东北部的芝罘(烟台)及塘沽(天津)的航路,还经营和日本神户间的航路。这样,通过这个汽船会社的航线,可以实现青岛和上海和日本的货物及人员的交流。[②]

《中国经济报告书》还记录了青岛和上海航路上所运输的货物及运费等详细信息。[③]

各汽船会社的客货运费,是在与货主直接商议的基础上制定并公布的。青岛和上海间的货物运输,主要以咸鱼、大豆、棉花及棉花制品等农产品为主。从旅客的交通费用来看,青岛到上海的旅客支付了较高的旅费,而上海到青岛的旅客运费则相对廉价。[④]

由此可见,德国占领期的青岛和上海之间的汽船航路主要由德国的汉堡亚美利加公司经营,此外英国的怡和洋行也参与两地间的航运。这条航线运输的货物以农产品为主。

(二)20 世纪初日本和上海间航运与青岛、上海航路

19 世纪中后期以后的日本,通过明治维新,从产业、政治、文化,乃至人民的生活习惯方面,都实现了根本性变革,成为东亚的

---

① 黄光域:《近代中国专名翻译词典》,成都:四川人民出版社,2001 年,150 页。

②③ 松浦章:「ドイツ占領期の青島と上海間の汽船航路」、『海事史研究』、第 67 号、4 頁。

④ 松浦章:「ドイツ占領期の青島と上海間の汽船航路」、『海事史研究』、第 67 号、4 頁。

强国。在这个大背景下，其对内、对外航路也迎来了跨越式发展。日本最初的亚洲航路就是上海航路。日本邮船株式会社社史中有这样的记载：

> 日本邮船的上海航路是日本人经营海外定期航路的发端，实践了明治初期三菱会社在草创时期创立的横滨上海间的定期航线。① ……三菱商会上海航路的开始作为我国外国航路的先导，永存我国国民记忆之中，是我国世界性的飞跃，其重要的历史意义不应被遗忘。横滨——上海航路的开始是我海上发展的第一声，与当时主导这条航路的两大外国汽船会社相竞争，最终将桂冠收获于我掌中，是一项痛烈悲壮的历史纪念事业。②

可见，日本和上海之间航路的创立，对日本海运发展来说具有开创性意义，被当作日本"海上发展的第一声"。从这里也能看出，19 世纪末期，上海是日本选定的重要东亚港口，成为日本发展东亚乃至世界海上航运的重要据点，也是其和其他国外航运公司竞争的重要舞台。日本很想通过在上海的航运竞争，实现击败其他航运公司的野心。对于上海航线的重要性，该社史还有这样的论述：

> 我国与中华民国实为唇齿辐辏的关系，经济关系紧密，有提携之必要。特别是我方工业逐渐发达，他的原料产出丰富，两者在交通也就是海上航运上是否便利，其影响非常深远。这是应该将上海航路从国策的高度予以重视的理由之一。也

---

① 日本経営史研究所：『日本郵船百年史資料』、日本郵船株式会社、1988 年、24 頁。

② 日本経営史研究所编：『日本郵船株式会社百年史』、日本郵船株式会社、1988 年、36 頁。

是本航路开设的初衷,必须对维护和确保航路更加努力。①

从以上的论述可以看出,上海航线对于日本经济发展的重要性——上海被当做中国原料输出和日本工业品输入的重要港口。日本甚至把上海航线提到"国策"的高度来重视,这个"国策"即日本的扩张之策。1915 年以后,作为"命令航路"由政府对该航线颁发补助金。

命令变更　大正四年以后上海航路的命令改变,使用船和航海次数增加,如下:

神户—上海线

寄港地　大阪、门司(往复共)

航海次数　一周一回、年五十二回(从来二周一回)

使用船　二艘、八幡丸(三四九二吨)、春日丸(二四八〇吨)(从来一艘)

横滨—上海线(命令付属线)

寄港地　神户、门司、长崎

航海次数　一周二回、年百四回

使用船　五艘、博爱丸(二六三六吨)、山城丸(三六〇六吨)、近江丸(三五八二吨)、筑前丸(二五七八吨)、筑后丸(二五六三吨)

横滨—名古屋—上海线新设

大正八年二月横滨名古屋上海线私设定期航路开设。

横滨名古屋上海线(私设定期线)

寄港地　往航　名古屋、神户、门司

---

① 日本经营史研究所编:『日本邮船株式会社百年史』,日本邮船株式会社,1988 年、36 頁。

复航　长崎或门司、名古屋

航海次数　每月一回或二回

使用船　一艘、和歌浦丸（二四〇一吨）①

除了横滨和上海之间的航线，日本的其他大港如神户、名古屋也相继开通了和上海间的航线。神户—上海线一年航行 52 次，横滨—上海线达到 104 次。使用的都是 2 000 吨以上的大型轮船。这样频繁的航海次数和运力，说明日本对该航路的重视，也说明日本与上海贸易往来的频繁。

作为物资的大集散地和输出入港的上海，从各地搜集各种原料物资，并向各地运输工业产品。19 世纪末、20 世纪初，青岛港也逐渐发展起来，尤其 1904 年胶济铁路通车后，其腹地也逐渐扩展到山东内陆和河南等地区。山东半岛作为农产品的主产地闻名于全国，最重要的输出农产品为棉花、棉布、烟草、大豆类、绢织物和咸鱼，是上海港往日本输出农产品的重要产地之一。青岛和上海之间建立海上航线，在日本上海航线的发展中显得非常必要。

20 世纪初期，上海发行的《申报》中就有航运广告。1912 年 10 月青岛航路的广告如下表，这是上海港与青岛及胶州之间航线的具体运行情况。

表 3-8　1912 年 10 月上海出入港青岛航路汽船表

时间	船名	会社	航线名	出版号	广告登载时间
19120930	大臣	亨宝	由青岛入上海	14229	19121001
19120930	德生	怡和	由胶州入上海	14229	19121001

---

① 日本経営史研究所编：『日本郵船株式会社百年史』、日本郵船株式会社、1988 年、40 頁。

续表

时间	船名	会社	航线名	出版号	广告登载时间
19121001	德生	怡和	由上海往胶州	14229	19121001
19121001	大臣	亨宝	由上海往青岛、烟台、天津	14229	19121001
19121004	龙门	亨宝	由上海往青岛、大连、牛庄	14230	19121002
19121004	怡生	怡和	由上海往胶州、牛庄	14231	19121003
19121003	怡生	怡和	由胶州入上海	14232	19121004
19121003	龙门	亨宝	由胶州入上海	14232	19121004
19121008	塘沽	亨宝	由上海往青岛、大连、天津	14233	19121005
19121007	德生	怡和	出上海往胶州	14233	19121005
19121011	西江	亨宝	由上海往青岛、大连、天津	14237	19121009
19121011	和生	怡和	由上海往胶州、牛庄	14237	19121009
19121015	德生	怡和	由上海往胶州	14239	19121012
19121015	大臣	亨宝	由上海往青岛、烟台、天津	14239	19121012
19121014	德生	怡和	由胶州入上海	14242	19121015
19121018	怡生	怡和	由上海往胶州、牛庄	14243	19121016
19121018	龙门	亨宝	由上海往青岛、大连	14243	19121016
19121022	塘沽	亨宝	由上海往青岛、烟台、天津	14243	19121016
19121022	德生	怡和	由上海往胶州	14246	19121019
19121021	德生	怡和	由青岛入上海	14249	19121020

从表 3-8 可以看出,经营青岛和上海之间航线的主要是亨

宝轮船公司和怡和公司。亨宝轮船公司利用大臣号、龙门号、塘沽号、西江号4艘轮船，进行了7次航行，从上海经由青岛，到达山东烟台及华北的另一大港天津，以及东北地方的重要门户大连和牛庄。怡和轮船公司则利用德生号、和生号、怡生号，主要承担上海和胶州之间的直行船次。可以说，在日本占领青岛之前，青岛和上海之间的轮船航运呈现出被德国和英国轮船公司支配的局面。

（三）第一次日本占领时期的青岛—上海汽船航路

日德战争后，日本占领青岛，1914—1918年在青岛史上被称作"第一次日本占领时期"。这是日本以青岛为据点开辟航路的重要契机。

利用《申报》1916年1—6月半年间的轮船广告，整理成下表来分析日本第一次占领青岛时期，上海和青岛之间轮船航运的情况。

表3-9　　1916年1—6月上海出入港青岛航路汽船表

时间	船名	会社	航线名	出版号	广告登载时间
19160110	连升	怡和	由上海往青岛	15415	19160108
19160112	新高丸	大阪会社	由上海往青岛、大连	15415	19160108
19160111	温州	太古	由青岛入上海	15419	19160112
19160111	山西	太古	由青岛入上海	15419	19160112
19160112	温州	太古	由上海往青岛	15419	19160112
19160118	连升	怡和	由上海往青岛	15425	19160118
19160121	温州	太古	由上海往青岛	15425	19160118
19160120	温州	太古	由青岛入上海	15428	19160121
19160121	温州	太古	由上海往青岛	15428	19160121

续表

时间	船名	会社	航线名	出版号	广告登载时间
19160121	新高丸	大阪会社	由青岛入上海	15429	19160122
19160126	连升	怡和	由上海往青岛	15433	19160126
19160125	天潮丸	邮船会社	由青岛入上海	15433	19160126
19160127	连升	怡和	由青岛入上海	15435	19160128
19160128	连升	怡和	由上海往青岛	15435	19160128
19160214	连升	怡和	由上海往青岛	15442	19160211
19160220	连升	怡和	由青岛入上海	15452	19160221
19160306	原田丸	佐藤商会	由上海往青岛	15463	19160303
19160313	新高丸	大阪会社	由上海往青岛、天津、大连	15471	19160311
19160403	基隆丸	大阪会社	由上海往青岛、天津、大连	15492	19160401
19160418	湖南	太古	由上海往青岛	15509	19160418
19160506	基隆丸	大阪会社	由上海往青岛、天津、大连	15521	19160430
19160505	怡生	怡和	由上海往青岛、牛庄	15524	19160503
19160505	同华	招商总局	由青岛入上海	15527	19160506
19160513	怡生	怡和	由上海往青岛、牛庄	15534	19160513
19160525	图南	招商总局	由青岛入上海	15547	19160526
19160606	怡生	怡和	由青岛入上海	15559	19160607
19160713	小林丸	"南满铁"	由青岛入上海	15596	19160714

1914 年日德战争后，日本取代德国占领青岛，攫取了德国在山

东的侵略特权。如表 3 - 9,1916 年 1—6 月的半年间,青岛和上海
航路的经营情况与德占时期相比,发生了明显的变化。1912 年经
营青岛和上海间轮船航线的主要是亨宝公司和怡和公司,但到了
1916 年,老牌航运公司亨宝轮船公司已经从这条航线的竞争中退
场,取而代之的是日本的轮船公司,即日本邮船株式会社、"南满洲
铁道株式会社"及佐藤商会。其中,大阪商船株式会社利用新高
丸、基隆丸两艘轮船,日本邮船株式会社利用天潮丸、"南满洲铁道
株式会社"利用小林丸、佐藤商会利用的是原田丸。怡和轮船公司
主要利用连升号、怡生号两艘轮船和太古轮船公司利用温州号,来
经营上海和青岛间的客货运输。总体看来,德资轮船公司退出竞
争,英国公司地位依然强势,中国资本的轮船公司——轮船招商局
利用图南号和同华号艰难地登上了两地之间航线竞争的舞台。可
以说 20 世纪初,上海和青岛之间的航线被外资所垄断,日本以多
个公司共同进军的形式加入了运营竞争。

　　大阪商船株式会社和日本邮船株式会社是日本近代航运的两
大巨头。根据大阪商船株式会社社史,到其成立 30 周年(1913 年)
的时候,大阪商船的汽船运输总吨数已经超过 19 万吨,拥有 44 条
定期航路,成为仅次于日本邮船会社的第二大汽船会社。[1] 1914
年末青岛被日本占领后,由大阪商船株式会社和日本邮船株式会
社经营的日本和青岛间的直航航线相继开通了。[2] 由日本经营下
的朝鲜邮船株式会社开通了由仁川到青岛的航线。[3]

―――――――――――――

[1] 日本经营史研究所编:『創業百年史』、大阪商船三井船舶株式会社、1985 年、139 頁。
[2] 参见杨蕾:《20 世纪前半期青岛和日本汽船航路的创始》,关西大学亚洲文化研究中
　　心《アジア文化交流研究》第 5 号,2010 年 1 月。
[3] 参见杨蕾:《20 世纪初青岛与日本、朝鲜间的轮船航线》,《历史地理》2011 年第 25 辑,
　　第 370 页。

　　日本海运会社相继参与到上海与青岛航线的经营中,加强了
青岛和中国最大外贸港口上海之间的联系,进一步扩大了日本占
领下的青岛的航运范围。可以说,20 世纪初,客观上形成了中国
山东—中国东北—中国上海—朝鲜—日本间的局部东亚航运网。
在这个网络中,青岛直接或者间接地实现了与大阪、神户、门司、长
崎等日本大港、以大连为代表的东北地区、朝鲜等地的航运联系,
进一步扩大了航运范围,成为以日本为中心的整个东亚的航运体
系中的重要一环。

　　上海港是近代东亚地区的商贸大港和大型物资集散地。青岛
是中国北部的重要港口,被称为"胶州湾的咽喉"。德占时期的青
岛与上海的海上航运被德国的汉堡亚美利亚公司垄断,并有英国
怡和公司参与其中。1914 年日本借日德战争胜利之机强占青岛,
日本的日本邮船株式会社、"南满洲铁道株式会社"积极开展了上
海和青岛航运的经营。这一时期,以大阪商船会社和日本邮船会
社为首的日本汽船会社,还相继开通了青岛—日本、青岛—朝鲜、
青岛—中国大连的航线。上海和青岛港之间航线的运营扩大了日
本的中国国内航运区域,使青岛被纳入日本经营下的山东—中国
东北—上海—朝鲜—日本的东亚航运网中。这个网络对日本在东
亚的扩张起到了重要作用。

二、19 世纪末到 20 世纪初的日本—天津定期航路

　　著名学者徐蓝教授曾经提出:从战争本身来说,第一次世界
大战是世界上第一场总体战争。从更长的时段和更广泛的空间
来看,这场工业化大国之间的首次战争并不仅仅涉及欧洲的民族
国家,而是各个殖民帝国之间的战争。研究者通过对具体国家的
考察,层层描述这个不断将全球资源投入冲突的过程,并从根本

上揭示出列强在将这些资源转化为全球范围内的战争武器的同时不断扩大权力的过程。① 因此,如何利用史料,揭示战争和资源国际化的关系问题将是战争研究的重要问题之一。

日本自明治维新以来,逐步走上近代化道路,政治、经济、文化等方面都在变革中出现了迅速发展的局面,在这个过程中,对外扩张和侵略战争起到了至关重要的作用。如前文所述,甲午战争、日俄战争和第一次世界大战对日本海运发展产生了重要的影响。海运成为日本逐步推进"大陆政策",与欧美一起参与资源国际化的重要手段。

天津位于渤海之滨,自宋、元以至明、清,一直是河、海漕运的枢纽,南北贸易之中心。1860 年,根据《北京条约》的规定,天津被迫开埠,其海运业在西方势力的侵入之后被迫走上近代发展的道路。随着英、法、美等国租界的建立和扩大,天津港与国外的航运联系也日益紧密,逐渐成为华北地区海上物流的最大港口。

本节通过对日本主要汽船会社的社史、海运广告及新闻报道等史料的整理,在考察和分析 19 世纪末到 20 世纪初日本和天津航运发展的同时,对两地之间的轮船(汽船)航线的建立和运行进行了梳理。

(一)19 世纪中后期的天津港及其航运

天津,海上距烟台 231 海里,距上海 754 海里,距长崎 794 海里。② 居京城门户,当水路要冲。宋、元以来作为漕运的枢纽,成为

---

① 徐蓝:《国际史视野下的第一次世界大战研究》,《光明日报》,2014 年 7 月 9 日。
② 侯振彤译:《二十世纪初的天津概况》(中国驻屯军司令部编《天津志》1899 年 9 月),
　天津市地方史志编纂委员会总编辑室,1986 年,第 1 页。

北方的主要港口之一。根据许檀先生的研究,开埠之前的天津港,已经不仅仅是通过大运河转运漕粮的内河航运港,而是将内河航运和沿海航运结合起来,把其港口的贸易范围,由南北大运河沿线地区逐步扩展到了北方内地和东部沿海的辽阔地区。运载商品类别也大大地超出了内河漕运所限定的范畴。天津港在更广大地域内商品流通中的桥梁作用得到了进一步的加强。到清代中叶,天津已成为华北最大的商业中心和港口城市。[①]

1860年,根据中英《北京条约》的约定,天津正式成为通商口岸,向外国开放。天津的港口和城市在外来因素的刺激下,逐步走上近代化发展的道路。

港口方面,三岔口一带码头集中,曾是漕运的中心地。开埠之后,英、法、美三国最先抢占了漕船、商船、渔船等由海上进入三岔口的必经之地——紫竹林,并在此建立租界。该地位于天津城东南马家口下游,海河西岸,和大直沽之间的海河航道不仅是商贸往来水路交通的要道,也是扼守天津城的门户。这里河阔水深,便于大型轮船进出和停泊,具有发展港口的优越条件。各国洋行、轮船公司纷纷在紫竹林建设仓库和修建轮船码头,统称紫竹林码头,又叫租界码头。这些新修码头多为片石和厚木板所筑,成垂直形,轮船可以直接靠岸。[②] 由此,随着租界的建立和扩大以及码头的不断建设,天津的航运中心逐渐从漕运中心地三岔口一带转移到轮船运输为主的紫竹林一带。[③]

---

① 吴松弟:《中国百年经济拼图——港口城市及其腹地与中国现代化》,济南:山东画报出版社,2006年,第189页。

② 参见《中国水运史丛书:天津港史(古、近代部分)》,北京:人民交通出版社,1986年,第59页。

③ 東亜同文会『支那省別全志』第18卷直隷志、1918年。

航运业方面，开埠以后，英、法、美凭借不平等条约逐渐控制了天津海关和各项港口主权，进而控制了天津口岸的贸易。英国的怡和洋行和太古洋行是开埠初期垄断天津航运和贸易的巨头，此外，美国、丹麦、法国、德国的航运和贸易公司也纷纷进入天津港。日本也在政府支持下，于1876年开设了到中国烟台、天津、牛庄的"近海航路"，即"华北航路"。① 自1865年至1894年，全国外轮进出船舶数增加一倍多，总吨数增加3倍。天津港1894年进出口的外轮只数较1865年增长6.1倍，是全国外轮平均增长的6倍。② 在外商垄断的夹缝中，中国的官僚资本也兴办了最早的近代航运业，即洋务派创办的轮船招商局。天津招商局在紫竹林南面的沿河地带修建栈房和码头，成为天津港第一个与外商抗衡的"官督商办"的航运企业。招商局在内忧外患的大环境下艰难发展，部分打破了天津航运业被外商垄断的局面。

19世纪60年代，进出天津港的帆船吨位占50%，到1880年，帆船共117艘，总计吨位36 916吨，仅占总吨位的1/6，而轮船则有292艘，总计吨位209 944吨。到1890年，帆船只有52艘，而轮船却有533艘。1905年以后，除了偶尔有一只不定期的帆船到大沽口外，就没有帆船来到天津了。③ 进出天津港的中外船只在不到30年的时间内实现了由帆船到轮船的发展和更替。

---

① 『日本郵船株式会社五十年史』、日本郵船株式会社、1935年、86頁。

② 参见《中国水运史丛书：天津港史（古、近代部分）》，北京：人民交通出版社，1986年，第74页。

③ 转引自吴松弟：《中国百年经济拼图——港口城市及其腹地与中国现代化》，济南：山东画报出版社，2006年，第192页。

（二）19 世纪末到 20 世纪初日本与天津的轮船航线

1. 长崎—天津线——日本汽船株式会社最初设立的天津航线

日本邮船株式会社成立之前，为了加强日本和中国华北的贸易，作为该会社前身之一的三菱会社，曾于 1876 年 5 月尝试性地开设了以神户为起点，经由芝罘、天津到达牛庄的航线，使用敦贺丸，每月航行一次。但是由于旅客和货物数量不足，这条航线仅仅开设数月就停止了。此后，日本和天津间靠临时航线交流。[①] 与之相对比的是横滨和上海间定期航路的繁荣，三艘汽船每周分别从两地出发，于神户、马关、长崎寄港。[②] 日本邮船株式会社正式成立以后，在选择中国航路的过程中，仍然看好腹地物产丰富、自古就是航运枢纽的天津，重新设立了天津航线，即长崎—天津线。

> 长崎—天津线（即之后的神户—天津线），前面的三条线路（横滨—上海线、长崎—浦盐斯德（海参崴）线、长崎—仁川线）是创业时期，为了加强本邦贸易，同时为了阻止外国船的涉及，不计损失地维持着。明治十九年（1886 年）二月，在政府的资助下，开设了长崎—天津间的定期航路，在长崎与横滨—上海线和长崎—浦盐斯德线相联络。之后，延长到神户，和神户—仁川线合并，使用两艘汽船，每四周两次于神户和天津出航。其中的一艘，由于明治二十四年（1891 年）三月神户—牛庄线的开通而被转用到这条航线上。[③]

由以上的这段史料可以看出，长崎与天津间的定期航路，在日本

---

① 参见片山邦雄：『近代日本海運とアジア』、東京：御茶水書房、67—68 頁。

② 『日本郵船株式会社五十年史』、日本郵船株式会社、1935 年、85—86 頁。

③ 日本郵船株式会社：『七十年史』、日本郵船株式会社、1956 年、32 頁。

政府的资助下开设于 1886 年 2 月。后来与神户—仁川线合并,在长崎港与横滨—上海线和长崎—海参崴港交叉。长崎既是横滨—上海线的停靠地和长崎—天津线最初的出发港,也是天津航路与神户—仁川线合并后,神户—天津线的停靠地。"长崎—浦盐斯德线,本线也是开创于旧三菱会社时代……在长崎与横滨—上海线和长崎—天津线相联络。……"①三条航线通过在长崎的联络,形成一个小型的东亚物流网络,将日本的横滨、神户、马关、长崎和朝鲜半岛的仁川,中国的芝罘、天津、上海,以及海参崴连接起来(见图 3-2)。

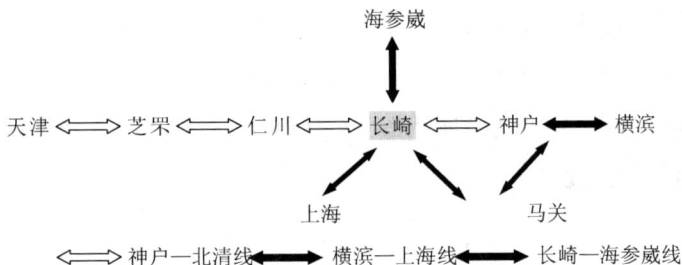

图 3-2

东京创刊的《时事新报》在其"广告"栏中,有"日本邮船会社横滨出帆广告",并对日本邮船株式会社国内外航线的航行时间和地点进行预告。该报第1251号,也就是 1886 年 4 月 16 日的出帆广告中,最先登载了有关天津航线的信息:"广岛丸,神户、马关、长崎、上海行,四月二十七日正午十二时右广岛丸在长崎与敦贺丸相联络,四月二十八日从长崎出帆,经仁川、芝罘驶往天津。"

由这些登载于《时事新报》的日本邮船株式会社出帆广告,可以明确地知道汽船的名称、航线的名称、停靠地、出发时间等详细信息。因此,笔者通过整理一年间的《时事新报》的出帆广告,做成

---

① 日本邮船株式会社:『七十年史』、日本邮船株式会社、1956 年、31 頁。

以下表格来分析这条航线具体的运营情况：

表3-10　日本邮船株式会社长崎—天津 航线定期运行表(1886年4月—1887年4月)

序号	出发时间	船名	线路名	联络地 再出发地	联络船	联络船线路名	初次登载日期	出版号
1	18860428	敦贺丸	神户—长崎—仁川—芝罘—天津行	长崎	广岛丸	横滨—神户—马关—长崎—上海行	18860416	1251
2	18860519	敦贺丸	神户—长崎—仁川—芝罘—天津行	长崎	名古屋丸	横滨—神户—马关—长崎—上海行	18860506	1268
3	18860609	敦贺丸	神户—长崎—仁川—芝罘—天津行	长崎	东京丸	横滨—神户—马关—长崎—上海行	18860527	1286
4	18860630	敦贺丸	神户—长崎—仁川—芝罘—天津行	长崎	横滨丸	横滨—神户—马关—长崎—上海行	18860617	1307
5	18860721	敦贺丸	神户—长崎—仁川—芝罘—天津行	长崎	广岛丸	横滨—神户—马关—长崎—上海行	18860708	1322
6	18860811	敦贺丸	神户—长崎—仁川—芝罘—天津行	长崎	名古屋丸	横滨—神户—马关—长崎—上海行	18860729	1340
7	18860901	敦贺丸	神户—长崎—仁川—芝罘—天津行	长崎	东京丸	横滨—神户—马关—长崎—上海行	18860819	1358
8	18860921	敦贺丸	神户—长崎—仁川—芝罘—天津行	长崎	萨摩丸	横滨—神户—马关—长崎—上海行	18860909	1376
9	18861012	敦贺丸	神户—长崎—仁川—芝罘—天津行	长崎	萨摩丸	横滨—神户—马关—长崎—上海行	18860929	1393

序号	出发时间	船名	线路名	联络地　再出发地	联络船	联络船线路名	初次登载日期	出版号
10	18861102	敦贺丸	神户—长崎—仁川—芝罘—天津行	长崎	萨摩丸	横滨—神户—马关—长崎—上海行	18861021	1421
11	18861123	敦贺丸	神户—长崎—仁川—芝罘—天津行	长崎	萨摩丸	横滨—神户—马关—长崎—上海行	18861111	1430
12	18861213	敦贺丸	神户—长崎—仁川—芝罘—上海行	长崎	萨摩丸	横滨—神户—马关—长崎—上海行	18861202	1448
13	18870103	敦贺丸	神户—长崎—仁川—芝罘—上海行	长崎	萨摩丸	横滨—神户—马关—长崎—上海行	18861223	1466
14	18860214	敦贺丸	神户—长崎—仁川—芝罘—上海行	长崎	横滨丸	横滨—神户—马关—长崎—上海行	18870202	1511
15	18870308	敦贺丸	神户—长崎—仁川—芝罘—天津行	长崎	横滨丸	横滨—神户—马关—长崎—上海行	18870223	1519
16	18870329	敦贺丸	神户—长崎—仁川—芝罘—天津行	长崎	横滨丸	横滨—神户—马关—长崎—上海行	18870316	1537
17	18870419	敦贺丸	神户—长崎—仁川—芝罘—天津行	长崎	横滨丸	横滨—神户—马关—长崎—上海行	18870406	1555
18	18870510	敦贺丸	神户—长崎—仁川—芝罘—天津行	长崎	横滨丸	横滨—神户—马关—长崎—上海行	18870427	1573

　　如表3-10中所显示，"敦贺丸"是这一年中承担天津航线的唯一汽船，"长崎"既是神户—天津线和横滨—上海线的联络地，也是

两条航路的再出发地。前者,经由仁川和芝罘,到达天津,实现日本—朝鲜—中国华北的联络,后者则从长崎直接驶往上海,实现日本大港横滨、神户、长崎和中国上海的联络。

此外,这一年的《时事新报》中还出现过两次"天津行"内容的汽船广告,即尾张丸分别于 1886 年 6 月 6 日和 1887 年 2 月 23 日由横滨出发,分别经由下关港(马关)和神户、长崎港,到达天津。

表 3-11　日本邮船株式会社天津航线临时船运行表
(1886 年 4 月—1887 年 4 月)

序号	出发日期	船名	出发地	航线名	登载日期	出版号
1	18860606	尾张丸	横滨	横滨—下关—天津行	18860603	1292
2	18870223	尾张丸	横滨	横滨—神户—长崎—天津行	18870221	1517

这两次航行似乎和前面规律性的航线没有联系,出发港为横滨港,而且广告的登载离汽船出发时间很近,极有可能是应付货物和人员运输的偶然增加而加开的临时航线。

2. 神户—天津线到神户—北清线——两大日本汽船会社在华北的竞争

(1)甲午战争后到日俄战争前

天津作为华北的重要港口,通过日本邮船株式会社 1886 年开辟的长崎—天津线(神户—天津线),建立起和日本神户、长崎等港的航线联系,并和仁川及海参崴联络起来。19 世纪末,日本在甲午战争中取胜,通过《马关条约》获得了更多的权益,海上航运业迎来第一次发展高潮,在政府支持下,日本的汽船株式会社新开了国内和远洋的航线。据《天津港史》介绍:

　　1896 年,据《马关条约》有关条款,日本与清政府在北京签订了《中日通商行船条约》。日本邮船公司、大阪商船会社、日本汽船会社先后与天津建立和发展了海运业务。专门经营进出口贸易的三井洋行、武斋洋行、大仓央行等也在天津设立支店。天津与日本的航运贸易逐渐发展起来。①

根据《中日通商行船条约》，日本的汽船会社和天津建立了海运业务，一些日本的出口贸易公司也在天津设立了支店，办理货物的运输和贩卖。《天津港史》引用了富成一二所著的《天津案内》，对1913年进出天津的轮船名和吨位进行了统计，但是缺乏对甲午战争后到1913年之前日本汽船公司开辟天津航线情况的论述。本节将运用大阪商船株式会社社史和日本邮船株式会社社史对这一时期的神户—天津线和神户—北清线的建立以及汽船运行情况进行了分析。

日本邮船株式会社为了在与各国汽船会社的竞争中抢占先机，于1899年扩充了十条航路，其中就包括神户—天津线。

> 航路扩张方面，鉴于"今日列国汽船会社尚未完备经营、羽翼尚未伸展之际，当务之急是抢占先机"，于是明治三十二年（1899年）扩充了以下十条线路。……8. 神户—天津线……②

之前经由芝罘到达天津的航线已经不能满足日本的侵略需要，他们开辟了新的货物进出口港口，即牛庄港。开辟了神户—北清线，将天津大沽作为中转港，在神户和牛庄间运行，实际是对之

---

① 《中国水运史丛书：天津港史（古、近代部分）》，北京：人民交通出版社，1986年，第105页。

② 日本经营史研究所编：『日本邮船株式会社百年史』，日本邮船株式会社、1988年、103页。

前的神户—天津线的扩充和延长,借此来进一步加强对中国北部
的商贸控制。

　　　　预测到战后(甲午战争)本邦与中国特别是中国北部方面
　　　贸易的发达,近藤社长于明治三十二年(1899年)8月与货物
　　　课长和大阪支店长,视察了中国北方,回国后向内阁提出建议
　　　书,说明了加强东洋贸易的必要性,并在政策上提出了东洋航
　　　路的扩张和日中间金融机构的开设。此时开设的新航路是:
　　　1.上海—天津线(略)。2.神户—北清线:明治三十二年九月
　　　开始,使用船二只、每二周一回从神户和牛庄两港出发,往航
　　　经下关、芝罘、大沽,复航寄港芝罘,第二年十月成为政府补助
　　　航路。3.神户—韩国—北清线(略)。4.长崎—香港线
　　　(略)。①

可见,甲午战争后日本开辟北清线是基于对中国北部的调查
而建立的,时任日本邮船株式会社社长的近藤廉平及公司主要职
员对中国北部进行了考察,向内阁提出了"东洋航路的扩张和日清
间金融机关的开设"的建议。航线的建立伴随着其他配套措施,如
金融机关的开设。日本邮船株式会社的神户—北清线开始于1899
年,分别由神户和牛庄出发,经由下关、芝罘、大沽,利用两艘汽船,
每两周航行一次。

大阪商船株式会社在1898年曾在日本和华北间使用临时航
线,1899年9月也开设了和日本邮船会社并行的航线,即经由天津
的神户—牛庄线,加入到航线竞争中来。

　　　　为了加强日本和华北间的交通,明治三十一年(1898年)

① 日本邮船株式会社:『七十年史』、日本邮船会社、1956年、75—76页。

在该方向配置临时船,于明治三十二年9月开始,开设了经由天津的神户牛庄线,以及经由芝罘的神户牛庄线,此后开始经营这些和日本邮船会社并行的航路。①

经过天津的神户牛庄线,明治三十二年(1899年)九月开航,利用舞子丸作为第一船于当月十一日从神户发航,经由门司、天津,之后每三周往返一次。三十三年七月之后,因为北清事变而休航。②

明治三十二年(1899年)开航的神户牛庄线因为事变(义和团)的影响,暂时休航,事变后明治三十五年(1902年)改称神户北清线继续开航。③

大阪商船株式会社的神户牛庄线,同样于1899年开航,首发汽船为舞子丸,经由港和邮船会社不同,没有下关港和芝罘港,从神户出发后,只经过门司港,直达天津。清末反侵略的义和团运动在华北地区迅速扩大,日本汽船株式会社受运动影响,暂停了神户—牛庄线。但是,这条航线很快改名为神户—北清线而继续开航。

大阪北清线(神户北清线),因义和团运动而休航的经由天津的神户牛庄线以及经由芝罘的神户牛庄线,再度开航,改称为神户北清线,于明治三十五年(1902年)二月二十六日由盛航丸作为首发汽船。该线利用三艘汽船,从神户和牛庄两地每周发航一次,经由门司、芝罘、天津。④

1902年大阪商船株式会社新开的大阪—北清线(神户北清线)

---

① 冈田俊雄编:『大阪商船会社80年史』、大阪商船三井船舶株式会社、1966年、32頁。
② 神田外茂夫编:『大阪商船会社五十年史』、大阪商船株式会社、1934年、264頁。
③ 冈田俊雄编:『大阪商船会社80年史』、大阪商船三井船舶株式会社、1966年、33頁。
④ 神田外茂夫编:『大阪商船会社五十年史』、大阪商船株式会社、1934年、267頁。

取代了 1899 年设立的神户—牛庄线,开航次数由之前的"每三周往返一次"增加到"每周发航一次",经由门司、芝罘和天津,到达牛庄。

日本邮船株式会社也对航线进行了调整。这次调整主要是基于日本政府航路政策的改变,即日本掌管交通和邮政的递信省将 6 条定期航线定为命令航路并对这些航路进行补助,其中就包括神户—北清线。

> 明治十八年(1885 年)我社创立时,正值农商务卿下达近海及沿岸各航路的命令,该命令期限为十五年,明治三十三年(1900 年)九月到期,期限到来后,因为担心这些定期航路的终止,各地商业会议所及其他民间团体,从三十三年一月开始向政府提出航路扩张和补助的相关申请,并向议会请愿。我社也积极参与航线的维持。于是,政府在期限到来之前的明治三十三年(1900 年)七月,由新任的递信(通信)大臣公布,同年十月以后五年,每年投入五十五万元以内的航海补助金给以下六条定期航线。……递信省命令航路:1. 横滨—上海线(略)。2. 神户—北清线(神户天津间及神户牛庄间两线),使用船三只、每周一回航行、冬季休航,补助金每年 10 万元,大正十二年转交近海邮船。3. 神户—韩国—北清线(略)。4. 神户—浦盐斯德线(略)。5. 神户—小樽东回线(略)。6. 青森—室兰线(略)。①

在旧的航路命令截至之前,各地商业会所纷纷向政府请愿。1900 年 7 月递信省下达新的规定,神户—北清线从 1900 年 10 月开始到 1905 年的 5 年间,每年可以得到来自政府的补助金 10 万

---

① 日本邮船株式会社:「七十年史」、日本邮船会社、1956 年、77—78 頁。

元。由此也能看出日本政府对中国华北地区的重视程度。于是日本邮船株式会社在开辟神户—牛庄航线一年之后，于1900年10月对航线名称和航船次数进行了重新修订。

> 明治三十三年（1900年）10月改革近海航路。将之前的神户天津线和神户牛庄线废止。开设神户韩国北清线及神户北清线（天津、牛庄方向的两线，每周一回，三只）。①

由此可见，经过调整之后，神户—天津线和神户—牛庄线被废除，实行新的线路及神户—韩国—北清线和神户—北清线，并且将汽船从之前的2只增加到3只，航海次数由之前的每两周一回变成每周一回。可以根据1902年2—6月的《横滨每日新闻》的"日本邮船株式会社汽船出帆广告"之"神户出帆"一栏来分析这条航线的具体运行情况。1902年2月18日的广告栏"神户出帆"中最先登载了"天津初航"的广告。笔者对《横滨每日新闻》中的"日本邮船株式会社汽船出帆广告"中，与神户—北清线的相关信息按"出发日期""出发地""航线名""（报纸）出版号码""初次登载日期"进行了统计。

表 3-12　日本邮船株式会社神户北清线定期运行表
（1902 年 2 月—1902 年 6 月）

序号	出发日期	船名	出发地	航线名	出版号码	初次登载日期
1	19020227	高砂（崎）丸	神户	门司、长崎、芝罘、天津行	9552	19020218
2	19020306	相模丸	神户	门司、芝罘、天津行	9562	19020228

---

① 日本经营史研究所编：『日本邮船株式会社百年史』、日本邮船株式会社、1988 年、104 页。

续表

序号	出发日期	船名	出发地	航线名	出版号码	初次登载日期
3	19020316	仙台丸	神户	门司、长崎、芝罘、天津行	9569	19020307
4	19020324	相模丸	神户	门司、长崎、芝罘、旅顺口、天津（太沽）行	9575	19020313
6	19020404	玄海丸	神户	门司、长崎、釜山、仁川、芝罘、天津（太沽）、牛庄行	9590	19020328
7	19020410	高砂丸	神户	门司、长崎、芝罘、天津、太沽行	9601	19020408
8	19020416	伊势丸	神户	门司、长崎、釜山、仁川、芝罘、旅顺口、天津（太沽）行	9605	19020412
9	19020424	相模丸	神户	门司、芝罘、天津（太沽）行	9611	19020418
10	19020501	玄海丸	神户	门司、长崎、釜山、仁川、芝罘、天津、太沽、牛庄行	9618	19020425
11	19020508	立神丸	神户	门司、长崎、芝罘、天津（太沽）行	9625	19020502
12	19020514	伊势丸	神户	门司、长崎、仁川、芝罘、旅顺口、天津（太沽）行	9631	19020508
13	19020522	高砂丸	神户	门司、芝罘、天津（太沽）行	9639	19020516

序号	出发日期	船名	出发地	航线名	出版号码	初次登载日期
14	19020530	玄海丸	神户	门司、长崎、釜山、仁川、芝罘、天津、太沽、牛庄行	9646	19020523
15	19020605	相模丸	神户	门司、长崎、芝罘、天津行	9653	19020530
16	19020611	日东丸	神户	门司、长崎、釜山、仁川、芝罘、旅顺口、天津(太沽)行	9658	19020604
17	19020619	立神丸	神户	门司、芝罘、天津(太沽)行	9667	19020613
18	19020625	玄海丸	神户	门司、长崎、釜山、仁川、芝罘、天津(太沽)、牛庄行	9674	19020620
19	19020703	高砂丸	神户	门司、长崎、芝罘、天津、太沽行	9680	19020626

《横滨每日新闻》基本每天都登载日本邮船株式会社的出帆广告,分为"横滨出帆""神户出帆""敦贺出帆"几栏。在该报第9552号(1902年2月18日)的"神户出帆"一栏中,最先出现了有关天津航线的消息,写作"门司、长崎、芝罘、天津行,高崎丸　廿七日正午十二时天津初航",说明2月27日高崎丸(高砂丸)将于正午12时从神户出发,经由门司、长崎、芝罘,驶往天津。这里写作"高崎丸"的汽船在2月20日的广告栏中改写成"高砂丸",航行日期不变,仍为2月27日。在日本邮船株式会社社史的轮船列表中找不到关于"高崎丸"的记载,而且之后"高砂丸"多次承担该条线路,估计为首

次广告登载时对"高砂丸"的错写。另外,广告对天津和太沽两港的描述不是很统一,有时分别列出,有时合写作"天津(太沽)",制作表格时按照广告原文抄录。

　　我们可以清楚看出神户—北清线的航行规律。日本邮船株式会社 6—8 天利用一艘汽船执行这条航线,从神户出发,驶往中国北部的各主要港口,除了天津外,还有芝罘、旅顺、牛庄。这条航线上使用的汽船有:高砂丸、相模丸、立神丸、玄海丸、伊势丸等。天津(太沽)港是该航线的主要目的地,但当"玄海丸"执行航海时,往往从天津寄港后,最终驶往牛庄港。从航线名称看,这些航线从神户出发后,都经过日本的门司港和中国的芝罘港。神户和门司是当时日本的重要港口,而芝罘和天津则在华北地区的人员交流和物资流动上发挥着重要作用。这些航线大部分还经由长崎港和朝鲜半岛的釜山、仁川等港,可以说这条线路实现了日本、中国北部和朝鲜的连接,构成了东亚地区的物流局域网。

　　此外,还有从神户出发,只在日本下关(马关)停靠直接航行到天津的航线,以及直接由神户驶往中国北部的航线。

表 3-13　日本邮船株式会社神户—北清线临时运行表
(1902 年 2 月—1902 年 6 月)

序号	出发日期	船名	出发地	航线名	出版号码	初次登载日期
1	19020228	大连丸	神户	下关、太沽行	9554	19020220
2	19020302	大连丸	神户	下关、太沽行	9561	19020227
3	19020322	立神丸	神户	门司、芝罘、天津(太沽)行(临时)	9583	19020321
4	19020406	伏木丸	神户	旅顺口、太沽、牛庄行(不载船客)	9598	19020405

如表3-13,第9554号和9561号《横滨每日新闻》的"神户出帆"栏都登载了"下关、太沽行,大连丸"的广告,大连丸由神户出发,经由下关直达太沽港。第9598号中,登载了"旅顺口、太沽、牛庄行,伏木丸,四月六日正午十二时"的广告。伏木丸不在日本的港口停靠,而是从神户出发后直接驶往中国北部的旅顺和天津。虽然表3-15中只有第3行关于"立神丸"的广告中有"临时"二字,但笔者认为,其他三个班次出发日期也不是有规律的排列,其航行也是临时性的。

(2) 日俄战争后到一次世界大战之前

日俄战争爆发后,航线的运行受到了影响,尤其是对牛庄港的影响较大,天津港的地位则随之上升。

　　三十七年(1904年)二月以后由于日俄战争,不可能再从牛庄回航,只能寄港芝罘和天津,同时,利用雇佣船,改为每月航海两次。同年下半年,恢复从牛庄回航。十二月以后,由于冬季结冰的原因,停止牛庄和天津的寄港,改从秦皇岛回航。三十八年(1905年)三月三日将航线延长至大阪,改称大阪—北清线,利用汽船四艘,增加到每月航行四到五次。另外,开设了大阪—天津线,这样,三十九年(1906年)二月,之前的大阪—北清线停止了天津寄港。由于日俄战争后牛庄的货物减少,同年下半年,大阪—北清线航线停止。[1]

由于日俄战争后从牛庄港回航的货物减少,加上大阪商船株式会社新开了大阪到天津的航线,大阪—北清线逐渐被取代,货物直接从天津运往日本,牛庄不再成为航线的目的地。这体现了20

---

① 神田外茂夫编:『大阪商船株式会社五十年史』、大阪商船株式会社、1934年、267页。

世纪初期,随着牛庄港的衰微,天津在中日贸易中所发挥的作用日益明显。

日俄战争也影响到日本邮船株式会社的神户—北清线运行。

> 本线(神户—北清线)预计于三十七年(1904 年)初春冰期过去后开航,但是由于战争征用,我社不仅没有承担该线的船只,而且开战后也无外船可被雇用。当社费尽周折,终于从香港雇用一船,负担其船员和船体的战时保险,于 4 月初由神户,向芝罘、天津发航,每三周定期航行一次。之后又增加一艘雇佣船,航线由天津延长至牛庄,由太沽寄港,约十二天定期航行一次。之后再增加雇佣船一艘,使用三艘船,每周发航一次,渐渐恢复到之前的水平。但是本航路上敌舰出没,山东半岛经常有机械鱼雷,特别是牛庄的船只都被征用,还出现了搬运工人不足的情况。因此,航海次数由于船只的数量变化而减少。[1]

日本邮船株式会社的神户—北清线于 1904 年 4 月发航,之后延长到牛庄,经由太沽港,使用三艘汽船,每月航行四次。为了进一步发展这条航线,1905 年,日本邮船株式会社还对使用汽船进行了充实,由 3 艘增加到 6 艘。

> 明治三十八年(1905 年)决定,为了将北清航路的使用船从 3 只增加到 6 只,除了已经购入的船舶相模丸(1 934 吨)及竹岛丸(2 673吨),另外一只是新造船……花费 3 万 4 050 英镑,工期 9 个月,从英国商会定制了新船,这就是新造的淡路丸(2 045 吨)。[2]

---

[1]『日本郵船株式会社五十年史』、日本郵船株式会社、1935 年、227 頁。

[2] 日本経営史研究所編:『日本郵船株式会社百年史』、日本郵船株式会社、1988 年、181 頁。

3艘增加的汽船运输能力都在2 000吨左右,最大的竹岛丸达到2 673吨,而且其中的淡路丸还是新建造的船,可见日本邮船株式会社对中国北部航线的重视。

大阪商船株式会社为了加强和日本邮船株式会社的竞争,也在驶往天津的航线中使用了新建造的汽船,并增加了航海次数,而且码头的设置上更加接近日本租界,在其社史中这样写道:

> 大阪—天津线,明治三十九年(1906年)二月二十五日,由大信丸作为首发汽船从大阪出发,之后使用汽船两艘,每月三次往返,经由神户、门司和芝罘,但是冬季由于冰期而休航。当时利用的大信丸和大智丸两艘汽船属于新造船,经过之前的停泊地太沽冲,可以直接驶进紫竹林停泊,博得了乘客和货主的好评。之后温州丸加入,成为三艘船,每月航行四到五次。①

大阪始发到达天津的航线于1906年2月开航,新建造的大信丸是首发汽船,之后和另一艘新造船大智丸及温州丸共同承担这条航线的旅客和货物运输。停靠地为门司和芝罘,航行次数由最初的每月三次增加到每月航行四到五次。入港时,由太沽变更为日本租界所在地紫竹林码头,方便了旅客搭乘和货物装卸。三艘汽船具体的运行情况,可以利用日文报纸《大阪每日新闻》进行复原。在该报1906年2月25日"大阪商船会社汽船大阪、神户出帆"的广告栏中,有一则以"大信丸,廿五日前七时大阪发、26日前七时神户发,门司、芝罘、天津行。天津可溯航至居留地"为内容的广告。而且几天后,也就是在1906年3月3日的广告栏中用更大更醒目的字体登出了"大信丸""大智丸"执行天津航行的广告(图3-3)。

---

① 神田外茂夫编:『大阪商船株式会社五十年史』、大阪商船株式会社、1934年、268—269页。

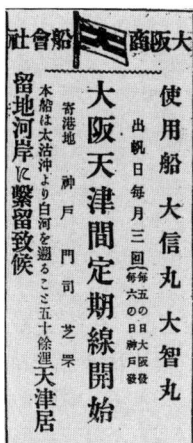

图 3 - 3

以 1906 年 2 月 25 日（第8047号）到 4 月 30 日（8121号）的《大阪每日新闻》"大阪商船会社汽船大阪、神户出帆"广告，制作天津航线的运行情况表如下：

表 3 - 14　大阪商船株式会社大阪—天津线定期运行表
（1906 年 2 月—1906 年 3 月）

序号	出发日期	船名	出发地	航线名	出版号码	初次登载日
1	19060225	大信丸	大阪	神户、门司、芝罘、天津行	8047	19060215
2	19060303	汕头丸	大阪	神户、门司、芝罘、天津行	8059	19060227
3	19060305	大智丸	大阪	神户、门司、芝罘、天津行	8052	19060220
4	19060306	汕头丸	大阪	神户、马关、青岛、天津行	8062	19060306
5	19060315	大信丸	大阪	神户、门司、芝罘、天津行	8062	19060306

序号	出发日期	船名	出发地	航线名	出版号码	初次登载日
6	19060316	温州丸	大阪	神户、门司、芝罘、天津行	8071	19060311
7	19060325	大智丸	大阪	神户、门司、下关、芝罘、天津行	8077	19060877
8	19060327	大信丸	大阪	神户、门司、芝罘、天津行	8084	19060324
9	19060329	温州丸	大阪	神户、门司、芝罘、天津行	8086	19060326
10	19060405	大智丸	大阪	神户、门司、下关、芝罘、天津行	8092	19060401
11	19060415	大信丸	大阪	神户、门司、下关、芝罘、天津行	8096	19060405
12	19060420	温州丸	大阪	神户、门司、下关、芝罘、天津行	8102	19060411
13	19060425	大智丸	大阪	神户、门司、下关、芝罘、天津行	8107	19060416
14	19060505	大信丸	大阪	神户、门司、下关、芝罘、天津行	8114	19060423
15	19060510	温州丸	大阪	神户、门司、下关、芝罘、天津行	8120	19060429

　　如表 3-14 所显示，该航线以大信丸为首发汽船，最初和大智

丸一起，十天发航一次。但是有另外一艘汽船汕头丸加入，从广告登载的时间看，两次和汕头丸有关的广告登载都与发航时间相距较近，且和大信丸、大智丸的出发间没有规律性可循。3 月 16 日温州丸加入后，汕头丸退出该航线。我认为，这是因为刚刚开通的新航线大大增加了大阪到天津的交通便利，吸引了众多货物和人员，大信丸和大智丸两艘汽船不能满足运输需求，临时增加了汕头丸的两次航行。之后，大阪商船株式会社为了起到缓解物流和客流的作用，加入温州丸参与此航线的运输。该船加入后，航线由十天发航一次，变成三艘汽船轮流执行，五天发航一次。

日本驻屯军司令部编纂的《天津志》对大阪商船株式会社这条航线的开通也有详细的论述，可以和以上社史的记述以及航行统计相比较。

> 大阪商船公司，于一九○五年十月开始天津航路。以大信丸、大智丸、温州丸三条轮船，每六日从大阪出发，经神户、门司、下关、芝罘到天津。全是新造船舶，由于吃水浅能溯航到紫竹林租借地河岸，使货运和客运得到很大的便利。①

日本驻屯军司令部所编《天津志》由侯振彤翻译，1986 年以《二十世纪初的天津概况》为名由天津市史志编纂委员会出版。以上这段出自该书的史料对汽船名称（大信丸、大智丸、温州丸）和停靠地（神户、门司、下关、芝罘）、到达码头（紫竹林码头）的论述基本和《大阪商船会社五十年史》及《大阪商船株式会社八十年史》一致，并且和表 3–14 对应统一，但是，将大阪商船株式会社开辟该航线具体时间写为 1905 年是错误的。

———————————

① 侯振彤译：《二十世纪初的天津概况》（中国驻屯军司令部编《天津志》1899 年 9 月），天津市地方史志编纂委员会总编辑室，1986 年，第 106 页。

四十年（1907年）十一月，（大阪天津线）停止了在芝罘的寄港，实现了通过门司的直航。四十一年（1908年）十一月五日以后，作为航线联络的神户和门司，继而和国有铁道相连接，开始了旅客和小型包裹的"船车联络"。①

1907年，大阪—天津线停止了在芝罘寄港，经由门司直接到达天津。而且，随着日俄战争后日本国内铁路的大量修建，1908年该航线在神户和门司两地实现了和日本国内铁路的联络，这样，神户和门司两港成为日本和天津两地间人员移动和货物交流的主要集散地。

综上所述，根据1860年《北京条约》，天津被迫开埠，随着租界的建立和扩大，航运中心从三岔口逐渐转移到轮船运输为主的紫竹林一带。从19世纪末，进出天津港的船只逐渐实现了由帆船到轮船的发展和更替。

19世纪末、20世纪初，日本的海运业在明治政府的支持下取得了跃进式的发展。1884年和1885年大阪商船株式会社和日本邮船株式会社分别建立，并设立了国内和近海、远洋航路。甲午战争和日俄战争推动了日本海运业的发展。从船舶的运输能力看，日本从1893年的世界排名12位，到第一次世界大战之前的1913年，已经位列世界第七，运输能力增长了10倍。

随着日本海运业以惊人的速度发展以及天津开埠后中国华北地区经济地位的上升，日本通往天津的航路也经历了不断发展的过程。首先是1876年三菱会社开通的"华北航线"，但是这条航线很快夭折。之后日本邮船株式会社于1886年开通了

① 神田外茂夫编：『大阪商船株式会社五十年史』、大阪商船株式会社、1934年、268—269頁。

长崎—天津线（之后的神户—天津线），在长崎与当时的横滨—上海线和长崎—海参崴线相联络，连接日本、中国华北、朝鲜和俄国，一定程度上形成了小型的东北亚航线网。甲午战争和日俄战争后，日本取得了更多的侵略权益，使中国华北的经济地位不断上升。两大汽船会社都在1899年开通了神户和华北之间的航线，并不断扩充船只数量和航行次数，在这个过程中日本对天津港的重视不断增加，天津港逐渐由停靠港发展到直航目的地。1906年，大阪商船株式会社开通了大阪—天津航线，不仅可以溯航到紫竹林的日本租界码头，还在1907年年末实现了航线与日本国内铁路的连接。

到第一次世界大战爆发之前，出入天津港船只的国别发生了转变。从数量上看，"自1895年到1914年，日本到达天津港船舶的增长率超过英国，是各国船舶到港数量增长最快的国家。……1914年日本到天津港的商船达447艘，打破了英国的垄断地位成为到港船舶数量最多的国家"①。由于日本在津航业的兴起和发展，从日本进口的商品逐年增加，天津既成为日本重要的销售市场，又成为日本掠夺原料的重要基地。

三、日本—青岛航路的开通和运营

青岛位于山东半岛的东南部，濒临黄海。1897年被德国占领，其海港和城市在外来要素的刺激下走上了近代发展的道路。日德战争后，日本强占青岛，据记载："1923年，各国进出青岛港轮船只数和总吨位数分别为：美国68只、279千吨；英国370只、768千吨；

---

① 《中国水运史丛书：天津港史（古、近代部分）》，北京：人民交通出版社，1986年，第110页。

德国 44 只、166 千吨;日本 1 463 只、1 695 千吨;中国 198 只、145 千吨。"[1]可见 20 世纪 20 年代,青岛与外国的海运往来非常频繁,特别是与日本的海上往来占了绝大多数的比例。在青岛海运中日本所占的比例,第一次世界大战前约为 19%,1916 年上升到 90% 以上,1922 年仍然超过 80%。因此,青岛和日本的进出口贸易比重发生大的变化是在第一次世界大战开始后,即 1914—1916 年之间。

本节通过日本汽船株式会社社史、报纸广告等历史资料,探讨了 20 世纪初期的 1914—1915 年间日本汽船会社开设青岛定期航线的问题。

(一)20 世纪初山东半岛的海运状况

1914 年之前,承担山东地区和日本海上贸易的主要是山东北部的港口芝罘港。芝罘港据 1858 年 6 月的《天津条约》,于 1862 年开港。开港之初,作为山东唯一的贸易港,它不仅是货物的集散港,也是中国南北方船舶的中继港。[2] 但是,进入 20 世纪芝罘港开始走向衰微。与此相对,1897 年开港的青岛港,由于德国欲将其建设成中国北方的重要军港,在德国的经营下其港湾设备不断完善,并开通了与欧洲各地的海运航线,取得了比较快的发展。

表 3-15　青岛、芝罘港外贸输入额比较表　(单位:税关两)

年份	1905 年	1906 年	1907 年	1908 年	1909 年
芝罘港	17 156 771	14 799 778	10 639 697	9 887 640	9 845 495
青岛港	10 830 947	16 940 667	16 416 053	15 718 278	19 422 133

资料来源:寿杨宾《中国水运史丛书:青岛海港史(近代部分)》,人民交通出版社,1986 年,第 90 页

---

[1] 寿杨宾:《中国水运史丛书:青岛海港史(近代部分)》,北京:人民交通出版社,1986 年,第142 页。

[2] 東亜同文会調査編纂部:「山東及膠州湾」、博文館、1914 年、311 頁。

从表 3 - 15 可以看出,1905 年芝罘港的输入量为 17 156 771 税关两,青岛仅为 10 830 947 税关两,只占芝罘港的 2/3。但是到 1909 年,青岛港的输入量已经超出芝罘港 2 倍。可见,青岛港在 20 世纪初的确发展相当迅速。

从 1914 年 11 月的日文报纸《时事新报》中关于青岛港、芝罘港、大连港、天津港对比的报道可以看出,1897 年之前的青岛港是一个"无名的渔港",到 1910 年取得了显著的发展。而且,从青岛港的贸易状态看,青岛港比芝罘港更具有经济上的价值。

> 对比(中国北部)沿岸的各个开放港口的贸易状态,根据 1910 年的统计,各港的贸易总额:青岛为四二、五八○、六二四两,大连为五○、九四○、二四○两,芝罘为三○、一九五、七八三两,天津为九八、○九○、三五五两。在沿岸各港中,青岛的贸易凌驾于芝罘之上,但是尚不足天津的二分之一。青岛贸易的发展令人惊叹,从十六年前的无名渔港迅速发展起来。……青岛具有非常重要的经济价值,这一问题需要进一步研究,但是从青岛现在的发展来看,可以大胆地推断它将来的发达。[1]

1914 年 11 月的《大阪每日新闻》有一段关于芝罘、青岛两港实力对比以及输出入数量消长的报道。

> 青岛及芝罘都是山东的吞吐港口,芝罘的实力最近渐次,被青岛超过,青岛在德国的经营下发展很快,被我国占领后将促进其发展。
>
> 现在两港贸易消长之比较,……最近芝罘的输出入总额

---

[1]「青島の価値—貿易及歳入の現状」、『時事新報』、1914 年 11 月 22 日。

只有青岛的一半。①

如上，青岛港的发展非常迅速，相比之下，1914 年芝罘港的吞吐能力已经逐渐屈居青岛之后，输出入额只有青岛港的一半。可以说，这样的消长对比正是 20 世纪初期特别是第一次世界大战初期山东海运的基本状况。

有关以青岛为起点的日本航路，在日本的汽船公司开设该航路之前，日本和青岛之间也曾有过汽船通航。德占时期，1907 年德属的汉堡亚米利加公司曾经经营过两地间的航线。

> 青岛日本间的航路由汉堡亚米利加汽船会社经营，由神户的中国商号东源号负责联系。利用日本船只北辰丸（最近触礁）每月二回的定期航路，还利用中越丸、香取丸等进行不定期航海。②

如上，1914 年日本占领青岛之前就存在青岛和神户之间的航线。但是通过表 3 - 18 我们可以看到，一年间日本汽船出入青岛港的船只只有 116 艘，和德国和英国相比，数量较少。

表 3 - 16　1907 年胶州湾出入汽船数

国籍	入港		出港	
	数量（只）	吨数	数量（只）	吨数
英国	127	145 781	126	142 331
德国	281	314 200	280	313 671
日本	58	69 363	58	69 363

---

① 「山東経営論（八）山東の港湾」、『大阪毎日新聞』、1916 年 11 月 15 日。
② 「青島経済事情」、『支那経済報告書（第十一号）』、1908 年、15 頁。参见『明治後期産業発達史資料』（第 304 巻）、龍渓書社、1996 年 3 月復刻版。

续表

国籍	入港		出港	
	数量（只）	吨数	数量（只）	吨数
挪威	18	17 739	18	17 729
中国	5	4 332	5	4 332
俄国及瑞典	3	5 051	3	5 051

资料来源:「青岛経済事情」,『支那経済報告書(第十一号)』,1908 年、14 頁。参见『明治後期産業発達史資料』(第 304 巻)、龍渓書社、1996 年 3 月復刻版。

1907 年从青岛港出入的德国船只在数量上占有绝对的优势,日本汽船数只占德国的 1/5、英国的 1/2,数量相对较少。因此,20 世纪初,尚未产生前文所述的"青岛的海运中日本所占的比例……1916 年上升到 90％以上,1922 年也超过 80％"的局面。

芝罘港的衰微和青岛港的显著发展是 20 世纪初期山东地区海运的基本状态。青岛的海运业逐渐发展,在日本的汽船会社开设青岛航路之前,青岛海运的支配权仍然掌握在德国手中。

(二)第一次世界大战期间日本开设的青岛—日本定期航线

1. 第一次世界大战期间青岛—日本定期航线的开通

从世界形势看,日本开设青岛航路最直接的原因是 1914 年德国在日德战争中的失败。

> 大正三年(1914 年)八月与德国开战的结果,我军占领了德国在东洋的根据地青岛,十一月十九日布置军政,当社考虑到青岛与内地交通的重要性逐渐加深,于十二月二十四日采用大信丸作为第一船迅速开设了大阪—青岛航线。[1]

---

[1] 神田外茂夫编:『大阪商船株式会社五十年史』、大阪商船株式会社、1934 年、273—274 頁。

一战开始后,欧洲列强忙于欧洲战事,东亚近海航路来自于欧洲的危险相对减少也是该航路开创的重要原因。中日航线开行之后,日本对近海航运的大发展抱有非常乐观的态度:"我国海运市场的暗礁逐渐消除,前方是大发展的道路,明年将更加发达。"

> 借着世界大事变之机,大正三年(1914年)的海运界各货辐辏,呈现出少有的活跃局面……日德战争以青岛的陷落告一段落,同时,近海航路的危险几乎全部消除,恢复安全。而且随着南洋方面出没横行的德国舰艇的撤退,远洋航路也变得安全。我国海运市场的暗礁逐渐消除,前方是大发展的道路,明年将更加发达。……战争后,也就是本年下半年输出入相当旺盛,不论是近海还是远洋,海运界都将出现大活跃的局面。①

航路的创始以日本发展东亚海运市场为目的,同时,更重要的是从青岛港输出中国的农产品和矿产,并且将日本国内的工业品输入中国内地。1914年的日文报纸《时事新报》中有一篇题为《青岛的价值》的文章,介绍了青岛港1911年的输出贸易。从该报道附带的记录中可以看出1911年通过青岛港输出了大量农产品和矿产,特别是数量极大的煤炭、棉花、花生等。

> 就青岛的主要输出品,1911年的统计如下:
> 煤炭　一〇六、四九八吨　棉花　四〇、一七一担　落花生(带皮)　五七、五五一担
> 落花生(仁)　七三九、五〇七担　豆油　七〇、七八三担 落花生油　一〇九、二五八担
> 草帽辫　八八、〇〇二担　豆饼　四六担　黄豆　六

---

① 「海運界予想」、『神戸新聞』、1915年1月4日。

二担

草帽　一四、〇〇〇个　乌贼　四、八六二担　枣　一八、九六一担

鸡蛋　一七、五〇二、三五〇个　玻璃器　五、四五七担　牛肉　七、一九一担

梨　二二、三九八担　咸猪肉　六、六四七头　西瓜仁一、八九八担

黄绢丝　二、九三四担　屑丝　七、二〇四担　山东绸三、四九〇担

犬毛皮　一七、九〇〇枚　山羊毛皮　五四、五三四枚　牛油　八、七四六担

蔬菜　一二、五二一担　胡桃　四、〇四四担　羊毛二、〇八二担

（以上由汽船输出）

落花生（带皮）　一一、二二六担　同（仁）　三六一担　同油　五二、六一四担

乌打帽　一、一七五、八八一个　生猪　五、二五八头　豌豆　三、九九三担

白豆黄豆　五、〇七四担　豆油　五二、六一四担　梨六八、〇〇七担

干柿　九、四一八担　蔬菜　三三、〇五二担　胡桃　八七五担

（以上由戎克船输出）

山东铁路沿线的物产有坊子、博山两地的煤炭，胶州附近的梨、鸡蛋、乌贼、枣、西瓜仁、蔬菜、胡桃、豆饼等，青州、周村镇附近生产乌打帽、山东绸、山羊毛皮、屑丝、咸猪肉、牛皮、牛

油等……①

有关青岛和日本贸易的具体情况有表3-19的统计,这可以从一个方面体现日本开设这条航路的原因和目的。

表3-17　青岛对日进出口货物统计(1918—1920年)　(单位:吨)

输出	1918年		1919年		1920年	
	出口总量	输往日本	出口总量	输往日本	出口总量	输往日本
花生	34 656	20 619	57 836	45 989	78 798	41 250
花生油	32 699	16 976	53 722	36 575	43 499	28 090
盐	185 426	147 258	236 115	181 371	233 352	179 443
牛肉	8 815	2 660	8 815	3 858	11 368	7 523
煤炭	147 741	49 682	138 096	85 867	249 413	157 308
煤焦	54 106	51 165	15 376	14 336	54 106	51 165
桐材	7 012	7 000	9 409	9 366	13 005	12 747
豆饼	4 819	4 769	19 806	19 762	7 881	7 669
输入商品	自日输入	输入总量	自日输入	输入总量	自日输入	输入总量
棉纱	13 479	33 517	6 457	24 488	10 684	19 650
棉布	7 083	13 167	5 133	8 999	4 528	8 416
火柴	13 559	13 636	9 134	9 374	5 249	6 337
金属制品	3 293	6 654	7 200	10 214	6 089	8 464
机械	2 297	2 862	2 116	4 356	2 066	4 701
杂货	3 693	4 831	2 907	4 041	2 550	4 701
玻璃	1 617	3 353	2 941	3 885	2 570	3 862
药品	1 044	4 149	1 847	4 474	2 945	5 117

　　资料来源:青岛守备军民政部铁道部『統計年報』(1921年),庄维民、刘大可:《日本工商资本与近代山东》,北京:社会科学文献出版社,2005年,192页。

---

①「青島の価値(六)輸出貿易解剖」、『時事新報』、1914年11月16日。

表 3-17 是根据青岛守备军民政部铁道部编辑的《统计年报》
制作而成的,是作为山东铁道终点的青岛的贸易统计资料,体现了
1914 年日本和青岛间汽船航路开创之后日本对山东的输出入所产
生的影响。大量农产品和矿产输入日本,同时日本的工业制品通
过青岛港输入中国。尤其是"出口总量"的大部分,如花生、盐、煤
焦、铜、豆饼,一半以上的煤炭都运往日本,而火柴、机械、杂货等日
本工业品则通过青岛港大量输入中国。

　　大阪商船株式会社最先开创了青岛航路。1914 年(大正三年)
"当社的近海航路在明治时代基本已经开拓完毕,同年,日本军占
领青岛之后,12 月,开设了大阪—青岛线……进一步充实了中国的
航路网"①。两天后,原田商行也利用松丸开始了青岛航行。1915
年日本邮船株式会社也增开了大阪—青岛线。"大阪—青岛线(大
阪—神户—门司—青岛—门司—宇品—神户—大阪)1915 年 1 月
作为私设航路而开创(1 艘 2 周 1 回)"②;"本线虽然在世界大战爆
发前就有规划,但是直到 1914 年 11 月日本军实现了对青岛的管
理,当社才按照之前的计划,在 1915 年 1 月作为私设航路,使用船
只一艘、开设了每二周一次的定期航线,后来成为命令航路直到现
在"。③ 1914 年 12 月 27 日的《大阪每日新闻》对于该航路的开设是
这样报道的:

　　　　青岛接受我军政部的管辖以来,青岛与我国之间的定期
　　　航海计划逐渐实现,确定为邮船会社、商船会社及原田会社三

----

① 冈田俊雄编:『大阪商船会社 80 年史』、大阪商船三井船舶株式会社、1966 年、44—
　　45 页。
② 日本经营史研究所编:『日本邮船百年史资料』、日本邮船株式会社、1988 年、729 页。
③ 『日本邮船株式会社五十年史』、日本邮船株式会社、1935 年、264 页。

家，商船二十四日大信丸、原田二十七日松丸出帆，邮船会社最早将于明年一月利用山东丸开始航行。①

可见，日本对青岛的占领是航线开通的重要原因。大阪商船株式会社、日本邮船株式会社、原田商行三家日本汽船会社开创青岛航路之后，1921 年山下汽船会社、山东同盟汽船会社也开设了来往于青岛的航线，与之前的三家航运会社相互竞争。

> （大阪商船）利用台北丸、天草丸两艘船，在神户、宇品、门司寄港，每周航海一次。（大正）五年一月，减为利用台北丸一艘船，每月两次航海。之前原田汽船、日本邮船也经营这条定期航路，其后，山东同盟汽船、山下汽船也加入进来，相互竞争。②

《大阪每日新闻》第11281号中，最先登载了与青岛航路有关的汽船名、出发时间及停靠地等具体内容。1914 年 12 月 24 日，也就是青岛航路开创的当天，该报的广告栏中登载了大阪商船株式会社以"青岛行"为题的广告，具体内容是："大信丸廿四日正午从大阪出发，经由门司、神户，青岛直行。"③

同一天的广告栏中还登载了原田商行的"青岛线再开始"的广告，具体内容是："松丸 26 日正午大阪出帆，经由神户、门司到达青岛。"④

1914 年 12 月 29 日的《大阪每日新闻》第11286号登载了日本邮船株式会社的广告，山东丸作为日本邮船株式会社大阪—青岛

---

① 「大正三年海運界概観」、『大阪朝日新聞』、1914 年 12 月 28 日。

② 神田外茂夫编：『大阪商船株式会社五十年史』、大阪商船株式会社、1934 年、273—274 頁。

③ 『大阪每日新聞』、1914 年 12 月 24 日、8 頁。

④ 『大阪每日新聞』、1914 年 12 月 24 日、8 頁。

航线的首发汽船,将于 1915 年 1 月 6 日从大阪出发,经由神户、门司到达青岛。①

三家汽船会社相继开通青岛航线,其运行的船只情况、经由地以及刊载的日期如表 3‑18。这个表格制作的主要依据是《大阪每日新闻》自 1914 年 12 月 24 日开始,一年中登载的《大阪商船会社大阪出帆汽船广告》和《日本邮船汽船会社出帆广告》,以及其他汽船的会社的出帆广告。

表 3‑18　1914 年 12 月 24 日—1915 年 12 月 20 日大阪—青岛航路汽船运行表

出发时间	会社名	船名	出发地	经由地	登载时间
19141224	大阪商船会社	大信丸	大阪	神户、门司	19141224
19141226	原田商行	松丸	大阪	神户、门司	19141225
19150102	大阪商船会社	台北丸	大阪	神户、宇品、门司	19141229
19150105	原田商行	萨摩丸	大阪	神户、宇品、门司	19141231
19150106	日本邮船会社	山东丸	大阪	神户、门司	19141229
19150109	大阪商船会社	宫岛丸	大阪	神户、宇品、门司	19141231
19150113	原田商行	宁静丸	大阪	神户、宇品、门司	19150110
19150117	大阪商船会社	台北丸	大阪	神户、宇品、门司	19150105
19150120	日本邮船会社	山东丸	大阪	神户、门司	19150108
19150120	日本邮船会社	西京丸	大阪	神户、门司	19150114

① 『大阪每日新聞』、1914 年 12 月 29 日、10 頁。

续表

出发时间	会社名	船名	出发地	经由地	登载时间
19150121	原田商行	萨摩丸	大阪	神户、宇品、门司	19150118
19150126	大阪商船会社	宫岛丸	大阪	神户、宇品、门司	19150112
19150129	原田商行	宁静丸	大阪	神户、宇品、门司	19150126
19150202	大阪商船会社	台北丸	大阪	神户、宇品、门司	19150121
19150202	原田商行	萨摩丸	大阪	神户、宇品、门司	19150122
19150203	日本邮船会社	西京丸	大阪	神户、门司	19150121
19150206	原田商行	萨摩丸	大阪	神户、宇品、门司	19150201
19150211	大阪商船会社	宫岛丸	大阪	神户、宇品、门司	19150130
19150214	原田商行	宁静丸	大阪	神户、宇品、门司	19150201
19150217	日本邮船会社	西京丸	大阪	神户、门司	19150204
19150218	大阪商船会社	台北丸	大阪	神户、宇品、门司	19150207
19150222	原田商行	萨摩丸	大阪	神户、宇品、门司	19150209
19150226	大阪商船会社	天草丸	大阪	神户、宇品、门司	19150216
19150303	日本邮船会社	西京丸	大阪	神户、门司	19150218

续表

出发时间	会社名	船名	出发地	经由地	登载时间
19150306	大阪商船会社	台北丸	大阪	神户、宇品、门司	19150221
19150310	原田商行	萨摩丸	大阪	神户、宇品、门司	19150224
19150314	大阪商船会社	天草丸	大阪	神户、宇品、门司	19150302
19150318	原田商行	宁静丸	大阪	神户、宇品、门司	19150306
19150319	日本邮船会社	小仓丸	大阪	神户、门司	19150304
19150322	大阪商船会社	台北丸	大阪	神户、宇品、门司	19150309
19150326	原田商行	萨摩丸	大阪	神户、宇品、门司	19150312
19150330	大阪商船会社	天草丸	大阪	神户、宇品、门司	19150317
19150402	日本邮船会社	西京丸	大阪	神户、门司	19150319
19150403	原田商行	宁静丸	大阪	神户、宇品、门司	19150319
19150408	大阪商船会社	台北丸	大阪	神户、宇品、门司	19150327
19150411	原田商行	萨摩丸	大阪	神户、宇品、门司	19150328
19150415	大阪商船会社	天草丸	大阪	神户、宇品、门司	19150406
19150416	日本邮船会社	西京丸	大阪	神户、门司	19150403

出发时间	会社名	船名	出发地	经由地	登载时间
19150419	原田商行	宁静丸	大阪	神户、宇品、门司	19150405
19150424	大阪商船会社	台北丸	大阪	神户、宇品、门司	19150410
19150427	原田商行	萨摩丸	大阪	神户、宇品、门司	19150413
19150430	日本邮船会社	西京丸	大阪	神户、门司	19150417
19150501	大阪商船会社	天草丸	大阪	神户、宇品、门司	19150418
19150504	原田商行	宁静丸	大阪	神户、宇品、门司	19150421
19150508	大阪商船会社	台北丸	大阪	神户、宇品、门司	19150426
19150511	原田商行	萨摩丸	大阪	神户、宇品、门司	19150429
19150514	日本邮船会社	西京丸	大阪	神户、门司	19150501
19150515	大阪商船会社	天草丸	大阪	神户、宇品、门司	19150504
19150518	原田商行	宁静丸	大阪	神户、宇品、门司	19150506
19150522	大阪商船会社	台北丸	大阪	神户、宇品、门司	19150511
19150525	原田商行	萨摩丸	大阪	神户、宇品、门司	19150429
19150528	日本邮船会社	西京丸	大阪	神户、门司	19150515

续表

出发时间	会社名	船名	出发地	经由地	登载时间
19150529	大阪商船会社	天草丸	大阪	神户、宇品、门司	19150518
19150601	原田商行	宁静丸	大阪	神户、宇品、门司	19150527
19150605	大阪商船会社	台北丸	大阪	神户、宇品、门司	19150525
19150608	原田商行	萨摩丸	大阪	神户、宇品、门司	19150527
19150611	日本邮船会社	西京丸	大阪	神户、门司	19150529
19150612	大阪商船会社	天草丸	大阪	神户、宇品、门司	19150602
19150613	大阪商船会社	天草丸	大阪	神户、宇品、门司	19150608
19150615	原田商行	宁静丸	大阪	神户、宇品、门司	19150603
19150620	大阪商船会社	宫岛丸	大阪	神户、宇品、门司	19150608
19150622	原田商行	萨摩丸	大阪	神户、宇品、门司	19150610
19150625	日本邮船会社	西京丸	大阪	神户、门司	19150612
19150626	大阪商船会社	天草丸	大阪	神户、宇品、门司	19150615
19150629	原田商行	宁静丸	大阪	神户、宇品、门司	19150617

出发时间	会社名	船名	出发地	经由地	登载时间
19150703	大阪商船会社	台北丸	大阪	神户、宇品、门司	19150622
19150708	原田商行	萨摩丸	大阪	神户、宇品、门司	19150624
19150709	日本邮船会社	西京丸	大阪	神户、门司	19150626
19150711	大阪商船会社	天草丸	大阪	神户、宇品、门司	19150629
19150713	原田商行	宁静丸	大阪	神户、宇品、门司	19150701
19150717	大阪商船会社	台北丸	大阪	神户、宇品、门司	19150706
19150720	原田商行	萨摩丸	大阪	神户、宇品、门司	19150710
19150723	日本邮船会社	西京丸	大阪	神户、门司	19150710
19150724	大阪商船会社	天草丸	大阪	神户、宇品、门司	19150713
19150727	原田商行	宁静丸	大阪	神户、宇品、门司	19150715
19150731	大阪商船会社	台北丸	大阪	神户、宇品、门司	19150720
19150803	原田商行	萨摩丸	大阪	神户、宇品、门司	19150722
19150806	日本邮船会社	西京丸	大阪	神户、门司	19150724
19150808	大阪商船会社	天草丸	大阪	神户、宇品、门司	19150727

续表

出发时间	会社名	船名	出发地	经由地	登载时间
19150811	原田商行	宁静丸	大阪	神户、宇品、门司	19150729
19150814	大阪商船会社	台北丸	大阪	神户、宇品、门司	19150803
19150817	原田商行	萨摩丸	大阪	神户、宇品、门司	19150805
19150820	日本邮船会社	西京丸	大阪	神户、门司	19150807
19150821	大阪商船会社	天草丸	大阪	神户、宇品、门司	19150809
19150825	原田商行	宁静丸	大阪	神户、宇品、门司	19150813
19150829	大阪商船会社	台北丸	大阪	神户、宇品、门司	19150817
19150831	原田商行	萨摩丸	大阪	神户、宇品、门司	19150819
19150903	日本邮船会社	西京丸	大阪	神户、门司	19150821
19150904	大阪商船会社	天草丸	大阪	神户、宇品、门司	19150824
19150908	原田商行	宁静丸	大阪	神户、宇品、门司	19150827
19150911	大阪商船会社	台北丸	大阪	神户、宇品、门司	19150830
19150914	原田商行	萨摩丸	大阪	神户、宇品、门司	19150902
19150917	日本邮船会社	西京丸	大阪	神户、门司	19150904

出发时间	会社名	船名	出发地	经由地	登载时间
19150918	大阪商船会社	天草丸	大阪	神户、宇品、门司	19150911
19150922	原田商行	宁静丸	大阪	神户、宇品、门司	19150914
19150925	大阪商船会社	台北丸	大阪	神户、宇品、门司	19150915
19150928	原田商行	萨摩丸	大阪	神户、宇品、门司	19150916
19151001	日本邮船会社	西京丸	大阪	神户、门司	19150918
19151003	大阪商船会社	天草丸	大阪	神户、宇品、门司	19150921
19151006	原田商行	宁静丸	大阪	神户、宇品、门司	19150924
19151009	大阪商船会社	台北丸	大阪	神户、宇品、门司	19150928
19151012	原田商行	萨摩丸	大阪	神户、宇品、门司	19150930
19151015	日本邮船会社	西京丸	大阪	神户、门司	19151002
19151016	大阪商船会社	天草丸	大阪	神户、宇品、门司	19151004
19151020	原田商行	宁静丸	大阪	神户、宇品、门司	19151008
19151024	大阪商船会社	台北丸	大阪	神户、宇品、门司	19151012

续表

出发时间	会社名	船名	出发地	经由地	登载时间
19151026	原田商行	萨摩丸	大阪	神户、宇品、门司	19151014
19151029	日本邮船会社	西京丸	大阪	神户、门司	19151016
19151030	大阪商船会社	天草丸	大阪	神户、宇品、门司	19151019
19151102	原田商行	宁静丸	大阪	神户、宇品、门司	19151022
19151106	大阪商船会社	台北丸	大阪	神户、宇品、门司	19151025
19151109	原田商行	萨摩丸	大阪	神户、宇品、门司	19151028
19151112	日本邮船会社	西京丸	大阪	神户、门司	19151030
19151114	大阪商船会社	天草丸	大阪	神户、宇品、门司	19151102
19151116	原田商行	宁静丸	大阪	神户、宇品、门司	19151104
19151121	大阪商船会社	台北丸	大阪	神户、宇品、门司	19151109
19151123	原田商行	萨摩丸	大阪	神户、宇品、门司	19151112
19151126	日本邮船会社	西京丸	大阪	神户、门司	19151113
19151127	大阪商船会社	天草丸	大阪	神户、宇品、门司	19151116
19151203	原田商行	宁静丸	大阪	神户、宇品、门司	19151108

续表

出发时间	会社名	船名	出发地	经由地	登载时间
19151205	大阪商船会社	台北丸	大阪	神户、宇品、门司	19151123
19151207	原田商行	萨摩丸	大阪	神户、宇品、门司	19151125
19151210	日本邮船会社	西京丸	大阪	神户、门司	19151127
19151212	大阪商船会社	宫岛丸	大阪	神户、宇品、门司	19151129
19151215	原田商行	宁静丸	大阪	神户、宇品、门司	19151204
19151218	大阪商船会社	台北丸	大阪	神户、宇品、门司	19151207
19151221	原田商行	萨摩丸	大阪	神户、宇品、门司	19151209
19151224	日本邮船会社	西京丸	大阪	神户、门司	19151212
19151226	大阪商船会社	天草丸	大阪	神户、宇品、门司	19151213
19151228	原田商行	宁静丸	大阪	神户、宇品、门司	19151217

资料来源:1914 年 12 月到 1915 年 12 月一年间的《大阪每日新闻》中所登载的"大阪商船会社大阪出帆汽船广告""日本邮船会社出帆广告"以及其他汽船会社的出帆广告。

从表 3-18 可以看出青岛航线开通后,日本的汽船会社自 1914 年 12 月起一年间运作该线路的情况。其中,大阪商船株式会社使用大信丸作为青岛航线的首发汽船,但是之后未曾使用该船。1915 年 2 月 11 日之前使用台北丸、宫岛丸两艘汽船,之后则利用台北丸和天草丸有规律地交替运行。这些汽船都经由神户、宇品、门司三港。总体来看，一个月中通航 4 次，也就是每周都有一艘汽船从大阪出发，驶往青岛。原田商行的初航汽船松丸同样只使用了一次，经常通航于大阪与青岛之间的是萨摩丸和宁静丸，每周一次航行于两地之间，停靠地与大阪商船株式会社相同。日本邮船株式会社的初航汽船是山东丸，使用该船 2 次以后，除有一次使用小仓丸之外，一年中全部使用西京丸，该船作为青岛航路的最主要汽船，一年中不间断地实现定期航行，经由神户和门司 2 港，一个月往返 2 次。这一年中，除以上 3 家日本会社之外，其他的会社尚未开通青岛航线。

由此可以看出，大阪—青岛航线自 1914 年 12 月开通的一年间，正常情况下每月有 5 艘汽船往返于两地之间，每月通航 10 个班次，神户和门司两港是 3 个会社共同的停靠地。

从新闻广告栏刊登的状况来看，在航线开通初期，《大阪每日新闻》的广告栏总是提前 2—3 天登载汽船会社的出帆广告，之后，随着汽船航运的规律化，广告的登载也渐渐规律化，一般在汽船出发前 10—12 日向旅客和商人公布出航的汽船名称和具体时间。而且，各个汽船会社使用的汽船以及报纸上所登载的广告格式都极少发生变化，这样，不仅可以使汽船会社赢得商人和旅客的信赖，而且对于货物的装载和运输，乃至运费的计算都会产生极大的便利。

2. 客货运输

大阪—青岛航线的开通使中日之间物的流动和人的流动加快。如前所述，1916 年，青岛的海运业中日本所占的比例上升到 90% 以上。

表 3-19　大阪—青岛航线所使用汽船的载重吨数统计表
(1914 年 12 月—1915 年 12 月)

船名	总吨数	船名	总吨数
大信丸(商船)	1 304	台北丸(商船)	2 796
宫岛丸(商船)	1 609	天草丸(商船)	2 526
萨摩丸(原田)	1 866	宁静丸(原田)	2 630
小仓丸(邮船)	2 389	山东丸(邮船)	2 032
西京丸(邮船)	2 904	—	—

资料来源:《日本邮船株式会社五十年史》《创业百年史》《大阪商船株式会社五十年史》等资料中关于汽船吨数的统计。

通航于大阪—青岛航线上的台北丸、天草丸、萨摩丸、宁静丸、西京丸,大部分具有 2 500—2 900 吨的运载能力。如上节所述,每月有 10 班次的汽船从大阪出发,经过神户、门司等停靠地,驶往青岛。如果按照每次都是满载货物来计算,那么每月至少有 2.5 万吨货物从大阪出发输入青岛,同时,有大约相同数量的货物从青岛运抵日本的大阪或神户、门司、宇品港。因此,可以说,1914 年 12 月开始到 1915 年 12 月为止的一年里,每月该航线承担了日本和山东之间至少 5 万吨货物的运输量。一年中约有 120 班次的汽船到达青岛,同时约有 120 班次的汽船驶回日本,总运输量至少达到 60 万吨。与 1907 年全年出入青岛港的日本船只数为 116 艘(出港 58＋入港 58)、运输量为 69 363 吨相比,发生了根本性的变化。

人员交流的方面,表 3-20 和表 3-21 是 1916 年到 1922 年青岛港旅客输送的情况。

表 3-20 青岛港出发的人员数(按照目的地统计)(单位:千人)

目的地	安东		大连		日本		上海	
年份	外国人	中国人	外国人	中国人	外国人	中国人	外国人	中国人
1916 年	0	0.73	3.044	44.7	5.151	0.170	0.987	1.956
1917 年	1	1.523	3.822	92.93	6.847	1.140	1.149	1.613
1918 年	0	1.184	4.754	54.03	8.052	0.277	1.202	2.098
1919 年	0	2.1	4.2	46.96	6.769	0.228	3.336	1.019
1920 年	0	3.196	4.72	71.81	13.72	0.780	1.541	1.617
1921 年	1	1.873	4.095	44.18	13.88	0.736	1.763	1.769
1922 年	0	2.263	3.903	40.2	15.97	2.121	1.854	1.938

资料来源:『植民都市・青島 1914—1931—日・独・中政治経済の結節点』、昭和堂、2007 年 2 月、74 頁。

表 3-21 到达青岛港的人员数(按照出发地统计)(单位:千人)

出发地	安东		大连		日本		上海	
年份	外国人	中国人	外国人	中国人	外国人	中国人	外国人	中国人
1916 年	0	0	5.238	34.07	10.06	0.315	0.989	4.746
1917 年	0	0.991	4.725	43.69	10.83	0.247	1.146	3.026
1918 年	3	1.15	4.596	49.52	11.79	0.6	1.231	3.289
1919 年	3	5.013	4.862	39.04	13.54	0.6	1.165	1.953
1920 年	0	6.451	5.359	56.58	18.59	1.086	1.525	3.045
1921 年	4	10.2	5.368	48.4	16.29	0.658	2.026	3.884
1922 年	18	9.984	3.91	49.97	11.35	1.297	2.037	4.355

资料来源:『植民都市・青島 1914—1931—日・独・中政治経済の結節点』、昭和堂、2007 年 2 月、74 頁。

从表 3-20 和表 3-21 可以看出,无论是从青岛港出发还是到达,与日本方面的人员联系都比较紧密,除来往于大连的中国人数量占绝大多数之外,从青岛港往来于日本的外国人都是最多的,这可能和日本占领时期日本军人不断通过海运被输送到中国大陆及战争移民的增多有直接的关系。此外,这个表格还显示出青岛港和安东、大连、上海三个港口的人员往来,也就是青岛港与中国东北地区和上海的海上联系,其中与大连的往来最为密切,从比例上看,往来于青岛和大连之间的中国人占全部人员的一半以上。

综上所述,青岛被称为"胶州湾"的咽喉,具有建设大型国际港口的优良条件。20世纪初期,日本的汽船会社开设青岛和日本航线之前,曾有德国的轮船公司经营过这条航线。但是与德国、英国的船只数量相比,青岛与日本间的海上往来非常少。

1914年,日本借日德战争的胜利强占青岛,这也成为日本和青岛间开通汽船定期航路的直接原因。日本借这条航路将大量的山东及华北物产运往日本,同时,将日本国内的工业品倾销至中国。

1914年12月开始,大阪商船株式会社、原田商行、日本邮船株式会社相继开通了大阪到青岛的定期航线。到1915年12月的一年间,大阪商船会社主要利用台北丸、天草丸两艘汽船,经由神户、宇品、门司往来于大阪与青岛之间,一个月航行四次。原田商行使用萨摩丸、宁静丸,同样经由神户、宇品、门司,一个月往返两次。日本邮船株式会社的西京丸则经由神户和门司,一个月往返两次。这条航线的开通是以日本为中心的东亚航路网络的重要组成部分,也是日本攫取华北资源、倾销商品以及输送侵略军人的重要途径,充分体现了海运对日本侵略扩张的配合。

四、青岛—大连航路的开设和运营

明治维新以来,日本逐渐走上侵略扩张的道路。对于这个偏于一隅的岛国来说,其侵略步伐的加速与海上运输的扩张息息相关,海运业已经逐渐冲出"运输业"的范畴,逐渐成为日本推进"大陆政策"的关键因素之一。在此过程中,中国沿海各区域内的重要港口则成为其海运扩张的重要据点。

19世纪末、20世纪初,青岛和大连都是近代中国北方进出口的重要枢纽和主要的对外贸易港口,在日本的侵略计划中占有举足轻重的地位。对20世纪初期两港关系及其在东亚战略地位的探讨,有助于从多角度分析两港的发展历程,也有利于考察日本占领时期两港和日本之间的关系。本节将对20世纪初期的有关新闻报道、调查报告、报纸广告等资料进行分析,复原和考察当时青岛和大连之间轮船定期航线的开通和运行情况。

（一）青岛、大连的"兄弟"地位

青岛和大连是日本海运扩张和侵略华北、东北的重要据点。这两个城市的发展具有一定的相似性。其一,两者都在各自区域内占有较强的区位优势:青岛是胶州湾的咽喉,而大连则是辽东的主要门户。其二,两者都曾在19世纪末被列强所占领,在外来要素的刺激下逐渐走上近代化发展的道路:1897—1922年,青岛相继被德国和日本占领,沦为列强的殖民地;1898年,大连因《中俄旅大租地条约》遭受了俄长达7年的殖民统治,日俄战争后又陷入日本的统治之下。其三,在港口和贸易的发展上,两者都因港口基础设施良好和快速便捷的铁路运输,成为近代中国北方进出口的重要枢纽和主要的对外贸易港口。

从1914年11月在东京发行的报纸《时事新报》中,可以看到有关青岛、芝罘、大连、天津港对比的报道。该报道认为从贸易数量和前景看,青岛更具有经济上的"价值"。

　　对比（中国北部）沿岸的各个开放港口的贸易状态,根据1910年的统计,各港的贸易总额:青岛为四二、五八〇、六二四两,大连为五〇、九四〇、二四〇两,芝罘为三〇、一九五、七八三两,天津为九八、〇九〇、三五五两。在沿岸各港中,青岛的贸易凌驾于芝罘之上，但是尚不足天津的二分之一。青岛贸易的发展令人惊叹，从十六年前的无名渔港迅速发展起来。……青岛具有非常重要的经济价值，这一问题需要进一步研究，但是从青岛现在的发展来看，可以大胆地推断它将来的发达。①

青岛从16年前的"无名渔港"迅速发展起来，到1910年，贸易额逐渐增加，凌驾于芝罘港之上，经济价值已经开始得到体现。青岛在日本对华北的经济"开发"中，地位逐渐显现，青岛已经进入日本经济扩张的视野，"可以大胆地推断它将来的发达"。

同样的，20世纪初的日本报刊，也对大连港进行了预测。1919年9月7日的《"满洲"日日新闻》中曾有一段题为《大连因"满蒙"海运而生》的报道，指出大连港的航运优势。

我国将大连定为"满蒙"开发的港口，不单是沿袭俄国，而是进行了充分的科学研究。营口港距离满蒙的地理中心奉天有一百一十里，港内水位较浅，入港船舶不过在三千吨以下，而且在农产品出口的冬季四五个月期间结冰，不能通航。……而大连距奉天二百八十里，不仅是不冻港，港阔水深，可以同时停靠一万吨左右的大型轮船数十艘，是满蒙沿岸独一无二的良港。因此大连可担当满蒙吞吐口的使命，同时成为满蒙经营的楔子。②

可见，取代传统港口营口，将大连作为"开发"的主要港口，这是基于日本人对大连港及其腹地比较充分的调查。与冬季结冰、港口

①「青島の価値—貿易及蔵人の現状」、『時事新報』、1914年11月22日。
②「大連は満蒙の海運として生れたり」、『満洲日日新聞』第4232号、1916年9月7日。

狭窄的营口港相比，大连港具有不冻港、港阔水深的优势，是东北地区的唯一良港，可以成为"'满蒙'经营的楔子"，对日本在中国东北的侵略扩张起到关键作用。

如上所述，20 世纪初期，青岛和大连两港都在各自的区域内逐渐成为航运的中心，两者对于日本在东亚的扩张都有着非常重要的"价值"。正如 1914 年 11 月 29 日《"满洲"日日新闻》的报道所提到的：

> 对于青岛来说，大连有和（日本）内地同样的重要性，大连和青岛是兄弟一样的关系。①

在日本侵华的大视野下，大连和青岛具有同等地位的重要性，是"兄弟"一般的关系，这种重要性与日本的东北亚战略息息相关。

（二）青岛和大连间航线的开通

1914 年 11 月日本借日德战争胜利之机占领青岛，这是大连和青岛之间建立直接航运关系的重要原因。1914 年 11 月 16 日的《中外商业新报》有一则报道这样写道：

> 随着青岛的陷落，开通神户和青岛之间的定期航海的必要性已经为世人知晓，大阪商船会社和南满铁道会社已经着手这一行动。商船会社将开通神户—青岛线，南满的大连上海线也计划在青岛寄港。不仅作为航路开通有必要性，在营业上的利益也该得到重视。②

1914 年 11 月，青岛陷入日本的侵略统治之后，日本的轮船公司不仅立即开通了青岛与日本间的航线，还计划立刻开通青岛与"满洲"的航线。利用"南满洲铁道会社"的大连—上海线在青岛停靠

① 「向後の青島航路」、『満洲日日新聞』、1914 年 11 月 29 日。
② 「青島経済観」、『中外商業新報』、1914 年 11 月 16 日。

的方式实现大连和青岛的联系,使东北亚航路形成小型海运网络。

对于大连的近海航路,筱崎嘉郎的《大连》一书有如下记载:

> 近海航路由大连汽船会社独占,阿波共同汽船会社也经营着不定期近海航线,沿岸航线是南满洲铁道会社所属轮船的舞台。[①]

大连附近海域是"南满洲铁道株式会社"所垄断的区域。有关"南满洲铁道株式会社"旗下青岛和大连间航线的具体运营情况,可以参见1906年日本在沈阳创办的报纸《盛京时报》。

《盛京时报》每期均刊载"定期汽船广告",刊登由大连港出发的轮船航运信息。1915年1月1日和1915年1月7日的广告栏中分别发布题为《扩充定期青岛航路广告》和《往上海定期轮船广告》的航运消息:

> 启者,敝所之轮航新从本月廿一日开,榊丸起按左开之配船表。榊丸拟定往航上海时先挂青岛后至上海,其神户丸由上海复航时挂于青岛。敝所今因联络三商埠开发各界便利起见,是以登报声明,所有贵商若有青岛客货,陆续通知,敝所为祷,于时敝所均照上海航路接待不误。
>
> 榊丸　礼拜一　上海发　礼拜三　大连着
>
> 礼拜四　大连发　礼拜五　青岛发　礼拜日　上海着
>
> 神户丸　礼拜二　上海发　礼拜四　青岛发　礼拜五大连着
>
> 礼拜六　大连发　礼拜一　上海着
>
> "满铁"埠头事务所

---

① 筱崎嘉郎:『大连』、大阪:屋号书店、1921年、734页。

　　"南满洲铁道株式会社"所经营的大连和青岛航线"敝所之轮航新从本月廿一日开",始于1915年1月。可见,日本在1914年占领青岛后,立刻开通了这条航线。该航线使用两艘轮船,分别是榊丸和神户丸,每周两次从大连始发。榊丸从大连驶往上海的途中,在青岛停靠,从上海返航的时候直达大连。与此相对,神户丸从大连直达上海,从上海返航途中停靠青岛。大连到青岛的航行需要一天,青岛到上海的航行日期为三天,大连直达青岛的航行日期也是三天。"往上海定期汽船广告"的内容更加丰富,除了航运广告所必须的船名、航线名、发船日期和到达日期外,还具体写明了不同等级船舱所需要的票价。两艘轮船都配备了无线电通信设备,营口、辽阳、沈阳、铁岭、长春等火车站还可购买"联络车船票",与铁路相联系。

　　根据1915年1月到1920年1月的《盛京时报》上所登载的"南满洲铁道株式会社"上海航线的广告,笔者复原出这一段时期大连—青岛—上海航线的具体航行情况,如表3-22。

表3-22　1915年1月《盛京时报》上海—大连线出船广告("南满洲铁道株式会社"・"满铁"定期船)

年份	出船日	船名	出发港	青岛出发日	到达港	到达日	广告登载日	号数
1915年	1月7日	榊丸	大连	1月8日	上海	1月10日	1915年1月7日	2449
	1月9日	神户丸	大连	—	上海	1月11日		
	1月11日	榊丸	上海	—	大连	1月13日		
	1月13日	神户丸	上海	1月14日	大连	1月15日		
	1月14日	榊丸	大连	1月15日	上海	1月17日	1915年1月10日	2452
	1月16日	神户丸	大连	—	上海	1月18日		
	1月18日	榊丸	上海	—	大连	1月20日		
	1月20日	神户丸	上海	1月21日	大连	1月22日		

续表

年份	出船日	船名	出发港	青岛出发日	到达港	到达日	广告登载日	号数
	1月21日	榊丸	大连	1月22日	上海	1月24日		
	1月23日	神户丸	大连	—	上海	1月25日	1915年 1月13日	2454
	1月25日	榊丸	上海	—	大连	1月27日		
	1月27日	神户丸	上海	1月28日	大连	1月29日		

自1915年1月14日起,广告栏的形式开始固定化,不再刊登轮船的具体出发日期,只写明"每礼拜四"和"每礼拜六"发船,并且明确在"满铁定期船大连出帆广告、上海行"中突出写出"青岛寄港"的字样。

上海行　青岛寄港

榊丸(2 876吨)(由上海复航时直放大连)每星期四　青岛寄港

神户丸(2 877吨)(由上海复航时停靠青岛)每星期六　直行

大连开　每礼拜四　每礼拜六

青岛开　每礼拜五

上海到　每礼拜一　每礼拜日

上海开　每礼拜一　每礼拜三

青岛开　每礼拜四

大连到　每礼拜三　每礼拜五

20世纪前期,"南满州铁道株式会社"所经营的青岛和大连间的航线,基本是利用大连与上海航线,中途从青岛停靠的方式,使用榊丸和神户丸每周两次航行于三地之间,每艘可以负载3 000吨左右,以此可以推算出三地之间物流的数量。

　　由此可见,以上这些登载在报纸上的轮船广告,一方面对外公布客货船信息,方便船客乘船及货主上下货物,另一方面也准确表明了轮船的航运信息,是研究近代航运史的一手资料。通过复原这些航线的运行,尤其是班次、轮船装载量等信息,可以使我们相对准确地复原侵华时期日本对中国物资的吸纳。

　　除上述"南满洲铁道株式会社"经营的大连和青岛之间的航线外,大阪商船、大连汽船、阿波共同汽船等会社也经营着大连和青岛之间的航线,如表3-23。

表3-23　大连港的定期航线(与青岛有关的部分)

航线	基点	寄港地	终点	使用船	航海次数	经营者
高雄—大连线	高雄	基隆、福州、上海、青岛	大连	湖南丸基隆丸	月二回	大阪商船
大连—上海线	大连	青岛	上海	榊丸神户丸	一周二回	"南满铁道"
大连—青岛—上海线	大连	青岛、大连	上海	长平丸	一周二回	大连汽船
大连—青岛线	大连	芝罘	青岛	十六共同丸	月四回	阿波共同汽船

资料来源:筱崎嘉郎『大连』、大阪:屋号書店、1921年、730頁。

　　值得注意的是,上海—青岛—大连的航线并非是孤立的。19世纪末、20世纪初,日本占领下的大连和日本本土之间有定期和非定期航线,如大阪商船株式会社的大阪—大连线、大阪河边船舶部的大阪—大连线、经由朝鲜的长崎—大连线、大连—神户线、横滨—大连线。[①] 可见,作为中国东北最重要的门户,大连和日本的

———————

① 参见刘婧:「20世紀初期大連から朝鮮・日本への汽船航路」、『千里山文学論集』第84号、関西大学大学院文学研究科、2010年9月、284—285頁。

联系非常紧密,既有直航航线也有经由朝鲜到达日本的航线。

如前所述,青岛被日本占领后,由大阪商船株式会社和日本邮船株式会社相继开通了日本和青岛间的直航航线。[①] 并由日本经营下的朝鲜邮船株式会社开通了由仁川到青岛的航线。[②] 可以说,20世纪初期大连和青岛间航线的建立,客观上形成了山东—中国东北—朝鲜—日本间的局部东亚航运网。这个航路网既是各个港口在各自区域内快速发展后加强区域和区域间联络的客观要求,也是日本政府统一布局、增强殖民地间联系的必然结果。

五、日本与琉球间的轮船航路

琉球位于中国台湾与日本之间,分为3个较大岛群:北部为奄美岛链,中部为冲绳诸岛,南部为先岛诸岛。日本明治维新之后的1879年,日本将最后一位琉球国王尚泰流放到东京,琉球王国灭亡。同年,日本正式宣布吞并琉球群岛,派知事取代原来的琉球王,并把这里命名为冲绳。

随着19世纪末、20世纪初日本海运的飞跃式发展,以及日本对琉球统治的巩固,日本和琉球之间的航路开设并发展起来,成为是这一时期以日本为中心的东亚航运网络的重要组成部分。

本部分通过对日本主要汽船会社的社史、海运广告及新闻报道等史料的整理,考察和分析19世纪末到20世纪初,日本轮船航运业的发展以及在此背景下琉球冲绳航线的开通和运

---

① 参见杨蕾:「20世纪前半における青岛と日本の汽船定期航路の創始」、『アジア文化交流研究』第5号、関西大学アジア文化研究センター、2010年9月、284—285頁。

② 参见杨蕾:《20世纪初青岛与日本、朝鲜间的轮船航线》,《历史地理》,2011年第25辑,2011年4月,第370页。

营情况。

（一）甲午战争前的琉球航线

琉球航线是大阪商船株式会社成立后创立的三条航线之一，1885 年 9 月，大阪和冲绳之间的汽船航线开始运行。日本邮船株式会社也在开业之初的 1886 年创设了神户始发的琉球航线。

> 开业当时开设的……新航路有两三条，即长崎经过大阪、鹿儿岛线（明治十八年二月）、大阪冲绳线（同年九月）。[1]
> 明治十九年　神户琉球线开始。[2]

1886 年东京创刊的《时事新报》以表格形式不定期刊登了"大阪商船会社汽船出港表"。

根据 1886 年全年的《时事新报》"大阪商船会社汽船出港表"，可以统计整理该航线创立之初大致的运行情况，如下表：

表 3 - 24　大阪商船会社大阪—琉球线出港表(1886 年 1—12 月)

航行月份	出发日期	船名	航线名	登载日期	报纸出版号
一月出帆广告	无定日	朝日丸	大阪—神户—鹿儿岛—大岛—琉球行	18860113	1171
二月出帆广告	无定日	朝日丸	大阪—神户—鹿儿岛—大岛—琉球行	18860212	1197
三月出帆广告	无定日	朝日丸、安治川丸	大阪—神户—鹿儿岛—大岛—琉球行	18860312	1221

---

① 神田外茂夫编:『大阪商船株式会社五十年史』,大阪商船株式会社、1934 年、40 頁。

② 日本邮船株式会社:『日本邮船株式会社五十年史』、1935 年、83 頁。

续表

航行月份	出发日期	船名	航线名	登载日期	报纸出版号
四月出帆广告	无定日	朝日丸、安治川丸	大阪—神户—鹿儿岛—大岛—琉球行	18860406	1242
五月出帆广告	无定日	朝日丸	大阪—神户—鹿儿岛—大岛—琉球行	18860504	1266
六月出帆广告	—	—	大阪—神户—鹿儿岛—大岛—琉球行	—	—
七月出帆广告	—	—	大阪—神户—鹿儿岛—大岛—琉球行	—	—
八月出帆广告	无定日	朝日丸	大阪—神户—鹿儿岛—大岛—琉球行	18860807	1348
九月出帆广告	无定日	朝日丸	大阪—神户—鹿儿岛—大岛—琉球行	18860910	1377
十月出帆广告	—	—	大阪—神户—鹿儿岛—大岛—琉球行	—	—
十一月出帆广告	—	—	大阪—神户—鹿儿岛—大岛—琉球行	—	—

资料来源:1886 年 1—12 月《时事新报》广告栏中"大阪商船会社汽船出港表"。

从表 3-24 可以看出该航线的运行月份、汽船名称、出发时间和出发、到达及经由港口的名称。该航线至少在 7 个月中有所航行,航线的起始点是大阪,经由神户、鹿儿岛、大岛,到达琉球,朝日丸和安治川丸是琉球航线使用的主要汽船。可以说，其船次不固定性的特征，以及广告登载的不定期性，体现出该航线开设之初运营并不是十分规律。

与大阪商船株式会社琉球线出港班次少、广告登载不规律相比，日本邮船株式会社琉球航线的出港率明显较高，广告登载也更定期化。在《时事新报》的“广告”栏中，有“日本邮船会社横滨出帆广告”，对日本邮船株式会社国内外航线的航行时间和地点进行预告。图3-4是1868年4月23日《时事新报》（1257号）中所刊登的“日本邮船会社汽船横滨出帆广告”。其中，有“近江丸　神户行　六月十日正午十二时”以及“右近江丸　六月十二日神户出帆鹿儿岛大岛琉球行的出云丸接续”两条出帆广告。可见，横滨出发驶向神户的近江丸和神户出发驶向琉球的出云丸，两船在神户实现接续。

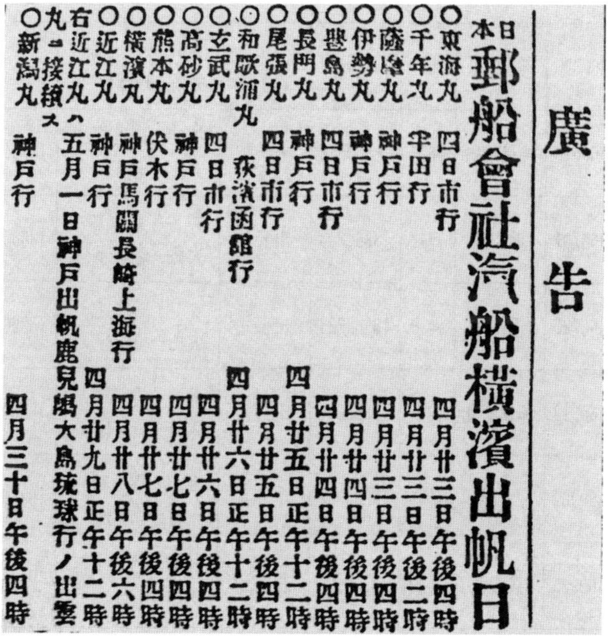

廣告

日本郵船會社汽船横濱出帆日

○東海丸　四日市行　四月廿三日午後四時
○千年丸　半田行　四月廿三日午後二時
○薩摩丸　神戸行　四月廿三日午後四時
○伊勢丸　神戸行　四月廿四日午後四時
○豊島丸　四日市行　四月廿四日午後四時
○長門丸　神戸行　四月廿五日正午十二時
○尾張丸　四日市行　四月廿五日午後四時
○和歌浦丸　荻濱函館行　四月廿六日正午十二時
○玄武丸　四日市行　四月廿六日午後四時
○高砂丸　神戸行　四月廿七日午後四時
○熊本丸　伏木行　四月廿七日午後四時
○横濱丸　神戸馬關長崎上海行　四月廿八日午後六時
○近江丸　神戸行　四月廿九日正午十二時
右近江丸ハ五月一日神戸出帆鹿兒嶋大島琉球行ノ出雲丸ニ接續ス
○新潟丸　神戸行　四月三十日午後四時

图3-4

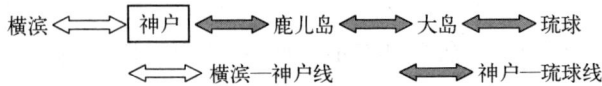

横滨 ⟺ 神户 ⟺ 鹿儿岛 ⟺ 大岛 ⟺ 琉球

⟺ 横滨—神户线　　　⟺ 神户—琉球线

图 3 - 5

由这些登载于《时事新报》的日本邮船公司的出帆广告，可以明确地知道汽船的名称、航线的名称、停靠地、出发时间等详细信息。因此，通过整理 1886 年 4—12 月间《时事新报》的出帆广告，可以梳理日本邮船会社这条航线具体的运营情况。

表 3 - 25　　日本邮船株式会社琉球航线汽船运行表

序号	横滨—神户线出发时间	横滨—神户线轮船名	接续地	神户—琉球线出发时间	神户—琉球线轮船名	琉球航线	登载日期	报纸出版号
1	18860429	近江丸	神户	18860501	出云丸	神户—鹿儿岛—大岛—琉球行	18860423	1257
2	18860520	近江丸	神户	18860522	出云丸	神户—鹿儿岛—大岛—琉球行	18860505	1276
3	18860610	近江丸	神户	18860612	出云丸	神户—鹿儿岛—大岛—琉球行	18860604	1293
4	18860701	近江丸	神户	18860703	出云丸	神户—鹿儿岛—大岛—琉球行	18860625	1311
5	18860722	近江丸	神户	18860724	出云丸	神户—鹿儿岛—大岛—琉球行	18860717	1330
6	18860812	和歌浦丸	神户	18860814	出云丸	神户—鹿儿岛—大岛—琉球行	18860805	1346
7	18860902	广岛丸	神户	18860904	出云丸	神户—鹿儿岛—大岛—琉球行	18860830	1367
8	18860925	兵库丸	神户	18860925	出云丸	神户—鹿儿岛—大岛—琉球行	18860921	1386

续表

序号	横滨—神户线出发时间	横滨—神户线轮船名	接续地	神户—琉球线出发时间	神户—琉球线轮船名	琉球航线	登载日期	报纸出版号
9	18861013	近江丸	神户	18861016	出云丸	神户—鹿儿岛—大岛—琉球行	18861007	1400
10	18861101	近江丸	神户	18861106	出云丸	神户—鹿儿岛—大岛—琉球行	18861028	1418
11	18861124	相模丸	神户	18861127	出云丸	神户—鹿儿岛—大岛—琉球行	18861118	1436
12	18861215	山城丸	神户	18861218	出云丸	神户—鹿儿岛—大岛—琉球行	18861209	1454
13	18870105	山城丸	神户	18870108	出云丸	神户—鹿儿岛—大岛—琉球行	18861230	1472

资料来源：1886 年 4—12 月《时事新报》广告栏中"日本邮船会社横滨出帆广告"。

如表 3-25 中所示，出云丸是神户—琉球线所使用的唯一汽船。该航线由神户始发，经由鹿儿岛、大岛，抵达琉球，几乎每 20 天发航一次。同时，神户也是横滨—神户线的终点。两航线在神户相衔接，可以实现琉球和横滨两港间货物和人员的交流。

除了航线的交接，从表 3-27 还能看出汽船出发时间和广告登载时间的规律性：汽船每 20 天左右从横滨出发一次，出发的信息基本提前一周在广告栏中公布。由此可见，与大阪商船株式会社开通的大阪与琉球间的航线相比，日本邮船株式会社的线路运行时间更为准确和规律。

1887 年 8 月，日本主管交通和通信的递信省发布命令，将对大阪商船会社的部分航线"以船舶改良助成金的名义"进行补助，其中就包括日本本土到达冲绳之间的航路。

命令书（节选）

第四条：政府对其会社（大阪商船会社）以船舶改良助成金的名义，自明年，也就是二十一年开始，八年时间每年补助五万元。

第五条：政府的补助金用于以下航路的定期航海：

……

一经由神户、鹿儿岛、名濑和冲绳间的航路　两地每月一回发

　　　　　明治二十年八月六日　递信大臣　榎本武扬①

到达琉球的定期航线，每月从大阪出港一次，经由神户、鹿儿岛、名濑，到达琉球，从1888年开始，可以连续8年从政府获得每年5万日元的补助。可见，政府对琉球航线的重视。日本政府的支持使大阪与琉球间的航线经营更为常规化。

（二）甲午战争后的琉球航线

到1897年，该航线开创10年后，日本邮船株式会社开设的神户与琉球间的航线增加了油津和大岛两个经由港口。1897年1—10月的《时事新报》"日本邮船会社汽船出帆广告"中的"神户出帆"部分可以整理成表3-26。

表3-26　日本邮船株式会社神户—琉球航线轮船出港表

序号	轮船名	航线名	出发日期	登载日期	报纸出版号
1	尾张丸	神户—油津—鹿儿岛—大岛—琉球行	18970104	18970101	4792

① 神田外茂夫编：『大阪商船株式会社五十年史』、大阪商船株式会社、1934年、46—49頁。

续表

序号	轮船名	航线名	出发日期	登载日期	报纸出版号
2	尾张丸	神户—油津—鹿儿岛—大岛—琉球行	18970208	18970205	4822
3	丰光丸	神户—油津—鹿儿岛—大岛—琉球行	18970304	18970302	4843
4	尾张丸	神户—油津—鹿儿岛—大岛—琉球行	18970311	18970305	4846
5	丰光丸	神户—油津—鹿儿岛—大岛—琉球行	18970323	18970320	4859
6	尾张丸	神户—油津—鹿儿岛—大岛—琉球行	18970330	18970325	4863
7	多闻丸	神户—鹿儿岛—琉球行	18970416	18970414	4880
8	尾张丸	神户—油津—鹿儿岛—大岛—琉球行	18970417	18970416	4882
9	尾张丸	神户—鹿儿岛—大岛—琉球行	18970507	18970501	4895
10	尾张丸	神户—鹿儿岛—大岛—琉球行	18970531	18970523	4914
11	多闻丸	神户—鹿儿岛—琉球行	18970610	18970608	4927
12	尾张丸	神户—鹿儿岛—大岛—琉球行	18970715	18970710	4955
13	尾张丸	神户—鹿儿岛—大岛—琉球行	18970811	18970810	4981
14	播磨丸	神户—鹿儿岛—大岛—琉球行	18970829	18970827	4996

序号	轮船名	航线名	出发日期	登载日期	报纸出版号
15	尾张丸	神户—鹿儿岛—大岛—琉球行	18970929	18970926	5022
16	尾张丸	神户—鹿儿岛—大岛—琉球行	18971025	18971017	5040

资料来源：1897 年 1—10 月《时事新报》广告栏中"日本邮船会社汽船出帆广告"。

由表 3－26 可以看出，出云丸不再承担这条航线的运输。在这条航线上航行的汽船以尾张丸为主，同时有丰光丸和多闻丸等汽船。就该航线上最主要的轮船"尾张丸"的出发时间来看，该船大约每25 天左右由神户出发一次，出港时间较为规律。该航线由神户始发，途经油津、鹿儿岛、大岛，抵达琉球，停靠地比航线初创时增加了油津和大岛两港。

　　有关同时期大阪商船株式会社运营琉球航线的情况，可以参考《大阪每日新闻》所刊载的"大阪商船株式会社大阪出版广告"。第4777号《大阪每日新闻》(1897 年 3 月 3 日)广告中可以清晰地看到"千代田丸，三月五日二时神户、鹿儿岛、大岛、冲绳、基隆行"以及"与淡水、安平、打狗(高雄)行在基隆接续"。可见，基隆是大阪商船株式会社冲绳航线与台湾航线的接续港口。根据 1897 年 3—4 月间的"大阪商船株式会社大阪出帆广告"制成表 3－27。

表 3－27　大阪商船株式会社神户—琉球(冲绳)航线轮船出港表

序号	轮船名	航线名	出发日期	登载日期	报纸出版号
1	千代田丸	神户—鹿儿岛—大岛—冲绳—基隆行	18970305	18970303	4777

续表

序号	轮船名	航线名	出发日期	登载日期	报纸出版号
2	二见丸	神户—多度津—门司—马关—博多—长崎—三角—鹿儿岛—冲绳行	18970307	18970305	4779
3	须磨丸	神户—门司—三角—冲绳—基隆行	18970314	18970312	4786
4	隅田川丸	神户—多度津—门司—马关—博多—长崎—三角—鹿儿岛—大岛—冲绳行	18970315	18970313	4787
5	江之岛丸	神户—门司—长崎—三角—冲绳—八重山—基隆行	18970318	18970315	4789
6	舞鹤丸	神户—鹿儿岛—冲绳—八重山　基隆行	18970328	18970326	4801
7	二见丸	神户—多度津—马关—长崎—鹿儿岛—大岛—冲绳行	18970401	18970330	4804
8	千代田丸	神户—鹿儿岛—名濑—那霸—基隆—澎湖岛—安平—打狗(高雄)行	18970404	18970403	4808
9	隅田川丸	神户—鹿儿岛—大岛—冲绳行	18970408	18970406	4811
10	富士川丸	神户—细岛—油津—鹿儿岛—大岛—琉球行	18970411	18970409	4814
11	舞子丸	神户—门司—三角—冲绳—基隆—台湾东沿岸各港行	18970413	18970411	4816
12	须磨丸	神户—大岛—冲绳—八重山—基隆—淡水—安平—打狗(高雄)行	18970414	18970411	4816

资料来源:1897 年 3—4 月《大阪每日新闻》广告栏中"大阪商船株式会社大阪出版广告"。

除轮船的出发广告外,《大阪每日新闻》的广告栏还刊登负责轮船货业的广告。"开南合资会社"和"南盛合资会社"是负责该船货物收集和转运的主要会社,为了方便货物的集中、搬运、转运,这两个货物公司也在《大阪每日新闻》的广告栏中刊载了轮船名、出港时间、停靠地、货物仓库等详细信息。

在大阪商船株式会社的社史中,这一时期日本与琉球间的航线,称为"神户—打狗线(经由冲绳的神户—基隆线、经由冲绳的神户—打狗线、经由冲绳的台湾线)"。① 可见,表3-27和该记录完全吻合。从线路上看,基本是日本本土—中国台湾—琉球的环状线,比日本邮船株式会社的琉球线更为复杂,而且出港次数更多。承担该航线运输的,主要是前文提到的千代田丸,还有二见丸、须磨丸等汽船。

到19世纪末期,冲绳航线另一个重要特点是1898年日本邮船株式会社退出了该航线的竞争。

> 二十四年,我社之外的冲绳广运株式会社、冲绳亲睦会、日本邮船三社也开始经营这条航路,产生了激烈的竞争,于是马上协商,实行共同计算(盈利)。二十九年十二月冲绳亲睦会的后身鹿儿岛汽船株式会社成立,利用萨摩丸,开始本航路经营(鹿儿岛汽船三十四年购买冲绳共同汽船,三十八年五月被新设的鹿儿岛邮船株式会社合并)。三十一年三月,我社、鹿儿岛汽船及冲绳广运三社买入了日本邮船的航运权,日本邮船从本航路撤出。②

---

① 神田外茂夫编:『大阪商船株式会社五十年史』、大阪商船株式会社、1934年、225頁。
② 神田外茂夫编:『大阪商船株式会社五十年史』、大阪商船株式会社、1934年、156—157頁。

如上，除最主要的运营公司大阪商船株式会社之外，还有冲绳广运株式会社、冲绳亲睦会、日本邮船株式会社也在 1891 年经营着日本和冲绳间的航线。1898 年，大阪商船、鹿儿岛汽船和冲绳广运三家会社买断了日本邮船的航运权。日本邮船株式会社自此退出了在这个航线中的竞争。

（三）20 世纪初期的日本琉球航线

1905 年，随着太和丸从大阪出发，经由冲绳的大阪—基隆线开始运行。

> 明治三十八年六月十二日太和丸从大阪出发，开始了经由冲绳的大阪—基隆线。其后使用御岳丸，每三周航海一次，在神户、鹿儿岛、大岛、冲绳、宫古、八重山停靠。四十三年六月使用宫岛丸、二见丸、广运丸、平壤丸中的汽船两艘，每月航海二到三次。四十五年七月，开始在油津停靠。大正二年八月改为使用一艘汽船，只在往航是停留油津，临时在古仁屋寄港。……其后大正八年十一月四日，停泊那霸，改称那霸基隆线。……十三年十二月，大型船基隆丸代替宫古丸，十五年五月，大型船大球丸代替八重山丸，开始航行。①

如上，冲绳是大阪—基隆线的重要停泊地。该航线自 1905 年创立以来，航海次数从每三周航海一次调整为每月航海二到三次，大型汽船基隆丸、大球丸成为承担该航线运输的主要汽船。航行次数和轮船吨位的增加体现出日本本土—冲绳—中国台湾环状线结构在逐渐巩固。

此外，大阪商船株式会社还继续开设日本和冲绳两个地区间

---

① 神田外茂夫编：『大阪商船株式会社五十年史』、大阪商船株式会社、1934 年、151—153 頁。

的线路。1916 年分别按照递信省的命令,开设了横滨—冲绳线和鹿儿岛—那霸线。

> 大正五年二月开设横滨—基隆线,使用两艘汽船每月航海两次,停靠名古屋、胜浦、大阪、神户、鹿儿岛、那霸。同年十一月一日,改称横滨—冲绳线,临时延长至基隆。使用名濑丸,每月航海一次,往航及港名古屋、大阪、神户,复航及港鹿儿岛,或那霸直航到横滨。十年十二月二十三日以后休航,后废止。①

> (鹿儿岛—那霸线)大正五年四月一日,作为递信胜命令航路开航。使用汽船一艘,每月航行六次,停靠名濑。八年十一月以后,使用大义丸、宫古丸,增加到每月航海十次。十一年大型船安平丸取代宫古丸,昭和四年一月以后,使用大义丸和新造船首里丸两艘汽船。昭和五年九月以后每月航海九次,七年五月大型船开城丸取代大义丸。②

如上,两线几乎同时开辟,并同为递信省的命令航路。但横滨和冲绳的线路仅仅经过六年就废止,相比之下,鹿儿岛—那霸线的发展较为稳定。开设于 1916 年 4 月 1 日的该线在开设之初每月航行 6 次。到 1919 年,使用的汽船由一艘增加到两艘,每月航海 10 次。并在 1922 年开始使用大型船安平丸。横滨和鹿儿岛在此之前都作为日本—琉球航线的停靠地,由这两港直接发航到冲绳的线路体现出横滨和鹿儿岛港口的发展,也体现出冲绳线路的多元化。

前文提到大阪商船株式会社成立之初,就已开设大阪—冲绳

---

① 神田外茂夫编:『大阪商船株式会社五十年史』、大阪商船株式会社、1934 年、164 頁。
② 神田外茂夫编:『大阪商船株式会社五十年史』、大阪商船株式会社、1934 年、164—165 頁。

线。这条航线一直在艰难中运行,到 1924 年(大正十三年),该航线实现了较大的改变,分为两班分航线运行。

> 大正十三年八月,大阪—冲绳线作为明治十八年以来拮据经营的内地干线航路取得了坚实的发展,分为甲乙两班,十五年四月六日甲班改称大阪—那霸线、乙班成为大阪—冲绳线。大阪那霸线每月航海五次,停靠神户、名濑,作为递信省的命令航路,必须使用千吨以上的船舶两艘。对此我社派出二千五百吨级的台北丸和一千五百吨级的大球丸。五月二千五百吨级的大型船天草丸取代大球丸。昭和三年六月,使用三千二百吨级的台南丸、台中丸,使用比命令规定更为大型的优秀船只,防止他社涉及该航路,巩固了经营地盘。[1]

如上,大阪—冲绳线分甲乙两班,分别为大阪—那霸线和大阪—冲绳线。大阪—那霸线还成为递信省的命令航路,使用的汽船为二千五百吨级的台北丸和天草丸,可见此航路货物运输量的增加。

1916 年 3 月 16 日的《时事新报》对大阪商船株式会社对冲绳航路的经营进行了报道:

> 大阪商船(会社)占了该航路八成的势力,继承了冲绳县命令航路权,以冲绳为中心的海运界被大阪商船所统一的倾向非常明显。[2]

可见,20 世纪初期,大阪商船株式会社占有了日本的冲绳航线经营权,其运输量的 80% 都被大阪商船株式会社所垄断。

---

① 神田外茂夫编:「大阪商船株式会社五十年史」、大阪商船株式会社、1934 年、166—167 頁。

② 「大阪商船新航路」、「時事新報」、1916 年 3 月 6 日。

20 世纪初期的日本—冲绳航线,除了继续巩固日本本土—冲绳—台湾的环状结构之外,仍然继续增加日本到冲绳各岛的线路。除了之前的大阪港之外,横滨、鹿儿岛等港也成为驶往冲绳线路的始发港。该航线的运营被大阪商船株式会社所垄断,而且作为政府的命令线路,体现出日本对冲绳航路的重视。无论是发船次数还是轮船吨数在 20 世纪初期都不断增加,体现出该航线所承担运输量的增加,冲绳与日本本土的经济关系更为紧密。

综上所述,琉球位于日本列岛西南部,19 世纪末、20 世纪初,日本—琉球(冲绳)航线的创设和发展以日本对琉球的吞并及日本海运业的扩张为背景。在明治政府支持下,以大阪商船株式会社和日本邮船株式会社为首的日本航运会社纷纷购置船只、开辟国内航线和海外航线,标志着日本近代航运业的崛起。甲午战争和日俄战争进一步刺激了日本航运的发展。1893 年日本海运世界排名第 12 位,到第一次世界大战爆发前的 1913 年,运输能力增长了近 10 倍,以 170 万吨的运输量上升至世界第 7 位。

1879 年,日本正式宣布吞并琉球,并把这里命名为冲绳。1885年 9 月,大阪商船株式会社最初开设了日本本土到琉球的航线,即大阪—冲绳线,使用一艘汽船,每月航行一次。1886 年 1 月,日本邮船株式会社也创设日本和琉球间的航线,即神户—琉球线,途经鹿儿岛、大岛等港,约 20 天发航一次,与大阪商船株式会社展开竞争。甲午战争后,中国台湾被日本占领,经由冲绳的台湾定期航路开设,冲绳成为日本和台湾间的重要联络地,三地之间形成环状的运输网络,是日本加强对台湾和琉球统治的重要措施之一。1898年,日本邮船株式会社退出琉球航线的经营竞争,到 20 世纪初,在大阪商船株式会社的主导经营下,日本—冲绳—中国台湾的环状航路网不仅继续巩固,日本本土直接到冲绳的始发港数量、发船次数和运输量也逐渐增加。可见,冲绳作为日本南部重要的航运基地,与日本本土和中国台湾的航运联系更为紧密,逐渐被纳入以日本为中心的东亚航运体系之中。

六、日本对"北鲜三港""开发"和航线运营

(一)"北鲜三港"的地理环境

1. "北鲜三港"的地理位置

"北鲜三港"受到日本的注目并被投资"开发"的原因,其一在于其优越的地理位置。"北鲜三港"包括雄基港、罗津港和清津港,三港位于朝鲜东北部沿海、日本海西岸,依据海岸线南北排列,自北向南分别是雄基港、罗津港和清津港。三港原皆隶属于朝鲜咸镜北道。

"北鲜三港"中的雄基港口位于三港的最北端,三面环山,"距离图们江口六千华里"。[①] 雄基港本来是一个位置偏僻、人烟稀少的小渔村,在 1921 年被开辟为商业港口之后,开始繁盛起来。[②] "北鲜三港"中的另一港是罗津港,面对着朝鲜咸镜北道庆兴郡,是"北鲜三港"中处于雄基港和清津港之间的海港,位于北纬 42°14′,东经 130°17′。罗津港东西北三面环山,同雄基港距离较近,二者相距 15 千米。清津港位于北鲜三港的最南端,位于东经 129°,北纬 40°。是距离其他两港距离最远的港口。

首先,自"北鲜三港"中的任何一港出发,沿海岸线向东北方向行船,不远处便是俄国的重要商港兼军港——海参崴港口,是沙俄在远东地区的"不冻港"和"出海口"。雄基和罗津二港与海

---

① 「日本の雄基港を開発内幕」,『東省経済月刊』第 1 卷第 3 期、1925 年、19—20 頁。

② 《申报》,1921 年 6 月 30 日,第 7 页。原文为"日本宣布六月一日起朝鲜雄基为商港系将崴港商业移转于该处(二十九日下午二钟)"。

参崴港口仅"隔水相望"①,清津港虽然距离稍远,也仅仅"北距海参崴一百二十八海里"而已。因此,"北鲜三港"的地理位置十分重要。

其次,"北鲜三港"中的罗津港因为"面对着日本西部的各港口,恰好形成一个扇子形处在一个重要的地理位置上。也就是说在 430 海里乃至 500 海里范围内的距离上有函馆、新潟、伏木、敦贺、宫津、境、下关等港口"②,所以和日本的交通往来非常便捷,其他两港由于与罗津港临近,也拥有同样的优势。

再次,由日本西海岸出发,途径"北鲜"港口到伪满洲国中心地带,比途径大连到伪满洲国中心地带的路线更近。

1914 年 5 月 15 日《申报》中有一篇题为《述中国铁路权之瓜分》的报道,曾经对"大阪—大连—长春"线,"大阪—釜山—长春"线和"大阪—清津—长春"三条线路的长短进行过比较,时人得出的结论是,从大阪港出发,途经清津港至长春,要比途经大连港能节省不少时间,同时也比经由釜山港节省少许时间。从日本濑户内海诸港口的位置来看,大阪港紧邻神户港,因此不论是从大阪港出发还是从神户港出发,途经清津港至长春总是一条便捷的道路。此外,轮船从大阪和神户出发,势必经过濑户内海的门户——下关港和门司港,才能到达日本海。由此可以推断,途经清津港是濑户内海诸港口进入长春最便捷的选择。由于"北鲜三港"在地理位置上彼此临近,可以推断,罗津港和雄基港都具有清津港一样的地理

① 《北鲜三港清津,雄基,罗津之现势》,《外交部公报》,1934 年第 7 卷第 8 期,第 354—364 页。此处的"隔水相望"指的是罗津港和雄基港隔"彼得大帝湾"与海参崴港口相对。

② [日]满史会编著,王秉忠、王文石等译:《满洲开发四十年史》,长春:东北师范大学出版社,1988 年,第 403 页。

优势。

表 3‑28　日本大阪至吉林长春三条海上航线距离统计表

航线	海路	铁路	时间
大阪—清津—长春	805 千米	772 千米	64 时 27 分
大阪—大连—长春	1 030 千米	1 263 千米	87 时 24 分
大阪—釜山—长春	193 千米	2 092 千米	63 时 21 分

资料来源:根据《述中国铁路权之瓜分(六)》,《申报》(上海版),1914 年 5 月 15 日整理。

2. 北鲜三港的区位优势

"北鲜三港"除了拥有优越的地理位置外,还背靠中国东北三省,坐拥东北三省的资源,是近代日本进一步控制"北满"的中转站。

除朝鲜本土以外,"北鲜三港"还通过吉会铁路及其支线将自己的腹地延伸到了"北满"地区。1935 年《中央事实周报》第 4 卷第 49 期刊载了吴明毓译述的文章《日本进窥亚洲大陆的新门户——罗津》,文章称"罗津港是'满洲'的一个海口"[1],"罗津,它在地理上潜伏着的重要性,如果你不从它对'满洲'整部的关系上看去,是不会体认出来的"[2]。格雷西将中国的东北比作北美的东部,"在美国,在大西洋沿岸一带有重叠起伏的矮山,而在吉林东边,也有盘旋环绕的山岭,虽然在本质上二者大相径庭,但地势是颇向类似的"[3],"从此以西开展着一片平原,极易于农业的耕植。此堪与美

————————————

[1] 本文的原作者是美国雪城大学地理学系主任 Cressey,G. B.
[2]《日本进窥亚洲大陆的新门户——罗津》,《中央事实周报》1935 年第 4 卷第 49 期。
[3] 同上。

国密西西比河流域相比拟(不过面积较小点罢了)"①。平原和山地
俱备的得天独厚的自然环境,使中国东北地区蕴含着大量的农业、
林业和矿业资源。

在中国东北的林海中蕴藏着丰富的林业资源矿业资源,譬如
在吉会铁路沿线的敦化、天宝山一带,就藏有大量的铜矿和金矿。
1917年《大公报》天津版《紧要新闻》一则中刊载:"敦化地方产金银
铜铁煤等,数实不鲜。今后若详密调查,则额穆索和龙县等地方或
有同样之矿产发见,现在之所知该地盛产金砂,掘地至一尺许,即
得拇指大之金块。中国借采金硅以为活者颇不乏人。吉会铁道果
能开通,日人足迹渐密,或更有各种之发见。就经济言之,稍俟以
岁月必得相当之成绩。"②日本"开发""北鲜三港"的目的是获取东
北地区取之不竭的林矿资源。再者,从东三省连绵的山地向西是
东北大平原,其所生产的谷物和豆类可以源源不断地经过吉会铁
路的支线和"北鲜三港"运往日本本土。此外,"北鲜三港"中的清
津港附近海域有着丰富的渔业资源,此处可以建设大型的渔港,鳀
鱼是清津港的特产鱼类,制造鱼油、鱼渣、鱼粉(用作饲料,替代品
是发酵豆粕)的工厂随处可见,产品主要运往"满洲"和日本。

"满洲"拥有丰富的资源,是日本实行"大陆政策"的三步走战
略的第二步,与此同时也是与俄国争夺的焦点地区。日俄战争之
后,日本夺取了"南满铁路"及其支线与旅顺港、大连港的权利,并
且通过"南满铁路"和大连港攫取了"南满"地区的丰富资源。然
而,在"北满"地区,却没有日本掌控的铁路干线和港口以攫取资
源。相反,俄国的中东铁路与海参崴港口却正在不断地攫取"北

---

①《日本进窥亚洲大陆的新门户——罗津》,《中央事实周报》1935年第4卷第49期。
②《紧要新闻》,《大公报》(天津版),1917年5月21日。

满"地区的丰富资源。因此,日本积极修筑横贯"北满"的"吉会铁路",并从"北鲜三港"出海。"北鲜三港"由于其优越的地理位置(靠近日本且接近"北满"),成了近代日本进一步控制"北满",向日本岛运送来自"大陆"的资源的中转站。

3. "北鲜三港"的港口条件

日本积极"开发""北鲜三港"的另一个原因在于其拥有被开辟为大型港口的条件。

第一,就擘船条件来看,最优的是罗津港。罗津港港湾面积深入内海十公里,港湾开阔。1933 年《申报》刊载:"回忆明治三十二年,英舰十二艘曾入该港,日俄大战时,上村舰队追击巴尔的克舰队时,亦在此港待机,苟建筑完成,在经济上北鲜集散之千万吨货物,除在雄基,清津二港约百万吨外,悉可吸收于此。"①1938 年《大公报》载:"罗津以商港而兼为军港,期能容纳日本联合舰队全数舰艇。"②由此可见,日本对罗津港的擘船能力抱有极大的信心。

清津港由于输城河在该处入海,必须定期疏浚淤积的泥沙,并且清津港的港内码头区较为狭窄,所以擘船能力不如罗津港。雄基港内龙水湖和港湾相连,将龙水湖作为擘船处,可以弥补港湾面积不足的缺点,唯一不足的是水龙湖到了冬季会结冰。

第二,就御风能力来看,罗津港三面环山,湾口有大小草岛,所以风浪十分平静。1938 年 9 月 11 日《大公报》香港版有云:"罗津港之地势与大连相似,背山面海,中拓巨埠,港口有大草小草两岛防蔽风波。"③清津港拥有高秣半岛突出于日本海,可以抵挡住冬季

---

① 《日急筑吉会路企图控制东亚》,《申报》(上海版),1933 年 7 月 18 日。
② 《图们江畔之风云》,《大公报》(香港版),1938 年 9 月 11 日。
③ 同上。

的北风,但是南方一望无涯,不能够抵挡住大风和波涛。抵御风浪能力最差的港口是雄基港,因为其港湾向东南部直开,不足以抵御风浪,防波堤的修筑弥补了雄基港自然御风能力差的缺点。

第三,从水源方面看,除罗津港外,清、雄两港都有丰富的水源供给,清津港水源来自于输城河,雄基港的水源来自于龙水湖。虽然罗津港缺乏水源,但是给水问题很快由于引水工程的修建而得以解决。

第四,从商业势力范围来看,三者的商业势力范围都很广阔。清津港开港时间最早,1908 年就被开辟为对外通商口岸。1933 年《中行月刊》转载了一篇《"满洲"日报夕刊》的文章,原文题目为《以罗津为中心之北鲜终端港问题》,在这篇文章中,对清津港的商业势力范围作了详细的描述:"清津商务之势力范围颇为广大,雄基城津两港恰如其两翼,咸镜北道之一千三百万里为其经济势力范围。更越国境之图们江而抱拥延边一带一千五百五十万方里中之农产、林产、矿产等等丰富之天然资源。尤其就其关系最繁密之延边东部观之,可耕地之面积丘陵地达一百五十万方里,平地达六十万方里,共计二百一十万方里。"①雄基港虽然原本是一处荒僻的渔村,但是在 1921 年被开辟为商业港口,逐渐繁盛起来。1921 年《申报》刊载:"日本宣布六月一日起朝鲜雄基为商港系将崴港商业移转于该处(二十九日下午二钟)。"②随着吉会铁路的修建,罗津港也不断将商业范围深入到东北三省。但是,在罗津港建设完善以前,清津港一直处于主体的位置,雄基港和罗津港只是其辅助港而已。

---

① 欧阳载祥:《以罗津为中心之北鲜终端港问题》,《中行月刊》,1933 年第 7 卷第 6 期,第 17—24 页。

② 《申报》(上海版),1921 年 6 月 30 日,第 7 页。原文为"日本宣布六月一日起朝鲜雄基为商港系将崴港商业移转于该处(二十九日下午二钟)"。

（二）"北鲜三港""开发"的政治背景

从《申报》对它们开港和建设的报道来看，其建设都与日俄战争之后日本在朝鲜与中国东北的侵略扩张有关。

1. 第一次世界大战后日本的"日本海横断路"政策

第一次世界大战结束后，日本加紧了对中国东北侵略的步伐。日俄战争之后，日本获得了"南满铁路"及其支线以及旅顺和大连湾的权利，逐渐控制了整个"南满"地区，开始把目光投向"北满"和蒙古。

1913年日本向袁世凯政府抛出"满蒙五路协约"，目的是修筑日本人控制下的"满蒙"铁路网，与俄国人控制的中东铁路争夺"北满"的丰富资源。与此同时，在东北三省的日本人还大声呼吁修建吉会铁路和完成所谓的"日本海横断路"。"日本海横断路"指的是日本与朝鲜、中国东北地区，海陆衔接一处的交通线，主要包括铁路和终端港（安奉线—终端港安东港，吉会线—终端港清津港等），还有连接日本与上述港口的航线。

1915年日本人中野正纲提出："'满蒙'铁路政策不一而足，主张吉会铁路速成议为最适。"①1917年"满鲜"实业会代表长滨敝介呈递了一份请愿书于日本首相、递信省大臣，由"铁道院总裁""关东都督""朝鲜总督"等批示鉴核。长滨敝介在请愿书中提到：②

> 以警告我国民云，吉林会宁铁路之建筑，及日本海横断路之开始，为满鲜"开发"上目前一大急务。从来朝鲜北部与日本内地之联络仅由下关经釜山一星期一回至二回之航路而已，交通运输之不便，致货物之集散不堪圆滑天与之，富源不

①《日人之吉会铁道连成论》，《申报》（上海版），1915年8月31日。
② 同上。

能急速开。而该地之商业范围至以邻境之海参崴为中心,诚遗憾之事。今幸日本海横断航路将见开起,而由敦贺有京版名古,京间之既成铁路联络容易完全通商贸易。……本议案为第二十五及二十六两议会之建议案,过当局者已知其施设之当急也,……要者吉林会宁铁路之速成。现今满洲日本之运输交通机,仅有横断南满铁路之本线及其他支线并联络满鲜之安线然,物资集散之市场多在北满洲,故不可不进一步扩张,……因该地与日本商工界中枢之京阪地方距离过远,于此而欲经海参崴由东清铁路送之货物相对抗,而竞其雄不能不感困难,亦理之当然也。今若日本海横断航路开始,吉会铁路亦达速成之机会,实可生下之好结果。

由此可见,日本方面急于完成"日本海横断路"是为了加强朝鲜北部与日本内地之间的联络,使日本海变成欧洲之地中海,获取朝鲜以及"北满"地区的丰富资源,打破朝鲜北部和"北满"地区以海参崴港口为商业中心的现状,与中东铁路及海参崴港口争利。此外,1927年9月9日《大公报》对日方提出"日本海横断路"的军事目的也做了报道:"军事上则可防制俄国。同时扼中俄两国之交通命脉。"①"日本海横断路"如果完成,将会缩短从日本往朝鲜以及"满洲"地区运输兵力和军事物资的时间。清津港作为"日本海横断路"的一个关键节点,起着连接"日本岛"和"大陆"的作用,因此日本方面尤其重视清津港的建设,加上清津港紧邻海参崴港口,日本遂将清津港作为在日本海海域与海参崴港口进行商业竞争的据点。

然而,由于中国局势动荡,加之技术困难,此外还有中国人民

---

① 《北满与韩民移住问题,满蒙交涉之重要骨干》,《大公报》(天津版),1927年9月9日。

的抵制，自从一战结束之后日本所计划的"日本海横断路"一直没有落实，尤其是"日本海横断路"的核心铁路——吉会铁路，在修筑中遇到巨大的阻碍，只能暂时被搁置。

2. "东方会议"之后的"二港二线政策"

1927年，田中义一组阁，组阁后随即召开了"东方会议"，商讨对中国的政策。田中义一上台后，任命山本条太郎为新一任"南满铁路公司总理事"，1927年"南满铁路公司"总理事山本条太郎拟改变"大连中心主义"的"满蒙""开发政策"，而改用"南北满主义"，在维护原有的"南满铁路"和大连港的基础上，修建横贯"北满"的吉会铁路。1927年《大公报》（天津版）曾报道："二十日大阪每日新闻载称。'南满铁路公司'总理山本氏，现拟变更'南满公司'历来所采之大连中心主义而为'南北满主义'，斯诚为'开发''满蒙'政策上一转机。兹闻其方策之第一步，即定自明年度着手建筑十年来悬案中之'满洲'东部干线之吉会铁路。"①在"南北满主义""开发政策"的指导下，日本又重新着手修筑搁置多年的吉会铁路。而且，在东方会议上，新一届内阁已经承认了"南满铁路公司"的新政策，经过"满铁"人员的多方奔走，山本条太郎的计划可以最终成案。②这为吉会铁路的修建和"北鲜三港"的"开发"提供了良好的政策支持。1921年起，东北地区响应"收回利权运动"，开始修建"以葫芦岛为出海口与满铁平行之竞争路线"，使"满铁"收入不断减少。山本条太郎在任的第二年，又实行了当时国人所称的"二港二线主义"政策，"二港二线主义"实际上是"南北满主义"的具体体现，"山

---

① 《南满公司，决定修筑吉会铁路，明年开工，正在筹备》，《大公报》（天津版），1927年10月24日。
② 同上。

本满铁社长就任以来将近一年,其考究之'开发''满蒙'策中首要者为铁路政策。此次该氏归任速期实现者,即可补助'南满铁路',将来发展之长春—大赍线与吉林—海龙线等,而就中尤努力于吉会线之实现。缘此线若筑成则日本之对'满铁'政策方能确立其基础。此最近所称二线二港主义是也"①。

山本条太郎提出的"二港二线主义"是指:"第一,放弃一铁路一港主义。即以大连一港及'满铁'一线为中心以谋'开发''满蒙'。第二,二干线二港主义之运用。此即建筑吉会铁路欲由日本海岸而'开发''满蒙'之计划。"②"二港二线"主义主要包括吉会铁路的修建规划,和吉会铁路终端港的选址问题:"吉会铁路,全长约二百三十英里,拟自十月一日起开始营业。终点,此以雄基为第一港,以清津罗津为补助港。计划今后十年间雄基有三百万吨之输送能力,清津罗津有二百万吨之输送力。"③

3. 九一八事变之后"北鲜三港"的加速"开发"

1931 年,九一八事变爆发之后,伪满洲国成立,这为日本进一步在中国东北地区、朝鲜地区实行新的交通政策提供了机会。原来不能解决的吉会铁路修建诸问题都迎刃而解,日方首先提出"三港三线"的口号,又召开数次"交通审议会",进行"日满交通一元化"的实践,在这样的背景下,"北鲜三港"的建设进入加速阶段。

伪满洲国成立后,日本在东北的势力范围进一步扩大,开始整合东三省已有的交通线路,强化对东三省资源的掠夺,首先推出了"统一三港主义"。"三港"指的是葫芦岛港、大连港和清津港。

---

① 《山本归满后之铁路政策最重吉会线》,《大公报》(天津版),1928 年 9 月 21 日。
② 同上。
③ 《山本归满后之铁路政策最重吉会线》,《大公报》(天津版),1928 年 9 月 21 日。

日人之言曰:"在满铁中心主义之范围内,大连一港固可足用。但在新政权统治下之吉林、奉天、黑龙江三省,则东北四省新兴济领域之物资大连一港,即不敷用。故在大连港之外,须将日本港对朝鲜清津及渤海湾之葫芦岛,打成一团。完成三港统一主义,以进行新经济计划。此计划实现,'南满'物产可以大连输出。北满物产,则由清津以与日本敦贺或各地相连络,又北满及东蒙物产输送,由洮昂线经打通路。南部由葫芦岛运出。此即新满蒙经济政策之基础"。①

日本实行的海港贸易新政策,即"欲将大连、清津,及葫芦岛三港并合'开发',将有妨碍其货物出口之关税实行撤废,使日本对海岸之大连湾,朝鲜海口之清津,渤海湾之葫芦岛三处贸易港,统一主权,同时'开发'。则北韩、北满之出口货,更可尽量输出。数年以后,可达到占日本海港贸易之第一位"②。

在统一大连港、葫芦岛港和清津港三港以外,日本政府还召开了多次交通审议会,商讨日"满"交通问题,计划将日本西海岸诸港口同"北鲜"港口联系起来,将日本海化为内湖。不但是要繁荣西日本沿岸的"半身不遂",而且是为了保持对大陆用兵。第一次交通审议会的主要议题是寻找日"满"之间最短路线:"一九三八年九月二十五日第一次'交通审议会',即决定开辟朝鲜北部的罗津、清津、雄基三港,与日本的新潟、敦贺,隔日本海遥遥相望,彼此衔接,然后假吉会线到长春。是为最短路线。"③第三次交通审议会,确定

---

① 《日人野心无已拟撤废东北关税以日货畅流,更标榜三港一体之新经济政策》,《大公报》(天津版),1931 年 12 月 12 日。

② 《日人野心无已拟撤废东北关税以日货畅流,更标榜三港一体之新经济政策》,《大公报》(天津版),1931 年 12 月 12 日。

③ 《日本陆上交通之梦》,《大公报》(重庆版),1942 年 7 月 2 日。

了吉会铁路的终端港和日"满"间政府辅助航路的问题。

> （东京十二日电通社电）第三次交通审议会于昨晨十时在首相官邸开会后，即就日满交通联络案。作如左之决定。一俟经干事会施以整理后，即可提交第四次总会通过。第一，以罗津为吉会路之终点，其通清津一路，则作为辅助交通线路。第二，无特在日本海内地指定港口之必要。第三，关于满间政府助航路。只须有敦贺罗津线，伏木北鲜诸港线，及新潟北鲜诸港线即为已足。①

除了实行"三港主义"和召开"交通审议会"，加强日"满"之间的交通联络外，1936 年后，日本还将全朝鲜的国有铁道都划归"满铁"经营。

> 故自大正六年迄十四年，"满铁"之所以承托全鲜国有铁道之建设，并一切经营，亦因此故。满洲事变（九一八事变）时，"满铁"允诺经营清津以北之鲜铁三二八五基罗，并清津雄基之两港，先实现北鲜与"满国"之交通一元化，目下鲜"满"相呼应，铁道亦待全通后，在国境连络"满国"政府之所谓产业建设五年计划，系于现在连络"满鲜"之鸭绿江并图们江等三铁桥外，决定更将增敷数线。而鲜"满"交通遂益紧密，此际仿往年之成例，将全鲜国有铁道委托满铁，真实现鲜"满"铁道之一元的经营等。②

（三）"北鲜三港"的建设过程

一战后，从 1917 年长滨敝介提出"横断日本海航路"政策，到

---

①《日伪交通联络线之内容》，《大公报》（天津版），1933 年 11 月 3 日。

②《鲜伪交通一元化将由满铁负责经营》，《大公报》（上海版），1936 年 11 月 2 日。

1927年"东方会议"之后提出"二港二线主义",再到九一八事变之后的"三港并用主义",日本花费了数十年的"心血",致力于构建连接日本、朝鲜和中国的最短交通路线。在构建最短交通路线的过程中,日本采取了敷设铁路、开辟港口和轮船航线三管齐下的方法,"采取三方面经营三管齐下的办法:其一建筑朝鲜北部的新港、清津、雄基,罗津;其二积极经营日本海西岸的各港口,如敦贺及舞鹤等处;其三加紧经营吉林及黑龙江两省的铁路网,其结果,日本内地与大陆的联络线缩短了很多"①。

在建设"最短交通线路"的过程中,吉会铁路的修建可以说是推动整个体系进程的关键所在。1927年以前,吉会铁路的修筑进程十分缓慢,阻力重重,相应的港口建设和轮船航线的开辟也是不成规模地、局部地进行。1927年田中内阁上台后,内阁采纳了"满铁"公司的"二港二线"的政策,开始对日本、中国东北、朝鲜最短交通线的建设进行总体的规划。九一八事变爆发之后,由铁路、港口和轮船航线组成的交通网才进入了体系化、规模化的建设阶段。

1. 1905—1927年间的铁路及港口建设

(1) 吉会铁路修建始末及其终端港问题的提出

1909年,中日签订《图们江中韩界务条款》,日本获得了吉长铁路的修筑权,同时日方又提出"该线可以延伸到延吉区南方,和韩国铁路相连"②。吉长铁路于民国元年(1912年)建成,吉长铁路建成后,按照签订《图们江中韩界务条款》时的计划,吉长铁路的延长线——吉会铁路的修建开始提上日程。1918年寺内内阁同段祺瑞

---

① 《英苏军事合作的重大》,《申报》(香港版),1939年3月28日。
② 《图们江中韩界务条款》,《政治官报》,1909年第670卷,第16—17页。

政府签订"吉会铁路借款草合同",规定六个月后草案正式施行,但是段祺瑞用此借款的大部分作为"南征"费用,后段祺瑞内阁倒台,加上中国国内局势动荡,草合同最终不了了之。之后日本适应中国国内的政治形势,采取了分段修筑的方法,首先修筑的是吉敦线(吉林到敦化),"一九二五年北京政府交通总长叶恭绰与"满铁"理事松冈洋右结包工契约,金额为千八百万元,一九二六年六月一日起工,一九二八年十月全线开通"。① 至此,吉会铁路的西段基本完成。

吉会铁路东段最初预定是从吉林敦化出发,经过龙井村直接到达会宁。"1916 年由'满铁'工务局设计科进行了第二次勘察。他们把线路经过的地方定为,由吉林出发穿过险峻的老爷岭,出蛟河、拉法,越过庆岭、威虎岭的高山坡岭到达大桥,然后越过哈尔巴岭到达铜佛寺,再向东行穿过马鞍山,经龙井村、和龙,最后通过上下迂回的胡郎火岭盘山道才能到达会宁,即选定了经过所谓胡郎火岭险路的线路。然而越过胡郎火岭只是为了与目的地会宁连接,其经济价值并不大,所以在一部分技术人员中间产生了一种论调,认为避开胡郎火岭,由龙井村经八道河子,在图们江岸的地方渡江到对岸上三峰,然后沿图们江到达会宁的线路有优越性。"② 通过会宁和清津港之间的铁路从清津港出海。

恰逢此时,天图轻便铁路之东段开山屯到龙井村于 1923 年修筑成功。第二年,从龙井到老头沟和朝阳川到延吉的天图铁路之西段和支线修筑完毕,按照吉会铁路第二次测量的原计划,利用天图轻便铁路就可以完成吉会线的贯通,只需要将其扩成宽轨即可,

---

① 杨亦周:《日本满蒙铁路政策(续)》,《大公报》(天津版),1931 年 10 月 31 日。
② 〔日〕满史会编著,王秉忠、王文石等译:《满洲开发四十年史》,长春:东北师范大学出版社,1988 年,第 236—237 页。

但是扩轨计划遇到种种阻碍，迟迟没有动工。同时会宁到清津之间有"五十分之一的险道"[①]，原计划不得不被暂时放弃，另寻出路。

于是，日本将目光放在了朝鲜北部边境。"1926 年 10 月满铁庶务调查科与朝鲜总督一行，为了选择从敦化到北朝鲜罗津的经济线路，冒着若干危险克服了种种困难，对吉林省东北部进行了细致的第三次勘察。"[②]计划绕开龙井村，由吉林敦化出发直接经过延吉，一直向东到达朝鲜的北境城市稳城，再利用雄基和稳城之间的铁路，于雄基港出海，再向南联结罗津港。罗津港于是从一个冷清荒凉的渔村，成了舆论热议的焦点。

然而，就是因为吉会路东段线路和出海港的调整，引起了原路线沿线居民和相关利益人士的极大不满，数次召开联合大会讨论，并致电"满铁"反对吉会路改线。吉会铁路的修建又陷入了波折，1928 年围绕着"吉会铁路线路问题""天图铁路收买问题"和"吉会铁路终端港问题"，日本政府——"南满铁道会社"和东三省当局之间进行了多次交涉，最终决定既修筑由罗津港出海的北部线路，又修筑从清津港出海的南部线路。

（2）"北鲜三港"的开辟与修建

1927 年之前就投入建设的港口是清津港和雄基港。清津港于 1908年就被开辟为朝鲜的一个商业港口，雄基港在日俄战争期间，还曾经作为俄的军港，驻扎过俄国的军队，1905 年日俄战争结束之后，日本控制了整个朝鲜，雄基港不再作为俄国人的军港，而是在 1921 年的时候被开辟成了一个商业港口。

---

① 杨亦周：《日本满蒙铁路政策（续）》，《大公报》（天津版），1931 年 10 月 31 日。
② ［日］满史会编著，王秉忠、王文石等译：《满洲开发四十年史》，长春：东北师范大学出版社，1988 年，第 237 页。

1908 年清津港被开辟为通商口岸之后,第二年,日本就乘海参崴港口由自由港变为军港之际,加快经营清津港。1909 年《申报》报道:"海参崴埠自今夏俄政府决议改为军港后,各项商业顿为衰落。日人乘此时机在韩国清津港急起经营,居然此盛彼衰清津港贸易额常增进,现闻俄国驻崴领事署接到俄京确信云。俄政府已有意收回前命,将海参崴重行开放为自由港,以保持该国远东之商业而抵制清津港之势力。"①在海参崴港口改为军港后,原进出口货物都开始集中于北韩之际,日本大力发展清津港,并且敷设了从清津到朝鲜会宁的清会铁路,"延吉函云,日人为振兴商务起见,近来大辟清津港口,并谋改筑由清津至会宁府之轻便铁道以利转输。昨又探闻由会宁府至延吉之铁道亦将要求我政府准其铺设,此路若成则由神户至釜山由釜山至清津只须海程两日,由清津至会宁由会宁至延吉亦只须两日半不五日间,而日本本国之兵可达延吉是不可以不虑。"②可以说,从清津港开港到开港后的几年间,是清津港的第一个发展时期,国内报刊中有关清津港的报道的数量在这个时间段内也进入了一个小高峰。

然而,由于吉会铁路的修建进入消沉期,日本不得不放缓构建"日鲜满"最短交通路线的脚步,"北鲜三港"在这 20 年中建设并无突出成果,《申报》《大公报》等国内报刊对"北鲜三港"的报道也是数量寥寥,"北鲜三港"似乎已经从"国际要闻"中消失不见。

2. 1927—1945 年间的铁路及港口建设

（1）吉会铁路线路及终端港的确定

九一八事变之后,东北三省沦陷,原来不能解决的吉会铁路

①《俄人经营远东之一斑海参崴》,《申报》(上海版),1909 年 12 月 8 日。

②《东三省整顿天宝山矿权》,《大公报》(天津版),1909 年 7 月 22 日。

修建诸问题都"迎刃而解","关于铁路的路线有南迁回线和北迁回线,对两者的优缺点曾进行过讨论,有各种各样的看法。1932年4月,日本政府通过内阁会议决定以罗津为终点港,'满铁'于同年5月根据拓务大臣的通知,正式进行建设雄基至罗津间的铁路和罗津港,并收到了委托经营已建成的清津、雄基两港口及两港至南阳的朝鲜国有铁路命令"。① 吉会铁路最终确定采取分"北迁回线"和"南迁回线"两条线路都修筑的办法。由于北部线路只利用了一小段天图轻便铁路,修筑难度相对于南部线小,1932年开始动工,1933年就修筑完毕,以罗津港为终端港。南部线因为修筑难度大,于1933年才开始动工,1934年末竣工,终端港为清津港。②

(2)"北鲜三港"的扩建

1931年九一八事变之后,日本开始加快修筑清津港的速度,扩大其货物吞吐规模。1932年《大公报》天津版报道称:"记者顷赴该港视察,见日人正在日夜赶筑议港。主要之防浪石堤顷已筑成,计长六百米。港内置有浮标多具,以供航洋轮只之淀泊。该港水深自二十英尺至六十英尺,大轮可进出无阻。因港内水深,故石堤建筑至五年之久。清津港新火车站亦筑成,火车轨道与海岸平行,于货物装卸极为便利。该港原来之建筑计划,拟供每年九十万吨轮运之用,现已扩充至每年二百万吨。预料将来满蒙货物,将有大宗自此出口。汉城会宁间铁道行将与吉林通车。此时日人已着手兴修吉会路未完成之一段,预料明年(按即今年)十月

---

① [日]满史会编著,王秉忠、王文石等译:《满洲开发四十年史》,长春:东北师范大学出版社,1988年,第403页。

② 林榕:《吉会铁路的修建及其殖民经营》,硕士学位论文,东北师范大学历史系,2002年,第28页。

间可以完工。"①

　　罗津港被确定为吉会铁路终端港的时间是1932年，"满铁"主要承担了港口修筑的任务。"吉会铁路是多年期待能够实现我日本帝国大陆政策的最重要干线。该铁路的建设问题，由于以昭和六年9月'满洲事变'的爆发作为转机，周围的情况发生了根本变化，敦图和天图两线的建成，而出现了将迅速得到解决的局面。因此，打算利用这个机会把与该铁路相连接的北朝鲜终点港也建设起来，于是，昭和七年5月帝国政府通过内阁会议决定建设罗津终点港，并把这个建设任务交给我会社承当如。"②罗津港的筑港计划分为三期，1933年正式动工，预计15年完成，完全建成后，可装卸900万吨的货物。《申报》1932年11月5日载："计划罗津港之湾，现测量已照预定完竣，定于明年四月解冰期着手工事，计投资达日金四千万元，筑港计书计分三期，十五年完成，届时可停留四千吨至八千吨之大船五十只，并可装卸九百万吨之货物，规模甚大，为贯通日本与大陆之最捷径，且当欧亚联络之冲，北满延吉及北鲜一带丰富最捷径，且当欧亚联络之冲，北满延吉及北鲜一带丰富之物产，皆可聚集该港，实为一压倒大连港之一大商港也。"③1936年，罗津港第一期工程修筑完毕，日方决定不再继续扩大罗津港的规模。"今秋完成之第一期工程突堤三基，能停留三四千吨级轮船八艘，由经济上观察，此港可以不必较此规模再大，其第二期第三期工程，俱行停止。第一期工程完成后，每月可输出三十万吨之北满

---

①《日人正赶筑清津港，吉会路亦将于今年完成，此港此路之开通皆暴日所昕夕想望》，《大公报》（天津版），1932年1月3日。

②［日］满史会编著，王秉忠、王文石等译：《满洲开发四十年史》，长春：东北师范大学出版社，1988年，第408页。

③《朝鲜北部日本计划辟港》，《申报》（上海版），1932年11月5日。

特产,除现在就之大阪商船,朝鲜邮船外,中村、川崎、泽山、枥木各社、均拟分配船只云。"①

九一八事变之后,日本也开始关注日本海西岸港口的建设。目的是为了配合北鲜港口的建设,以敦贺港为例,"敦贺国际运输上有重大性质之敦贺港,曾于昭和三年(1928 年)投四百万元工费,完成工作,然对岸之北朝鲜方面,因吉会铁路开通,北满产物由此方面出口者渐次增加,因此罗津港有开始大筑港工作之计划,敦贺港为对抗罗津起见,决定每年投工费百万元,开始扩大筑港,最近项计划已得成案,将于十二日在仙台举行第六次全国港湾会议提交本案,以求承认,其计划工费一千万元,新筑港包括敦贺附近之诸湾,规模甚大"②。

在修筑日本海东西两岸的港口的同时,也开辟了一批连接"北鲜"和"里日本"的轮船航线。1932 年从"北鲜"到"里日本"诸港的轮船航线开始实行,1932 年《申报》对新开辟的"北鲜"航线及其所属轮船公司进行了详细的报道:

> 北鲜—里日本航路:一、北陆汽船,(地方厅命令航路)伏木—七屋—海参崴—清津(雄基—城津—元山)。二、朝鲜邮船,(总督府命令航路)清津—敦贺(清津—城津—元山—宫津—舞鹤—敦贺)使用船长白山岁丸二千百吨,外新加千二百吨一只。三、欲汽船,(朝鲜总督府命令航路)北海—新潟—清津—雄基—元山,使用船笠户丸千四百吨,北日本汽船,(命令航路)敦贺—新潟—清津使用船新高丸。③

①《罗津港工程第一期秋季完成》,《大公报》(天津版),1936 年 6 月 11 日。
②《吉会铁路完成,韩北筑港计划》,《申报》(上海版),1933 年 5 月 9 日。
③《日并吞东北航权计划》,《申报》(上海版),1932 年 12 月 15 日。

1933年,从《申报》对日本"大阪商船株式会社""北日本汽船株式会社"等在内的轮船公司新开辟的"北鲜"航线的报道来看,参与到北线航线内的轮船公司数目在不断增加。

何况日本方面,现在正力图海运的发展,罗津港虽没有建筑成功,"清津"却是可用。所以日本各轮船公司,都一齐接受政府的援助开通新航线,其主要的航船和公司如下:1. 大阪商船公司派定贵州丸、武昌丸,每周在大阪—神户—门司—北朝鲜各港环行一次。2. 北日本汽船公司,受递信省之命,派定满洲丸每月三次航行于敦贺与北朝鲜各港之间,同时航行敦贺与海参崴间的天草丸,也在北朝鲜各港寄港。3. 朝鲜邮船公司,受朝鲜总督之命,派长白山丸每月二次航行于清敦贺间。4. 北陆汽船公司,受递信省之命,派定北佑丸、北成丸,航行于北朝鲜各港、海参崴与伏木间。5. 岛谷汽船公司,受朝鲜总督之命,派定鲜海丸每月三回航行于北朝鲜各港及北海道各港间。①

从1933年起,"北鲜三港"中的罗津港也开辟了新的"北鲜"航线,"日本递信省,为日本与'满洲'联络曾有受命于政府之定期航路之计划,已决定由本年度起,开设敦贺—罗津线,(政府助补额年四万圆系授命于北日本汽船会社)由明年度起,内定再开设新潟—罗津线,将于本月二十日后举行之预算会议,正式决定,受命之汽船会社,似近海邮船之模样"。②

1938年"北鲜线"取代大连—釜山线,成为日本海干线,釜山—

---

① 《日本经济侵略东北一面》,《申报》(上海版),1933年7月10日。

② 《敦贺罗津航线日方拟本年度开辟意在便利日满联络》,《大公报》(天津版),1933年7月16日。

大连航线被贬为副线。1938年《大公报》香港版详细报道了近卫文
麿内阁对"满"交通政策的调整。

> （重庆十一日下午十二时发专电）东京讯，十一日午前十
> 一时，在首相官邸举行定例阁议，近卫首相以下各阁僚，全体
> 出席，永井递相所提"满交通联络大纲"案，于说后，经八田、末
> 次、荒木、中岛相继质问，结果同意通过，该案内容，尚未公布，
> 但对侵略"满洲"及今后日"伪"间军事商业之运输，无疑有重
> 大意义，即日"伪"连络，取最短距离，由东京、新潟、罗津至长
> 春，定为干线，从前经由釜山或大连二线，贬为副线，目前积极
> 整理日本海海运，拟将"日本海汽船""北陆汽船""北日本汽
> 船""朝鲜邮船""大连汽船"五船公司合并组织为"日本海海运
> 会社"。闻该五公司即拟以船舶出资，估计资产，约有四千五
> 百万元。扩张日本海海运，实为日本大陆政策之一环，同时对
> 于苏联为刺激。[1]

（3）日本海航路的停航和"北鲜三港"的沦陷

随着二战的爆发，日本海航路的安全性大大降低，1941年11
月，《大公报》上登载了三则日本船只在日本海上触雷沉没的新闻，
1941年11月7日，日本气比丸触雷沉没："日本情报局宣称，日轮
气比丸于五日下午二时驶离清津，而于同日下午十时，在驶赴轻津
途中，被浮雷击中。该局继称，救护船已赶速开赴出事地点。该轮
有搭客三百四十名及水手六十五名，犹忆本年九月，日本曾向苏联
强硬抗议日本海上之苏联浮雷，并要求苏方对各浮雷，采取善后后

---

[1]《近卫拟实施全部总动员法因感经济窘迫日甚阀积极整顿海运》，《大公报》（香港版），
　　1938年11月12日。

措置。该问题仍悬而未决。"①第二天日本航船箱根丸又在海参崴对面的鸭居角触雷沉没："(东京七日路透社电)据同盟社北海道小樽消息,三千吨之'箱根丸'于六日晚在海参崴对面之鸭居角沉没,沉没原因不明。据悉,现已知十七人遇难,五名失踪,二十四名获救。此系两日内,日本所发生之第二个海上惨剧。"②另外有两艘日本轮船白里丸和颂德丸于11月9日和13日也在日本海附近触雷沉没。"又有日轮一艘白里丸,在海参崴对岸北海道小樽附近海外触及苏联水雷沉没,时间在六日晚,罹难者十五人,失踪者若干。此外有二十四人已经捞起,两日来日轮触及苏联水雷沉没者,此为第二艘。第一艘为气比丸。"③"(汉城十一日电)日轮颂德丸(二百八十三吨)或已触苏联水电沉没,盖该轮于上月一十七日自清津开出以后,即无消息。"④

　　根据上文的新闻报道,日方断定这批浮雷系苏联投放,顺洋流漂浮到朝鲜东部海域,击毁了在此靠岸的日船。日本海航路的安全性大大折损,日本一些轮船公司决定停航日本海上的轮船航线。"(东京八日中央社路透电)据七日清津讯,日本轮船公司两家,鉴于日轮两艘先后触雷沉没,特宣布停航日本与朝鲜间一线。"⑤在这种情形下,日本海轮船航线逐渐被日本的轮船公司所抛弃。1945年苏联正式对日宣战,二战临近结束,"北鲜三港"被苏联占领,"北鲜三港"正式结束了它为日本服役的使命。

————————————

① 《气比丸触雷沉没日竟向苏提抗议》,《大公报》(香港版),1941年11月7日。

② 《日轮箱根丸,又触雷沉没,地点在海参崴对面鸭居角,苏日关系愈趋紧张》,《大公报》(香港版),1941年11月8日。

③ 《又一艘日轮触雷沉没》,《大公报》(桂林版),1941年11月9日。

④ 《简讯》,《大公报》(桂林版),1941年11月13日。

⑤ 《又一艘日轮触雷沉没》,《大公报》(桂林版),1941年11月9日。

（四）"北鲜三港"开辟的影响

"北鲜三港"自1932年正式发挥作用，到1945年被苏联占领，短短13年的时间里，对于日本发挥了巨大的作用。第一，"北鲜三港"从中国东北向日本本土输送了数以万计的资源。第二，"北鲜三港"作为日本距离苏联最近的军港，起到了重要的军事作用。

"北鲜三港"和与其连接的深入东北腹地、交织密如蛛网的铁路线，斩断了中东铁路和海参崴港口，取代中东铁路，成为掠夺东北资源的主要动脉，使中东铁路的经济收入不断萎缩，苏联不得不在1933年向日本低价出售中东铁路。《申报》1933年11月7日对日本切断中东铁路的步骤进行了报道："同时在最短期内，完成吉会铁路，与中东路成并行线，又利用既成之洮昂路，剪截中东路西段，预备延吉至三姓铁路，剪截中东路东段，以清津、罗津、雄基三港，对海参崴取包围之攻势，令中东路外受日军之胁制'内感经济之困乏为日即久势必自行放弃。'"[①]日本先修筑与中东铁路的平行线——吉林到朝鲜会宁的铁路，从清津港、罗津港和雄基港出海，之后在东方修建延吉到三姓的铁路，切断中东铁路东段。再修筑洮昂铁路，切断中东铁路西段。除了修筑洮昂和连接延吉、三姓的两条铁路以外，日本又修建了北黑铁路、拉滨铁路等吉会铁路的支线，切断中东铁路。《申报》于1935年报道："北黑铁路所负使命确是重大的，从日本海西岸朝鲜的罗津港（这里是日本认为控制苏联海参崴港的要地）起，铁路越过图们江，接着吉会铁路（吉林至会宁），在拉法站又联上今秋完成的拉滨路（拉法站到哈尔滨），这是从朝鲜本部进迫哈尔滨距离最短的一条路线，较之由新义州经安东由安奉路转南满路再转哈长线而达哈尔滨，或是由吉会路经吉

---

① 《由哈尔滨到东京，北满紧张东京弛缓》，《申报》，1933年11月7日。

林转吉长路再折入哈长线而达哈尔滨,是没有比这条路再短的……日本帝国主义在取着对苏步步进攻的阵略,这条路就是截断苏俄西伯利亚铁路的金铰剪。"①

"北鲜三港"和与之相连的铁路网,除了切断中东铁路、掠夺东北资源的作用外,在战争时期,更发挥着独特的作用。

首先,日本可以通过"北鲜三港",以最快的速度运输军队到朝鲜,陈兵朝鲜和伪满洲北境,以抵抗苏俄。1931年《大公报》有如下刊载。

> 田中义一曾有言,至欲行明治大帝第三期遗策(即灭亡东北)时,则以福冈广岛二地之国军,(日军)由朝鲜入南满,以制支那军之北上,以名古屋关西地方之国军取敦贺海路,而进清津,经吉会路而入北而进清津,经吉会路而入北满。另以关东地方之国军,由新潟出港,直至情津或罗津,仍依吉会路而猛进北满地方,另以北海道仙台名地之国军,由青森及函馆二港出口,而急进浦盐,占领西比利亚路,以直达"北满"哈尔滨,而南迫奉天,并占领蒙古等地,同时又可阻止俄军之南下,终则与关西军福冈广岛军三面会合,分派为两大军,南则把守山海关,以防支那军北上,北则把守齐齐哈尔,以阻俄军南下,则满蒙之食料原料,皆可听我自由取用,虽战十年,我亦无食料、原料不足之忧也。②

从《申报》的这则报道中可以得知日本灭亡东北的整个战略部署:日军进攻东北大致分成三个方向,南线士兵先进入朝鲜,由朝鲜进入"南满";名古屋和关西地方的日军,走中部路线,从日本西

---

① 胡仁木:《北黑铁路的完成》,《申报》,1935年1月9日。
②《南满铁道概论》,《申报》,1931年8月13日。

海岸的敦贺港出发,经过日本海上的航线,在朝鲜的清津港停靠,进入朝鲜,再经由吉会铁路进入"北满";关东地区的日军也走中部线,从新潟港上船,在朝鲜罗津港或者清津港靠岸,通过吉会铁路进入"北满"。北海道岛的日军走北线,从青森和函馆出口,逼近苏俄的远东港口——海参崴港,占领西比利亚铁路,同时占领蒙古,阻止苏俄南下。由此可见,中部路线承担着关东和关西的军队运输工作,占运输总量的一大部分。日军之所以将运输军队工作的大部分放在中部线上,是因为连接日本西海岸的新潟港、敦贺港和"北鲜三港"的轮船航路是最短航路,从"北鲜三港"靠岸,就可以在不到一天的时间完成的军队运输任务,加上"北鲜三港"与纵横交错的铁路相连,日本在很短时间内就可以控制东北的大城市。1937年《申报》刊载:"与日本最近经营之罗津港相通,'北满'与'北鲜'相连,将'满鲜'打成一片,以达到日阀多年之名望,其在军事上之意义尤为重大,为日本军事运输要道,现住日本国内军队,由朝鲜渡海,取道大连,转'南满'路而至哈尔滨各地,需时约七十余小时,此路成后,即可径由朝鲜罗津港渡海,取道北路,费时不过二十小时左右,在将来对俄作战上,关系尤非浅鲜。"[1]苏俄如果想阻止日军的北进,就得在绵延千里的边境线上布防,这对在远东地区军力本来就薄弱的苏俄来说,是个无法克服的困难。"所以日军在一个短暂期内,就可以沿着策略的铁路网集中于自大兴安岭以至乌苏里河的前线,日军指挥部可以在任何方向开始进攻。但是苏俄的军队,在战事发生的几星期内,必须布成一个大弧形的阵线,从外贝加利亚经过阿穆尔省而至滨海省。苏俄对日军将采取一种大包围的阵势,这种情形,显然是于苏俄不利的。在这种情势下,惟

---

[1]《从战略上探讨太平洋国际问题》,《大公报》(天津版),1937年6月25日。

有人数非常优越的军队方才可以制胜；倘若不然的话，那末胜利将属于被包围的军队。"①因此，"北鲜三港"的开辟和"北鲜航线"的建立大大提高了日军的机动能力。

其次，日本很少在东北建设兵工厂，战争所需的武器都得从日本运输到中国大陆，物资需求量大，由于距离日本较近，物资通过"北鲜三港"从日本本土运送到朝鲜，无需耗费大量的时间，从而提高了战争补给的运输效率。切断吉会铁路和与之相连接的"北鲜三港"就相当于切断了日本的动脉。

> 日本军队虽说欲借"现地主义"以期在大陆自给自足，但在最近的将来，这种希望依然是空的，因为日军的食品大部分还须由日本内地供给，"满洲方面"的军火制造还不能供给多少成分，充其量不过是基本原料，这些原料还须经过日本内地兵工厂的加工始成，在政治上，如果这条线的联络被切断，则不但"满洲"方面完全起了恐慌，即朝鲜方面也都有发生大紊乱的可能，据美国外交政策协会的报告，去年潜入东北的第八路军非常活跃，更是极大的威胁。②

可以说，"北鲜三港"连接着"吉会铁路"和"日本海上的轮船航线"这两条"陆上生命线"和"海上生命线"。

综上所述，日本人对朝鲜北部三港清津港、罗津港和雄基港进行"开发"的原因，是日本为了尽快完成吞并朝鲜和中国的既定方针，致力于修建连接日本本土和朝鲜、中国的交通线，用政治、经济手段与大陆相连，掠夺物资和扩张势力。

日俄战争结束，日本开始了在远东地区的扩张。日本通过《朴

---

① 《从战略上探讨太平洋国际问题（十）》，《大公报》（上海版），1937 年 6 月 21 日。
② 《英苏军事合作的重大》，《申报》（香港版），1939 年 3 月 28 日。

茨茅斯条约》的签订,从俄国人手中夺取了"南满铁路"和大连、旅顺港口的权利。此时,朝鲜也基本上成为日本的势力范围,于是日本开始建立连接日本、朝鲜和"南满"的轮船航线。航线从日本的大阪、神户等大港口城市出发,途径朝鲜的仁川、釜山等港口,终点在旅顺、大连港停靠。日本通过大连港及其相连的"南满铁路",将"南满"的物资运输至日本。随后,日本将目光转向了"北满",1913年,日本向袁世凯提出"'满蒙'五路条约",用承认袁世凯政府作为条件,换取"满蒙五路"的借款权。

第二次世界大战后,日本加快了修建日鲜"满"交通线的步伐,1917年满鲜实业会代表长滨敝介向递信省呈递了一份有关建议修建"日本海横断路"和"吉会铁路"的请愿书,提议尽早修建连接中国吉林和朝鲜会宁的"吉会铁路",并且将朝鲜北部的清津港、罗津港和雄基港作为"吉会铁路"的出海口,以切断中东铁路。1927年田中义一上台后,日本政府相继提出了"二港二线"政策和"南北满主义"。九一八事变之后,在原来"二港二线"的基础上又提出"三港并用主义",并召开数次交通审议会,落实"日满交通一元化"政策,最终确定了铁路、朝鲜港口和日本港口三方面经营和三管齐下的建设方法。

"北鲜三港"得天独厚的自然条件也是被选为日鲜"满"交通线关节点的重要原因。"北鲜三港"距离日本西海岸诸港口距离较近,比向南绕道大连能够节省将近一倍的时间。此外,"北鲜三港"都拥有优良的港口条件。擎船能力大,御风能力强,腹地广阔。日本可以将"北鲜三港"开辟成为如同海参崴港口一样的大型国际港。

日本在"开发""北鲜三港"时,采取的是铁路、港口和轮船航线"三管齐下"的建设方法。港口方面,九一八事变之前,"北鲜三港"

的修筑是局部的。清津港是"北鲜三港"中最早开港的港口,1908年被开辟为商业港口。雄基港在日俄战争期间是俄的军港,日俄战争后,受日本控制,日本于1921年也将其开辟为商业港口。日本开辟清津港和雄基港,主要是为了同苏俄的海参崴港竞争,争夺朝鲜商业中心的地位。九一八事变之后,"北鲜三港"的建设进入规模化的阶段。随着吉会铁路的完工,罗津港在1932年开始筑港,1935年第一期完成,不再扩建。九一八事变之后,日本也注意到应该完善日本西海岸的敦贺港、舞鹤港、新潟港等港口,改变日本铁路横断于日本西海岸的现状。

铁路方面,日本在修筑"北鲜三港"的同时,依然在建设东西向的吉会铁路及其南北走向的支线,继续铰断中东铁路,将"北鲜三港"的商业范围扩展到整个东北三省。轮船航线方面,自清津港开港之后,日本就开始开辟连接日本和朝鲜的"北鲜线"。九一八事变之后,更多的日本轮船公司加入进来,直到1941年前后,日本海域出现苏联故意投放的浮雷,影响日本航船的安全,"北鲜线"才陆续停航。

"北鲜三港"的"开发",无疑加速了日本掠夺中国东北资源的速度。战争时期,日本还利用北鲜航线和吉会铁路,在较短的时间内向朝鲜和中国东北输送大量的军队和军用物资。苏联在远东地区拥有绵延的边境线,远东地区人烟稀少,气候恶劣,物资、人员的输送速度远远赶不上日本。然而,日本花费数十年的心血构建的"日鲜满"交通线,无法抵挡住苏联潜艇对日本海上航线的破坏,1941年前后,苏联向日本海投放了浮雷,经过的日本船只频频触雷沉没,加上1938年"张鼓峰事件"和1939年"诺门坎事件"爆发,日本的"北进"政策受挫,改为实行"南进"政策,日本海轮船航线逐渐被废弃,"北鲜三港"也因此受到影响。随着太平洋战争的爆发,"北鲜三港"的"开发"和"日本海横断路计划"就此破产。

第四章　抗日战争爆发前日本海运会社的侵华整备

第一节　日本"南进"政策与海运扩张

1894 年,德富苏峰在其创办的报刊《国民新闻》中这样写道:"为了使得日本成为世界的大日本,必须成为海上的帝王。为了成为海上的帝王,不仅要在海上的战斗力上能与英国匹敌,还要在商业运输的和平战争上与英国抗衡。"①这段话不仅表现出明治时期思想界对日本称霸世界的狂妄鼓吹,还反映出充实海上力量的重要性。所谓海上力量,既包括海上武装力量,即海军的完备;也包括海上和平力量,即海运的强大。亩川镇夫在《海运兴国史》中强调指出:"海运作为海上一大产业,是立国的基础……关系日本国力的消长。海运,和帝国七千万人民的生存息息相关……对现代国民经济来说,要重视海上运输,因为海运业:一是协助海外贸易的机构,二是国民的独立产业之一,三是和海外属领地联络的机关,四是国防上的辅助机构。……要发展海运……实现领土扩张

①「イギリスを目指し進む」、『国民新聞』、1894 年 12 月 14 日。

和海外殖民。"①对近代日本来说,海运业堪称日本立国之本。海运的发展,既是日本推行"殖产兴业""富国强兵"的重要结果,也是日本实现海外扩张的必备因素,尤其和"大陆政策"中的"南进"政策密不可分。

日本自明治维新以来,实现了政治、经济、文化变革,开始"不甘处岛国之境",逐步走上了推行"大陆政策"、实施对外扩张的道路。"大陆政策"的具体内容可概括为三大步骤:"第一步吞并朝鲜、琉球和台湾,第二步则以朝鲜为跳板侵占中国东北进而占领全中国;第三步则以中国为基地北进西伯利亚,南进中南半岛及南洋群岛,侵华始终是大陆政策的核心。"②其中,"南进"是日本的既定战略,是"大陆政策"的重要组成部分,是日本近代海洋扩张战略的关键所在。1868—1945 年间,日本全面实施明治时期制定的对亚太地区的侵略政策。"近现代日本亚太政策的内容,包括'北进'的大陆政策和'南进'的海洋政策两部分"③,"南进"政策是近代日本亚太战略的重要一环。本节从日本近代海运业发展入手,通过考察日本近代海运发展的轨迹,揭示明治时期日本近代海运业的诞生、发展和扩张过程与"南进"政策相辅相成的关系。

一、近代日本"南进"政策与海洋扩张思想探源

"南进"是日本"大陆政策"的重要组成部分,其主要主张为侵略中国并南下进犯西方殖民国家在东南亚和太平洋上的殖民地和附属国,图谋称霸西南太平洋。这一战略决策包括两步:第一,入

---

① 畝川鎮夫:『海運興国史』,海事彙報社,1927 年,3 頁、8 頁。

② 黄定天:《论日本大陆政策与俄国远东政策》,第 86 页。

③ 参见臧运祜:《近现代日本亚太政策的演变与特征》,《北京大学学报(哲学社会科学版)》,2003 年第 1 期,第 134 页。

侵东南亚，取得太平洋西南部的霸权。第二，以东南亚为据点，占领南亚和澳洲，最终实现"大东亚共荣圈"。"南进"政策和海洋扩张思想的形成有着深刻的思想根源，其源头可以追溯到三百年前的丰臣秀吉时代。

1592 年，丰臣秀吉领兵侵略朝鲜，顺利北进，妄图继而侵略中国并定都北京，让继承人秀次"贡圣上御用"，自己"居留宁波府"，"占领天竺（印度）"。1593 年，又向高山国（菲律宾）西班牙长官发出劝降书："夫日轮所照临，至海岳山川、草木禽虫，悉莫不受此恩光也。……若是不来朝，可令诸将伐之。生长万物者日也，枯竭万物亦日也。"①丰臣秀吉狂妄地让控制菲律宾的西班牙殖民政府向日本称臣纳贡。在丰臣秀吉的扩张战略中，除了北进朝鲜、中国，还包括对东南业和南亚的进攻计划，妄图建立以中国为统治中心，包括朝鲜、菲律宾、印度等地的"大日本帝国"。

到了幕末时期，"海外雄飞论"的主要代表本多利明、佐藤信渊、吉田松阴也都提出了海洋扩张思想。本多利明著有《经世秘策》《西域物语》《贸易论》等。在这些著作中，他为日本描绘了效仿英国，通过海洋贸易和战争建成殖民帝国的"蓝图"。指出日本发展海洋贸易的必要性："日本既为海国，渡海运输交易为国君只天职，乃第一重要之国务自不待言。当遣船舶至万国，选出国用之物品及金银铜，输入日本，丰厚国力，此乃海国之方法。"②他将开拓新地、向海外发展作为解决本国国力不足的手段，甚至要把美洲也纳入日本的殖民势力范围："就像从勘察加到鞑靼之地，从布连斯崎

---

① 宗幸一：『東亜共栄圏史』，東京：光書房，1941 年、359 頁。

② 吉田光等：『近代日本社会思想史』，東京：有斐閣，1968 年、66 頁。

到北美大陆一样,皆为扶植我国力之地。"①可以说,本多利明是近代日本主张太平洋战略思想的第一人。其后,著有《海防策》《混同秘策》《天柱记》等著作的经世家佐藤信渊提出:"故皇国开拓他邦,必由吞并支那始。以支那之强大犹不敌皇国,何况其他夷狄乎?此乃皇国能够天然混同世界之故也。故本书首先详论征服支那之方略。一旦支那入我版图,其他如西域、暹罗、印度等亚洲诸国,……必慕我之德,畏我之威,叩首匍匐,甘为臣仆。故由皇国混同世界万国,非难事也。"②可见,佐藤信渊"混同世界万国"的思想中,同样包含对南洋诸国的殖民思想。佐藤之后,吉田松阴也明确提出日本要夺取南洋,"乘隙收满洲而逼俄国,侵朝鲜而窥清国,取南州而袭印度"③的狂妄计划,以实现丰臣秀吉未完成的"宿志"。这些幕末思想家的海洋扩张主张是近代日本"南进"政策的重要思想源头。此后,日本明治时期的思想家和政客沿袭了他们的基本主张并予以发展。

德富苏峰在"占领台湾意见书"中说:"我国的前途必须采取北守南攻的方针,此乃识者所夙知,台湾恰可谓第一驻足之地,由此而及海峡诸半岛和南洋群岛乃当然之势。"④由此可见,德富苏峰极力鼓吹南方经营和占领台湾。

日本国粹主义思想家志贺重昂曾对印度等地进行地理考察,甚至到达南非、南美和欧洲。将南洋作为"日本的南洋",指出了其经济和政治价值,占领南洋是日本解决资源和人口危机的出路。

---

① 黒田謙一:『日本殖民思想史』、東京:弘文堂書房、1942 年、75 頁。

② 佐藤信淵:『混同秘策』、大川周明、横川四郎編:『佐藤信淵集』、東京:誠文堂新光社、1935 年、305—306 頁。

③ 広瀬豊:『吉田松陰研究』、東京:武蔵野書院、1943 年、211 頁。

④ 矢野暢:『日本の南洋史観』、東京:中央公論社、1979 年、208 頁。

从丰臣秀吉到明治时期的思想家,他们从不同角度阐述了"南洋"的战略价值,其主张涉及领土扩张、经济贸易、海外殖民、海军军备等方面,为明治时期"南进"政策和海洋扩张思想的形成做了理论和舆论上的准备,是近代日本"南进"政策和海洋扩张的重要思想来源。

二、明治时期的"南进"政策与日本对海运的推动

明治时期,日本以富国强兵、殖产兴业、文明开化三大政策为核心,进行全方位的近代化改革,成为亚洲第一个走上工业化道路的国家。在福泽谕吉所倡导的"脱亚入欧"思想影响下,日本效仿列强,"与西洋各文明国家共进退",逐渐跻身于世界强国之列,开始"与文明国共觅食饵",加紧步伐实施"北进"的大陆政策和"南进"的海洋政策。

"南进"的第一步就是出兵中国台湾。台湾是连接东南亚和东北亚的重要枢纽,是西南太平洋的战略要冲。1871 年 12 月,载有69 人的琉球朝贡船遭遇台风,漂流到台湾南部地区,其中 54 人被台湾当地人所杀害,日本便以此为侵略借口。1873 年 11 月,日本外务卿副岛种臣出使中国,得出"生番害人,贵国舍而不治,我却将问罪岛人"的结论,称琉球是日本属邦。1874 年 2 月,日本政府通过"台湾番地处分要略",4 月以惩办伤害"日本属国难民"的台湾"生番"为由,正式出兵台湾,并于 7 月成立"台湾都督府"。这是明治政府第一次向国外发动战争,也是清朝与日本在近代史上第一次重要的外交事件。虽然在英、法、美等国出面调停下,1874 年 10月 31 日本与清政府签订《北京专约》,日军于 12 月 1 日从台湾撤出。但日本出兵台湾所引发的外交危机并没有因为《北京专约》的签订而消除。该条约提出日本此次侵台为"保民义举",这在某种

程度上提出了琉球为日本的藩属,从而加快了日本吞并琉球的步伐,并极大地纵容了日本觊觎中国领土和实施"南进"的野心。

"南进"的第二步是继续破坏宗藩关系,侵占琉球。1876 年,与朝鲜签订《江华条约》,将不平等条约强加于朝鲜,否定了中朝间的宗藩关系。1879 年 3 月,日本向琉球秘密派出军警人员,采取突然行动,在首里城命令琉球王代理今归仁王子交出政权。4 月 4 日,日本悍然宣布"废琉置县",即将琉球国改为冲绳县。侵占琉球,将琉球王国从宗藩关系中剥离,成为日本推行"南进"政策的重要一环。

通过 19 世纪 70 年代的一系列扩张行动,日本打破了以中国为中心的"华夷秩序",谋求亚太霸主地位的野心乍现,"南进"政策初见端倪。与此同时,日本的海运业也得益于"南进"政策的推行而逐渐壮大。从日本近代三大航运会社的建立过程可以看出,它们的成立与发展过程都与此时的"南进"政策有着极其密切的关系。

1890 年 12 月 6 日,吉田松阴的学生、明治重臣山县有朋在国会发表了关于施政方针的演说,提出了所谓"主权线"和"利益线"的主张。通常,学界将此作为日本"大陆政策"形成的标志。[①] 由此,明治维新以来,日本经过二十多年的经济、外交、政治部署,基本确定了侵略扩张的方针和政策。

影响明治后期日本政府"南进"政策发展及海运扩张的原因是多方面的,其中影响较大的有如下六个因素。

第一,日本外务省设立南洋局,专事南洋事务。

1888 年,日本在马尼拉设置领事馆。1891 年,曾经著有《朝鲜开化史》的横屋盛服著成《海外殖民论》,提出把太平洋诸岛、澳大利亚、北美、中南美洲等地作为日本"进出"的方向,影响了日本政

---

① 米庆余:《近代日本的东亚战略和政策》,北京:人民出版社,2007 年,第 120 页。

府外交政策的制定,推动了南洋局的开设。19 世纪末,日本外务省设立南洋局,南洋局专事有关泰国、菲律宾群岛、中南半岛、缅甸、马来西亚、北文莱、东印度群岛、澳洲、新西兰以及南极地方的外交事务。① 南洋局的设立,标志着东南亚及南太平洋正式进入日本官方视野,拓展了日本与以上地区的联系。

第二,日本在 19 世纪末、20 世纪初进行的修约活动也极大推进了日本"南进"政策的确立和海运业的发展。

明治政府为修改跟西方列强所签订的不平等条约耗时十余年。这些条约涉及近 20 个国家,内容包括通商、航海、关税、领事裁判权等方面。1886 年,井上馨正式对欧美国家提出修改条约方案,但进展缓慢。日本天皇曾经发布诏书:"条约修订伴随中兴伟业,事关国权大本,朕与我臣民皆切望条约修订早日实现。"②陆奥宗光则认为:"修订条约之大业乃明治维新以来国家的夙愿,长久以来,我国朝野一致认为,条约修订不完成,维新的伟业就只是功成一半。"③于是,陆奥宗光对井上馨的方案进行了修改,以实现如下目的:"从体系上做了根本性的修改,拟向各缔约国提出一个近乎全面对等的条约方案。"④经过近十年的努力,日本相继与德国、俄国、英国、美国分别签订了通商航海条约。1889 年 6 月 11 日,日德签订《日德通商航海条约》。同年 8 月 8 日,日俄签订《日俄通商航海条约》。1894 年 7 月 16 日,日英签订《日英改订通商航海条

---

① 陈奉林、靳颖:《日本对东南亚政策的源流》,《外国问题研究》,1997 年第 2 期,第 22 页。

② [日]陆奥宗光著,赵戈非、王宗瑜译:《蹇蹇录——甲午战争外交秘录》,北京:生活·读书·新知三联书店,2018 年,第 60—61 页。

③ 同上书,第 60 页。

④ 同上书,第 61 页。

约》。"迄今为止(1895 年)的贸易及对外航路实权一直被外国所独占"①,与英德等海运强国的通商航海条约签订后,"我国的海运自然也将视野扩展到国外"②。1911 年 2 月 22 日,签订《日美通商航海条约》。至此,日本与欧美列强所签订的不平等条约全部修订完毕。通过一系列通商航海条约的签订,不仅取消了领事裁判权,还使日本取得部分关税自主权及自由航海权。这就使日本在通商、航海方面获得了与欧美列强"平起平坐"的地位,保障了日本航运业在与欧美航运业的竞争的过程中处于平等的地位。

第三,甲午战争和占领台湾使日本"南进"跨出实质性的关键一步,并推动了海运业快速发展。

甲午战争期间,为了供应军需,日本政府购买大量船舶,1894年日本轮船的吨位为 17.4 万吨,1895 年就到了 31.2 万吨,几乎翻了一倍。③ 通过《马关条约》的签订,日本不仅实现对台湾及其附属岛屿的占领,还攫取了其他利益。这也是日本"海运业在近海航路和远洋航路飞速发展"的重要原因。

日本通过对中国台湾及其附属岛屿的侵占,实现了对中国东部岛链的控制。台湾成为日本继续向南洋扩张的跳板。此后,日本政府通过"命令航路"的形式,资助大阪商船株式会社和日本邮船株式会社设立台湾航线,配合日本对殖民地的控制。

　　1896 年 5 月,大阪商船会社开通了"台湾总督府"命令航路——大阪—中国台湾线。1897 年 4 月又开通基隆—神户

---

① 冈田俊雄编:『大阪商船会社 80 年史』,大阪商船三井船舶株式会社、1966 年、23 頁。
② 冈田俊雄编:『大阪商船会社 80 年史』,大阪商船三井船舶株式会社、1966 年、23 頁。
③ 韩庆、王娟、逄文昱:《明治时期日本政府的航运扶持政策探究》,《大连海事大学学报》,2014 年第 13 卷第 1 期,第 76 页。

线、神户—高雄线及台湾沿岸航线。为此，向英国订购一千七百总吨级客货船四只及三千总吨级客船三只。①

台湾航路是大阪商船株式会社的主干航路之一，不仅包括日本本土到中国台湾的航线，还包括台湾岛沿岸的航线。日本邮船株式会社也于1896年9月开通了神户—基隆航线。

> 神户—基隆间航路……其中三分之二的船只由陆军省提供，剩余三分之一为普通经营用船只。1897年4月，该航线成为台湾总督府命令航路②。

日本邮船株式会社在该航路的船只大部分来自于军方，执行的是政府和军方的运输任务，该会社已成为日本支配和控制台湾的重要工具。

甲午战争后的对台占领及各大航运会社台湾航路的开辟，标志着"南进"跨出了实质性的关键一步。

第四，海运相关法律制定和实施，促进了海运业的快速发展。

甲午战争使日本政府进一步认识到"海运业和造船业的盛衰可以左右国家的发展"，于是，日本政府于1896年颁布《造船奖励法》和《航海奖励法》。这两项法案的实施，一方面，促进了日本造船业的大发展。1896—1919年期间，日本政府共奖励了267艘轮船，总吨位999 322吨，奖励的马力数是763 868马力，合计奖励金额23 099 499日元。③ 另一方面，推动了新航线的开设。日本海运业开始在远洋航线上与其他海运强国展开竞争。在《航海奖励法》实

---

① 日本邮船株式会社：『七十年史』，日本邮船株式会社、1956年、91—92页。

② 日本邮船株式会社：『七十年史』，日本邮船株式会社、1956年、74页。

③ 韩庆、王娟、逄文昱：《明治时期日本政府的航运扶持政策探究》，《大连海事大学学报》，2014年第13卷第1期，第76页。

施的同时,日本政府又专门出资设定"特定航路补助金",其中就包括日本邮船株式会社的孟买航路和澳大利亚航路。孟买航路是日本海运向南亚扩张的里程碑。在孟买航路开通问题上,日本邮船株式会社社史曾这样明确写道:

> 本航路开设的目的是确保对本国纺织业来说优质且廉价的原料棉花。我国纺织业可纺出细线并对中国市场输出,渐渐发展成日本代表性产业。①

> 1896年8月,孟买航路接受递信省的资助,从当年10月开始接受近10年的补助金,每年19万2千日元。②

孟买航路保证了日本纺织业的原材料进口,支持了纺织业的兴起,也因此加强了对中国的纺织工业品输出。日本政府通过孟买航路用"南洋"丰富的物产支持对外贸易扩张。政府对此"特定航路"进行大额补贴,通过资本扶持特定航线。

1896—1899年,日本邮船株式会社订购12艘新船投入欧洲航线的运营,进一步扩张日欧航线。太平洋航线方面,日本邮船株式会社借助补助金,1896年8月1日,派三池丸首航西雅图,在日本与西雅图之间形成了每两周一次的定期航线。此后,1896年7月8日成立的东洋汽船株式会社、大阪商船株式会社也在《航海奖励法》的资助下,相继开通通往北美的太平洋航线。1912年,日本在北太平洋航线(美国、加拿大—日本—中国)上定期航行的吨位已经超过美国,居于首位。③

---

① 日本邮船株式会社:『七十年史』,日本邮船株式会社、1956年、46页。
② 同上。
③ 韩庆、王娟、逄文昱:《明治时期日本政府的航运扶持政策探究》,《大连海事大学学报》2014年第13卷第1期,第78页。

鉴于19世纪末、20世纪初期对外扩张的需要,日本开始重点扶持远洋航线以配合国家战略。日本政府于1909年3月25日制定和颁布《远洋航路补助法》,同时废止《航海奖励法》。[①]《远洋航路补助法》对远航航路(欧洲航线、北美航线、南美航线和澳大利亚航线)实行扶持政策,增加资金,提高补助上限,并修改了以前法案的弊端,对命令航线、特定航线予以更大优惠。

通过这一系列法案的实施,大大提高了日本的远洋海运能力,保障了日本海运会社在各航线上与欧美海运强国展开的竞争,并处于优势地位。

第五,1904年爆发的日俄战争再次推动了日本海运的发展。日本借日俄战争的胜利获得了更多的海外权益,进出口贸易快速发展(表4-1)。

表4-1 日本与外国贸易统计 （单位:万日元）

时间		输出	输入
明治三十一年	1898年	16 575	27 750
明治三十六年	1903年	28 950	31 713
明治四十年	1907年	43 241	49 446

资料来源:日本郵船株式会社『七十年史』、日本郵船株式会社、1956年、113頁。

由表4-1可以看出,日本的进出口数量在日俄战争后的1907年,比日俄战争前的1903年实现显著增加。到1907年,也就是日本政府对造船和航海实施奖励10年后,和甲午战争后的1898年相比,日本进出口贸易数额实现了成倍的增长,足见国家的奖励政策和对外战争对海外贸易所起到的推动作用。同时,海外贸易量的

---

① 韩庆、王娟、逢文昱:《明治时期日本政府的航运扶持政策探究》,《大连海事大学学报》2014年第13卷第1期,第78页。

激增也大大加快了海运业的发展。正如大阪商船株式会社社史所记载的那样,日本船的装载量"明治二十九年(1896 年)33 万 5 000吨,日俄战争后明治三十九年(1906 年)达 100 万吨"。到 1913 年,"20 年间,日本船的装载增加约 10 倍",已经成为世界第 7 的海运国家。①

第六,1907 年专事长江航运的日清汽船株式会社成立,既标志着日本航运业势力深入中国腹地,也是日本海运业发展的重要组成部分。

长江航路对于日本对外扩张有着极其特殊的战略地位。首先,"江南一带水道纵横,天然交通已很发达,长江水系都可通航,只要航业方面多加注意,则经济侵略的目的也就达到了","陆军派的'北进'策和海军派的'南进'策都被经济侵略的掩饰而日趋发展"。② 其次,长江流域盛产的桐油和猪鬃是中国独有的战略物资,长江沿线是桐油和猪鬃的主要产地和集散地。再次,从国际关系的发展趋势看,日本认为其"南进"政策的逐步推进,势必引起国际纷争,尤其是日美冲突,因此将长江流域规划为其后防区域。③ 1907 年 3 月 25 日,在日本政府主导下,参与长江航运的大阪商船株式会社、日本邮船株式会社、大东汽船会社、湖南汽船会社四大会社联合起来,整合为日清汽船株式会社。该会社以经营长江内河航线、中国沿海航线和日本本土到汉口的航线为主业④,使日本航运业更深入地控制中国沿海及内河航运,并同英

① 冈田俊雄编:『大阪商船会社 80 年史』,大阪商船三井船舶株式会社、1966 年、23 页。
② 章勃:《日本对华之交通侵略》,北京:商务印书馆,1931 年,第 24—25 页。
③ 参见章勃:《日本对华之交通侵略》,北京:商务印书馆,1931 年,第 25 页。
④ 浅居诚一:『日清汽船株式会社三十年史及追补』,日清汽船株式会社、1941 年、3—4 页。

国的太古、怡和两大航运公司及中国轮船招商局展开竞争，以实现日本政府深入中国腹地实施经济掠夺的野心。

表 4 - 2　1907 年日清汽船株式会社创社股东出资、持股比例与提供航线表

会社名	持股数（股）	持股比例%	出资额（元）	出资比例%	航线
大阪商船会社	74 350	46.3	3 717 500	46.3	上海—宜昌线
日本邮船会社	65 950	41.1	3 297 500	41.1	上海—汉口线
湖南汽船会社	16 200	10.1	810 000	10.1	汉口—湘潭线
大东汽船会社	4 000	2.5	200 000	2.5	上海—苏州—杭州 苏州—清江浦线
合计	160 500	100	8 025 000	100	——

资料来源：萧明礼《"海运兴国"与"航运救国"》，第 45 页。

　　日清汽船株式会社组建之初还吸收了少量中国股东，于是有"日清"之名，但最大股东仍是大阪商船会社和日本邮船会社（表4-2），表面是中日合营的航运公司，实质是日本政府控制下的继续配合国家扩张战略的工具。

　　1907 年，日本政府确立了作为国防国策的《帝国国防方针》和《帝国军队用兵纲领》。它规定日本在日俄战争后的"施政大方针"是：保护日俄战争中的"满、韩权益"，向亚洲南方及太平洋彼岸扩张民力；为此，日本不惜将对俄、美、法这三个"假想敌国"开战。①亚洲南方和太平洋成为日本的重要战略目标。至此，"南进"成为

①　防衛庁防衛研修所防衛庁防衛研修所戦史室：『戦史叢書・大本営陸軍部(1)：昭和十五年五月まで』、朝雲新聞社、1967 年、158—162 頁。防衛庁防衛研修所防衛庁防衛研修所戦史室：『戦史叢書・大本営海軍部艦隊(1)：開戦まで』、朝雲新聞社、1975 年、112 頁。转引自臧运祜：《近现代日本亚太政策的演变与特征》，《北京大学学报（哲学社会科学版）》，2003 年第 1 期，第 136 页。

明治政府主要施政方针之一,"南进"政策初步形成。

　　明治后期的"南进"政策和海运业发展密切相关。外务省南洋局的设立,使南洋正式进入日本官方的视野。修约的完成,自由通商航海权利的获得,保障了日本航运会社与欧美列强的平等竞争。《造船奖励法》《航海奖励法》《远洋航路补助法》的制定和实施,为海运业获得资金扶持和法律保障,使日本航运公司在各航线的竞争中处于优势地位。甲午战争和日俄战争进一步推动海运业发展,尤其是日本对中国台湾及其附属岛屿的占领,使其迈出了"南进"的关键一步。日清汽船株式会社的成立,不仅使日本扩张势力深入中国腹地,并且配合日本政府为亚太政策的实施规划了后防区域。

　　综上所述,明治时期"南进"政策的初步形成具有深远的思想、经济、政治背景,既和日本近代化的突飞猛进息息相关,又和当时的国际环境紧密相连。同时,又与日本近代海运业的崛起和发展相辅相成,同步进行。

　　作为"岛国"的日本,在明治时期"南洋"是其潜在的海外殖民地,在二战时期被视为"大东亚共荣圈"的重点区域。这一地区具有得天独厚的地理位置和丰富的自然资源,具有极其重要的商业价值和战略地位。对于完成明治维新并走向对外扩张的日本而言,东南亚的橡胶、大米、锡,荷属东印度群岛的石油,澳大利亚的铁矿石、煤炭、小麦和羊毛,印度的棉花,是其支撑对外扩张不可或缺的战略资源。[①] 而对这些战略资源的经济攫取和战争掠夺,都离不开强大的海运业。

---

① 据 1936 年统计,日本 18 种战略性物资中有 10 种来自东南亚,其中锡、橡胶、石油、麻、铁矿石等在各商品进口总额中的比重分别为50.8%、68.5%、66.1、57%、44.7%。转引自吕万和、崔树菊:《日本"大东亚共荣圈"迷梦的形成及其破灭》,《世界历史》,1983 年第 4 期,第52 页。

从丰臣秀吉到明治时期的思想家,再到 1907 年《帝国国防方针》和《帝国军队用兵纲领》的最终确定,明治政府从思想到决策初步完成了"南进"政策的制定。1911 年,修约的完成使日本从国际关系领域实现了"脱亚入欧",也在通商贸易和自由航海权上实现了与欧美列强"平起平坐"。甲午战争后,日本侵占中国台湾及其附属岛屿,迈出了实施"南进"的关键一步。

明治时期"南进"政策初步形成的过程和日本海运业的发展密切相关。第一,"南进"政策推动了航运业的崛起和发展。从明治维新开始,经过不到 40 年的发展,日本一跃成为世界第七的海运国家。在此过程中,《造船奖励法》《航海奖励法》《远洋航路补助法》的颁布和实施起到了决定性的推动作用。第二,"南进"政策要求与之相匹配的海运能力。通过"命令航线"等措施,各大会社纷纷开辟台湾、南洋、欧美航路,"海运事业拓展至海外"。第三,日本近代航运业的崛起和发展具有鲜明的国家"烙印"。既非完全放开由民间自由经营,又非国家全资组建国有企业,而是动员国家的力量,走"半官半民"之路。以政府主导、企业主营、国家补助的方式,使海运业配合南进战略的实施。可以说,"南进"政策为明治时期海运业的扩张提供了资金扶助和政策扶持,海运业的发展又成为明治时期"南进"政策推进的有力保障。

第二节　日本在华航运业的整合之一:
日清汽船株式会社与华中航线

一、《马关条约》的签订和内河航运权的丧失

甲午战争失败后,清政府被迫和日本签订了丧权辱国的《马关

条约》。《马关条约》是清政府和日本明治政府于1895年4月17日在日本马关(今山口县下关市)签订的不平等条约。《马关条约》的签署标志着甲午中日战争的结束。中方全权代表为李鸿章,日方全权代表为伊藤博文、陆奥宗光。根据条约规定,中国割让辽东半岛(后因三国干涉还辽而未能得逞)、台湾岛及其附属各岛屿、澎湖列岛给日本,赔偿日本2亿两白银。中国还增开沙市、重庆、苏州、杭州为商埠,并允许日本在中国的通商口岸投资办厂。《马关条约》使日本获得巨大利益,刺激其侵略野心。与此同时,条约也使中国民族危机空前严重,半殖民地化程度大大加深。从具体条款来说,第六款对航运业影响最大。

《马关条约》第六款:

中日两国所有约章,因此次失和自属废绝。中国约俟本约批准互换之后,速派全权大臣与日本所派全权大臣会同订立通商行船条约及陆路通商章程;其两国新订约章,应以中国与泰西各国见行约章为本。又,本约批准互换之日起、新订约章未经实行之前,所有日本政府官吏臣民及商业、工艺、行船船只、陆路通商等,与中国最为优待之国礼遇护视一律无异。中国约将下开让与各款,从两国全权大臣画押盖印日起,六个月后方可照办。

第一,见今中国已开通商口岸以外,应准添设下开各处,立为通商口岸;以便日本臣民往来侨寓、从事商业工艺制作。所有添设口岸,均照向开通商海口或向开内地镇市章程一体办理;应得优例及利益等,亦当一律享受:

湖北省荆州府沙市,

四川省重庆府,

江苏省苏州府，

浙江省杭州府。

日本政府得派遣领事官于前开各口驻扎。

第二，日本轮船得驶入下开各口附搭行客、装运货物：

从湖北省宜昌溯长江以至四川省重庆府，

从上海驶进吴淞江及运河以至苏州府、杭州府。

中日两国未经商定行船章程以前，上开各口行船务依外国船只驶入中国内地水路见行章程照行。

第三，日本臣民在中国内地购买经工货件若自生之物，或将进口商货运往内地之时欲暂行存栈，除勿庸输纳税钞、派征一切诸费外，得暂租栈房存货。

第四，日本臣民得在中国通商口岸、城邑任便从事各项工艺制造；又得将各项机器任便装运进口，只交所订进口税。日本臣民在中国制造一切货物，其于内地运送税、内地税钞课杂派以及中国内地沾及寄存栈房之益，即照日本臣民运入中国之货物一体办理；至应享优例豁除，亦莫不相同。嗣后如有因以上加让之事应增章程条规，即载入本款所称之行船通商条约内。

《马关条约》使日本从中国夺得了大片领土和巨额赔款，还在内河航运方面获得了新特权，也就是重庆、上海、苏州、杭州等港口和地区的内河航行权。

二、日清汽船株式会社的发展

《马关条约》签订后，日本的航运会社以上海为基地，向长江流域和沿海各港口大举扩张。由此，在日本政府的大力扶持下，广阔的长江流域及其腹地成为日本航运势力扩张的重要目标,中国经济最为发达的江南区域也逐步沦为日本向中国华东、华中进行经济渗透的主要基地。日俄战争结束后,长江航运上有 2 家英国公司、2 家德国公司、1 家法国公司、2 家中国公司以及 4 家日本会社在角逐,总共有 5 个国家的 11 家航运会社,吨位合计超过 10 万吨的船舶在竞争。① 经营长江流域航运的日本航运会社有大阪商船株式会社、日本邮船株式会社、大东汽船株式会社、湖南汽船会社 4 家。4 个航运企业在长江航路上主要对手是英国的怡和、太古洋行以及中国的招商局。同时,这 4 个会社之间为了航运收益也存在争权夺利的现象。这样一来,4 家会社分散了日本的航运实力又因内部互相竞争损耗了利润,严重影响了日本政府在长江航运的布局,还有可能导致日本航运会社在长江航运竞争中"全军覆没"。于是,日本政府决定将 4 家会社合并,以产生日本航运的"合力",一方面应对与外国的竞争,一方面尽快强占长江航运的势力范围。日本政府指定时任递信省(主管交通、通信)管船局(主管航运)局长内田嘉吉对大阪商船株式会社、日本邮船株式会社、大东汽船株式会社、湖南汽船会社提出调解方案,劝导他们实现合并。1907 年 2 月,这 4 家会社终于就合作问题达成一致意见:4 家公司协商合并成立新的公司,新公司接受日本政府对新航路的补助,继续扩大经营。就这样,在日本政府的直接扶持和推动下,日清汽船株式会社就此诞生。

1907 年 3 月 25 日,日清汽船株式会社在东京举行创立大会。这个新的轮船会社"拥有资本金 810 万日元,以当时我国海运界观之,继日本邮船会社 2 200 万元、大阪商船会社 1 650 万元、东洋汽

① 浅居誠一:『日清汽船株式会社三十年史及追補』、日清汽船株式会社、1941 年、34 頁。

船会社1 300万元之后,位列全国第四……拥有多年历史的四个会社虚怀若谷,参加合并,共同面对外国(竞争)的事实,在我国海运史上应该记上特殊的一笔"①。日本政府特派递信省管船局监理科长石渡邦之丞担任社长,土佐孝太郎、竹内直哉、白岩龙平为专务,中桥德五郎、近藤廉平、涩泽荣一为董事,田边为三郎、田中市兵卫、有地品之允为监事。在上海、汉口设立支店,镇江、九江、宜昌、重庆、长沙、苏州、杭州、湖州、清江浦设立出张所,在南京、芜湖、沙市、湘潭、常德、吴城设立代理店。可以说,遍布江南及长江重要港口。②

　　日清汽船株式会社成立之后,日本政府于1907年4月1日,颁布命令书,明确了对日清汽船株式会社的事业补助。根据这个命令书,补助金合计每年80万元,有如下指定航路获得补助:

　　　　上海—汉口线

　　　　汉口—宜昌线

　　　　汉口—湘潭线

　　　　上海—苏州线

　　　　上海—杭州线

　　　　苏州—杭州线

　　　　汉口—常德线(新设)

　　　　鄱阳湖线(新设)

　　　　镇江—清江浦线(新设)

----

① 浅居誠一:『日清汽船株式会社三十年史及追補』,日清汽船株式会社、1941年、35—36頁。

② 浅居誠一:『日清汽船株式会社三十年史及追補』,日清汽船株式会社、1941年、36頁。

80 万元的补助金相当于该会社创立本金 800 万元的 1/10,而且补助期限长达 5 年,充分证明了日本政府利用航运排挤其他在华外国势力,将侵略扩张深入长江流域的野心。由于日清汽船株式会社来源于之前经营长江航路的四大会社,是在之前顺利经营的基础上重新组建而来,所以多数航路已经有成熟的经营经验,既有适合航线地理环境的船舶,也有往来客货经营的固定客户群。此外,还通过合并,去除了日本航运会社的"自相残杀",形成新的"合力"以应对该区域中与英国和中国航运公司的竞争。所以日清汽船株式会社建立之初,就快速在长江流域的干线上显示出明显的竞争势头。

日清汽船株式会社在华经营主要实行买办制度,日清买办主要分社内买办和船内买办。社内买办分 3 个等级,即大买办、副买办(也称二买办)、三买办。大买办负责会社与各船行、报关行的业务联系,副买办管理仓库,三买办负责督促上街先生兜揽客货。船内买办也分大、二、三买办各 1 人,主要负责管理管货员、管舱茶房、房舱茶房、统舱茶房等。日清汽船株式会社在华买办机构是永利川日清渝报关行。根据日清汽船株式会社与永利川日清渝报关行所订立的"蒐(通"搜")货运送契约书",日清汽船株式会社对永利川认可的上海、汉口、宜昌、万县、重庆等各港口属于四川省输出入的货物提供运送等业务,并有垄断经营权。[1] 但凡由中国运往日本的货物,都由日清汽船株式会社打出提单,在日本国内各口岸提货;日本运往中国的货物,则通过日本邮船株式会社打出提单,在中国各口岸提货。日清轮船运入日本的货物,以芝麻、黄豆、菜子、棉子、豆饼、棉饼、菜饼、苎麻、生漆、矿砂、桐油、猪鬃、牛羊皮和贝壳等土特产原料品为主。客

---

[1] 『支那の航運』,出版者不詳,1944 年。转引自郑忠、仇松杏:《"国策会社"日清公司论析(1907—1939)》,《南京师大学报(社会科学版)》,2009 年第 2 期,第 70 页。

运方面,日清汽船会社客运轮船分特等舱、官舱、房舱和统舱四种,规定中国人可以自由选择搭乘,但日本及西方商民则不许搭乘房舱以下之舱位。在经营方式上,日清汽船株式会社与日本政府紧密联系,日清汽船株式会社的轮船每航行一次,必须出具载明航行船只名称、开航日期、载运客货数量等的报告单一份报送日本领事馆(如果未设日本领事馆的地方则由中国官厅盖章证明)。到了月终,就将每一航线开航报告单,制成统计表三份,两份送交领事馆核对盖章后领回,作为证明,留馆查存。支店将证明书领齐后,寄送东京本社,再由本社送交日本政府信递省。每一年度年终结算时,除由日清汽船株式会社方面向日本政府税务署缴纳营业税外,还可向递信省领取与营业税大致相等的津贴费,每年约数十万元。日清汽船株式会社则用这笔津贴逐年增加设备和船只,进一步发展公司的航运事业。[1]

三、日清汽船株式会社的中国航路

(一)日清汽船株式会社的汉口航路

1906 年,常德以"寄货港"名义对外开埠,外轮几乎一度垄断着常德的航运,促使该地的桐油、猪鬃、丹砂、皮件、药材等走向国外市场。1907 年 4 月 25 日,日清汽船株式会社利用湘江丸开辟了汉口—常德线。该航线之前没有外国轮船公司参与经营,此时的日清汽船株式会社和英国太古洋行几乎同时开辟这条航线,外国航运势力首次深入湖南常德,由常德进入汉口经济圈。随后,日清汽船株式会社 4 月 28 日利又开辟了鄱阳湖线,利用莘利丸进行营运,经营利润也很可观。于是 7 月将常德和鄱阳湖两航线设为定期航

---

[1] 郑忠、仇松杏:《"国策会社"日清公司论析(1907—1939)》,《南京师大学报(社会科学版)》,2009 年第 2 期,第 70 页。

路,持续运营。镇江位于京杭大运河和长江的交汇处,为南北内地河运中心重要之地。日清汽船株式会社为了进一步扩张长江下游与北方地区的贸易联系,除了继承大东汽船会社所经营的苏州—镇江、镇江—扬州两线外,还于1907年4月开辟了镇江—清江线(途经丹徒、江都、宝应、淮安、淮阴),在镇江转口"纸张、碱粉、肥田粉、纱布、五金、铅丝、白铁、洋钉、白糖、松木、火柴梗"等货物,其中日本白糖和冰糖在这一市场占据首要位置。

上海—汉口航路堪称长江第一航路,从长江口的江南区域一直沿长江延伸到中国中部。到1913年,日清汽船株式会社在上海—汉口航线上的货运装载量增加很快,已成为该航线上最大的航运企业。

表4-3　1913年上海—汉口航线各公司航次、货运载运量比较表

月份	1—6月		7—12月		合计	
公司	航次	累计总吨数	航次	累计总吨数	航次	累计总吨数
太古洋行	93	60 015	93	48 071	186	108 086
怡和洋行	85	60 326	84	47 625	169	107 951
中国招商局	89	38 680	70	27 316	159	65 996
日清汽船株式会社	108	90 392	111	67 737	219	158 129
合计(含其他中小型航运公司)	428	284 653	419	212 458	847	491 111

资料来源:小風秀雅『帝国主義下の日本海運　国際競争と対立自立』、東京:山川出版社、1995年、282頁。转引自萧明礼《"海运兴国"与"航运救国"》,第45页。

一战爆发后,日本对德宣战,日本公布对华"二十一条",中国爆发抵制日货运动,使得日本在华航运业出现短暂的萧条。随着沪宁、沪杭铁路的开通,日清汽船株式会社的长江航线受到极大影响,以至于1915年初终止了镇江—扬州线、上海—苏州线、上海—

杭州线、苏州—杭州线、镇江—清江浦线。于是,日清汽船株式会社将长江航运重点放在上海—汉口线上。1915 年 8 月,日清汽船株式会社将刚刚建成的凤阳丸投入上海—汉口航路上,该船是长江航路上首次出现4 000吨级的大船,曾引起一时轰动。

随着欧洲战局的进展,军用物资运输逐渐增加,给日本航运业以新的刺激,航运业出现了新的转机。生产方面,由于战争影响,欧洲航运公司逐渐退出亚洲市场,欧洲商品暂时不能运抵亚洲,日本借机开始用日本产品取代西方产品,迅速占领亚洲市场,这样,日本海运界出现了前所未有的发展契机。正如中国台湾学者萧明礼著作中提到的:"在产业与国际贸易结构的转变下,日本对海外经济的影响力开始扩大,借由战时累积的大量资本,向中国、东南亚等地进行资本输出,并加强对中国台湾、朝鲜等既有殖民地的投资,从而形成以日本为中心,东亚、东南亚为原料供应地与市场的帝国经济圈。"[1]

对于一战期间长江各口岸各国轮船进出港累计总吨位的统计数据考察,1914 年,华籍轮船在长江流域各口岸进出港累计总吨位为10 506 058吨,1917 年达到12 100 515吨,是 1914 年的 1. 15 倍。以吨位计算的占有率方面,1914 年中国轮船在经营长江流域的各国轮船中占19.05%,1917 年增加到22.76%。英国轮船在长江流域占有率仍然居各国之首,但比重由欧战爆发时的46.45%减为1917 年的42.33%。而占长江航线第四位的德国,大战爆发后为协约国驱逐,占有率由开战时的3.59%一路锐减,1918 年大战结束时已荡然无存。1914 年日本在长江口岸进出港累计总吨数占总吨数的26.89%,1917 年达到31.33%,至欧战结束时占有率增加至

---

① 萧明礼:《"海运兴国"与"航运救国"》,第 48 页。

34.07％,此种现象反映中日两国在欧战期间瓜分德国及部分英国在长江流域的轮船运输吨位,而日本的长江航运是第一次世界大战最大的受益者。[①] 也就是日清汽船株式会社借一战之机,进一步占领长江航运市场,其经济势力进一步深入长江及其腹地。

　　1917 年 4 月 7 日《时事新报》有一篇题为"千吨以上的日本商船有四百四十六只"的报道,除了公布超过千吨以上的船只总数为 446 只,递信省还统计了拥有 1 万吨以上运输能力的船主的情况。其中总吨数超 2 万吨的有以下 6 家:

　　　　日本邮船会社　　98 只　　455 676吨

　　　　大阪商船会社　　57 只　　190 136吨

　　　　东洋汽船　　　　11 只　　 94 916吨

　　　　三井物产会社　　11 只　　 35 086吨

　　　　日清汽船会社　　12 只　　 29 663吨

　　　　山下汽船会社　　10 只　　 24 161吨

　　由此可以看出,1917 年,日清汽船株式会社位列第五,在轮船航运会社中位列第四。

　　一战期间,日本和中国的贸易关系愈发紧密,中国进一步沦为日本商品倾销市场,特别是以阪神地区为中心的日本商品输出和以汉口为中心的中国商品进口呈现明显的增加。于是,日清汽船株式会社于 1918 年 8 月开通了最初的外洋定期航路,即大阪、汉口航路。这条航线由长崎松尾铁工所制造的载重 1 565 吨的永陵丸承担首航任务,于 8 月从大阪出发,途径神户、门司、上海,每四周定期开航一次。

----

① 参见萧明礼:《"海运兴国"与"航运救国"》,第 104 页。

有关汉口航路所运输的物产，在 1919 年 5 月《东京经济杂志》所刊登的《日清汽船总会》中有如下记载：

上海—汉口线　随着中国政局的逐渐稳定和内地购买力的回升，本线上航各种货物收发活跃，棉麻布、砂糖、杂货等状况颇好。下航货物杂谷、麻类等进出顺利，面向日本的棉花、豆类呈现盛况……

汉口—宜昌线　本线随着四川省境内逐渐安定、秩序逐渐恢复，物资集散不断促进，江水也回到可以使民船安全航行的水位。上航以棉丝布、砂糖、昆布等货物居多，下航为豆类、药材、桐油等为多，比沙市的棉花载货量大，除了定期船外，经常增加临时船，从事这类货物的运输。

汉口—湘潭线　本线随着湖南省内战乱全熄，上航搭载铜块呈现盛况，棉丝布、砂糖、海产品等也呈现相当多的运载，下航主要货物锑、锌等战时输出品减少，只不过有些铜铁、纸类搭载……

大阪—汉口线　本线开通当时日本和中国贸易非常旺盛。往航运载棉丝布、砂糖、杂货等，复航运载棉花、豆类、菜种、胡麻油等，载货旺盛，每次航班几乎满载。但由于进入长江枯水期，十一月中旬休航。

锑的最主要用途是它的氧化物三氧化二锑用于制造耐火材料，还作为制造子弹的原料。锌主要用于钢铁、冶金、机械、军事和医药等领域。桐油是一种优良的带干性植物油，具有干燥快、比重轻、光泽度好、附着力强、耐热、耐酸、耐碱、防腐、防锈、不导电等特性。它是制造油漆、油墨的主要原料，大量用作建筑、机械、兵器、车船的防水、防腐、防锈涂料，并可制作油布、油纸、肥皂、农药和医药用呕吐剂、杀虫剂等。锑、锌、桐油是重要的战略物资。中国是产锑和产锌大国,储量丰富。所以一战前和一战中,日本利用长江航路运输了大量的锑矿和锌矿。桐油作为战略物资也是运输的重要货物之一。但一战结束后,锑矿和锌矿的运输量明显减少。就其他商品来说,长江流域为日本提供了棉花和豆类等农业产品,而棉麻布、杂货、砂糖则是日本向长江流域倾销的主要货物。

(二)日清汽船株式会社的"南方线"和"北方线"及四川航路的开通

1918 年,第一次世界大战结束后,由于战后经济衰退以及欧美航运业公司重返亚洲市场的影响,日本航运业也经历了由盛转衰的过程。但这个时间持续不长,不久,日清汽船株式会社又开始开辟新的航路。

以长江航路为基础,日清汽船株式会社首先开辟了中国东南部航路。1920 年 10 月,上海、广东航线开通,并成为政府的命令航路。使用汽船两艘,首航从上海出发,途径汕头、香港。这条航线开通后,面临英国和中国航运业的竞争、货币贬值、金融界衰落、军阀混战、抵制日货等局面,靠日本政府的补助支撑到 1924 年才稳定下来。日清汽船株式会社的广东航线,意味着一战以后日本经济势力由华中向华南继续渗透。

华南航线稳定后,1925 年后,日本又计划以长江航运为据点,继续向华北扩张。1926 年 4 月 7 日,以巴陵丸开辟了上海、天津航路,同样被设成政府的命令航线,得到政府补助。这条航线被日清汽船株式会社称为"北方线"。与此相对,广东航线被称为"南方线"。"北方线"使用华山丸、唐山丸(共计 2 089 吨),每月三次从上海和天津两地发航,去程停泊青岛,回程停泊大连、青岛。①

由此可以看出,日清汽船株式会社以长江航路的起点上海为中心,一方面继续维持上海—汉口线,开辟大阪和汉口的国际线,一方面以上海为中心,分别开辟往广东、香港方向的"南方线"和往天津、青岛、大连的"北方线",形成丁字形的航运网,将长江内河航运和沿海航运相结合,并和日本大港相连,这样就构成了一个可以汲取中国南北及内陆生产原料,并倾销日本工业产品的贸易网络。

四川地区自古以来是中国天然资源极为丰富的地方,重庆是西南地区非常重要的经济贸易中心、交通运输中心,而其下游的宜昌则是四川物资外运、外货入川的重要的转运市场。宜昌开埠后,重庆商贸也大大发展,入川的货物增长迅速,重庆逐渐成长为仅次于上海、大津、汉口的第四大贸易中心。《马关条约》规定"日本轮船得驶入下开各口附搭行客、装运货物:从湖北省宜昌溯长江以至四川省重庆府"。日清汽船株式会社便承担起重庆的轮船航运业务。1922年,日清汽船株式会社开拓宜昌—重庆线、重庆—泸州线。"1922年4月,日清汽船株式会社的轮船首次从宜昌出发,这是日本商船首次三峡之行。此航路以轮船一艘,每月三次从宜昌、重庆两地发航,往返都在万县停靠,在香溪、归州、巴东、巫山、夔府、云阳、忠州、丰都、涪陵、长寿停船,属于政府的命令航路。宜昌、重庆间有三百五十里,水路极其危险,夜间不能通航,因此上行需要三夜四日,下行一夜两日。是一条非常特殊的航路。"②1923年,日清汽船株式会社又延长了重庆—叙州线。这些线路的开辟,

① 浅居诚一:『日清汽船株式会社三十年史及追補』,日清汽船株式会社、1941年、80—82頁。

② 浅居诚一:『日清汽船株式会社三十年史及追補』,日清汽船株式会社、1941年、88頁。

带有侵略扩张的性质,但客观上也为川南地区的开放提供了交通上的便利。邻近重庆的万县地处长江北岸,素有"川东门户"之称。清末以来,逐渐成为川东的物资集散中心。自对外桐油贸易兴起后,盛产桐油的万县得到迅速发展,巨额的桐油贸易进一步奠定了万县作为川东经济中心的基础。由于长江上游一带的桐油都是集中于泸州、再运抵重庆的,因此,日清汽船株式会社竭力开辟重庆—泸州线,因为重庆市场之桐油"占全川出口量 1/3"。其后日清汽船株式会社又开辟重庆—万县线,投入专装散舱桐油的拖驳船队 4 套,每套附有铁驳 3 只,冬季舱内还专设暖气管设备,使桐油在运输途中或抵达目的后不致冻结。与此同时,日清汽船株式会社还在重庆、万县等港口设立永利川日清渝报关行,此机构在日清汽船株式会社对该区域收油、纳税。①

四川航线的开辟在日本对中国航运市场的占领中处于非常重要的位置,被日本称为中国航路的"画龙点睛"之笔。这和四川拥有丰富的物产息息相关。也正因为如此,这条航线也成为日本和西方势力激烈竞争的舞台。当时几乎同时在这条航线开设运营路线的还有美国的美华轮船公司、英国太古洋行、英国怡和洋行、法国永顺公司、日本天华洋行、中国明支公司、中国汇通公司、中国江源轮船公司等。在激烈竞争之下,日清汽船株式会社靠政府补助与其他航运公司争夺市场,在 1923 年时,又购入新船,强化四川航路,实现每月 6 次航行的频度。从日清汽船株式会社开辟四川航线到 1926 年,5 年间,在这条航线上经营的轮船公司多

---

① 郑忠、仇松杏:《"国策会社"日清公司论析(1907—1939)》,《南京师大学报(社会科学版)》,2009 年第 2 期,第 73 页。

达 30 余家。1925 年,重庆入港的汽船为 1 171 艘,总吨数达 44
万吨。[1]

四川航线的开通和运营使日清汽船株式会社的长江航线从上
海一路延伸到叙州,总长度达到 1 523 里(约 761 千米)。加上支流
航路的汉口—湘潭线、汉口—常德线、鄱阳湖线,可以延长到总长
度 2 132 里(约 1 066 千米),相当于从台湾的南端一直到千岛群岛的
距离。该社社史中甚至引用了李白的词句,对这条航路进行了狂
妄自夸:"每每想到这一条内河航路,连李白的'唯见长江天际流'
也不足以形容啊!"[2]

经过 20 年的发展,到 1927 年,日清汽船株式会社在长江航运
上已经可以和英国、中国进行独立竞争,营业收入达到史无前例的
1 059 余万元。其所占比例如下:

表 4-4　日本、英国、中国等国长江航线运货所占比例(1927 年)

航线	日本 (日清汽船 会社)	英国 (太古公司、 怡和公司)	中国 (招商局、三 北轮船公司)	其他 (中、美、法、 伊等国公司)
上海—汉口线	38.7%	50.6%	6.7%	4.0%
汉口—宜昌线	58.5%	34.8%	6.7%	0
汉口—湘潭线	40.6%	53.5%	5.9%	0
宜昌—重庆线	14.1%	1.7%	10.6%	73.6%

资料来源:浅居诚一:『日清汽船株式会社三十年史及追補』、日清汽船株式会社、
1941 年、第 95 頁。转引自萧明礼《"海运兴国"与"航运救国"》,第 95 页。

由表 4-4 可以看出,日本和英国是长江航线经营的主力,存在
列强之间的激烈竞争,并在不同航线上各有胜负。而中国的轮船

---

① 浅居诚一:『日清汽船株式会社三十年史及追補』、日清汽船株式会社、1941 年、89 頁。
② 同上。

公司正是在这样的局面下,在夹缝中求生存。美国、法国等公司则基本被排除在汉口航线以外,但在四川航线上占有较多比例。

四、日清汽船株式会社的经营业绩

1928 年以后,随着北伐战争的开始以及济南"五三惨案"的发生,全国兴起抵制日货运动。战争和反日活动对日本轮船公司造成较大影响。日清汽船株式会社营业总收入呈现明显的减少趋势。

1928 年 5 月 15 日的《中外商业》中有一篇题为《日清汽船货客皆无,各商店营业衰减》的报道,这样说道:"上海,排日猛烈。中国方面,对日经济断绝的态度日益强硬⋯⋯日清汽船的状态是,中国方面的载货申请一件也没有,船客也几乎没有,各商店的收货也是逐渐减少,可见事实上的绝交。"①

表 4‐5　1927—1930 年日清汽船株式会社营业收入

年份	金额
1927 年	1 050 万元
1928 年	852 万元
1929 年	775 万元
1930 年	553 万元

1928 年 11 月 14 日和 11 月 27 日的《申报》(上海版)分上下两部分对日本在长江航路的政策和航线等进行了述评。现将述评登录如下。

日本在扬子流域之航业政策(上)　绍伯

---

① 『昭和新聞事典』第 1 卷、『昭和 1 年—昭和 3 年』、每日報道(株)、1990 年 6 月、447页。转引自松浦章:『近代日本中国台湾航路の研究』、大阪:清文堂、2006 年、270 頁。

　　呜呼中华,航权尽失,国势顿见阽危,血液既枯,生命系于呼吸,利益□遭一纲以打尽,吾国民其犹未醒耶,兹述日本在扬子江流域所实行之航业政策。

　　扬子江为世界三大川之一。故论世界水利者,除来因河、亚马孙河外,无不首推扬子江。其源丛自西藏高原,干流经云南、四川、湖北、湖南、江西、安徽、江苏七省。支流及于甘肃、陕西、河南、贵州、浙江五省,计其流域,横贯东西三千五百哩,纵贯南北十纬度,自上海至宜昌,有九百五十八哩之航程。夏期水深达三十呎,乃至五十呎,一万五千吨之外洋轮船,可通行无阻。至其水面,在汉口上下虽仅二哩,至于出海处实达七十哩之广,自宜昌以上,其深广虽不及下流。然自宜昌至叙州,若用溠水轮船,尚有航路五百六十哩,可通行无阻。若将其他可通内河输船及民船之支流一并计算,扬子江之水路,实有一万二千哩之长,计其流域面积,实达一万五千方里,人口达一亿八千万以上。全中国之对外贸易,扬子江流域已占其太半,无怪列强航业之竞争,惟于扬子江为最烈,兹述扬子江航业发达之过程,及其现状,以明日本在华航业政策之一斑。

　　扬子江之通行轮船也,实始于一八五七年。当时欧美轮船之航行于吾国者,仅以上海为根据地,其航行之路,不过广东天津二路。其后开自吴淞上溯扬子江之例者,起于美商之公正洋行。至一八六八年,有美商旗昌洋行出,航行扬子江之轮船数因增,而广东天津间之航行事业,亦于此加盛。至一八七三年,吾个招商局加以收买旗昌之营业全线,而沿海沿江之航业,几有统一于招商之势。

　　然时隔一年,而有英商太古洋行之创设,后二年而又有英商麦边洋行出现,又隔一年而有英商怡和洋行之参加,从此扬子江航业，日趋于多事。其后更有中英合办之鸿安公司，亦起而从事扬十江航业，至一八九八年，法国亦办东方输船公司，日本大阪商船，亦受政府之命，加入扬子江航路。当时日本于扬子江航业，虽为后进，然日本之得与列强竞争扬子江航业，确肇端于此。

当大孤商航之初入扬子江时，太古、麦边、怡和、鸿安、东方会有一度之关结，而施以排斥，然卒因大阪商船社特造吃水浅，容积大，而适于扬子江之航行故，结果反压倒五大公司，而执扬子江航业之牛耳。考其最□之航程，仅及于上海、汉口，至是而遂及于宜昌，而营业亦益趋于发达。

因扬子江航运之益趋于发达，同业之接踵而起者，亦实繁有徒。至一九〇〇年，有德商瑞记洋行及美最时洋行之加入，至一九〇三年，日本邮船会社更进而收买麦边洋行之航路及轮船，此即日本借英国旗帜以扩张扬子江航业之计划也。越年，日本又增设湖南汽船会社，以夺我湖南之航业。至一九〇七年，大阪商船及日本邮船又与大东及湖南两汽船会社合并而设日清汽船株式会社，此则日本实行统一扬子江干流支流航业之计划，当四社之合并为日清汽船会社也，其资本不过八十万金，其轮船不过十四只，其总吨数不过二万九十三百五十三吨，然其基础，确于此益臻巩固，进而得与太古、怡和、招商等诸先进航业团体为伍，当时各团体之竞争，颇称剧烈，日清汽船会社虽一时稍受打击，然其基础，终未见其摇动，不特不受摇动，反于此得一奋兴之机会，开发新航路，制造新船舶，改进水陆设备，所谓扬子江航业政策，得于此告一段之成功。

其后因欧战发生，日本商业，益有进步，对华贸易，更见发达。日清汽船会社之营业,益形飞黄腾达,遂一跃而独占扬子江航运界绝对优越地位,而所谓先进团体,反现退转停顿之象。据大正七年五月之统计,已增加资金一千六百二十万元,轮船数达二十三只,总吨数达四万七千一百二十三吨。除扬子江干流支流六航路外,更有中国沿海南北各路,及汉口——大阪间航路,其营业之盛,一时实莫与竞,此即日人所谓在华之航路纲也,兹举日清汽船会社航路总数现状如下:

(航路名称、支配船数、航行次数)

上海汉口航路,八只,一月二十五回

汉口宜昌航路,三只,一月十回

汉口湘潭航路,两只,一月九回

汉口常德航路,一只,一月五回

宜昌重庆航路,两只,一月十回

重庆叙州航路,两只,一月六回

上海广东航路,两只,一月三回

上海天津航路,两只,一月四回

大阪汉口航路,一只,一月一回。[1]

日本在扬子流域之航业政策(下)　绍伯

上述日清汽船会社航路线之现状,即日人以扬子江之干流支流为本体,而以扬子江南北中国沿海之航路为其两翼的航运政策,就上述各航路现状分述如下。

在扬子江干流支流之航运中,日清汽船会社所属之船数最多,而竞争最烈者,上海、汉口之航路。此为扬子江干流之下游航路,航程达五百八十八哩,其水面,在九江为四千二百

---

[1]《申报》,1928年11月14日,第19995号第26版。

呎，南京及镇江为三千七百呎，江阴为三千六百呎，海门为七哩，出口处竟达七十哩。每年自五月至十月为扬子江夏季涨水期，六千吨以上之外洋轮船，可上溯汉口，故无定期外洋轮船之出入者，亦以此期为最多。大概此航程在夏季涨水期，吃水二十七呎之大船，可通行无阻。至冬季可驶行之轮船，在上海南京间，为吃水二十七呎，南京、芜湖间，为吃水十六呎，芜湖、湖口间，为吃水十四呎，湖口、九江间，为吃水十一呎，九江汉口间，为吃水九呎。以上海为起点，溯江而上，计其各港之哩数，至吴淞为十五哩，通州为六十六哩，镇江为一百五十八哩，南京为一百九十一哩，芜湖为二百五十七哩，九江为四百四十六哩，黄石港为五百十六哩，汉口为五百八十八哩。

汉口宜昌航路，为扬子江干流之中流航路，实汉口四川间通商之要道，从汉口溯江面上，经三百五十八哩之航程，而达宜昌扬子江大轮之航行，实以此为终点。

汉口—湘潭航路，即扬子江支流之湘江航路，此路为扬子江支流入洞庭湖之孔道，过洞庭湖而南，其水道有三：湘江、沅江、资江是也。由汉口至岳州约一百二十哩间，四时均便航行，溯湘江而南，入洞庭湖之东部水道，而至于长沙，约一百二十五哩间，以多浅滩，故航行较难，从长沙至湘潭间，有巴焦滩及□潭，一年中惟六月至十月可通轮船，大概八月以后，因水之涨退无定，航行颇多危险，即可通行，其吃水亦不过六呎左右耳。自十一月至翌年三月，则非吃水三呎以下之小汽油船，绝对不能通行，若逢湖水减落，即普通轮船之航行，亦必渐次短缩。或仅至长沙，或仅至湘阴，或仅至芦陵潭，殊难预定，若减落过度，即岳州亦须换用小汽油船或民船拖接。

汉口常德航路，即扬子江支流之沅江航路，本路以常德为终点。常德位沅江流域，当洞庭湖之西南部，距汉口约二百四十哩，由汉口而至常德，必取道洞庭大安岛，至若长沙常德间航行之小汽船，则必经芦陵潭临资口运河及沅江者，总之，洞庭附近水路，每年惟六月至十一月可通轮船，其余数月若不用民船，殆有杜绝交通之势，独长沙常德间之小汽船航行期，则除冬季外，常可通行。

宜昌—重庆航路，即扬子江干流之上游航路。其间航程约三百五十哩，溯江而上，四日可通。顺流而下，二日可达，此路向为英商隆茂及美商大来二公司所包办，自欧战后，受高唱"开发"四川富源之影响，加入航行者，忽然加多。

重庆至叙州之航路，实为宜昌，重庆航路之延长，亦可谓之扬子江干流之上游航路。汇水自叙州以下，因江面稍宽，从而水势较缓，故小汽船及民船之通行，尚称便利。

上述各航路，日清汽船会社早占优越地位，可无待言，此外更自上海至广东及上海至天津之航路，更有自大阪直通汉口之航路，以不在本题范围之内，姑略而不详。现上海黄浦滩第五号吾人所触目惊心之高大洋房，即日清汽船会社之上海支部也。虽区区一支部，已足操纵吾国航业之总机关，制吾国航业界之死命而有余。其本部在日本东京市曲町區有乐町，汉口亦有支部，芜湖、九江、长沙、宜昌、重庆、广东则各有分店，镇江、南京、湘潭、常德、沙市、万县、叙州、汕头、厦门、青岛、天津、大连等处，则各有代理处。如此则扬子江干支各航路以及沿海各航路，货物之运送，已完全在日人掌握中矣。盖其航路所及之处，即为直接经济势力所及之处。观以上日人在华所行之航路网政策，及两翼政策，腹心之患，务在必除，愿吾国民其急起图之。①

1932 年的总收入减少到 2 908 399 日元,其原因是 1931 年九一八事变、1932 年"一·二八"事变的发生,国人抵制日货,使得中国旅客减少,货运停装,日清汽船株式会社运营受到严重打击。此后,随着抵制日货运动渐退,日货再次输入中国各商埠,且"1934 年日本政府递信省对华北、华南长江、上海各航线均有巨额的补助,总计竟达日金一百六十三万元"②。其中,日清汽船株式会社所得日本政府补助金高达 1 175 637 日元,创历年最高。可见,日本政府对长江航线的支持力度,也凸显了日清汽船株式会社的"国策会社"性质。

1935 年 1 月一杂志中刊登的"日清汽船株式会社广告"说明了1935 年该会社的资金和航线情况,从中可以看出其对中国航运干线的掌控:

日清汽船株式会社　资本金千六百万元　汽船总吨数四万五千吨

本社　东京市菊町区内幸町一之三　电话　银座二一二七　二一二八

出张所　芜湖、九江、长沙、宜昌、重庆、广东

主要航路

上海—汉口线(上海—镇江—南京—芜湖—九江—汉口)

汉口—宜昌线(汉口—岳州—沙市—宜昌)

汉口—长沙线(汉口—岳州—长沙)

汉口—常德线(汉口—岳州—常德)

沿岸线(天津—大连—青岛—上海—厦门—汕头—香

---

① 《申报》,1928 年 11 月 27 日,第20008号第 26 版。

② 刘世仁:《日本对华经济侵略史》,福州:福州全球印书社,1938 年,第 75 页。

港—广东）

1938—1939 年为日清汽船株式会社的发展末期。两年的总收入分别仅 8 127 150 日元和 8 557 141 日元。这一期间长江流域沦陷地区的航运业几乎都为日本所控制，日本航运势力显著增长，而华资轮船公司被迫退出这一区域，英国等其他国家的轮船公司也仅存数只轮船勉强维持经营。① 作为日本航运业的"国策会社"，日清汽船株式会社的整合和经营使日本航运业不仅增加了在与欧美航运公司竞争中的实力，更重要的是，充分说明了日本政府利用国家力量，将航运势力深入中国腹地，推行"大陆政策"的野心。

第三节　日本在华航运业的整合之二：大阪商船株式会社与华南航线

甲午战争中，清政府战败，被迫签订《马关条约》，割让台湾及其附属岛屿给日本。由于台湾特殊的地理位置，日本开始以侵占台湾为契机，逐步向华南和东南亚扩张。在这个过程中，日本政府以国家力量作为后盾，大力扶持大阪商船株式会社开辟台湾航路，驱逐了英国道格拉斯汽船公司的势力，并以此为基础，继而将海运势力延伸到华南区域。

一、19 世纪中后期道格拉斯汽船公司的创立及其中国台湾航路

在 19 世纪中后期，汽船以安全性好、效率高、运载量大等诸多优势逐渐取代了传统的帆船。在东亚航运中，以欧美资本经营为

---

① 郑忠、仇松杏：《"国策会社"日清公司论析（1907—1939）》，《南京师大学报（社会科学版）》，2009 年第 2 期，第 73 页。

主的航运公司纷纷开辟定期航线,抢占东亚市场。其中,英国道格拉斯汽船公司曾经垄断中国台湾和大陆的航线。1895 年《马关条约》签订后,台湾成为日本殖民地。日本政府和"台湾总督府"为了达到加强台湾与日本之间联系的目的,开始扶持日本航运会社,开拓台湾航路,以此与道格拉斯汽船公司展开激烈竞争。

本部分通过考察 19 世纪末、20 世纪初日本驱逐英国道格拉斯汽船公司在台势力,实现对台航运垄断的过程,探讨英、日在东亚海域航运竞争所产生的深远影响。

道格拉斯汽船公司是由英国钟表商人创立的①,其创立最早可以追溯到 1840 年。当时,道格拉斯·拉普拉克初到中国香港,除从事钟表行业以外,他积极参与航运贸易。在 1850 年前后他就用帆船开辟了香港—厦门—福州—汕头的独家航线。1860 年,道格拉斯拉普拉克在香港创立道格拉斯汽船公司。公司航运业务遍布中国华南与东南亚,甚至远行日本与澳洲,其中航行最频繁的是华南沿海的厦门、福州、台湾。② 1864 年,道格拉斯回到英国,其侄子约翰·史蒂文·拉普拉克接手道格拉斯公司(Douglas & Co.)③,在这一时期,中国沿海地区的汽船航行还处于初级阶段,而道格拉斯汽船公司先后购入多艘先进的现代化轮船来经营香港—厦门的固定航线。

第二次鸦片战争后,根据清政府与英、法、美、俄四国签订的

---

① 一般清政府在官方档案中称其为"得忌利士洋行""得忌利士行"或"得忌利士公司",日本在官方档案称其为"ダグラス汽船會社"或"ドケラス汽船",当代学者在研究时则称为"道格拉斯汽船公司"或"道格拉斯会社",公司名称在不同时期也有所不同。

② [日]松浦章:《一八六三——八六四年英商道格拉斯汽船公司在台湾及华南的航运》,《台北文献》,第 144 期,第 61 页。

③ 此时由 Douglas Steamship Company 发展为 Douglas & Co. 。

《天津条约》有关规定,1860 年起清政府对外国商船开放台湾南部的安平与北部的淡水两港,又在 1863 年开放高雄、基隆两港作为安平、淡水两港的附属港口。① 欧美和中国大陆航运公司纷纷涌入台湾,淡水、基隆、高雄等港口先后开启对外贸易。1864 年太平天国运动结束后,中国国内的社会经济趋于稳定,开始了一段相对稳定发展的时期。19 世纪 60 年代后期,台湾海峡两岸的茶叶贸易日渐兴盛,航运的需求也相应加大,西方商船在台湾港口出入港数量与日俱增。

1870 年前后,随着台湾港口的发展,众多洋行在淡水设立专门从事贸易的据点,而道格拉斯汽船公司也在此设立了专门经营轮船航运的办事处。② 1871 年起,道格拉斯汽船公司开设连接台湾与中国大陆的定期航线,除茶叶外还运送糖等商品。随着在台湾航运业务的扩张,道格拉斯汽船公司陆续购入大吨位轮船,并合并小型船舶公司,在台湾航运市场所占据的份额越来越大。③ 1883 年,随着公司运营模式变更,道格拉斯汽船公司(Douglas Steamship Co. Ltd)由一人独资变为规模更大、由各洋行持股的股份有限公司,公司的最大股东为香港道格拉斯公司,同时持股的还有怡和洋行、嘉士洋行、德记洋行等。④

---

① 〔日〕松浦章著,卞凤奎译:《日治时期台湾海运发展史》,台北:博扬文化事业有限公司,2004 年,第 156 页。

② Chih-Yuan, Chang. The Study of The Landscape Restoration and Reuse of Foreign Company Facilities in Tamsui, Taiwan. International Journal of Natural Sciences Research,6:1(2018),p23 - 30. doi: 10.18488/journal.63.2018.61.23.30

③ Howard Dick. Douglas Lapraik & Douglas Steamship Co. Ltd. Short History. 1988. Retrieved from http:// www.oldchinaships.com

④ 黄俊铭:《淡水艺术大街第二期工程前期评估案》,台北:台北县立淡水古迹博物馆,中原大学 2010 年 8 月,第 4 页。

　　台湾海峡航线的贸易商品以茶叶和糖为主。1887 年道格拉斯汽船公司与闽厦茶商签订合同,规定"凡有茶叶,统归得忌利士轮船运载"[①],从法律程序上抢占了茶叶的运输权。因此,至 1891 年,道格拉斯汽船公司几乎垄断往返台湾、厦门两处的客运与茶叶、糖的运载。1896 年,日本虽然已经借《马关条约》占领台湾及附属岛屿,但此时的道格拉斯汽船公司在台势力依然强大。据当年财产调查的结果显示,道格拉斯汽船公司的 6 艘在台航运轮船总吨数超过 5 000 吨,估值 150 万元,[②]实力依然非常雄厚。

　　与道格拉斯汽船公司相比,中国大陆和日本的航运势力尚无丝毫竞争力。19 世纪 80 年代,清政府也开设台湾与大陆之间的航线,意图与道格拉斯汽船公司进行竞争,当时中国大陆最大的航运公司轮船招商局曾在台湾设立商务局,但很快由于利益受损难以支撑运营而破产。清朝官方自此退出台湾航运竞争。[③] 日资航运会社才刚刚进入台湾市场。

　　由此可见,19 世纪末,日本占领台湾之前,通过规模的逐渐扩大以及与在台洋行合作,英国的道格拉斯汽船公司已经独占了台湾的定期航运市场,[④]在两岸茶叶和糖的贸易中独占鳌头。这种情况随着日本对台湾的占领出现了重要转折。为此在 19 世纪末、20 世纪初,"台湾总督府"以多种政策竭力打压在台的欧美、中国大陆

---

① 《清季申报台湾纪事辑》,《台湾文献发刊》第二四七种,十三,第 1121—1122 页。转引自黄得峰:《由台湾总督府档案的复命书谈日治初期的华南海运(1895—1911)》,《第五届台湾总督府档案学术研讨会论文集》,2008 年,第 349 页。

② 《香港ドケラス汽船會社賣卻ノ説ニ關スル件》,《總督府公文》,00045 册,14 号。

③ 〔日〕松浦章著,卞凤奎译:《日治时期台湾海运发展史》,台北:博扬文化事业有限公司,2004 年,第 161—162 页。

④ 连横:《台湾通史》,北京:商务印书馆,2017 年,第 388 页。

资本，对其进行驱逐。

二、19 世纪末、20 世纪初日本对英国航运势力的驱逐

19 世纪末、20 世纪初是日本航运快速发展的时期。[①] 1884 年和 1885 年大阪商船株式会社和日本邮船株式会社相继成立，其发展都包含"国策会社"的成分。[②] 甲午战争的胜利，使日本迎来了大力发展东亚海运的契机。

> 日清战争（甲午战争）胜利的结果，我国不仅占领了台湾，而且还在中国获得了各种权益，我国的海运自然也将视野扩展到国外。迄今为止的贸易及对外航路实权一直被外国所独占。日清战争（甲午战争）时，海运界完成了物资和兵力的输送，战争结束后必须将重点转移到贸易这一重大任务上来。[③]

对台湾的占领，使日本迈出了对外扩张的重要一步。为了加强殖民地和日本本土之间的联系，日本开始大力推进对台航运。

（一）日本邮船株式会社、北辰馆汽船会社与道格拉斯汽船公司的竞争

日本占领台湾初期，道格拉斯汽船公司仍然垄断着台湾与中国大陆之间的航运与贸易。在此期间，日本邮船株式会社与北辰馆汽船会社对道格拉斯汽船公司作出了一些挑战，但始终没有撼

[①] 杨蕾：《第一次世界大战前后的日本海运业》，《元史及民族与边疆研究集刊》，2016 年第 1 期，第 186 页。

[②] 杨蕾：《日本近代航运业"国策会社"的形成探源》，《学习与实践》，2019 年第 10 期，第 131 页。

[③] 冈田俊雄编：『大阪商船会社 80 年史』，大阪商船三井船舶株式会社、1966 年、22—23 頁。

动其垄断地位。

　　1896 年,日本邮船株式会社将其运营的上海—海参崴的航线延长至香港,1898 年起每回航时停靠基隆,并开设了至福州、厦门、香港的客运与茶、糖等货物运载的业务,以此分割被道格拉斯汽船公司独占的台湾航运市场。但由于该航线靠泊次数少以及未停靠淡水,运营状况未达到预期,该航线被迫于同年废止。[①] 1898 年,在台湾从事硫磺采掘的日本人马场祯四郎设立北辰馆汽船会社,开设以台湾北部的淡水为起点,经由厦门连接香港的汽船航路,企图分割道格拉斯汽船公司独占的航运业务。北辰馆汽船会社的航运业务在短时间内获得了一定收益,但由于其轮船不能很好地适应台湾港口的航行且遭受到道格拉斯汽船公司的打压,仅航行 6 次便于同年关闭。[②]

　　日本邮船株式会社与北辰馆汽船会社对道格拉斯汽船公司在台湾航运市场垄断地位挑战的失败有如下原因:第一,道格拉斯汽船公司有强大的航运实力,特制适合台湾航行的轮船,并且规划了成熟的航线。台湾的港口无法与欧美建立直接的航运联系,只能依靠厦门作为台湾与外界贸易往来的门户,道格拉斯汽船公司垄断了淡水—厦门航线,也就控制了当时台湾通往外界的唯一航线,无论是向南或是向北,不搭乘道格拉斯汽船公司的船便难以通往外界。第二,道格拉斯汽船公司作为由各洋行持股的股份有限公司,其背后是资金雄厚的英国商人,全体股东私下达成一致,给予大力支持,以独占的形式经营台湾与大陆之间的航运。

---

① 黄得峰:《由台湾总督府档案的复命书谈日治初期的华南海运(1895—1911)》,《第五届台湾总督府档案学术研讨会论文集》,2008 年,第 347 页。

② [日]松浦章著,卞凤奎译:《日治时期台湾海运发展史》,台北:博扬文化事业有限公司,2004 年,165—166 页。

但道格拉斯汽船公司的垄断经营也存在一定问题,如货物运费过高、服务态度恶劣等,①这也使得后来被"台湾总督府"扶持的大阪商船株式会社有了可乘之机。

(二)日本对大阪商船株式会社的扶持

甲午战争的胜利使日本政府看到了发展航运的重要性,政府不仅以辅助金的形式资助航线的开设,还颁布《造船奖励法》和《航海补助法》,以法律的形式对造船和航运实施资金扶持。

> 明治二十九年(1896 年)10 月《造船奖励法》和《航海奖励法》颁布实施,同时指定了特定航路的补助。在政府这些海运补助政策下,我国海运业在近海航路和远洋航路飞速发展。②

> 1896 年,"台湾总督府"为扶持日资航运公司进入台湾航运业,发放辅助金命令日本航运公司大阪商船会社开设了神户—基隆的定期航线,加强台湾与日本本土的联系。③

根据 1893 年的统计,日本船的装载量达 15.2 万吨,当时世界排名第 12 位。甲午战争后,1896 年日本船的装载量达 33.5 万吨。④

可见,日本占领台湾后,政府开始大力扶持航运业,其中,台湾航线成为最先扶持的航路。"台湾总督府"发布命令,让大阪商船株式会社率先开设神户—基隆定期航线,加强台湾和日本的联系。

---

① 王学新:《日据时期台湾总督府驱逐道格拉斯会社战略始末:以华工运送制度为核心》,《台湾文献》,第 56 卷第 1 期,第 181 页。

② 冈田俊雄编:『大阪商船会社 80 年史』,大阪商船三井船舶株式会社、1966 年、22—23 頁。

③ 日本郵船株式会社:『七十年史』、日本郵船株式会社、1956 年、74 頁。

④ 冈田俊雄编:『大阪商船会社 80 年史』、大阪商船三井船舶株式会社、1966 年、23 頁。

1898 年,儿玉源太郎就任"台湾总督",决心进一步驱逐外来资本对台湾航运的垄断,以利于建立以日本为中心的殖民地经济体系。"台湾总督府"制定严密的海运政策,首先驱逐英商对台湾海峡航线的垄断,其次与英国竞争中国华南地区的航线,最后扩充台湾至中国华北、东南亚以及欧美地区的航线。[①] 于是,1899 年"台湾总督府"发布第二号"总督命令书",开设淡水—厦门—汕头—香港航线,并发给大阪商船株式会社 12.5 万元作为航海辅助金,[②]该航路与道格拉斯汽船公司所经营的航路一致,由此正式扶持大阪商船株式会社与道格拉斯汽船公司竞争。

"台湾总督"第二号"命令书"

"台湾总督府"为能在台湾和清国东部地方间达到运输交通上之利便,命令该公司开设如下之航路:

自淡水经由厦门、汕头至香港,航路自三月至八月止,每月往返四次,自九月至二月止,每月往返三次。

"台湾总督" 儿玉源太郎 1899 年 3 月 27 日[③]

大阪商船株式会社很快便在台湾航运市场占据重要地位,并凭借其优势积极向南扩张,于 1900—1912 年四次向政府提交有关东南亚的航运报告。[④] 除大阪商船株式会社外,日本邮船株式会社等日本航运公司也相继在"台湾总督府"的资金、政策扶持下开设台湾与日本相连的航线,20 世纪初期,台湾被完全纳入日本航

---

① 台湾文献委员会编:《台湾近代史(经济篇)》,台北:台湾文献委员会,1995 年,第 29 页。

② 「中橋大阪商船会社長の談」,『大阪毎日新聞』,1899 年 4 月 22 日。

③ 神田外茂夫编:『大阪商船株式会社五十年史』,大阪商船株式会社、1934 年、189 頁。

④ Katayama Kunio. The Expansion of Japanese Shipping into Southeast Asia before World War I: The Case of O. S. K.. The Great Circle. 8:1(1986). pp. 13 - 26.

运市场。

（三）英、日在中国台湾航运竞争

由于大阪商船株式会社淡水—香港航线的开设，英、日双方资本在台湾海运市场展开激烈的竞争。

表 4-6 1900 年前后道格拉斯汽船公司和
大阪商船株式会社在台湾航运船舶对比

道格拉斯汽船公司		大阪商船株式会社	
船名	装载量（吨）	船名	装载量（吨）
海坛	1 183	隅田川丸	742
海澄	不详	舞鹤丸	1 075
爹厘士（セールス）	820	淡水丸（取代隅田川丸）	1 600
海龙	783	大义丸（取代舞鹤丸）	1 568
科摩砂（ホルモサ）	676	—	—
海门	636	—	—

资料来源：松浦章「ダグラス汽船會社の臺灣航路について」，『関西大学東西学術研究所紀要』，第 36 期。部分数据来吉开右太志编《台湾海运史》，台北：台湾海务协会，1941 年，4 页。

接受了大量辅助金资助的大阪商船株式会社为增强竞争力，先后更换适合该航线航行、性能更好、吨位更大的轮船，并陆续在"台湾总督府"的命令下开设了安平—香港、香港—福州等航线，[1]进一步分割道格拉斯汽船公司在台湾航运的垄断地位。除更换船舶外，大阪商船株式会社凭借巨额辅助金，降低船费至道格拉斯汽船公司的一半以下抢夺客源，并私下收购道格拉斯汽船公司的股

---

[1] ［日］吉开右太志编：《台湾海运史》，台北：台湾海务协会，1941 年，第 3 页。

票,利用报纸舆论攻击对方,1900 年双方的竞争进入白热化阶段。[①]

　　道格拉斯汽船公司作为无政府辅助金支持的股份制外资公司,在与有殖民地政府支持的大阪商船株式会社重叠的航路竞争中毫无价格优势,其业务运营每况愈下。

表 4－7　大阪商船株式会社与道格拉斯汽船公司在台湾—厦门航线的载运状况(1901 年 1 月)

状况	出港		入港	
公司	客人数	货物件数	客人数	货物件数
大阪商船会社	71 人	17 158个	281 人	58 487个
道格拉斯汽船公司	65 人	1 184个	121 人	46 162个

　　　　资料来源:《厦门台湾间航路及货客》,《台湾协会会报》,1901 年 3 月 20 日。

　　由表 4－7 可以看出,到1901 年,道格拉斯公司的客货运输已经低于大阪商船株式会社,其中出、入港货物是大阪商船株式会社的62.6%,出、入船客人数是大阪商船株式会社的52.8%。曾经垄断台湾航运近 40 年的道格拉斯汽船公司受到了前所未有的排挤,至 1901 年被大阪商船株式会社全面超过,其独占台湾连接中国大陆航线的优势地位不复存在。但道格拉斯汽船公司对此也进行了反击,通过开办不经由香港的厦门—淡水直接航线与香港—淡水间的不定期航线,抢夺茶叶运输旺季来往两岸的客货,使其并未被彻底击垮。

　　1904 年,为管理来往两岸的劳工,后藤猛太郎出任日本的清国劳动经理人一职,指定大阪商船株式会社为运送来往两岸华工的

[①] 王学新:《日据时期台湾总督府驱逐道格拉斯会社战略始末:以华工运送制度为核心》,《台湾文献》,第 56 卷第 1 期,第 182 页。

唯一合法公司,要求道格拉斯汽船公司支付 2‰ 的手续费,否则不发给乘坐其公司轮船往返两岸的劳工渡航证明书。这无疑对道格拉斯汽船公司刚刚复苏的新业务造成了毁灭性打击,日、英就此问题产生了外交纠纷,但最终以英方妥协收场。①

三、20 世纪初日本对中国台湾航运垄断的最终形成

(一)道格拉斯汽船公司退出台湾

在经过激烈竞争后,道格拉斯汽船公司再也无法与大阪商船株式会社竞争,彻底退出台湾航运市场。② 此后,道格拉斯汽船公司继续经营其香港—汕头—厦门—福州的航线,虽然与大阪商船株式会社在中国华南地区仍有重叠的航线,但“台湾总督府”对台湾以外的中国华南海域鞭长莫及,无法对其进行驱逐。1900—1901 年间,由于中国义和团运动,英国、美国政府相继向道格拉斯汽船公司租用轮船,这笔收入一定程度上弥补了道格拉斯汽船公司在台湾与大阪商船株式会社竞争的损失,使其继续保持其在中国华南海域的地位。直至 1911 年,道格拉斯汽船公司的海阳、海澄、海坛、海门轮船仍活跃于中国华南航线,每周三回往返于香港—福州的航路之间。③

但是在 20 世纪 20 年代后期,随着生存空间进一步被挤压,道格拉斯汽船公司陷入财务困境。1932 年,S. T. 威廉姆森(S. T.

---

① 王学新:《日据时期台湾总督府驱逐道格拉斯会社战略始末:以华工运送制度为核心》,《台湾文献》,第 56 卷第 1 期,第 182 页。

② Howard Dick. Douglas Lapraik & Douglas Steamship Co. Ltd. Short History. 1988. Retrieved from http://www.oldchinaships.com

③ [日]松浦章著,卞凤奎译:《日治时期台湾海运发展史》,台北:博扬文化事业有限公司,2004 年,第 196 页。

Williamson)购买了道格拉斯轮船公司的控股权。1937 年,道格拉斯汽船公司被迫停止了在中国沿海大部分地区的航运业务,只保留香港至条约口岸直接的航线。太平洋战争爆发后,道格拉斯汽船公司船只被英国海军接管,以供战时交通运输使用。1941年日本占领香港后,公司工作人员被逮捕。第二次世界大战后公司再度恢复航运业务,直至 20 世纪 70 年代出售公司仅剩的船舶,于 1976 年正式停业。①

(二) 日本对台航运垄断的影响

"台湾总督府"作为日本策划与执行"南进"政策的"急先锋"②在 19 世纪末、20 世纪初的英、日台湾航运竞争中,通过扶持以大阪商船株式会社为代表的日资企业,打压以英国道格拉斯汽船公司为代表的欧美资本,快速垄断了台湾航运,产生了如下影响。

首先,减少了中国台湾与中国大陆的联系,建立其与日本的联系。在台湾被日本殖民统治以前,台湾海峡之间来往频繁,台湾与外界的航运往来依托于对岸的厦门,两岸紧密联系。日本垄断台湾航运后,将台湾航运纳入日本航运规划中,通过扶持以大阪商船株式会社为代表的大型航运会社,投入大量"补助金",开设日本本土与台湾之间的"命令航线",将台湾航运往来的对象由以中国大陆为主转变为以日本为主。

其次,将台湾纳入殖民地经济体系。日本占领台湾后,即开

---

① Douglas Steamship Company, Ltd., Hong Kong, 1883 - 1976. Retrieved from http://www. douglashistory. co. uk/history/Businesses/Douglas _ Steamship _ Company. htm

② 陈小冲:《日本南进政策中的台湾——以福建官脑局案为中心之个案分析》,《台湾研究集刊》,1988 年第 4 期,第 93—94 页。

建台湾殖民地经济体系,驱逐包括海运在内的茶、米、糖、樟脑、鸦片等诸多欧美、大陆华商资本,并展开土地、林野、人口调查,兴建高雄与基隆两大港口,试图将台湾经济纳入日本经济的运行轨道。[1] 这使得日本资本可以更好地投资和控制台湾,使台湾经济沦为日本经济体系的附庸。虽然这在一定程度上促进了台湾近代社会经济的发展,但也使日本得以最大程度地攫取本应属于台湾人民的经济利益。[2]

再次,以台湾为“南进”据点,向中国华南与东南亚扩张。在日本占领台湾前,日本朝野大肆鼓吹“台湾＝(日本的)南进据点论”[3],提出“南方经营论”,“南方的经营,就意味着占领台湾……台湾是南太平洋要冲,我国防要害,可与英国争雄,将旭日旗插在北进或许犹豫一日,将台湾纳入大日本皇帝陛下主权内决不可迟疑”[4],竭力强调台湾对日本“南进”的作用。日本在垄断台湾航运后进一步向中国大陆和东南亚扩张,台湾不仅是原料产地与商品市场,更能为战争提供必要的兵源与战略物资,是最理想的“南进”基地。[5] 第一次世界大战期间,日本的航运业经历了空前的繁荣,日资航运公司依靠在“台湾总督府”支持下的垄断性地位,势不可挡地冲进了东南亚海域。[6]

---

[1] 王健:《日据时期台湾米糖经济史研究》,南京:凤凰出版社,2010年,第153页。

[2] Adam Schneider. The Taiwan Government-General and Prewar Japanese Economic Expansion in South China and Southeast Asia,1900-1936. The Japanese Empire in East Asia and Its Postwar Legacy(1998),p161－182.

[3] 大江志乃夫:『近代日本と植民地(2)』,東京:岩波書店,1992年、148頁。

[4] 德富蘇峰:『明治文學全集34 德富蘇峰集』,東京:筑摩書房,1974年、258—260頁。

[5] 吴廷璆编:《日本史》,天津:南开大学出版社,1994年,第745页。

[6] Katayama Kunio. The Expansion of Japanese Shipping into Southeast Asia before World War I:The Case of O.S.K.. The Great Circle,8:1(1986), pp.13－26.

最后，日本垄断台湾航运的过程中主要是与英国商船公司竞争，虽然最后以英国妥协退出为结局，但其根本原因是台湾海峡的航线对当时在东亚海域有绝对优势的英国来说并不重要，且1894年日、英签订《日英通商条约》及《附属议定书》，此时以英国为首的西方国家支持日本对华的侵略。英国在缅甸、马来亚、文莱、新加坡、香港等东亚海域占有101万平方公里的殖民地，控制着马六甲海峡的同时在中国香港、威海卫驻兵，是东亚海域的头号强国。①但从长远来看，日本垄断台湾航运后即向中国大陆与东南亚扩张，终究会触及英国在东亚地区的利益，双方终有一日会在东亚海域产生不可调和的矛盾。

纵观19世纪末、20世纪初日本对台航运垄断的形成过程，"台湾总督府"用资金扶持大阪商船株式会社建设命令航线，并辅助以政策倾斜，花费巨额资金以不平等的手段将道格拉斯汽船公司驱逐出台湾航运市场。一方面，这是日本占领殖民地初期驱逐与其不兼容的外来资本，另一方面，是日本将台湾纳入殖民地经济体系，使其成为日本"南进"据点的重要步骤。日本通过垄断台湾航线逐步控制太平洋第一岛链，攫取台湾资源，获得战略物资并大量输出本国劳动力，对外扩张国家实力，对东亚海权格局产生了深远影响。

四、大阪商船株式会社台湾航路的发展

1896年5月，作为"台湾总督府"的命令航路，大阪商船株式会社台湾线开航，利用须磨丸等3艘汽船每月航行3次。"这是日本

---

① 金新：《东亚海权格局演化历程探析》，《太平洋学报》，2017年第4期，第49页。

和中国台湾相连接的定期航路的开始。"①1897 年 4 月，该航线根据命令变更为神户—基隆线。1898 年，大阪商船株式会社利用从英国订制的新船台中丸、台南丸开始神户—基隆线的航行。到1911 年，该航线首次使用 6 000 吨级的两艘大型船只。② 1898 年 9月颁布《台湾关税定率法》(敕令第二中三号)、1899 年 7 月颁布《台湾吨税政策》(律令第二十二号)等，对外国货物加征重额关税。同时，"台湾总督府"被许可在日本发行事业公债，筹集资金，大力修筑基隆、高雄二港，并重金资助日本海运会社，积极增开日台间及两岸间之海运航路，以夺取"台湾总督府"对台湾海运业的控制权。③

　　1899 年，"台湾总督府"每年用 12.5 万元的补助，使大阪商船会社开设淡水—香港航线，作为命令航线，宣告日本航运业在政府保护下，由台湾进入华南水域。④ 一方面，大阪商船会社借着政府补助金开设新航线、用造船奖励金新造大型轮船，得以削价竞争，以低于道格拉斯公司一半的运费来进行竞争。虽然每年亏损高达8 万日元，但靠着"总督府"的补助，大阪商船株式会社能够承受如此巨额赤字。⑤ 另一方面，1903 年，基隆港第一期扩建完成，台湾茶叶不再由厦门转口，并且日本商社逐步控制台湾蔗糖的收购渠道。⑥ 在"总督府"补助金援助下，大阪商船株式会社与道格拉斯公

① 冈田俊雄编：『大阪商船会社 80 年史』、大阪商船三井船舶株式会社、1966 年、277 页。

② 同上。

③ 王健：《日据时期台湾米糖经济史研究》，南京：凤凰出版社，2010 年 1 月，第 321 页。

④ ［日］松浦章著，李玉珍译：《英商道格拉斯汽船公司的台湾航路》，《台北文献》，直字第 142 期，2002 年 12 月，第 43 页。

⑤ 伊藤武男：『香港商業報告書』、東京高等商業学校、1907 年、103 页。转引自萧明礼：《海运兴国"与"航运救国"》，第 41 页。

⑥ ［日］矢内原忠雄著，周宪文译：《日本帝国主义下之台湾》，第 36 页。

司展开激烈的竞争。1899 年大阪商船株式会社拟出资14.6万元增购船只，并获得"总督府"高达12.5万元的财政补贴。正是由于这样的大力资助，1900 年，大阪商船株式会社的营业收入开始凌驾于道格拉斯公司之上。根据大阪商船株式会社社史记载，1902 年 4 月，依据"台湾总督府"的命令，大阪商船株式会社开通横滨—高雄线，作为新开的台湾定期航线之一。最初使用船 2 只，每月航海 2 次。到 1910 年，增加使用船到 8 只，每月航海 8 次。到 1919 年，大阪商船株式会社和山下汽船会社在这条航路上的竞争日益激烈，于是，两社于 1925 年互相妥协，达成协议。该航线由此成为大阪商船株式会社、山下汽船会社、近海邮船株式会社三社共同受命的命令航线。①

　　1905 年，大阪商船株式会社将福建到香港航线延长到上海②，同时将安平—香港线改为高雄—香港线。1907 年 8 月，日本国有铁路和货物的连带运输开设。1908 年 11 月，日本实现了旅客、小型包裹的船车联络与国有铁道的联合运输。③ 1909 年 2 月起，"台湾总督府"的铁道也加入到连带运输中，三者实现联营，日本和台湾之间的运输实现铁路和海运的联合。1911 年，高雄—香港线延伸至上海，次年延长到天津。台湾与华北有了直接通航的轮船航路。至此，台湾与华南、华中间的定期航线皆为大阪商船株式会社独占。到 1911 年，"台湾总督府"已设有 4 条华南命令航路。

①　岡田俊雄編：『大阪商船会社 80 年史』、大阪商船三井船舶株式会社、1966 年、279 頁。

②　浅香貞次郎：『臺灣海運史』、臺灣海務協會、290 頁。

③　岡田俊雄編：『大阪商船会社 80 年史』、大阪商船三井船舶株式会社、1966 年、277 頁。

表 4-8　1911 年"台湾总督府"华南命令航线表

航线	停靠港	使用船只	月航海数	指定吨数	航速
淡水—香港线	淡水、厦门、汕头、香港	大仁丸（1 576吨）	4 次	1 500 吨	10 节
		大义丸（1 568吨）			
打狗（高雄）—广东线	打狗（高雄）、安平、厦门、汕头、香港、广东	苏州丸（1 805 吨）	2 次	1 500 吨	10 节
打狗（高雄）—上海线	打狗（高雄）、淡水、基隆、福州、上海	抚顺丸（1 811 吨）	1.5 次	1 500 吨	10 节
福州—香港线	福州、厦门、汕头、香港	长春丸（1 808 吨）	2 次	1 500 吨	10 节

资料来源:浅香贞次郎『臺灣海運史』、臺灣海務協會、4 页。转引自萧明礼《"海运兴国"与"航运救国"》,第 61 页。

　　1914 年,香港丸加入神户—基隆线的运营,这样,总共 3 只轮船,每月进行 6 次航海,为定期航线。第一次世界大战给日本航运业以快速发展的新契机。由于欧洲各国忙于战事,曾经在华南航运市场非常活跃的欧洲轮船公司逐步退出华南。日本轮船公司的台湾和华南航线得以以之前的发展为基础,继续推进,向南扩张。

　　为了尽快实现台湾殖民地所谓财政独立,"台湾总督府"同时还实施了专卖制度,将樟脑鸦片、烟酒等经营商权都划归到三井物产等日本财阀系商社手中。在"台湾总督府"推动下,1900 年,三井物产设立"台湾制糖株式会社",这是台湾第一家日资制糖会社,标志着日本资本正式进入台湾糖业产业。以轮船货运量来

看，1914 年台湾运往中国大陆的商品数量为74 055吨，1918 年增至
201 209吨。① 此时的定期航线神户—基隆线，由大阪商船株式会
社的笠户丸、亚米利加丸、香港丸三艘汽船每月进行六次定期航
海。② 值得注意的是，由台湾出口的主要商品中，包种茶数量在
1916 年后大幅减少，这是当年"台湾总督府"开设基隆—爪哇航
线，以台湾取代厦门作为包种茶转口东南亚的地位所致。③ 台湾
的砂糖出口则从 1916 年起迅速增加，1915 年出口量只有 400 多
吨，1918 年运往华南的砂糖数量高达1.5万吨；煤炭、其他商品及转
口货物（外国商品由台湾转口至华南）的增长幅度亦颇为惊人。④
"台湾总督府"在金融上对三井物产、铃木商店、安部幸商店等日本
财阀系商社给予种种援助，使其垄断台湾砂糖的外销。"台湾总督
府"1909 年成立"日本糖商俱乐部"，联合日本糖商对抗外国资本；
1912 年资助"台湾制糖株式会社"，收买英国糖商的商权，终于夺取
外商所独占的台湾砂糖贸易。⑤

表 4-9　1915 年"台湾总督府"华南命令航线表

航线	停靠港	使用船只	月航海数	指定吨数	航速
华南甲线	基隆、淡水（回程）、厦门、汕头、香港	2 艘	4 次	1 500吨以上	10 节以上

① 萧明礼：《"海运兴国"与"航运救国"》，台大出版中心，2017 年 9 月，第 61 页。

② 冈田俊雄编：『大阪商船会社 80 年史』，大阪商船三井船舶株式会社，1966 年，277 页。

③ 浅香贞次郎：『臺灣海運史』，臺灣海務協會，290 页。转引自萧明礼：《"海运兴国"与
　"航运救国"》，第 62 页。

④ 萧明礼：《"海运兴国"与"航运救国"》，第 62—63 页。

⑤ 王健：《日据时期台湾米糖经济史研究》，南京：凤凰出版社，2010 年 1 月，第 321 页。

续表

航线	停靠港	使用船只	月航海数	指定吨数	航速
华南乙线	打狗(高雄)、安平、厦门、汕头、香港、广东	1艘	2次	1 500吨以上	10节以上
华北线	打狗(高雄)、基隆、福州、上海、青岛(往程)、大连(回程)、天津	2艘	2次	1 500吨以上	10节以上

资料来源:浅香贞次郎『臺灣海運史』、臺灣海務協會、318—319頁。转引自萧明礼《"海运兴国"与"航运救国"》,第115页。

大阪商船株式会社于1919年10月开设华南丙线,接受"台湾总督府"4万元补助。最初以厦门为终点。该航线使用船为1 000吨级的温州丸,每月航行1次。1920年4月终点改为福州,增为每月2次航行。[1] 华南丙线开航之后,因第一次世界大战结束,欧洲航运势力重新返回东亚,以及该时期日本南进热潮衰退,华南丙线经营不如预期,客货运营收在1920年达到95 360元的高点后一路下滑。华南丙线的业绩在1924年曾一度恢复到90 006元,但直到1930年都未能超越1920年的纪录。[2] 1925年,华南甲、乙、丙三线分别更名为基隆—香港线、高雄—广东线、基隆—福州线。营运情形较佳者为基隆—香港线,每年均能保持赢余。[3]

1926年,大阪商船株式会社将已有的大连航线向南延伸到台湾高雄。这条航线是大阪商船株式会社华北航线和华南航线结合的产物,台湾再次被纳入大阪商船株式会社的航路网中。1928年,随着

---

[1] 神田外茂夫编:『大阪商船株式会社五十年史』、大阪商船株式会社、1934年、274頁。

[2] 浅香贞次郎:『臺灣海運史』、臺灣海務協會、321頁。转引自萧明礼:《"海运兴国"与"航运救国"》,第88页。

[3] 浅香贞次郎:『臺灣海運史』、臺灣海務協會、58—59頁。转引自萧明礼:《"海运兴国"与"航运救国"》,第88页。

"济南惨案"的爆发,该航路受到中国抵制日货运动的影响,不得不中断航行。

　　1931 年,九一八事变爆发后,日本占领东北,其"大陆政策"的实施更进一步,其殖民地规划进一步扩大。日本妄图"开发"伪满洲国,建立自给自足的"日满支区域经济圈",以应对即将展开的日苏战争,逐步形成以日本为中心,向中国东北、华北、中国台湾和朝鲜输出机械产品,并从这些地区输入食品及农产品原料的日元经济圈。①

　　以下是神户—基隆线主要货物变迁表,由此可以看出大阪商船株式会社该航线的运输情况。

表 4-10　神户—基隆线主要货物变迁表　　　（单位:吨）

年份	往航		复航	
	品名	重量	品名	重量
1921—1924 年	海产物	43	青果、蔬菜	274
	米	27	米	97
	金属制品	22	砂糖	77
	火柴	22	香蕉	38
	棉丝布、棉制品	18	鲜鱼、干鱼	2
1925—1928 年	海产物	48	米	272
	火柴	27	香蕉	229
	棉丝布、棉制品	24	青果、蔬菜	96
	油类	21	砂糖	80
	金属制品	20	鲜鱼、干鱼	10

---

① 大石嘉一郎编:『日本帝国主義史 2 世界大恐慌期』、331—357 頁。转引自萧明礼:
　《"海运兴国"与"航运救国"》,第 115 页。

续表

年份	往航		复航	
	品名	重量	品名	重量
1929—1932 年	棉丝布、棉制品	39	香蕉	264
	海产物	37	米	215
	金属制品	30	砂糖	36
	纸、纸制品	24	青果、蔬菜	19
	火柴	21	鲜鱼、干鱼	14
1933—1936 年	棉丝布、棉制品	35	香蕉	261
	金属制品	34	米	231
	海产物	33	砂糖	29
	青果、蔬菜	26	青果、蔬菜	23
	纸、纸制品	26	鲜鱼、干鱼	13
1937—1940 年	海产物	60	杏蕉	291
	青果、蔬菜	53	米	191
	清酒、啤酒	42	青果、蔬菜	38
	棉丝布、棉制品	31	砂糖	23
	纸、纸制品	28	淀粉	15

资料来源:岡田俊雄編『大阪商船会社 80 年史』、大阪商船三井船舶株式会社、1966年、278 頁。

从表 4 - 10 可以看出,20 世纪 20—40 年代,日本出口产品多为海产品和工业制品,进口产品多为农产品,主要为大米、蔬菜、糖类和水果等。可以充分看出,日本开创和运营该条航线,以销售工业产品,获取农业资源为目的。台湾航线是日本加强对台湾殖民地控制的有效手段,使殖民地台湾和日本本土之间的联系更为紧密。

表 4 - 11 是日本和台湾间航线主要货物的变迁表,不包括前表神户—基隆线的货物统计。可以看出从 1921 年到 1940 年,日本和殖民地台湾之间的货物运输情况。

表 4‑11　日本与中国台湾间航线主要货物变迁表(除神户—基隆线)

(单位:吨)

年度	往航		复航	
	品名	重量	品名	重量
1921—1924 年	肥料	65	砂糖	467
	煤炭	54	盐	230
	木材、木制品	48	煤炭	132
	铁制品、机械类	34	米	114
	水泥	31	水泥	40
1925—1928 年	肥料	363	砂糖	935
	木材、木制品	270	米	503
	煤炭	171	煤炭	302
	铁制品、机械制品	92	盐	233
	水泥	73	香蕉	221
1929—1932 年	木材、木制品	365	砂糖	1 187
	肥料	204	米	427
	铁制品、机械制品	131	矿石	264
	水泥	119	盐	255
	煤炭	118	香蕉	207
1933—1936 年	肥料	445	砂糖	1 092
	木材、木制品	429	米	684
	铁制品、机械制品	199	盐	306
	水泥	152	香蕉	301
	煤炭	113	煤炭	259
1937—1940 年	肥料	727	砂糖	1 126
	木材、木制品	650	煤炭	649
	水泥	228	米	623

续表

年度	往航		复航	
	品名	重量	品名	重量
1937—1940 年	煤炭	188	香蕉	314
	石灰、石灰石	150	盐	294

资料来源:岡田俊雄编『大阪商船会社 80 年史』、大阪商船三井船舶株式会社、1966年、280 頁。

　　与表 4‐10 相似,日本出口的货物多为工业制品,进口的多为农业产品。不同的是,神户—基隆线承担的主要是轻工业产品和食品的运输,而其他的日本和台湾之间的航路,则运输了机械、铁制品等重工业产品及水泥、木材等建筑材料。日本进口货物仍然以农产品为主,砂糖是最主要的进口产品。

　　值得注意的是,煤炭既在出口货物中,也在进口货物中,从数量上看,日本进口的煤炭约为出口煤炭的两倍左右。这些煤炭不仅用于日本本国工业生产,有些还随着东亚航运网络出口到中国大陆或者东南亚地区。

五、“南进”政策与台湾航线

　　在“北进”的同时,由于日元贬值刺激对外出口,日本工业产品外销东南亚增幅明显,因而与当地的英、法、荷势力产生摩擦。为确保发展重化工业所需资源,自 1936 年 8 月的“五相会议”后,日本强化将推进“南进”政策作为对外扩张方针之一。以此为背景,日本军部、政界与商界联合,借着对外扩张,一方面获取生产资源并占有市场,一方面为军事上的扩张做准备。

　　在“南进”政策被日本再次重视的前提下,台湾作为“南进”政策根据地的地位再次提升,其经济价值受到日本政府的关注,其产业规划也逐渐被提上日程。"台湾总督府"从 1932 年起利用台湾的自然条件发展多元化热带农菜,以增加输出改善国际收支。① 1934 年日月潭水力电厂完工,吸引众多日本财阀资本在台投资电气化学工业,并以东南亚的资源为原料进行加工,再将半成品运回日本国内。此时,台湾不仅成为日本米、糖农产品以及军需物资的生产基地,还成为起自华南、南洋输入工业原料,以及将轻工业产品出口至当地的贸易中继站。② 1934 年 4 月开始,日本的国有铁路、"台湾总督府"铁路、"朝鲜总督府"铁路、"南满洲铁道"以及海上航运的神户—基隆线实现了旅客和少量货物的船车联络③,联系中国华南、东北,日本,朝鲜的运输网络初步形成。

1935 年之前,台湾—华南航线的规模基本上与 20 世纪 20 年代晚期差异不大。1935 年之后随着"南进"政策确立而有所更张。1935 年 10 月,"台湾总督"中川健藏(1875—1944 年)召开热带产业调查会,讨论台湾产业政策发展方向以及日后对中国华南、南洋地区的经济控制计划。会后决议应改善和扩充台湾本岛及华南、南洋间航线。其要点为:(1) 新增华南航线并改良既有的高雄—广东、基隆—厦门、高雄—上海航线之船只设备。(2) 借由南洋海运会社设立的契机,增加台湾—爪哇航线班次增进台湾与东印度群岛的联系。(3) 有鉴于厦门与马尼拉间华侨往来频繁,以及基隆—厦门海运量激增,建议新设基隆—厦门—马尼拉航线,作为经营台湾、华南与东南亚整体贸易圈的一环。

---

① [日]楠井隆三:《战时台湾经济论》,台北:南方人文研究所,1944 年,第 42、62—63 页。

② 萧明礼:《"海运兴国"与"航运救国"》,第 201 页。

③ 冈田俊雄编:『大阪商船会社 80 年史』、大阪商船三井船舶株式会社、1966 年、277 頁。

以上决议经审核通过后列入《熟带产业计划要纲说明书》,是台湾海运配合"南进"政策担负的目标。[1]

在热带产业调查会召开前,"台湾总督府"即已增加 1935 年度的航运补助金,并下令改组航线,维持日本在华南的势力。

表 4-12　1935 年台湾—中国大陆—"满洲"指定航线

航线	停靠港	使用船只	月航海数	指定载重量(吨)	航速(节)	经营者
高雄—天津	高雄、基隆、大连、天津	大华号(2 206 吨)	2	2 000	12	大阪商船
		中华号(2 186 吨)				
高雄—仁川	高雄、基隆、大连、镇南浦、仁川	岩手号(2 928 吨)	2	2 000	12	近海邮船
		岐阜号(2 934 吨)				
高雄—大连	高雄、基隆、大连	山东号(3 266 吨)	2	2 000	12	大连汽船
		山西号(3 266 吨)				
基隆—香港	基隆、门司、汕头、香港	广东号(2 820 吨)	4	1 500	12	大阪商船
		凤山号(2 347 吨)				
高雄—广东	高雄、厦门、汕头、香港、广州	福建号(2 568 吨)	2	1 500	12	大阪商船
基隆—厦门	基隆、福州、厦门	大球号(1 517 吨)	3	1 500	12	大阪商船
高雄—上海	高雄、基隆、福州、上海	盛京号(2 526 吨)	3	2 000	12	大阪商船
		长沙号(2 538 吨)				

资料来源:浅香贞次郎『臺灣海運史』、臺灣海務協會、67 页、81 页。转引自萧明礼:《"海运兴国"与"航运救国"》,第 203 页。

---

[1] 萧明礼:《"海运兴国"与"航运救国"》,第 202 页。

从表 4-12 可以看出,1935 年,台湾航线进行了新的改组,由日本政府和"台湾总督府"对航线进行"指定",即从政府层面对航线进行规划并予以经济上的补助,进一步加强台湾和中国大陆的联系。这充分说明,这是日本政府对航运的强力干预,而非航运企业自主性的经营行为。基隆和高雄共同成为台湾的主干港口,由这些港口发出的轮船,可以到达东北的大连,华北的天津,华南的香港、汕头、广州、厦门、福州,还有朝鲜的镇南浦和仁川。从船只的部署看,多为载重量 1 500—2 000 吨、航速 12 节的大船,每月航行 2—4 次,运输量逐渐增加。参与的会社以大阪商船株式会社为主,7 条台湾航线中有 5 条由大阪商船株式会社经营,是日本政府利用大阪商船株式会社进一步控制台湾和华南地区的重要体现。另外 2 家轮船会社为近海邮船株式会社和大连汽船会社,专门经营台湾到大连和朝鲜的航线。前者脱胎于日本邮船会社,是日本邮船株式会社组建的专营近海航路的新会社,这从一个侧面说明日本政府对中国航路的重视。后者则隶属于"国策会社"——"南满洲铁道株式会社",垄断经营中国东北的航线。一方面说明,航运布局上日本政府利用不同会社的"特长"对航线的开通和运营进行了分工,另一方面则再次证明,这些航运会社在日本侵华时期,都被纳入日本政府的整体规划中,都具备"国策会社"的性质,辅助日本的侵略扩张。[1]

大阪商船株式会社还开通了朝鲜和台湾之间的航线。随着吉会铁路和其他"北满"铁路的开通,以及北鲜罗津港的完工,1933 年8 月,大阪商船会社开通了台湾和"北鲜"之间的轮船航路。1935 年 4 月,该航线成为"台湾总督府"的命令航线,改称高雄—清

---

[1] 冈田俊雄编:『大阪商船会社 80 年史』、大阪商船三井船舶株式会社、1966 年、279 頁。

津线。

纵观台湾航路的布局,可以看出日本政府构建台湾航运网络的意图:一方面,继续增加和华南重要港口的往来,进一步构建华南地区和台湾之间区域航路网,将台湾的殖民地经济和华南经济相结合。另一方面,将华南的区域航路网延伸到中国华北和东北以及朝鲜地区,将台湾和华北航路网及东北航路网相连,循序渐进地增加台湾及华南地区与东北和华北、朝鲜的联系。九一八事变之后,伪满洲国建立,日本对中国东北进行了一系列的"开发"。1932 年 8 月,日本公布"'满州'经济统制根本策案",妄图通过殖民地经营,实现所谓"日满华一体化"。[1] 而台湾和东北、朝鲜航线的建立,恰恰证明航运是逐步加强殖民地间的联系的"有效"步骤,也说明港口和港口之间的联络,是日本实现经济资源统一调配,进一步扩大在东亚甚至东南亚侵略的推进器。

1936 年,"国策会社"台湾拓殖株式会社成立,总资本 3 000 万日元,"台湾总督府"为最大的股东,因此这个会社具有配合"台湾总督府"执行经济和政治活动的"国策会社"性质。

台湾拓殖株式会社[2]

日本领台之初,由于台湾各种环境与条件不佳,使大日本帝国一度怀疑这个新获得领土的重要性。……1931 年九一八事变,日本获得"满洲"广大土地。相对于台湾人口 650 万人,朝鲜 2 500 万人口、"满洲国" 4 500 万人口,"北进""北方防卫"一直是日本的战略主轴,直到中日战争爆发,"南进思想"成为帝国战略的主流,台湾真正的价值才重新被评估。

---

[1] 冈田俊雄编:『大阪商船会社 80 年史』,大阪商船三井船舶株式会社、1966 年、279 页。
[2] 《帝国兴亡下的日本·台湾》,台北:台湾苍璧出版有限公司,2016 年,第 305 页。

在日本经营台湾开始，为了尽快融入本岛社会、强化统治基础，"总督府"文官与警察被要求学习本地语言。1896 年，"台湾总督府"礼聘帝国大学"博言学科"（语言学系）学者小川尚义（1869—1947 年）赴台，其后并于 1897 年编纂《日台小辞典》、1907 年著有《日台大辞典》；小川教授在 20 世纪 30 年代甚至还编著有《排湾族语集》《泰雅族语集》，以及《阿美族语集》，至今仍是台湾本地语言学的旷世之作。同时在客家语部分，虽有《广东语集成》等语言著作出现，但直到 1932 年"总督府"才推出《广东语大辞典》。

在 20 世纪 30 年代，由于义务教育的普及，台湾汉民族为主的本岛人约六成通晓日语，而台湾本岛人母语的福建语、客家语正好也是华南地区、南洋华人移民的日常语言。因此，在"南进"政策中，台湾本岛人的日语、母语能力摇身一变成为重大资产。于是，1936 年 11 月 25 日，"台湾拓殖株式会社"正式于台北成立，初期资本额 3 000 万日元（约今日 1 000 亿日元），由"台湾总督府"日本、台湾民间共同出资。

"台湾拓殖株式会社"是"总督府"的特许投资事业，当全日本各地进入战时体制时，该会社成为事业体庞大、子公司众多的综合性商社"国策事业"。随着大日本帝国势力范围的不断扩大，"台湾拓殖"也不断拓展，在 1944 年极盛时期包含以下子公司或转投资公司，括号内为本社所在地：

拓殖事业部分：台东兴产（台东）、台湾棉花（台北）、福大公司（台北）、台湾野蚕（台北）、印度支那产业（河内）、台湾畜产兴业（台北）、星规那产业（台北）、中支那振兴（上海）、拓洋水产（高雄）、新竹林产兴业（新竹）、比（菲）律宾产业（马尼拉）、新高都市开发（台中）、海南畜产（海口）。商业部分：南兴公司(台北)、台湾金属统制(台北)。工业部分:イズナ土地建物(爪哇)、国产自动车(台北)、台湾纸浆工业(台中)、南日本盐业(台南)、东邦金属制铁(花莲港)、台湾化成工业(台北)、南日本化学(高雄)、台湾单宁兴业(新竹)、台湾通信兴业(台北)、台拓化学工业(嘉义)、报国造船(基隆)、高雄造船(高雄)。矿业部分:开洋磷矿(台北)、饭冢工业(东京)、印度支那矿业(河内)、台湾产金(台北)、台湾石炭(台北)、帝国石油(东京)、台湾石棉(台北)、铬工业(台北)、稀元素工业(台北)。运输交通:台湾海运(高雄)、南日本汽船(台北)。

由此可见,台湾拓殖会社的成立有着深刻的经济和政治背景,是紧随日本侵华步骤的。中日甲午战争后,日本虽然占领台湾,但是由于日本推行"北进"战略,所谓"北方防卫"曾是日本的战略主轴,台湾的战略地位不及朝鲜和中国东北,并没有受到特别的重视。直到日本"北进"受挫,"南进"逐渐上升为日本的重要战略之后,台湾开始更加受到重视,成为日本侵略中国华南和东南亚的重要跳板。1936年11月,台湾拓殖株式会社正式成立。此时的日本,正进入战时体制,台湾拓殖会社充当了日本政府的"国策会社",成立各种子公司,配合日本的扩张,在太平洋战争时期,台湾拓殖会社的经营进入极盛时期,子公司多达40余家,涉及以畜牧业、林业、水产业为主的农林产业,还有汽车、造纸、化学、煤炭、金属等工业企业,是对台湾的全面"开发",以适应日本"南进"的需要。子公司的开设地点除台北、台中、高雄、基隆之外,还有海口、上海、东京、马尼拉等地,更能证明台湾拓殖会社和日本、中国大陆,乃至东南亚的联系。还有两家专门经营海运的企业,即台湾海运会社与南日本汽船会社,主要经营台湾本岛沿岸航运,虽然这些海运会社的规模无法与日本邮船株式会社和大阪商船株式会社相比，但也是日本在殖民地"开发"过程中，将航运业务本地化的重要体现。

　　台湾拓殖株式会社成立后，其主要的业务中心除了台湾之外，就是加强华南地区和日本本土之间的联络，扩张势力范围。日军1937年10月攻占厦门之后，1938年5月，台湾拓殖株式会社成立"担当华南业务小组"，显示出该社对于进入华南经营已跃跃欲试。[1]

　　据萧明礼的研究，台湾拓殖株式会社将海南岛作为重要的目标。1938年10月，日军为阻断中国对外国际交通，发动广东攻略作战。1939年2月日军登陆海南岛。侵华战争扩大至广东与海南，成为台湾拓殖株式会社进入华南投资经营的契机，也促使台湾和华南间航运联络更为紧密。基于日本殖民统治台湾的经验可适用于地理位置相近的海南，加上"台湾总督府"从20世纪初期至20世纪20年代初曾多次调查海南岛物产及环境，并尝试合作。日军在进占海南后，为处理当地政务组成的三省联络会议很快就指定"台湾总督府"负责交通、医疗、资源调查，设置热带产业实验机构，以及办理教育与宣传工作。大量来自台湾的官员、技术人才资金与企业进入海南岛，意图将其打造为第二个台湾。在这样的规划下，开设海南岛与台湾之间海运航线也由"总督府"负责。更重要的是，因三省联络会议指定了台湾拓殖株式会社应经营的业务事项，台湾拓殖株式会社"开发"海南岛的时机终于成熟，1939年3月在海口设立事务所。此后，海南岛成为台湾拓殖株式会社发展岛外事业重要的据点之一。不过，除了以农林、畜牧、林产、建筑与交通运输为中心的台湾拓殖株式会社海南

---

[1] 游重义：《台湾拓殖株式会社之成立及其前期组织严谨》，第140、134页。转引自萧明礼：《"海运兴国"与"航运救国"》，第235页。

事业,日本在海南岛以铁矿为中心的矿业"开发"对其战时经济的影响可能更为深远。海南岛潜藏的铁资源早在战前即已受到各国注意,日军进占海南,自然不会忽略。1939 年 5 月,日本海军指定石原产业负责田独铁矿的"开发"作业。次年 4 月,受海军之请,在海南进行电力"开发"的日本窒素肥料株式会社因缘际会发现石碌铁矿,此后,海南岛的高质量铁矿被日本官方视作减低东南亚及欧美进口铁砂依赖,弥补华北与华中铁砂不足的重要命脉。①

　　台湾拓殖株式会社的航运事业也跟随日军推动广东、海南占领地开发工作的脚步而深入华南地区。②

　　1938 年 6 月,台湾拓殖株式会社在东京支店设立船舶课,正式涉入航运业务。船舶课成立后,"台湾总督府"将赤坎号(载重约 1 300 吨)租借给台湾拓殖株式会社,台湾拓殖株式会社将其更名为金令丸,成为台湾拓殖株式会社唯一的自有轮船。③

　　金令丸移交后的最初几个月,主要往来台湾与上海之间运补华中日军所需的物资。广州湾登陆战之后,"台湾总督府"鉴于台湾与广东海运联系的重要性,于 1938 年 11 月设立广东军用航线,并提供航行补助金,指定台湾拓殖株式会社以金令丸航行此一"在国策上有重要意义的特殊航线",金令丸即跟随日军南侵步伐将航行范围南伸至广东、海南等地。④ 同时,广东、海南也是台湾拓殖株式会社自 1939 年后业务拓展的重点区域,故该航线虽号称"军用

---

① 萧明礼:《"海运兴国"与"航运救国"》,第 236 页。

② 同上书,第 237 页。

③ 台湾拓殖株式会社:《台湾拓殖株式会社社报》第 27 号,1938 年。转引自萧明礼:《"海运兴国"与"航运救国"》,第 270 页。

④ 《計算証明書類》,《臺拓檔案》,第 233 册。转引自萧明礼:《"海运兴国"与"航运救国"》,第 270 页。

航线",但民生物资的运输比重颇高。金令丸除运输军部与台拓相关货品外,也承载三井财阀及台拓投资会社之一的福大公司在福建、广东地区的物资。从这点来看广东军用航线的意义是在战时"南进"体制下,具有航运背景的台湾企业成为配合军部侵入华南攫取物资的协力者。当日本对当地控制力增强后,即扮演协助其他日系企业进入该区域发展势力的运输中介者角色。[①]

再者,台湾拓殖株式会社除了自营船舶业务,亦参与投资其他航运事业。[②] 1938 年年底,日军占领珠江三角洲主要地带后,为控制珠江流域发达的内河轮船运输,以支援广东战事,榨取当地资源,由日本邮船、大阪商船、日清汽船、三井物产、三菱商事、广东航运同业组合,以及福大公司共同出资,于 1939 年 5 月底成立广东内河运营组合。其营范围包括广东—香港、广东—澳门以及珠江流域航线。1940 年 2 月共有航线 15 条,自有小型船只 18 艘,是日本控制华南地区内河航运之主要机构。[③] 日军侵占海南岛后,大量在台日系中小企业也随军部进入海南投资"开发"。[④] 其中在海南从事航运经营的小会社大日洋行,1940 年秋天因资金不足,向外寻求财务支援。此时主管海南岛实际行政的"海南海军特务部",希望台湾拓殖株式会社收购该洋行,以便海军与"台湾总督府"直接控

---

① 萧明礼:《"海运兴国"与"航运救国":日本对华之航运竞争(1914—1945)》,台北:台大出版中心,2017 年 9 月,第 270—271 页。

② 萧明礼:《"海运兴国"与"航运救国":日本对华之航运竞争(1914—1945)》,台北:台大出版中心,2017 年 9 月,第 271 页。

③ 浅居诚一:「日清汽船株式会社三十年史及追补」,日清汽船株式会社、1941 年、165—171 頁。

④ 钟淑敏:《殖民与再殖民——日治时期台湾与海南岛关系之研究》,第 192—207 页。转引自萧明礼:《"海运兴国"与"航运救国":日本对华之航运竞争(1914—1945)》,台北:台大出版中心,2017 年 9 月,第 271 页。

制其营运。① 依海军如此指示,台湾拓殖株式会社在当年 10 月出资 35 万元,承接大日洋行航运部门,②并于 1941 年 5 月 2 日完成更名、登记手续,正式宣告开南航运株式会社成立。③

开南航运的营运目标不仅继承大日洋行的运输业务,更新增支援台湾拓殖会社在海南相关事业的物资运输任务,同时,肩负铁矿等非台湾拓殖株式会社所属的海南"开发"事业的运输补给工作,载运开矿设备、粮食、杂货乃至人员等。至于铁砂的船运输出则有石原产业与日窒另行接受调度。④

综上所述,大阪商船株式会社的台湾航路是其主干航路之一,其经营范围以华南航路为主,涉及基隆、淡水等台湾港口,还包括厦门、汕头、福州、广东等华南港口,甚至经营了华北航线,直达华东的上海、华北的天津和青岛、东北的大连。将华南的区域性航路网络和华东、华北、东北相连,形成一个贯通的东亚航路网络。不仅加强这个网络和日本之间的物资交流,在战时情况下,尤其是日本实行"南进"政策之后,对资源实行统一调配服务于侵华战争,为进一步将台湾作为"南进"的跳板,掠夺海南的煤铁资源,向海南以及东南亚扩张打下基础。大阪商船株式会社的命令航线都因所谓的政府"命令",接受来自日本政府和"台湾总督府"的资助,是国家干预航运的重要体现,也充分证明了大阪商船株式会社具备"国策会社"的性质。

---

① 『海南岛大日洋行ノ件』、『臺拓档案』、第1093 册。转引自萧明礼:《"海运兴国"与"航运救国"》,第271 页。

② 『大日洋行海運事業継承ノ件指令』、『臺拓档案』、第1093 册。转引自萧明礼:《"海运兴国"与"航运救国"》,第272 页。

③ 萧明礼:《"海运兴国"与"航运救国"》,第272 页。

④ 同上书,第271—273 页。

第四节 日本在华航运业的整合之三：大连汽船会社与东北航线

日俄战争结束后，日本获得中国东北地区南部的特殊利益，并于 1907 年成立"南满洲铁道株式会社"（简称"满铁"）。"满铁"除了拥有铁路之外，还在铁路两侧拥有16.7—3 000米不等的"满铁"附属地，附属地总面积达482.9平方千米。由于日本取得每 10 千米可驻兵 15 名的权利，因此，"满铁"成为日本实施"大陆政策"的工具，是日本在"满洲"进行政治、经济、军事等方面侵略活动的指挥中心。

一、"南满洲铁道株式会社"的成立

日本因日俄战争获得了辽东半岛租借地和"南满铁路"。1906年 10 月，日本在旅顺设立了"关东都督府"。1906 年 11 月，根据日俄签订的《朴茨茅斯条约》，从俄国手中夺取了"满洲"中东铁路南段（长春至大连）和经营抚顺煤矿等特权。为了经营铁路和进一步获取煤炭等资源，1906 年 6 月 7 日，根据敕令第 142 号，日本宣布关于成立"南满洲铁道株式会社"的公告。同年 8 月 1 日，日本外务省、大藏省、递信省大臣向会社筹备委员会交付命令书。筹备委员会根据 142号敕令和命令书，在 1906 年 8 月 10 日招考第一次会员总会，商定事务章程，并指名常务委员及调查委员；11 日指定工费预算委员；18 日得到递信大臣的认定。9 月 10 日，第一次募集株式会社的股份。11月 1 日，得到递信大臣关于会社成立的认可，11 月 13 日，向男爵后藤新平交付总裁印章，又任命副总裁及理事。11 月 26 日，召开创立大会，27 日将会社总部设置在东京，设立委员会的委员长承接一切事物和财产管理。1906 年 12 月 7 日，正式注册会社，真正成立。

从"满铁"的建立过程看,其关键人物是儿玉源太郎和后藤新平。儿玉源太郎是"满铁"设立委员长,后藤新平是首任"满铁"的总裁。两人原为统治台湾的政治搭档,儿玉源太郎是陆军大将、子爵、明治时期的大军阀,后任"台湾总督"。日俄战争时,儿玉源太郎出任"满洲"军参谋长,日俄战争后晋升为执掌全国兵权的日本参谋本部的参谋总长。后藤新平是医生出身的官僚,当过内务省卫生局长,后来在儿玉源太郎手下任"台湾总督府"民政长官。后藤新平因制定台湾殖民统治政策,镇压台湾人民的反侵略斗争,巩固日本对台湾的殖民统治,深受上层青睐。1905 年日俄战争结束后,后藤视察"满洲"各地,提出"满洲"经营的各种主张,向儿玉源太郎作了详细的政情报告,妄图利用"南满洲铁道株式会社"经营"满洲"和继续向南扩张,效仿英国在"满洲"建立类似东印度公司的殖民机构。

"南满洲铁道株式会社"的开业准备了四个月,1907 年 4 月 1 日,将本社的事务所转移至大连,将东京作为分社,正式开始经营。按照条约,接收的物资如下:

接收清单①

大连长春间、南关岭旅顺间、大房身柳树屯间、大石桥营口间、烟台和烟台坑间、苏家屯旅顺间的铁道及奉天安东县间的铁道,抚顺及烟台的煤矿。

以上铁道及煤矿用,及奉天新氏屯间的铁道机械、器具、材料、代管物品。

租借地内外铁道及煤矿附属的土地建筑物。

南满洲铁道株式会社最初的资本金是 2 亿元,一共设股

---

① 畝川鎮夫:『海運興国史』,海事彙報社、1927 年、609 頁。

份一百万股,每股 200 元。其中政府的股份 1 亿元,满洲已有的铁路及其附属一切财产、抚顺及烟台的煤矿折合 1 亿元。总共分三次面向日本人募集股份,到 1920 年 3 月,共募集 80 万股,8 000 万元,到 1926 年 9 月,总资本①如下:

资本金总额:

四百四十万股　　四亿四千万元

日本政府持有股份:二百二十万股　　二亿二千万元

一般募集股份:二百二十万股　　二亿二千万元

由以上"南满洲铁道株式会社"的持股数量和比例看,日本政府的持股占 50%,是最大的股东,对会社有着绝对的支配权,"满铁"是名副其实的"国策会社"。

二、大连汽船株式会社的成立和运营

"满铁"虽然名为铁道株式会社,但为了配合日本加强对中国东北的经济统制,除了铁路业务之外,还将经营大连作为另一个"开发"重点。日本妄图借大连的地理优势,使大连既成为日本经营中国东北的咽喉,也成为整个东北亚地区的贸易枢纽,并在以后发展成日本拓展东北亚势力的桥头堡。

"南满洲铁道株式会社"以大连为起点,经营近海航路,如 1908 年 8 月,开始经营大连和上海间的航运;1912 年开始经营大连与渤海湾沿岸各港口的航运;1913 年 10 月,开始经营华南沿岸的航线。后来,其近海航路部分的业务交给大连汽船株式会社的前身北清轮船公司经营。1915 年"满铁"旗下的大连汽船株式会社成立。1917 年初,"满铁"继续扩大业务,开始增设临时航路,经营大连到日本及海

---

① 畝川鎮夫:『海運興国史』、海事彙報社、1927 年、614 頁。

参崴、牛庄各港口间的货物运输。1918 年 2 月,将华南航线的业务也一并交给大连汽船株式会社运营。1922 年 7 月开始,上海航路也交给大连汽船株式会社。由此,到 1922 年 7 月,"铁"的海运业务,基本全部交给大连汽船株式会社。这和其最初的构想一致,即创立之初,就计划拓展海运业务,成立大连汽船株式会社,然后逐渐增加客货运输,攫取"满洲"主要物产。这些业务也逐渐成为大连汽船株式会社的经营基础。

以下是亩川镇夫《海运兴国史》中有关大连汽船株式会社①的介绍:

> 大连汽船株式会社成立于 1915 年 1 月 28 日,最初资本金五十万元。1915 年 2 月 11 日大连汽船株式会社继承了之前大连汽船合名的所有权利和义务,开始全面经营航运业务。但成立当时正值冰期,且 1915 年为数年罕见的寒冷期,这样中国东北的沿岸贸易非常萧条。到 4 月中旬,天气日渐回暖,安东—天津的航线开始复航。尤其从安东到日本的木材出口非常频繁。随着第一次世界大战的爆发和扩大,欧洲船只在东亚海域的航行减少,日本海运界获得难得的发展机遇。1915 年 5 月,由于"反日运动"的兴起,日本政府曾经预测主要从事中国北方航运的大连汽船会社的业务受到较大影响,但实际上只是安东—天津航路受到较少影响。主要是因为航运劲敌的英国忙于欧战,无暇顾及中国航运市场,且由于造船材料价格的暴涨,造船不足,远洋航路,如欧美航路、澳大利亚航路受到影响。种种因素使大型船舶的运费涨价,日本船运公司坐收渔翁之利。大连汽船株式会社由于缺少了来自欧美的

---

① 畝川鎮夫:『海運興国史』、海事彙報社、1927 年、165—172 頁。

竞争,其安东—天津线、大连—龙口线、大连—青岛线的客货运输量都出现了较大增长。到 1916 年 5 月,大连汽船株式会社的资本金从最初的五十万元增加到二百万元。又从"南满洲铁道株式会社"购买隆昌、泰昌、一进、博进、天潮、济通六艘船只,又雇用了名为十二小野和二十五永田的两艘佣船,继续推进中国北方的航路。1917 年,堪称日本海运界历史上最为"辉煌"的一年,运费暴涨,航运公司的盈利大大增加。大连汽船株式会社购入海州丸和兴顺丸两艘新船,前者经营海州定期航路,后者安排在自由航路上。在航运业大发展的机遇下,大连汽船会社着手开辟战后的新航路,进行了新的规划。1918 年,大连汽船会社将一直由"南满洲株式会社"经营的香港航路,以及该航路所使用的船只一并兼并到名下,以此为契机,开始向中国南方扩充航路。从大阪藤永田造船所预约新船长顺丸(2 213 吨),备后船渠会社新造船。

　　大正七年(1918 年)十一月欧洲的战乱(一战)的结束,让此前本就受到美国禁运政策打击的海运业的经营情况急转直下。船价、运费、租船费,迅速下跌并有持续下跌的倾向。本公司经营的多条航线受到上述等情况的影响,陷入对华营业额(出货量)减少甚至没有出货量的境地。其中青岛—上海线、青岛—海州线、大连—香港线受到的打击最为严重,大连—香港线十月开始就已暂停航行。只是因为内地米价高涨使得天津出发中转大连运往内地的大米运输量增多,以及安东—天津—鸭绿江一线每年的木材运输极其频繁导致除定期航行船只外需增派船只运输。大连—安东—天津航线为运输上述米、木等货物才呈现出繁忙景象。此外随着浦盐(海参崴)社会秩序的恢复,本公司开始着手开设大连营口浦盐航线，并将泰昌丸号配属至大连—营口—浦盐航线。为了拓展航路，本公司向大阪藤永田造船厂订购一艘总吨位一千七百吨的货客船，并从五月开始向神户目贯商事株式会社租借用于青岛—上海航线的第二富美丸号。

大正九年(1920年)浦盐方面过激派骚扰一直未曾停歇，因此本公司经营的各条航线除了大连—安东—天津航线外大多遭受了打击，特别是大连—香港航线和大连—营口—浦盐航线因没有营业额导致无法航行。但是本公司仍旧为了发展航路而锐意努力，将老旧的隆昌丸和泰昌丸卖与神户的佐藤国一，将利济丸卖与神户的西野通，并收取了之前在大阪藤永田造船厂订购的长平丸，向横滨内町造船厂购买了满洲丸，于东京湾汽船株式会社租借了扶桑丸。

大正十年(1921年)上半期，因直隶省饥荒，本公司大连—安东—天津航线频繁由"满洲"向天津运送高粱等谷物，除定期船只之外加派临时船只，总运送量达到六万吨。安东—天津一线的木材运送也达到了二十一万吨之多。除货物运输外大连天津之间往来的客运船也持续出现每船满员的盛况。同年五月本公司与"南满洲铁道株式会社"共同经营（経営に係る的意思不太确定是不是共同经营）由神户丸执行航行的大连—青岛—上海航线将取代本来由长平丸航线的大连—天津航线，并于七月末将其延长至青岛、上海。原有的大连青岛航线虽然开通以来常常出现满载这样预想之外的好成绩但也于七月末废止。其他航线虽然受到同行竞争和山东鼠疫的影响但也大都取得了一定的成绩。唯有受关东厅命令开设的大连柳树屯航线和大连貔子窝航线因本年开始关东厅停止支付补助金而分别于三月末、五月末废弃。本期，本公司将辨天丸和鸭丸两船分别卖与青岛陶子英和大连西森造船厂，并收取了向内田造船厂订购的满洲丸。

大正十一年（1922年），大连安东天津航线到七月为止由天潮丸和济通丸两船执行每月六次的定期航行，随着七月长平丸开始执行天津大连航线的航行，济通丸转而执行安东天津航线的航行。由于今年来金融界的不景气和四月直奉战争的爆发，一时间铁路交通完全中断，物资运输也非常低迷。加之受银价下跌的影响，大连天津间的货物运输量只有去年度的一半左右，同时安东县木材的运输也因为市场的低迷和同行竞争导致运输价格下降，经营状况不佳。只有大连天津之间往来的客运船因直奉战争，陆上交通中断导致乘客增多，持续取得较好的业绩。七月一日，本公司受"南满洲铁道株式会社"委托开始经营本由其经营的大连青岛上海航线，并将榊丸和租借而来的西京丸配属到大连—青岛—上海航线，执行每月六回额定期航行。长平丸执行天津大连航线的航行。本年度上半期，青岛—上海航线因此时间段物流的不活跃导致经营状况不良。但下半期随着营业额的逐渐增加和开平煤矿的罢工导致淄川煤炭运输量的增加使得此航线的经营状况得以改善，并取得相当良好的成绩。同时本公司多年悬而未决的营口—大连—阪神航线的也与本年度得以确定。营口—大连—阪神航线于四月上旬营口开河时正式开通，并将长顺丸配属至此航线。总体而言因经济不景气和其他种种原因本公司其他各航线的业绩与去年相差无几。本期，本公司将海州丸卖与青岛陶子英，从田中商事株式会社购买浦贺丸并改名为英顺丸，从日下部汽船株式会社租借第五贵船丸,从栗林汽船株式会社租借西京丸,从"南满洲铁道株式会社"租借榊丸,用以拓展业务。

大正十二年(1923 年),本年度因由天津开始中国各地的运动愈演愈烈,加之银价下跌,本公司各条航线均受到较大影响。特别是大连—青岛航线,因五月旅大回收问题的争论导致上海中国人货主间形成了"日本船不积同盟",本航线的出入货物全部由外国船只运输,本公司船只陷入无货可运的境地。虽然因为运输抚顺煤炭和九月关东大地震使得运货量稍有增加但仍无法挽回颓势。只有营口—大连—阪神航线经过一年九个月的运行,逐渐打好基础,往返次数和运货量都有所增加,被证明是有发展前景的航线。本期本公司分别与三井物产株式会社,明治海运株式会社,英国公司签订了购入剑山丸、明地丸的契约,向滨口汽船合资会社租借了泰阳丸的同时在天津法租界仓库内建造了面积三百九十坪(约 1 287 平方米)的房屋。同年二月一日,在临时股东会议上决定增加资本金一百万元。

大正十三年(1924 年),国内海运界因地震引起的异常繁荣结束和三月以后关税的恢复,汇率不利和进口贸易的低迷等原因,以及随着从海外购入的外国船逐渐增多,近海海运运力过剩导致运输费、租船费大幅降低,虽然各方船主针对运费达成同盟以期恢复价格,但没能获得成功,航运业依旧低迷。中国沿岸航线虽也受到上述打击但因各地运动逐渐减少和银价高涨,中国沿岸航线仍取得了较好的业绩。其中运往上海的抚顺煤炭的运量逐渐增加,到本年度已达二十五万吨。为运输抚顺煤炭,本公司又向政记输公司、泽山汽船株式会社租借了嘉利号和第一东洋丸。此外,本公司从其他定期航线

中将外满洲丸、大山、万达、永安丸等调至往内地运输煤炭的
航线，并取得了良好的业绩。本期本公司从英国 dayton S.
S. Co 购入了 S. S. Oswestry 号，向"满洲船渠株式会社"订购
了一艘 2 500 吨型货运船，向神户三菱造船株式会社订购了
一艘用于上海航线的优良客船，继续租借榊丸和西京丸用于
发展业务。

　　大正十四年（1925 年），随着欧美经济的逐渐恢复，海运
业的前途也被看好。但是因俄罗斯远东地区木材运输的不
畅……导致远洋近海航运都陷入低迷。九月随着中国国内
反日运动的停歇和远洋运输货物上市期的到来，运费租船费
或多或少有所上升。但中国沿岸航路特别是……中国中南
部的各条航线一时间陷入了无货可运的境地。但本年度初
期，货客的运输都还是较为良好。且九月各地反日运动结束
后，各航线也逐渐恢复了正常状态，甚至货物运输量反而出
现了增加。因为中国国内的动乱，中国北部各航线的货客运
量都有显著增加，各航线都取得了良好的业绩。本公司于十
月十六日收取了委托三菱造船株式会社神户造船厂建造的
客船大连丸，并于四月二十六日投入上海、大连航线。委托
"满洲船渠株式会社"旅顺工场建造的货运船古城丸也于十
二月二十三日竣工。但是本公司船只龙凤丸于十一月十九
日在六连冲和驱逐舰谷风相撞导致沉没。

　　本公司于大正十五年（1926 年）五月增资七百万元，资本
金达一千万元，为新建船只、拓展航路，掌握以大连港为中心
的中国沿岸航路的霸权而锐意努力。

　　亩川镇夫的《海运兴国史》对大连汽船株式会社 1915—1926
年的情况进行了详细的梳理。"南满洲铁道株式会社"旗下的大连

汽船株式会社自 1915 年 1 月成立后,开始全面介入中国东北的航运业务,承担大量农产品和工业产品的运输,是日本攫取东北资源、销售工业产品的主要工具,其中安东的木材大量出口到日本。一战时,由于欧洲主要海运强国忙于战争,日本坐收渔翁之利,迅速抢占航运市场和商品市场。安东—天津线、大连—龙口线、大连—青岛线的客货运输都出现了较大增长。一方面,大连汽船株式会社收取了大量运费作为公司的收益。另一方面,货物通过这些航线运抵天津和青岛,再从天津、青岛运抵日本。1918 年,大连汽船株式会社还获得了"满铁"经营的香港航路及该条航路上所使用的轮船,开始以此为契机向华南地区扩张,将"满洲"和华南地区相联系。

大连汽船株式会社 1915 年刚刚创立时,只有 5 艘轮船,总计 3 000 余吨,都是小型轮船。到 1926 年,轮船数量达到 20 只,总吨数接近 4.5 万吨。而且从航运次数看,大连汽船株式会社经营的航线航行非常频繁,大连—天津—上海之间、大连—天津之间的航线每月航海次数高达 10 次之多。轮船数量的增多和航运次数的增加,是大连汽船株式会社业务量增加的重要标志。也充分证明短短 11 年,这个航运"国策会社"是如何配合日本在东北的扩张的。从大连汽船株式会社经营的航线方面看,最初以安东—天津线为主,到 1925 年,已经有 7 条主干航线,分别为:大连—天津—上海线、大连—安东—天津线、大连—天津线、营口—大连—阪神线、大连—香港线、大连—龙口线、青岛—上海线。从这些港口的分布看,既有东北的大连、安东、营口,也有华北的天津、龙口、青岛,也有华东的上海,也有华南的香港,还有日本航运中心的大阪、神户。这样一来,本来以经营大连航路为主的大连汽船会社,其航线逐步扩张,使以前各自相对独立的区域化航运网,逐步联结成东亚的航运网络,这是日本海运会社乃至整个日本政府整体规划的结果。

三、"南满洲铁道株式会社"的港口

(一) 大连港

大连港的建造计划,最初由俄国开始。"南满洲铁道株式会社"成立后,接收俄国修建的第二埠头和甲埠头。当时第一埠头尚未完工,比如防波堤,只能看到西北堤的东半部分。"满铁"以俄国的计划为基础,继续修缮已经完工的部分,并继续推进后续的修建。开始建设 12 250 尺(约 4 千米)的西北防波堤和 1 221 尺(约 400 米)的东防波堤,环绕内港。并延长可以停船的沿岸大 16 228 尺(约 5.4 千米),水面约 90 万坪(约 297 万平方米),水深在潮面下平均 30 尺(约 10 米),可以停泊 2 万吨的巨轮。到 1926 年为止,沿岸分 37 个停船区域,可以同时停靠 3 000 吨级的轮船 37 艘,每年可以吞吐 700 万吨以上的货物。此外,还计划继续扩展停船区域,在 1923 年开始建设第四埠头及丙埠头,预订 1931 年竣工,以增加 5 500 尺(约 1.6 千米)的沿岸区域。而且为了增加戎克船(中式帆船)的停靠,将之前建造的大山埠头及货场拓展 4 048 尺(约 1.3 千米),可以停泊载重量 30 石到 1 000 石的戎克船 300 只。[1]

以下是 1925 年停靠大连港的内外航路表,该表反映出停泊在大连港的各汽船会社经营的航线和航行频率。

---

① 畒川鎮夫:『海運興国史』,海事彙報社、1927 年、1218—1225 頁。

表 4-13　停靠大连港内外航路(1925 年)

会社名	航线名	航海回数	会社名	航线名	航海回数
大阪商船会社	大阪—大连线	每周两回	岛谷汽船	朝鲜—北海道—大连线	每年十回
	高雄—天津线	每月一回	宇田商会	柳树屯线	每日三回
	高雄—大连线	每月一回	青筒汽船会社	貔子窝线	每月六回
	九州—鲜满线	每月一回	政记公司	大连—欧洲线	每月一回
	日本—欧洲线	每月一回		大连—芝罘线	每月十回
	纽约线	每月一回		安东—青岛线	每月四回
	横滨—天津线	每月一回		安东—龙口线	每月五回
	南北中国线	每月一回		大连—上海线	每月三回
日清汽船会社	中国沿岸北方线	每月三回	和记洋行	爪哇—日本线	每月一回
				亚美利加线	每月一回
大连汽船会社	大连—上海线	每月二回半		欧洲线	每月一回
	大连—天津线	每月六回	朝鲜邮船会社	长连线	每月一回
	大连—龙口线	—		仁川—大连—青岛线	每月两回
	大连—阪神线	每月十五回	阿波国共同汽船	大连—青岛线	每月五回
	香港线	二十五日一回		大连—仁川线	每月四回
	大连—安东线	每月五回	田中商事	芝罘—大连线	每月十五回
日本邮船会社	利物浦线	每月一回		大连—仁川线	每月四回
	汉堡线	每月一回		大连—芝罘线	每月十五回
近海邮船会社	纽约线	每月一回		大连—天津线	每月五回
	横滨—牛庄线	—			

资料来源:畞川鎮夫『海運興国史』、海事彙報社、1927 年、1250—1251 頁。

　　由表 4-13 可以看出,停泊大连港的日本汽船会社有大阪商船株式会社、日本邮船株式会社、日清汽船株式会社、大连汽船株式会社等日本大型会社,也有田中商事、阿波共同汽船、岛谷汽船等日本小型汽船会社,也有日本在殖民地朝鲜建立的朝鲜邮船株式会社。就中国和日本之间的航运看,除日本和中国东北地区之间的直接航线,如大连—大阪线、大连—阪神线、横滨—天津线、横滨—牛庄线外,大连港停靠的航线也有许多中国沿岸航线,如大连—芝罘线、大连—天津线、大连—上海线、安东—青岛线、安东—龙口线。此外,日本和欧美航线的轮船也在大连港停靠,也占有很大比重,如日本邮船株式会社的纽约线、汉堡线、利物浦线和大阪商船株式会社的纽约线等。由此可以看出,大连因其特殊的地理位置,拥有作为转口港的重要价值。无论是作为国内航线的转口港,还是作为中日航线转口港,或作为连接欧洲、亚洲、美洲航线的转口港,大连的地位都非常突出。

"铁"为大连港扩建计划投入金额,截至 1926 年 11 月,达到 52 577 331元。沿岸修建的总工费达到12 884 636元。

表 4-14　1917—1926 年间大连汽船营业收支表 (单位:日元)

年份	营收	支出	盈余
1917 年	3 798 526.31	2 014 107.56	1 784 418.75
1918 年	8 565 714.23	4 705 154.68	3 860 559.55
1919 年	5 956 379.89	4 397 461.14	1 558 917.75
1920 年	3 904 732.03	3 373 080.44	531 615.59
1921 年	2 141 839.17	2 355 704.89	−213 865.72
1922 年	2 864 844.53	2 879 112.07	−14 297.52
1923 年	3 141 364.04	3 173 433.89	−32 069.85
1924 年	4 439 530.54	4 143 533.13	295 997.41
1925 年	5 507 782.11	4 982 473.27	525 308.84
1926 年	5 853 926.23	5 588 612.75	265 313.48

资料来源:佐田弘治郎编:『南满洲铁道株式会社第二次十年史』,963 页。转引自萧明礼《"海运兴国"与"航运救国"》,第 66 页。

以大连港为中心,拓展海外交通,使大连成为欧亚交通的枢纽。1925 年,停靠大连的船舶总数为 3 595 艘,其中,输出货物 6 072 048 吨,输入货物 1 303 510 吨。以下是 1907—1925 年间大连港进出口贸易数量,既有轮船贸易,也有戎克船贸易。

表 4－15　大连港轮船、戎克船进出口吨数(1907—1925 年)

	年份	1907 年	1912 年	1916 年	1917 年	1918 年	1919 年
出口	汽船贸易(吨)	190 443	1 093 490	1 731 524	2 155 588	2 491 154	2 813 156
	戎克船贸易(吨)	—	37 185	107 937	166 295	223 533	78 189
进口	汽船贸易(吨)	326 872	463 830	599 922	833 268	956 545	1 410 619
	戎克船贸易(吨)	—	37 491	54 399	49 791	77 940	99 710
出口	汽船贸易(吨)	3 064 636	3 250 744	4 081 431	4 423 112	4 576 082	5 327 295
	戎克船贸易(吨)	138 408	161 926	198 944	152 623	102 146	155 553
进口	汽船贸易(吨)	974 215	763 977	717 616	796 535	986 878	1 001 022
	戎克船贸易(吨)	55 188	56 841	49 637	45 555	52 572	65 901

资料来源:畝川鎮夫『海運興国史』、海事彙報社、1927 年、1222 頁。

　　由以上统计做图表如下:

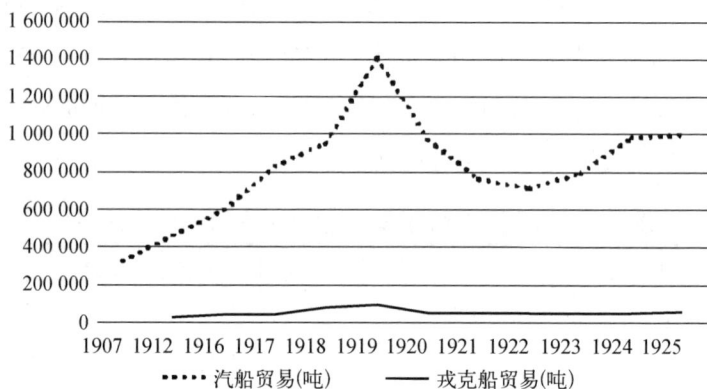

图 4‑1　大连港轮船、戎克船进口吨数(1907—1925 年)

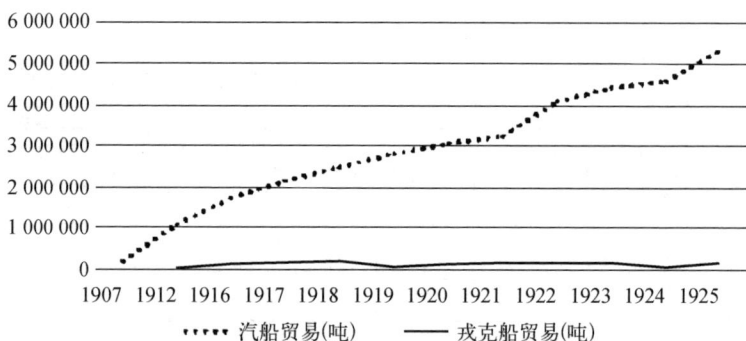

图 4‑2　大连港轮船、戎克船出口吨数(1907—1925 年)

　　由以上两张图可以看出进出大连港的货物以汽船运输为主，戎克船运输为辅。戎克船的运输吨数，虽然变化不像汽船那么明显，但也可看出戎克船的运输量在 20 世纪初期呈现下降的趋势，和汽船相比，只占很少的比例。这也说明从 19 世纪末期汽船登上航运历史的舞台开始，传统的帆船贸易已经逐渐走上尾声，帆船正在逐渐退出繁荣了几个世纪的航运舞台。从汽船的货物进口数量看，总趋势是由升转降，1919 年是重要的转折点，且大幅度的下降一直持续到 1922 年。其主要原因是，1919—1922 年伴随着日本对外扩张政策的实施，日本一直妄图攫取中国山东的权益，导致中日民族矛盾日益加深，尤其是巴黎和会后五四运动的爆发，更使中国各地掀起了轰轰烈烈的反日爱国运动。反日爱国运动的持续，使日商在中国的经营大受影响，以前较受中国欢迎的商品也遭到抵制，商品售卖受阻，货品大量积压。这样，直接关系到轮船航运的业务，使货物的运输受到严重影响，大连港的进口货物吨数呈现断崖式下降，且持续三年。1923年之后，大连港货物进口数量开始缓慢上升，但仍然不能和1919年前同日而语。

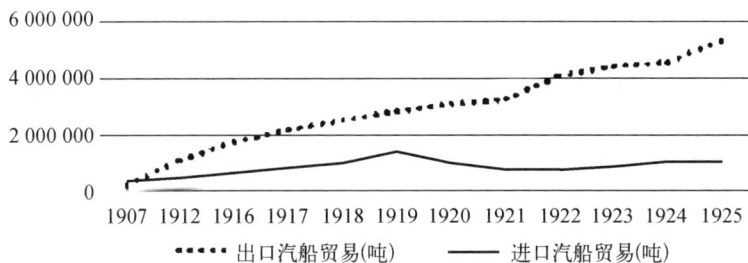

图4-3　比较图：大连港汽船进出口吨数（1907—1925年）

从汽船的进出口货物看，进口数量一直呈现比较高的上升趋势，而出口则呈现下降趋势，一方面与1919—1922年的抵制日货运动有关，另一方面也更说明东北的物产正在大量运出。

此外，从货物的种类和出口量来看，大连港是东北农作物和煤炭的出口大港。下表为大连港农产品和煤炭的出口数量：

表4-16　大连港输出农产品和煤炭重量　　（单位：吨）

年份	1921年	1922年	1923年	1924年	1925年
大豆	584 446	619 324	747 779	800 292	892 089
豆粕	1 150 920	1 192 973	1 287 177	1 334 514	1 289 629
豆油	114 095	115 506	140 226	104 103	119 602

续表

年份	1921 年	1922 年	1923 年	1924 年	1925 年
杂谷	562 163	795 410	529 101	318 859	553 482
煤炭	519 478	1 008 017	1 340 386	1 620 123	2 035 978
船舶用炭	382 731	647 625	652 306	549 326	551 411

资料来源：畝川鎮夫『海運興国史』、海事彙報社、1927 年、1223 頁。

可见，大连港出口的货物主要是大豆及其制品及煤炭。1925年，大豆出口892 089吨、豆粕出口1 289 629吨、豆油119 602吨、杂谷553 482吨，这些农产品，达到大连港出口总量的53.5%。从出口比例上看，1925年煤炭2 035 978吨，占大连港总出口量的38.2%，且作为船舶的燃料炭储存551 411吨。这些商品往各地区运送的比例分别为：日本58.1%，中国29.3%，欧洲5.6%，美国1.2%，其他各国5.8%。[1]

从进口情况看，大连港的主要进口货物为杂货和原材料，每年5万吨以上。据1925年的统计来看，其中面粉160 294吨、铁制品90 504吨[2]，主要的商品来源如下：日本48.6%，中国26.1%，美国15.2%，欧洲8%，其他国家和地区2.1%。此外，除这些进出口的汽船之外，大连港还有从事沿岸贸易的戎克船往返运输，由戎克船运来的商品也有65 901吨。表4-17是以国别统计的到达大连港的不同国家船只的贸易量。

表4-17　大连港货物进口国家及重量　（单位：吨）

年份	1921 年	1922 年	1923 年	1924 年	1925 年
日本	382 389	329 050	351 264	340 384	486 918

[1] 畝川鎮夫：『海運興国史』、海事彙報社、1927 年、1223 頁。
[2] 畝川鎮夫：『海運興国史』、海事彙報社、1927 年、1223 頁。

续表

年份	1921 年	1922 年	1923 年	1924 年	1925 年
中国	260 208	199 545	247 719	301 590	261 088
欧洲	9 365	39 357	39 973	89 885	80 360
美国	86 770	130 883	142 146	231 456	151 736
其他	25 245	18 781	15 433	23 563	20 920

资料来源:畝川鎮夫『海運興国史』、海事彙報社、1927 年、1223 頁。

表 4-18　大连港入港船只统计表

年份	1907 年	1912 年	1916 年	1917 年	1918 年	1919 年
数量(只)	1 143	1 865	1 942	2 019	2 516	2 891
重量(吨)	1 643 371	2 872 122	3 095 257	3 118 715	3 473 397	4 380 920
一只平均重量(吨)	1 438	1 540	1 594	1 545	1 380	1 515
年份	1920 年	1921 年	1922 年	1923 年	1924 年	1925 年
数量(只)	2 942	2 806	3 046	3 180	2 965	3 676
重量(吨)	4 864 904	5 697 784	7 290 908	7 967 827	7 971 119	9 013 292
一只平均重量(吨)	1 654	2 031	2 394	2 506	2 688	2 452

资料来源:畝川鎮夫『海運興国史』、海事彙報社、1927 年、1223 頁。

从表 4-17 可以看出日本在大连港航运中所占的比例最大,其次为中国、美国、欧洲等其他国家。日本的航运数量在 1925 年增加最为迅速,以接近 50 万吨的规模接近全部航运总数的一半,在大连航路上占有绝对优势,处于垄断地位。1907—1920 年,每只轮船的平均吨数为 1 500 吨,但 1921 年开始,增加到 2 000 吨以上,运输量逐渐增加。

（二）"满铁"安东码头

随着东北地区铁路和水路的发展，1912年，安东开始设立大连埠头事务所的分所。从1911年到1912年，日本筑造了鸭绿江沿岸的护岸，为了方便停靠轮船和戎克船，疏浚了五道沟和铁桥下的水滩，又在江安新建货场。为了方便木材的运输，专门设置了面积约8.2万平方米的用来储存木料的储木池，又将仓库从江岸地区转移到车站附近。1914年5月，为了方便输出入贸易，将安东分所的业务转移到安东驿所管理。

安东码头属于"满铁"的部分有，仓库约4 158平方米、护岸约3千米、储木池约99 050平方米、浮栈桥2个。

（三）"满铁"营口码头

1910年10月，设立大连埠头事务所营口分所，到1926年，有大小仓库10栋、停船岸壁1.6千米、贮煤场约98 594平方米、堆货场约3 960平方米、浮栈桥14个、船渠1个。到1926年，具备同时停靠3 000吨级的轮船7艘的能力，输出商品首位是煤炭，其次是大豆、豆粕、豆油、谷类，输入品主要是棉丝布、面粉、谷类、腌菜、木竹材、棉布、食盐等。

（四）"满铁"上海码头

1911年9月，"满铁"购入上海黄浦江下游栈桥码头的附属土地约6.6万平方米，仓库9栋、约9 900平方米，以及其他附属设施。在附近水面修建栈桥和护岸等。1911年10月，大连埠头事务所在上海设立分所，1921年12月，上海分所独立形成上海事务所。1926年9月上海事务所的码头业务全部委托给大连汽船株式会社，码头一直仅限于"满铁"和大连汽船株式会社的船只停靠。1924年，和法国邮船会社签订合约，1925年和东洋汽船株式会社签订合约后，两社所属的船舶也可以停靠在"满铁"的上海码头。

到 1926 年，上海码头共拥有栈桥 312 米、仓库 12 栋，总面积约
23 747 平方米，待客站 1 栋。停船区域的水深到 8.6 米。上海码头
的第一输入品是煤炭，其次是谷物、棉丝布、棉布，输出品主要是面
粉、棉丝布等。

综上所述，"满铁"的主要港口以大连为中心，营口、安东为辅
助，并扩展到上海，是日本支撑侵华战争的重要据点。

第五节　日本在华航运业的整合之四：
近海邮船株式会社与华北航线

日本邮船株式会社创业之初经营的航路主要是日本沿岸航
路和近海航路，这里的近海航路包括上海、海参崴、仁川三条航
线。1893 年开始，日本邮船株式会社开始经营远洋航路。最初
的远洋航路是孟买航路。甲午战争之后，又开始了欧洲、美洲、澳
洲航路。日俄战争后，继续拓展远洋航路，之后日本邮船株式会
社将经营的重点放在远洋航路。1922 年 4 月，日本邮船株式会
社将东洋课事务单独分离出来，成立"近海部"，将日本海沿岸和
中国北部沿海的航运业务整合。1923 年 3 月 15 日，又将近海部
独立，以资本金 1 000 万元、20 万股的规模，形成新的轮船会社，
也就是近海邮船株式会社。① 虽然该会社创立时，正赶上地震对
日本经济带来的负面影响，且海运业也持续衰退，但是由于有日本
邮船会社在背后的有力支撑，近海邮船株式会社刚刚成立一年，便
成为近海区域内第一位的海运会社。

---

① 日本郵船株式会社：『七十年史』、日本郵船株式会社、1956 年、145—146 頁。

表 4‑19　1923 年近海邮船成立时航线分割表

日本邮船保留航线	航线类别	近海邮船接收航线	航线类别
横滨—上海线	递信省命令航线	横滨—牛庄线	递信省命令航线
神户—上海线	—	神户—天津线	—
青岛线	—	神户—牛庄线	—
大阪—汉线	自由航线	函馆—库页岛线	—
南洋航线	递信省命令航线	基隆—神户线	"台湾总督府"命令航线
		函馆—千岛线	北海道厅命令航线
		横滨—小笠原群岛线	东京府命令航线
		小樽—库页岛线	桦太厅命令航线
		神户—小樽线	自由航线
		横滨—高雄线	—
		神户—钏路线	—
		横滨—库页岛线	—
合计航线数	5	合计航线数	12

资料来源:日本経営史研究所編『日本郵船株式会社百年史』,日本郵船株式会社、1988 年、285 頁。

到 1926 年 9 月,近海邮船株式会社的资本金为 1 000 万元,债务 300 万元,拥有船舶 42 艘,总吨数 9.8 万余吨,其他社外备船 22 只,总吨数达数 10 万吨,经营近海区域 15 条线路,从 1926 年 3 月到 9 月,货物 137.2 万余吨,船客 4.8 万余人。

近海邮船株式会社经营的航线有华北航线、日本沿岸航线、中国长江航线。其中的横滨—牛庄线和神户—天津线都是日本递信省的命令航路,接受递信省的补助金。横滨—牛庄线去程从横滨出发,经过名古屋、四日市、大阪、神户、长崎、大连,最后到达天津。
回程从牛庄出发,经过大连、天津、长崎,到达神户。神户—天津线
属于直航航线,从神户、天津(又叫大沽)两港发船,发出的船只往
返在门司停靠。从递信省对近海邮船株式会社的补助命令来看,4
条命令航线,2 条是华北航线,另外 2 条是日本北方航线。说明近
海邮船株式会社在日本政府的规划中,承担华北和日本北方资源
的经营。近海邮船株式会社还接受桦太厅、北海道、东京的命令,
经营以上 3 个地区间的航运。可以说,近海邮船株式会社的成立
与运营是日本政府整合和加强东北亚航运和经济的标志,但其主
要经营方向为华北航路。

　　此外,大阪商船株式会社也经营华北航路。大阪商船株式会
社在第一次世界大战后虽然受经济不景气的影响,但自 20 世纪
20 年代后期开始,营运业绩有所恢复。大阪商船株式会社经营
的大阪—天津线,1921 年起,利用河南丸、长沙丸等 4 艘新造客
货两用轮,并从 1927 年起,继续投入长城丸等 3 只高速柴油机客
货轮,在大阪和天津间进行定期航行,这是当时能进入白河水域
最大型、最快速的船只,其豪华设备受到各界好评。因日本与华
北之间的货运量激增,另一条航线,即横滨—天津线也从 1926 年
7 月起由每月 1 班增为每月 4 班(3 艘货轮轮流开航),发船频率
增加。

表 4‑20　1935 年 6 月天津港进港轮船所属公司、国籍、数量统计

国籍	公司名	艘数	总吨位	比率(吨位)
日本	大阪商船	18	22 003	
	大连汽船	21	20 741	
	国际汽船	5	6 910	

续表

国籍	公司名	艘数	总吨位	比率（吨位）
	近海邮船	7	12 182	
	大通轮船	11	7 196	
日本、伪满洲国籍航运公司所属船只合计		62	69 032	32.32%
英国	太古洋行	19	42 014	
	怡和洋行	6	11 339	
英国籍航通公司所属船只合计		25	53 353	24.98%
中国	招商局	7	9 650	
	政记轮船	18	17 394	
	直东轮船	23	13 771	
	通顺轮船	5	1 010	
	三北轮船	2	2 732	
	北方航业	5	3 315	
	天津航业	1	609	
	同兴	1	845	
	同升	1	1 073	
中国籍航运公司所属船只合计		63	50 399	23.60%
美国	平洋轮船	2	7 740	
美国籍航运公司所属船只合计		2	7 740	3.62%
德国	美昌时洋行	2	10 968	
	礼和洋行	3	13 711	
德国籍航运公司所属船只合计		5	24 679	11.56%
丹麦挪威	美记洋行	1	3 629	
	永兴洋行	1	3 773	
	国籍不详	1	971	

续表

国籍	公司名	艘数	总吨位	比率(吨位)
其他国籍航运公司所属船只合计		3	8 373	3.92%
总计		160	213 576	100.00%

资料来源:萧明礼《"海运兴国"与"航运救国"》,第184页。

表4-20显示,当月共有62艘日本、伪满洲国轮船出入天津港,中、英两国分别为63艘与25艘,轮船只数中国较多,总吨位数则两者约略相当(50 399吨与53 353吨),而美、德等其他国家的轮船进港数合计仅有10艘,无足轻重。需注意的是,所谓的中国籍轮船业者中,也有将船只租予日本航商使用者。至于天津进港船只之启航地为何? 如依上调查数据,该月进入天津港的160艘轮船中,上海以52艘(32.5%)位居个别港口第一位。若以区域划分,则来自东北、华北各口的船只数有61艘(38.16%),超越华中航线集散地的上海,亦远胜华南口岸的11艘(6.88%)。在国际航线上,日本以24艘(15%)超越欧洲的9艘(5.63%),与美国的2艘(1.25%)。①

综上所述,第一次世界大战结束时,日本已在华北各港占有优势,英国轮船在20世纪20年代前中期欧战胜利后重返华北,但日本轮船仍维持第一名,中国轮船占有率则趁德国与其他国家航运势力退出而扩大。1927年,中国轮船在华北水域的占有率超越英国,仅次于日本,至此航运竞争已形成中日间的对抗。1931年九一八事变后,日本企图将华北纳入"帝国经济圈",当地的航运生态因而伴随伪满洲国与华北之贸易额快速增加而出现变化,据堀和生的研究显示,20世纪20年代中期之前,东北对华北、华中之间的移

---

① 萧明礼:《"海运兴国"与"航运救国"》,第185页。

出比率大致相当,从 20 世纪 20 年代晚期起,东北移出至华中的金额一度增加至占关内移出额总数的 50%,但 20 世纪 30 年代中期之后,移出至华北金额超过华中甚多,达到总额的 50%。东北与华中、华北间的移入变动模式与移出贸易颇为类似,反映北伐完成后,国民政府将东北当作近代化建设蓝图中的原料供应地及市场,从而建构以长江中下游为核心的华中经济圈。可是九一八事变使中国东北地区成为日本帝国经济圈的外地,而后日本又借东北地理优势扩大对华北的影响力,以继续扩张其帝国经济圈,是故 1934 年后,东北与华北的贸易额开始迅速增长。①

　　日本对华北直接贸易也是促使当地加速整编进入日本区域经济圈的因素之一,依"满铁"调查部 1936 年的资料显示,1929—1934 年日本对中国出口额逐年递减,但对华北出口额占整体对华出口之比重则由 1929 年的30.45%增加至 1934 年的47.06%。1938 年的资料指出,以中国法币计价,1935 年日本在华北主要六港的对外贸易总额为 9 884 万元,超过英(2 608 万元)、德(2 385 万元)两国,只有美国因为在天津一港的贸易额甚大,贸易总额尚有日本的 2/3(6 322 万元)。由此可见,以渤海湾为中心的华北—东北—日本海上交通,因日本在华北政经影响力增强而变得紧密。

表 4 - 21　华北六港国别出入港船只统计表(1939.612)

港口		天津	青岛	烟台	秦皇岛	龙口	威海	总计
日本	只数	2 127	992	286	506	176	119	4 206
	吨数	813 361	1 120 788	33 811	1 184 964	5 611	455	3 158 990
英国	只数	43	11	13	46	—	59	172
	吨数	142 095	12 900	8 705	41 182	—	1 731	206 613

① 萧明礼:《"海运兴国"与"航运救国"》,182 页。

港口		天津	青岛	烟台	秦皇岛	龙口	威海	总计
中国（含民船）	只数	171	138	347	298	961	254	2 169
	吨数	52 243	70 771	24 931	36 695	31 723	5 998	222 361
伪满洲国	只数	92	—	—	6	—	4	102
	吨数	15 588	—	—	4 441	—	407	20 436
德国	只数	13	15	7	—	—	—	35
	吨数	30 503	8 540	4 273	—	—	—	43 316
挪威	只数	10	—	3	—	2	—	15
	吨数	25 157	—	645	—	246	—	26 048
丹麦	只数	2	3	4	37	—	—	46
	吨数	11 789	6 420	2 732	100 344	—	—	121 285
共计	只数	2 474	1 164	644	—	1 145	422	6 763
	吨数	1 136 580	1 228 604	84 078	—	474 800	8 583	2 932 645

（原注）共计栏内数字较表中各国数字合计为多，系还有少数为数较少的数字未列入表内。

资料来源：研究室《华北敌伪经济概况》，第48页。

从表4-21看，华北港口中，天津的出入的外国轮船数最多，其次为青岛、龙口、烟台。其中，日本轮船出入数量最多，在天津港占86％，在青岛港占85％。可见，天津和青岛两港在华北地区的重要地位和价值。

综上所述，日本邮船株式会社成立之初，主要经营的近海航路有上海、海参崴和仁川航线。第一次世界大战时期，日本海运迎来一个大的跃进，无论是航线数量还是航运吨数都有了大幅增加。到1922年，随着日本"大陆政策"的推进，华北的战略地位日益凸显，日本邮船株式会社成立专门的"近海部"，整合日本海沿岸和中国北部沿海的航运业务。1923年3月，又将这个部门独立出来，单独成立近海邮船会社，接收了原属日本邮船株式会社的 12 条航线。在日本政府的资助下，这个会社逐渐成为经营日本海沿岸和中国北部港口之间航运的最大会社，其主要航线停泊的港口有牛庄、天津、神户、横滨、函馆、库页岛、小樽、钏路以及华南地区的基隆、高雄。从以上港口的分布看，包含中国的三大地区东北、华北、华南，而且横滨、牛庄线还是直接由日本政府的递信省管理的"命令航线"，可见，日本对这条航路的重视。除此之外，"台湾总督府"、北海道厅、东京府、桦太厅也设置"命令航线"，资助近海邮船株式会社的航线。这些命令航线是政府主导开通并予以资金补助的，是日本政府控制航运并使其为侵略扩张服务的重要体现。

此外，1935 年日本局部侵华时期，天津航线还存在日本、英国、中国、美国、德国等航运公司的竞争。日本航运会社以轮船总数最多，航运吨数最大处于第一位，其次为英国和中国的轮船公司。到 1939 年，日本全面侵华时期，以天津、青岛、烟台、秦皇岛、龙口、威海为代表的六港成为华北的重要港口，其中天津和青岛的地位尤其突出，无论是入港船只数量还是总载重吨数，日本都是大规模领先于其他国家的。一方面，体现了华北重要的战略位置，天津港和青岛港成为华北地区的重要枢纽，是日本对华北进行资源掠夺和产品输出的重要据点，华北开始逐渐被纳入日本战时经济圈，侵略华北是日本推进"大陆政策"的重要步骤。另一方面，在全面侵华时期，日本已经在华北航运市场取得了垄断性地位，再次证明了日本侵华战争和海运业的密切关系。战争扩大是海运扩张的前提因素之一，海运业是日本运送战略物资和人员、以支撑侵略战争的重要工具。

第五章 "南进"政策和日本对东亚航运业的统制

第一节 日本"南进"政策的正式形成①

日本"南进论"的提出始于明治中期,经大正时代到昭和时代达到高潮。1888 年 12 月 29 日,日本在马尼拉设立领事馆,此后开始向菲律宾大量移民。代表明治时期"南进论"主流思想的人物有服部彻、恒屋盛服、志贺重昂、菅沼贞风等人。1891 年恒屋盛服著成《海外殖民论》,它把太平洋诸岛、澳大利亚、北美、中南美洲等地作为日本进出的方向。19 世纪末,日本外务省设立南洋局,南洋局专事有关泰国、菲律宾群岛、中南半岛、缅甸、马来西亚、北文莱、东印度群岛、澳洲、新西兰以及南极地方的外交事务。尽管这一时期"南进论"还处于对东南亚的经济、贸易、资源及产业对日本重要性的宣传上,但对进入帝国主义时代的日本外交政策和制度有着催化作用。

---

① 本节参见陈奉林、靳颖:《日本对东南亚政策的源流》,《外国问题研究》,1997 年第 2 期。

进入大正时代，日本国内"南进"的呼声甚高，有关东南亚金融、贸易、投资、历史、地理、军事、宗教和文化方面的考察报告及著作如雨后春笋破土而出。据统计，从 20 世纪初到 20 世纪 20 年代，这方面的著作达 238 册之多。[①] 其中最具代表性的，有副岛八十六写的《帝国南进策》（1916 年）和松本敬之写的《南方帝国论》（1919年）等。这些著作的出版，使日本对东南亚的兴趣再度高涨起来。

日本把东南亚提到对外政策的重要位置，是在昭和时代。在此之前，它通过武力先后占领琉球、中国台湾、朝鲜和中国东北的南部等地。这些地区虽然拥有丰富的钢铁和煤炭资源，但还不是获得军用物资的石油、橡胶和军粮的理想之地。20 世纪 20 年代，日本对东南亚有重大影响的政策，不能不首先提到 1927 年 6—7 月召开"东方会议"确立的"在华行动纲领"，即"田中奏折"。这个纲领的深刻意义在于它对称霸计划有了较为全面、清晰的描绘："如欲征服中国，必先征服满蒙；如欲征服世界，必先征服中国。"倘若中国"完全可被我国征服，其他如小中亚细亚、印度、南洋等地异服的民族必然会敬畏我国而向我投降"。这个纲领把日本外交取向勾画得相当清晰，九年以后日本又抛出《基本国策纲要》。

"东方会议"之前，日本就与东南亚国家有着政治、经济和外交上的联系。泰国是一个在英法列强争夺的狭缝中生存的国家，为了躲避列强的过分剥夺，它本能地向日本靠拢，以求得政治上的保护。1920 年，泰国国王拉玛六世访问日本。经过这次访问，日、泰间政治、经济上的联系日益增多，到 20 世纪 30 年代初步达成战前政治、经济及军事上的密切关系。在政治上，两国建立了"日暹协会"，其宗旨在于加强双方道德、精神和文化上的联系。在经济上，

---

① 清水元：「両大戦期間日本・東南アジア関係諸相」、アジア経済研究所、6 頁。

日泰缔结了一系列通商贸易条约,其中包括"日本暹罗间修好通商条约及附属议定书"(1924 年 3 月 10 日)、"日本暹罗间友好通商航海条约及最终议定书"(1937 年 12 月 8 日)等。这时期,日本商品在泰国的进口中达到 26%,其侨民不仅可以在泰国购买和租赁房屋、企业、仓库和开办银行、慈善事业,而且还享受其他外国人所不能享受的权利。① 军事上,日泰两国签订了"关于安全和政治上互相谅解议定书"(1941 年 5 月 9 日)、"关于非武装地带限定履行议定书"等。这些条约规定了双方的权利与义务,从而确立起泰国与日本战前的合作关系。

从 20 世纪 30 年代起,日本有计划地向法属印度支那、英属缅甸和荷属印尼派遣大批间谍人员以搜集当地情报,这些人员包括领事馆官员、新闻记者、医生、僧侣、商人和日侨。据《国防治安情报概要》记载,驻仰光的日本领事馆官员和日缅协会的一些成员就是间谍;1939 年 10 月,仰光机场在检查一位驻缅贸易商、日缅协会官员大场忠所携带的物品时,从中发现他支付给缅甸新闻记者向他提供情报的礼金记录,以及有关日缅协会缅甸国内各支部亲日宣传的记录文书等。② 这种情况在其他国家也屡见不鲜。

日本对法属印度支那的政策,是通过法国殖民政府来进行,以经济为其主要内容的。在通商贸易方面,日本和法国于 1927 年和 1932 年分别缔结"商定日本·印度支那间居住及航海制度的议定书""为商定贸易规程的暂时通商协定",印度支那三国几乎成为日本粮食和其他工业原料的供应地。经过明治维新后的几十年发

---

① [苏]尼·瓦·烈勃里科娃著,中国科学院世界史研究所翻译小组译:《泰国现代史纲》,北京:商务印书馆,第 99 页。

② 『近代日本と植民地』第 6 卷、96—97 页。

展,到 20 世纪 30 年代日本已经进入少数几个资本主义强国之列。由于长期的对外侵略,与军事相关的钢铁、电气、造船、机械、汽车等重工业和化学工业得到迅速发展,城市人口急剧增加。从经济结构看,资本主义大工业与半封建性的农业并存,国内市场狭小,工业原料和能源几乎全部依赖进口。这样就使得原来就供应不足的粮食与原料问题又突出起来。早在 1939 年 2 月侵略中国海南岛之前,日本驻"台湾总督"在所著的《南方外地统治组织扩充强化方案》里便透露了夺取东南亚的意图。他说:"随着我国国力的发展,帝国的南方政策日益紧迫起来。对南支南洋的工作如何,对国策的完成具有重大关系。"[1]这不仅是"台湾总督"的主张,也是日本海军的既定方针。日本的南进来自一次次的精心策划和准备。其中,对当时产生巨大影响的政策,有以下几项。

第一,1936 年 8 月,广田弘毅内阁确立《国策基准》与《帝国外交方针》,把"南进"作为帝国的基本国策。不过,这时日本是把"北进"与"南进"同等看待的,即"确保帝国在东亚大陆的地位,同时向南方海洋发展"。这一年,室伏高信出版了《南进论》一书,他把日本的"南进"作为自然的、历史的必然命运。这时期日本虽然占据着中国整个东北,但与整个中国的战争尚未展开,与美英等欧美国家的矛盾也未完全激化,它正处在野心勃勃、咄咄逼人的进攻前的状态。

第二,1940 年 3 月日本参谋本部与陆军省制定"应付世界新情势的时局处理纲要(对外政策)方针"。它表明了日本的对外态度:"除促进中国事变之解决外,更须趁此良机,解决南方问题","以解

---

[1] 東南アジア史学会:『東南アジア─歴史と文化─』、東京:山川出版社、44 頁。

决南方问题为目标"。① 可以看出,它把所要做的以武力进驻法属印度支那和确保荷属东印度的"南进政策"和盘托出了。

第三,1940 年 7 月日本近卫内阁确立"基本国策纲要"。它除了坚持"应付世界新情势的时局处理纲要(对外政策)方针"规定的"解决南方问题"外,又增加了不少新内容,构成近卫内阁的基本外交政策。"基本国策纲要"首次提出建立"大东亚新秩序"的构想,把"以日本为中心,建立以日满华为骨干的大东亚新秩序"作为"日本之国是",与"时局处理纲要"相比,其所论更为周详,涉及面积也更为广阔。在国防与外交方面,"基本国策纲要"规定:"以发挥国家权力的国防国家体制为基础,充实军备,俾得于国是之实施上,期无遗憾。……以讲求富有建设性及弹性的措施,藉期日本国运之发展。"②在国内体制方面,日本政府还规定加强国防观念及经济统制,整饬国防,国民服从国家,官民协作一致等。显然,日本在开动战争机器方面加快了步伐。

第四,1940 年 9 月政府联席会议通过《关于加强日德意轴心的问题》,内称:"为皇国之大东亚新秩序之建设,作为生存空间所应考虑之范围,乃以日满华为根本,并包括旧德属委任统治诸岛、法属印度支那和太平洋岛屿、英属马来、英属婆罗洲、荷属东印度〔印度尼西亚〕、缅甸、澳洲〔澳大利亚〕、新西兰及印度等。"③日本军部利用欧洲战争爆发,法国在欧洲的困难形势,命令第 22 军司令官久纳诚一中将率领第 5 师于 9 月 23 日零时进入法属印度支那北部地区的越南和老挝,西村琢磨少将率军于 9 月 26 日在海防登陆,初

---

① 服部卓四郎:『大東アジア戦争全史』第一部、台北:台湾軍事訳粋社、8 頁。

② 服部卓四郎:『大東アジア戦争全史』第一部、台北:台湾軍事訳粋社、6 頁。

③ [日]信夫清三郎著,吕万和、熊达云、张健译:《日本政治史(第四卷)》,上海:上海译文出版社,1988 年版,371 页。

步完成对印度支那北部的占领。这一行动,激化了日本与英美国家的矛盾。

第五,1941 年 1 月政府联席会议通过"对法属越南及泰国政策纲要"。它规定:"日本须迅速强化对法属越南及泰国政策,借以贯彻其目的。""遇必要时,须对法属越南行使武力。"它更全面地表现了日本对东南亚政策,针对不同的国家施以不同的策略。对于越南与泰国的边境之争,"施行强制调停",目的在于"确立日本在法属越南与泰国两地区之指导地位";如果泰国不驯服的话,则"加以压迫,务须努力使其承认我方之要求","无论在任何情形之下,均不得驱使泰国投奔英美"。① 日本对泰国的政策之所以如此,是与泰国长期以来遭受列强的争夺有关,也与泰国为寻求政治保护而执行倾向于日本的基本国策有关。1941 年 12 月 21 日"日泰同盟条约"缔结,1942 年 10 月 28 日"日泰文化协定"缔结,建立起战时同盟关系。日本对法属越南的态度则不同,对越行使武力被提上日程。日本极力逼迫法国维希政府在越南问题上让步,以保证越南不与第三国签订任何旨在针对日本的政治、军事协定。

第六,1941 年 4 月日本军部拟定"对南方政策纲要"。它具有更为直接的意义,"纲要"决定在"法属越南与泰国之间,确立有关军事政治经济的密切关系",在荷属东印度和其他东南亚诸国之间,"确立密切经济关系"以及"维持正常通商关系"。关于使用武力的目的、目标、时机与方法手段,规定"唯以不失机宜为要"。

第七,1941 年 7 月日本与法国政府签订"共同防守法属印度支那议定书",在印度支那问题上达成协议。随后日军开始进攻中南半岛南部地区,其在东南亚的侵略行动扩大了。至此,日本对东南

---

① 服部卓四郎:『大東アジア戦争全史』第一部、28 頁。

亚的政策经过长期的酝酿、发展和成熟,最后以简单而又传统的战争方式完成了。

第二节 东亚航运的整合——东亚海运株式会社

七七事变爆发前,日本和中国之间的航路以及日本海运会社所经营的中国沿海、沿江的航路,除了政府特别补助的航路之外,其他航路基本都处在自由经营的状态,主要的航运会社有日本邮船株式会社、大阪商船株式会社、日清汽船株式会社、大连汽船株式会社等。随着七七事变的爆发及战争形势的发展,日本政府认为必须对航运进行整备和统制,[①]决定成立东亚海运株式会社。

一、东亚海运株式会社的成立

1938 年 1 月,递信省管船局管理课派员前往上海视察航运经营,会晤当地的日本航运业者,并巡视日清汽船株式会社在黄浦江畔的仓库、码头设施,以及江南造船厂等机构,达成共识,即在日清汽船会社的基础上,整合近海邮船株式会社、大阪商船株式会社等大型航运资本,成立新航运会社,取得中国航运牛耳地位。[②]

政府顺应日本及各国在中国发展海运的大趋势,在确立日本海运拓展的基础上,应对东亚局势的新事态,决定统合经营日华建的各个航路。因此,有必要整合相关经营日华关系

---

① 日本邮船株式会社:「七十年史」、日本邮船株式会社、1956 年、264 頁。

② 「支那海運国策會社の片鱗」、『海運(月刊)』第 109 号、資料 6 頁。转引自萧明礼:《"海运兴国"与"航运救国"》,第 85 页。

航路以及海陆设施的机构,成立强有力的国策海运会社。①

可见,成立大型航运会社,整合航运能力成为日本政府继续扩大侵略战争的需要。所谓东亚局势的新事态,即战争爆发后,满足军需和民用物资运输不断加大的需要。

递信省最初的计划非常庞大,范围非常广,包括:北方到天津,南方到广东的中国沿岸航路;上海和汉口间的长江航路;从长江到内陆地区的内河航路;日本和中国之间的各个航路。而且还包括和这些航路有关的地上设施,上海、天津、青岛、广东及其他地方的栈桥、埠头、仓库等。涉及的相关会社达到十几家。由于这个计划过于庞大,无法迅速付诸实施。因此,日本首先在上海成立了内河航运会社,在青岛设立了埠头会社。大连汽船株式会社、朝鲜邮船株式会社的朝鲜华北航路、大阪商船株式会社的大连航路等暂且不参与这个计划。

着眼于占领区经济"开发"的需求,日本军部也积极鼓吹设置新航运会社,依据"日满财政经济研究会"资料显示,1938年年底,该会与日本军部协议有关占领区政权的政治、经济建设方案,就已提及成立特殊的航运会社,辅助铁路交通,促进华北资源运输,但这一建议是将内河航运与中日跨国海运分属两间企业,经营重心偏重华北地区,显示当时日本军部着眼于促进占领区资源运输。②1938年12月,日本召开内阁会议,提出"强化对华海运的暂定措施"。受递信大臣之邀,日本在华航运会社代表于1939年1月中召开新会社设立准备协议会。4月21日,内阁会议通过"日华海运株式会社设立要纲",要点包括:(1) 新海运会社的营业区域涵盖日

---

① 日本邮船株式会社:『七十年史』、日本邮船株式会社、1956年、264頁。

② 萧明礼:《"海运兴国"与"航运救国"》,第286页。

本—中国航线、中国沿海、中国内河水运、中国与南洋间各航线。1938 年初递信省与日本航运企业对新会社营业区域的意见获得内阁采纳。（2）在该"要纲"所附的谅解事项第一条第二款中,提到日本在华掳获及扣留的中国轮船及港埠设施,在未受损的特定条件下,需移交该会社使用,显示新海运会社的成立,亦有解决船只集中处置、运用,以解决船只数量不足及调度问题。继"日华海运株式会社设立要纲"通过后,为了新会社开业的相关事宜,递信省与各海运会社代表在当年 5—6 月间又召开三次设立准备协议会。①

最终经过多方讨论,在政府主持下,递信省将计划的规模缩小,日本邮船株式会社、近海邮船株式会社、大阪商船株式会社、三井物产会社、川崎汽船会社、日清汽船会社、原田汽船会社、大同海运会社、冈崎汽船会社、阿波国共同汽船会社、山下汽船会社的代表等,作为发起人,于 1939 年 8 月 5 日,召开了发起人总会,8 月 12 日入股,最终以资本金 7 300 万元成立了东亚海运株式会社。日本邮船株式会社的社长、原内阁书记官长河田烈就任新会社的社长,日本邮船株式会社副社长清水安治任副社长。②

东亚海运株式会社的股份由以上会社的全体发起人出资入股,各会社的出资中,有些是实物出资,有些是现金出资。其中实物出资共计 4 765 万元,现金出资约 2 535 万元。实物出资主要以轮船为主,共有 59 只,载重量 14.7 万吨;小型轮船 30 只,载重量 2 000 吨,艀船(小船)46 只;平底船 22 只;码头 13 个;房屋 60 栋,仓库 64 栋等。③

---

① 遞信省管船局:「日華海運株式會社せつりつニ関スル閣議規定」、『戰時海運関係資料』、mf98:W10:25、7 頁。转引自萧明礼:《"海运兴国"与"航运救国"》,第 288 页。
② 日本郵船株式会社:『七十年史』、日本郵船株式会社、1956 年、265 页。
③ 日本郵船株式会社:『七十年史』、日本郵船株式会社、1956 年、266 页。

表 5-1　东亚海运股东一览表

股东名	持股数	股东名	持股数
日本邮船	672 509	堀新	100
大阪商船	439 576	大谷登	100
日清汽船	286 459	冈田永太郎	100
三井物产船舶部	21 195	冈崎忠雄	100
川崎汽船	8 586	河田烈	100
冈崎汽船	7 897	长冈信捷	100
阿波共同汽船	7 251	中川干太	100
原田汽船	5 327	村田省藏	100
山下汽船	4 932	山中喜一	100
大同海萧运	4 568	山本武夫	100
铸谷正辅	100	安田繁三郎	100
古川虎三郎	100	近藤复	100
泽井谦吉	100	清水安治	100
内田茂	100	—	—
合计	企业及个人股东 27 名、总股额 146 万股		

资料来源:東亜海運株式会社:『東亜海運株式会社営業報告書』(第三期)。《战时海运关系资料》,mf98:W10:25。转引自萧明礼:《"海运兴国"与"航运救国"》,第290 页。

　　从表 5-1 中可以看出,日本邮船株式会社、大阪商船株式会社、日清汽船株式会社是股东中投资数量前三名。其中日本邮船株式会社占股数最多,投资约 67 万股,占总股数 146 万股的 46%。大阪商船株式会社排名第二,投资近 44 万股,占总股数的 30%。主营长江航路的日清汽船株式会社排名第三,投资近 29 万股,占总股数的近 20%。这三家航运会社的投资占到总投资的 96%,其他 24 个投资人或航运会社只占剩下的 4%。

二、东亚海运株式会社的构成

(一) 日本邮船株式会社

日本邮船株式会社是该时期最大的航运会社,经营日本和中国之间、中国内河及中国沿海、中国和外国之间的海运业,在中国主要港口都有埠头、仓库及附带的其他产业,为了应对这次对华海运设施的扩张,计划新造 12 艘新船,增设新的海陆设施,新建或修理仓库和屋舍。所需资金的大部分都是由日本政府提供的低息贷款。由此,也能看出,为了扩大侵华战争,日本政府对海运界的资金扶持,尤其是对大型航运会社的支持。随着战争的进一步扩大,日本开始实行战时经济体制,为了实现所谓"大东亚共荣圈",日本海运开始在政府的主导下,实现更进一步的整合和统制。日本邮船株式会社也在这个过程中不断扩充和强化航运力量,管理也愈加严格,逐渐演变成与国家政策更为密切相关的"国策会社"。

东亚海运株式会社成立时,日本邮船株式会社将多年来经营的上海航路以及大部分为该航路在上海设置的栈桥、仓库、埠头等,以入股的方式,投入东亚海运株式会社。以下为日本邮船株式会社实物出资和现金出资的数量,总计达29 413 100元。[1]

1. 航路及船舶

日本邮船会社出资的航路主要有以下三条:

上海航路,主要包括日华联络线、阪神—上海线、横滨—上海线。

青岛线。

北海道·华北线。

---

[1] 日本邮船株式会社:『七十年史』、日本邮船株式会社、1956 年、266—277 頁。

除了这三条正在运营的航路,还包括使用的 11 只船舶,总计载重量41 820总吨,这些船舶有上海丸、长崎丸、阿苏丸、筑波丸、六甲丸、摩耶丸、三笠丸、日光丸、筑后丸、妙法丸、妙见丸。

2. 土地

上海虹口4 183坪(约13 804平方米),上海汇山16 380坪(约54 054平方米),上海浦东15 157坪(约50 018平方米),吴淞6 448坪(约21 278平方米),汉口法租界1 428坪(约4 712平方米),合计43 551坪(约143 718平方米)。

3. 建筑物

上海虹口事务所、仓库等 14 栋,3 790坪(约12 507平方米);上海汇山事务所、仓库、房屋等 23 栋,计6 306坪(约20 810平方米);上海浦东事务所、仓库等 3 栋,计1 713坪(约5 653平方米)。合计 40 栋,总计11 809坪(约38 970平方米)。

在各方协调下,东亚海运株式会社于 1939 年 8 月 5 日正式成立。

4. 其他

上海虹口、汇山、浦东各埠头、起重机等等。

5. 现金

日本邮船会社的现金总投资达11 490 500元。

由此可见,作为当时最大的航运会社,在日本侵华战争全面开始之后,无论是实物出资还是现金出资,数额都很巨大,总数近3 000万元。东亚海运株式会社成立时的总资本为7 300万元,日本邮船株式会社的对其总投资接近一半。其中,日本邮船株式会社出资 11 艘轮船、3 条航运干线,现金也多达1 149万元。

(二) 大阪商船株式会社

1939 年 8 月,东亚海运株式会社成立,9 月开始正式运营。大阪邮船株式会社经历 40 年的扩张和发展,也拥有了一些主干航路,尤其以台湾航路最为重要。东亚海运株式会社在政府的主导下,以入股的方式吸引投资。大阪商船株式会社将经营 40 多年的中国和日本航路、中国大陆和台湾航路等 9 条定期航线,以及在这些航线上从事运输的 17 只轮船,总载重量 6 200 吨,投资给东亚海运株式会社。[①] 同时,还包括为了维持这些航线的运营,在中国建设的海陆设施也悉数以实物投入东亚海运株式会社。除了这些实物,大阪商船株式会社还将陆上员工 17 人、高级船员 223 人、普通船员 826 人从大阪商船株式会社转职到东亚海运株式会社。这充分说明,东亚海运株式会社成立时,大阪商船株式会社虽然是私营航运会社,仍然执行了国家的命令,为新会社出资。以下是大阪商船株式会社出资的明细表(表 5 - 2),包括实物(包括航线、船舶、房屋、栈桥等)和现金两部分。

表 5 - 2　东亚海运株式会社中大阪商船会社的出资明细(1)

出资物件	数量		金额(千元)
船舶	17 只	46 178 总吨	7 711
土地	20 699 坪(约 68 306 平方米)		3 981
房屋	10 445 坪(约 34 468 平方米)		753
栈桥	1 578 坪(约 5 207 平方米)		116
浮标	1		3
现金	—		9 438
合计			22 009

（注:① 表格中的单位"坪"为日本面积单位,1 坪约等于 3.306 平方米。
　　② 表格中的单位"千元"为日本货币单位。)
　　资料来源:冈田俊雄编『大阪商船会社 80 年史』、大阪商船三井船舶株式会社、1966 年、92 頁。

———————————

① 冈田俊雄编『大阪商船会社 80 年史』、大阪商船三井船舶株式会社、1966 年、92 頁。

表 5 - 3　东亚海运株式会社中大阪商船会社的出资明细(2)

船舶	船种	总吨数
梅卡鲁	货客	5 266
泰山	货客	3 930
洛东	货客	2 962
香港	货客	2 797
新兴	货物	2 578
大华	货物	2 205
中华	货物	2 190
广东	货客	2 820
长安	货客	2 632
长江	货客	2 629
长城	货客	2 602
盛京	货客	2 565
福建	货客	2 558
长沙	货客	2 538
四川	货物	2 201
日东	货物	2 187
大球	货客	1 518
计	17 只	46 178

资料来源:冈田俊雄编『大阪商船会社 80 年史』、大阪商船三井船舶株式会社、1966 年、92 頁。

　　大阪商船株式会社向东亚海运株式会社出资的船舶有 17 艘,比日本邮船株式会社的 11 艘还要多,其中客货船为 12 艘,占了绝大多数。以下是大阪商船会社向东亚海运株式会社出让的航线:

　　大阪—天津线、大阪—青岛线、横滨—天津线、基隆—福州—厦门线

基隆—香港线、高雄—广东线、高雄—天津线、高雄—上海线、日本—广东线

大阪—天津线和大阪—青岛线是大阪商船株式会社的华北干线。以基隆、高雄为起点的台湾航线,也是大阪商船株式会社经营多年的航线。在大阪商船株式会社的社史中用了这样的词来形容这些航线,"我社在过去40年间,困苦经营且付出巨大牺牲才育成的线路"[1]。可以隐约感受到大阪商船株式会社对"贡献"这些航线有些许可惜,但因为东亚海运株式会社背后站着强大的国家势力,为了所谓确保航权,构建强大的大型海运会社,实现对中国航路经营的统制强化,大阪商船株式会社仍然不得不将这些联系中国华北、华东、华南的干线贡献给国家,成为日本侵华战争中的交通辅助者。

（三）日清汽船株式会社

日清汽船株式会社和日本邮船株式会社、大阪商船株式会社有所不同,它自从成立之初就是日本政府扶持和主导下建立的"国策会社"。在日本政府的资金扶持下维持长江航路的运营,以协助日本经济、文化势力深入华东和华中,渗透到中国内陆地区。

由于日清汽船株式会社的"国策会社"性质,在东亚海运株式会社成立的时候,日清汽船株式会社将全部的航路、设备、轮船都投入到东亚海运株式会社中。相当于在新会社的整合中,一个"国策会社"融合到另一个更大的"国策会社"中。因为由政府主导整合,日清汽船株式会社在这次整合中格外积极,因此1939年8月份新会社刚刚成立,日清汽船株式会社就着手将船舶、土地、建筑物

---

① 冈田俊雄编:『大阪商船会社80年史』、大阪商船三井船舶株式会社、1966年、91頁。

及其他各种财产,还有航路等悉数转移到新会社中,连全部人员也实现了会社间的转职。在构成东亚海运株式会社的 11 家航运会社中,日清汽船株式会社是唯一一家将所有财产全部交出的轮船会社。在其社史中这样描述道:"回顾三十余年独立奋斗的历史,感慨万千,但想到即将可以成为我国在东亚海运发展的一块基石,便欣然参加了这次组合。"①日清汽船株式会社出资到新会社的实物和现金如下:

> 日清汽船株式会社向新会社出资的情况如下:
> 土地　　　10 所　30 200 坪(约 99 660 平方米)
> 建筑物　　45 栋　64 628 坪(约 213 272 平方米)
> 轮船　　　　17 只　　　　　　27 528 总吨
> 小轮船　　　25 只　　　　　　1 799 总吨
> 趸船　　　　3 只　　　　　　 4 878 吨
> 舻船、通船　37 只
> 跳船　　　　19 只
> 栈桥　　　　5 件
> 股份　　　　　面额271 450 元
> 现金　　　　1 000 000 元
> 以上合计　　14 332 950 元

可见,经营 30 多年的日清汽船株式会社,在这次日本政府组建新的大型"国策会社"之时,将全部的轮船、房屋、栈桥和资金交给东亚海运株式会社,结束了 32 年 4 个月的经营历史。这使日本整合更多航运力量开展对华军事、经济方面的运输,配合日本全面

---

① 浅居誠一:『日清汽船株式会社三十年史及追補』,日清汽船株式会社、1941 年、174 頁。

侵华。

由资本组成可知,日本邮船株式会社是东亚海运最大股东。大阪商船株式会社实物出资略少于日清汽船株式会社,但因现金出资远超过后者,从而成为第二大股东。常年在日本对华航运中占有重要地位的日清汽船株式会社失去新会社主导权,应与递信省对华海运经营方针有关。

东亚海运株式会社成立目的之一为整合中国内河—沿岸—海外航线,由单一企业经营,避免资源多重配置的浪费,提升运输效率。日本邮船株式会社让出长崎—上海、横滨—上海、阪神—上海航线等精华航线,大阪商船株式会社亦让渡阪神—青岛、神户—天津等航线。相较之下,日清汽船株式会社在这些航线的势力不如前两者,再加上为弥补各海运业者让渡航线、资产设施的损失,在分配新会社持股时,在热门航线拥有船舶资产越多者所得补偿(股份)越多,因此在日本—中国航线上处于劣势的日清汽船株式会社失去新会社之主导权。[①]

三、东亚海运株式会社的运营

由于日本邮船株式会社、大阪商船株式会社、日清汽船株式会社等会社和个人的出资,东亚海运株式会社在成立之初就组建了庞大的团队,大约有轮船59只。到1940年12月,轮船数量增加至66只、小型轮船与趸船60只。

东亚海运株式会社的船只来源,主要有三个方面,一是当时海运会社出让的船只,总共有55只。其中,日本邮船株式会社转入17只,总载重55 629吨。日清汽船株式会社转入13只,总载重

---

① 萧明礼:《"海运兴国"与"航运救国"》,第291页。

表5-4　1940年12月东亚海运株式会社船队统计表

船名	总吨位	载重(吨)	极速(节)	建造年份(年)
1. 东亚海运成立时继承其他日本在华航运会社船只				
(1)原日本邮船所属				
长崎丸	5 268	2 830	20.87	1922
上海丸	5 259	2 828	20.17	1922
日光丸	5 058	4 905	17.77	1903
妙见丸	4 125	5 856	17.63	1938
妙义丸	4 021	5 715	17.39	1938
筑波丸	3 172	4 354	14.41	1923
摩耶丸	3 145	3 950	15.66	1923
三笠丸	3 143	1 877	15.92	1928
六甲丸	3 038	1 817	14.85	1923
阿苏丸	3 028	4 279	15.06	1923
筑后丸	2 462	3 388	14.35	1907

船名	总吨位	载重(吨)	极速(节)	建造年份(年)
华山丸	2 103	2 865	13.07	1926
唐山丸	2 103	2 558	13.17	1926
大吉丸	1 892	903	11.50	1901
信阳丸	1 674	1 290	11.83	1929
当阳丸	1 574	1 035	10.34	1927
武陵丸	1 298	715	11.55	1906
云阳丸	1 037	959	15.08	1922
宜阳丸	943	439	14.05	1921
嘉陵丸	366	112	12.73	1927
吨位合计	24 786	23 482		
(4)原三井物产所属				
春日山丸	2 428	3 946	12.38	1925
三天丸	1 211	1 890	9.50	1918

续表

船名	总吨位	载重（吨）	极速（节）	建造年份（年）
筑前丸	2 449	3 384	13.00	1907
南岭丸	2 407	2 717	14.58	1924
北岭丸	2 408	2 414	24.14	1924
景山丸	2 319	1 321	15.34	1924
新潟丸	2 069	2 984	12.63	1903
胜浦丸	1 735	1 010	12.33	1918
合计	55 106	55 629		
（2）原大阪商船所属				
贝加尔丸	5 266	4 926	17.28	1921
泰山丸	3 925	3 292	15.61	1902
洛东丸	2 962	4 056	13.93	1935

船名	总吨位	载重（吨）	极速（节）	建造年份（年）
三弘丸	636	962	9.60	1919
合计	4 275	6 798		
（5）原川崎汽船所属				
东泰丸	3 194	5 134	11.50	1918
合计	3 194	5 134		
（6）前原田汽船所				
原田丸	4 109	4 257	15.00	1902
合计	4 109	4 257		
（7）原阿波国共同汽船所属				
第二十八共同丸	1 506	886	14.27	1919
第十八共同丸	795	350	10.00	1908

续表

船名	总吨位	载重（吨）	极速（节）	建造年份（年）
广东丸	2 820	2 500	15.23	1928
香港丸	2 797	3 214	15.61	1935
长安丸	2 632	2 511	15.12	1926
长江丸	2 629	2 522	15.20	1927
长城丸	2 611	2 555	1 469	1926
新兴丸	2 578	4 117	13.70	1938
盛京丸	2 565	3 597	2.90	1921
福建丸	2 558	3 619	12.83	1920
长沙丸	2 538	1 555	12.50	1921
大华丸	2 205	2 931	12.50	1921
四川丸	2 201	3 546	10.92	1918
中华丸	2 189	1 286	12.20	1920
吨位合计	2 301	1 236		
(8) 原冈崎本店所属				
日满丸	1 922	2 845	10.50	1917
吨位合计	1 922	2 845		
(1)—(8) 小计	14 874	151 397	55 艘	
2. 东亚海运成立后继承原出资会社建造之新船				
妙法丸	4 122	5 898	17.71	1939
妙高丸	4 103	5 708	17.14	1939
兴国丸	3 487	2 023	17.15	1940
兴运丸	3 415	2 092	17.94	1940
兴昌丸	3 379	2 020	18.06	1940
兴隆丸	3 366	2 041	17.40	1940

续表

船名	总吨位	载重（吨）	极速（节）	建造年份（年）
日东丸	2 187	3 533	12.42	1920
大球丸	1 518	2 256	12.00	1920
合计	46 181	52 016		
（3）原属日清汽船				
凤阳丸	3 977	2 080	15.06	1915
衡山丸	2 748	4 056	10.50	1922
嵩山丸	2 540	3 235	13.50	1921
庐山丸	2 531	3 235	13.31	1920
总计	180 032		66 艘	
小蒸汽船				
总计	3 367	—	50 艘	
趸船				
总计	20 810	—	10 艘	
驳船				
总计	—	—	53 艘	

船名	总吨位	载重（吨）	极速（节）	建造年份（年）
兴亚丸	3 365	2 099	18.13	1940
兴东丸	3 364	2 122	17.81	1940
兴泰丸	3 215	2 021	17.92	1940
小计	31 816	26 024	9 艘	
3. 东亚海运成立后收购之新造船只				
宁波丸	3 764	2 071	15.00	1940
瑞兴丸	2 578	4 094	13.83	1939
小计	6 342	6 165	2 艘	

资料来源：转引自萧明礼.《"海运兴国"与"航运救国"：日本对华之航运竞争（1914—1945）》第 293 页。

23 482吨。大阪商船株式会社转入 17 只,总载重52 016吨。二是东亚海运株式会社成立后收购的新船,总共有 9 只,总载重26 024吨。三是东亚海运株式会社成立后新造的船只,总共有 2 只,总载重6 165吨。根据日清汽船株式会社的社史记载,日清汽船株式会社转入轮船 17 只,但是在 1940 年 12 月的表(表 5 - 4)上只有 13只。据萧明礼的研究推测,可能 4 只船(沅江丸、音户丸、涪陵丸、爱媛丸)已于当年 4 月以实物出资的名义转交给中华轮船之故。①东亚海运株式会社是 1939 年 8 月成立,到 1940 年 2 月,仅仅不到半年时间就收购和新造了 11 只新船,总载重32 189吨。可以看出,东亚海运株式会社刚刚成立就急于扩大运输规模的野心。

　　除了以上由日本邮船株式会社等会社和个人转让的船只外,东亚海运株式会社使用的船只中,还有租借的船只,见表 5 - 5:

表 5 - 5　东亚海运历来使用之拿捕船②及佣船表

船名	总吨位	船名	总吨位	船名	总吨位
(1) 拿捕船		中兴丸	1 068	(2)社船或佣船不明	
安兴号	2 906	长发丸	457	大贞丸	2 421
安利号	1 668	德平九	3 439	禄星丸	1 907
第 2 安羽号	1 026	斗山丸	2 804	崇明丸	不明
阿波丸	1 650	八纮丸	1 132	黄华丸	296
晓丸	910	美山丸	3 420	合计(4 艘)	4 624
霍山丸	2 938	无恙号	3 046		

---

① 萧明礼:《"海运兴国"与"航运救国"》,第 293 页。

② 拿捕船,运用拿捕权拿捕的船只。拿捕权,指军舰对某些犯有国际罪行和违反国际法的船舶可以实施拿捕的权力。这里也指战争中缴获的船只。

续表

船名	总吨位	船名	总吨位	船名	总吨位
海丸	2 698	屏山丸	1 061	(3) 社船、拿捕船或佣船不明	
晓勇丸	2 232	丸子丸	3 068	甘州丸	2 001
晓南丸	1 200	三明丸	1 412	高崎丸	1 460
晓云丸	912	岷华号	550	山王丸	不明
金鲈丸	1 150	榆林丸	1 893	长华丸	296
光山丸	3 923	乐山丸	2 104	甲丸	153
广运丸	1 665	龙山丸	2 482	利昌号	117
厚利号	1 337	鲤城丸	1 543	合计(6 艘)	4 027
宏利号	772	丽山丸	3 426		
第一黄浦丸	272	吕山丸	2 209	(4) 佣船	
三亚丸	3 365	合计(40 艘)	75 521	新宁绍号	3 387
徐州号	1 658			神宫丸	2 745
新鸿兴号	1 259			利通号	1 853
新泰号	933			大智丸	1 280
雪山丸	1 922			广利号	1 091
象山丸	2 171			合计(5 艘)	10 356
竹山丸	1 840			总计	94 528

资料来源:遠藤昭編「東亜海運株式会社略史」,戦前船舶研究資料集第 54 号、33—35 頁。转引自萧明礼:《"海运兴国"与"航运救国"》,第 295 页。

表 5-5 中的船只中包括拿捕船、佣船等,也有 55 艘,是东亚海运株式会社租用来的船只。

东亚海运株式会社刚刚成立,就利用各会社转入的轮船和航线开始运营。近一年的营业状况如下:

表 5-6 1939 年 10 月至 1940 年 4 月东亚海运营业收支表 （单位：日元）

营收	金额	支出	金额
总营收	22 799 164.23	总支出	21 505 197.38
盈余			1 293 966.85

资料来源：逓信省管船局：「東亜海道林式会社法案想定貿疑息答」（其二）、『戦時海運関係資料』、mf98：W10：25。转引自萧明礼《“海运兴国”与“航运救国”》，第 296 页。

表 5-7 1940 年 4—9 月东亚海运营业收支表 （单位：日元）

营收项目	金额	支出项目	金额
货物运费（荷物运赁）	23 990 739.03	会社营业支出	3 703 038.18
旅客运费（船客运赁）	4 968 265.34	客货运输支出	3 860 473.80
船舶出租费用（贷船料）	1 621 265.34	船舶费用	15 372 330.99
		船舶租借费用	4 963 002.35
收入利息	24 668.89	支付利息	138 488.34
水陆设施经营收入	2 055 158.13	水陆设施经营支出	2 010 282.42
航路补助金	2 950 227.70	税金	518 836.35
杂项营收（杂收入）	274 976.54		
		小计	30 566 452.43
		船舶保险公积金	87 791.51
		船舶大修公积金	458 787.68
		船舶减价返还金	1 917 337.15
		不动产减价返还金	114 960.81
		水上机关减价返还金	189 067.58
		水陆设施整备准备金	120 000.00
		小计	2 887 944.73
总计	35 885 300.97	总计	33 454 397.16
盈余			2 430 903.81

资料来源：東亜海運株式会社：『東亜海運株式会社営業報告書』（第三期）、『戦時海運関係資料』、mf98：W10：25。转引自萧明礼《“海运兴国”与“航运救国”》，第 297 页。

通过表5－6和表5－7的对比可以看出,东亚海运株式会社刚刚成立的半年内,营业收入约为2 279万元,除去支出的费用,盈余约129万元。到新会社成立一年后,营业总收入达到约3 589万元,除去支出后,约盈余243万元,半年间营业的利润增加了一倍以上。一方面,会社刚刚成立时,物品和人员的交接需要一定时间,开始半年,营业收入增加缓慢,等到资产移交完毕,经营进入正常状态,新会社才能正式运转。另一方面,战争局势不断变化,也会引起运输数量的变化。日本—天津线、日本—青岛线、日本—上海线作为日中间航运的干线,受到战争的影响较大。据《战时海运关系资料》的记载,经由上述航线输往日本的货运量较对华输出量更低。至于日本—华中航线,对日杂货输出量不足,唯得利于矿石输日业务满载,整体运输成绩尚属良好。而日本—华南航线与台湾海峡两岸航线,则呈现对华输出热络,华南对日本、对中国台湾输出不振的现象。① 从1940年4—9月的营业收支表看,其中还包括日本政府给东亚海运株式会社的航运补助金,为295万元,占整个营收总额3 589万元的8％,虽然数量上占比并不是很大。但总营收和总支出的差额,即半年的盈余部分也才243万元。这一部分相当于新会社经过前半年的调整期,进入正式经营半年间的总利润。因此,此时的东亚海运株式会社如果没有政府下拨的295万元补助金,会社将亏空53万元。营业收支出现负数,一方面会打击新会社股东的投资信心,另一方面会引起会社经营的困境,导致新会社没有足够的资金投入新船建造、新航路开辟,也会影响码头和栈桥的维修等等。由此可以看出,日本政府在侵华战争全面进

---

① 東亜海運株式会社:『東亜海運株式会社営業報告書』(第三期)、『戦時海運関係資料』、mf98：W10：25、2—4頁。转引自萧明礼:《"海运兴国"与"航运救国"》,第297页。

行过程中,在资金并不充裕的情况下,仍然出资维持"国策会社"的经营,使其不仅有足够的资金维持正常运转,支持战争运输,还可以在安抚股东的同时,继续扩大会社的规模。

随着战争形势的变化,为了建设所谓"东亚新秩序",在1940年9月27日的内阁会议上,日本政府制定"海运统制国策要纲"。这个文件最核心的内容是,由日本政府统一制定运输计划,政府决定船只的调配,就连运费和用船费用也由政府来最终制定。在这个《要纲》的指导下,以航运业者为中心,成立了海运组织"海运中央统制运输组合"。根据日本政府的指令,由"海运中央统制运输组合"运送物资,进行统一的核算。"海运中央统制输送组合"并非自愿、自由加入,是必须强制加入的机构,会员主体是大型船只的航运业者,总共达95家之多。① 这样,东亚海运株式会社又进入一个新的发展阶段,作为"海运中央统制输送组合"定期船部门,专门经营定期航路,为战争服务。

从日本与其他各国在航运上的竞争也能看出东亚海运株式会社作为国策会社成立后的经营情况。

表5-8　1937—1940年中国沦陷区内河与沿岸航线各国轮船数统计表

航线时期	国籍	内河航线			沿岸航线			合计		
		数量	总吨位	比率(%)	数量	总吨位	比率(%)	数量	总吨位	比率(%)
1937年中日战争爆发前	日本	13	29 360	11.3	24	50 035	10.3	37	79 395	10.6
	中国	132	115 590	44.5	158	290 942	59.7	290	406 532	54.4
	第三国	71	115 085	44.2	53	146 000	30.0	124	261 085(中国—南洋29 667)	35.0(4.0)

---

① 日本邮船株式会社:『七十年史』、日本邮船株式会社、1956年、303—306页。

续表

航线时期	国籍	内河航线			沿岸航线			合计		
		数量	总吨位	比率(%)	数量	总吨位	比率(%)	数量	总吨位	比率(%)
1939年11月	日本	34	41 822	41.8	39	94 105	23.6	73	135 927	24.5
	中国	—	—	—	—	—	—	36	56 941	10.2
	第三国	49	58 260	58.2	132	304 382	76.4	181	362 642 (中国—南洋 153 454)	65.3 (27.6)
1940年10月	日本	74	69 343	72.1	47	85 159	33.6	121	154 502	44.2
	中国	—	—	—	6	5 723	2.3	6	5 723	1.7
	第三国	17	26 815	27.9	84	162 293	64.1	101	189 108 (中国—南洋 300 750)	54.1 (86.1)

资料来源：東亜海運株式会社営業部企劃課編：『支那沿岸及内河航路経営第三国及支那船主運営実勢(上)』、調査特報第一号、20 页。转引自萧明礼：《"海运兴国"与"航运救国"》，第 308 页。

表 5-8 统计了在中国沦陷区内河与沿岸航线上中国、日本和其他国家航运势力的对比情况。其中，内河航线上，1937 年日本全面侵华前，日本航运会社船舶总吨位不到 3 万吨，所占比率仅为 11.3%。此时，在中国内河航线上，中国和其他各国分别占比 44.5% 和 44.2%，两者相加为 88.7%，占了绝大多数。东亚海运株式会社成立后，1939 年 11 月，日本航运会社的船只数从 1937 年的 13 只增加到 34 只，总吨数超过 4 万吨，占比迅速激增到 41.8%。可见，东亚海运株式会社在整合中国内河航运后，航运势力迅速增加。到 1940 年 10 月，日本在中国内河投入的船舶已达 74 只，总吨数近 7 万吨，船舶数和总吨数

是东亚海运株式会社成立前的5.7倍和2.3倍。此时的日本海运势力已经占中国内河航运总额的72.1%，其他各国航运势力相加为27.9%。可以说，在日本政府扶持下，东亚海运株式会社几乎垄断了中国的内河航运。从中国沿海航运的情况看，日本航运势力从1937年占比10.6%，到1939年11月时占比24.5%，再到1940年10月时占比44.2%，是1937年的4倍。可见，东亚海运株式会社吸纳了日本邮船株式会社、大阪商船株式会社等会社的中国沿海航线及轮船后，整合沿海航运势力，营业扩张迅速。这也恰恰证明了日本全面侵华期间，战争运输需求和民用运输需求双双暴涨的局面，也是"国策会社"在战争中发挥作用的显著体现。

1937—1941年，从中国国内航线中各国船只总吨数的统计比例来看，也能考察东亚海运株式会社的经营情况。

表5‐9　1937—1941年中国国内航线之各国船只总吨位比率

（单位：千吨、%）

国别	日本		英国		中国					
年份	吨位	比率	吨位	比率	轮船		小型民船		中国船只合计	
					吨位	比率	吨位	比率	吨位	比率
1937	6 017 715	11.02	23 165 047	42.43	18 643 670	34.15	1 153 579	2.11	19 797 249	36.2
1938	2 259 355	7.69	16 052 820	54.63	4 572 957	15.56	—	—	4 572 957	15.56
1939	3 762 206	17.03	10 928 771	49.46	2 012 385	9.11	—	—	2 012 385	9.11
1940	5 001 611	32.08	6 387 890	40.97	1 504 480	9.65	—	—	1 504 480	9.65
1941	4 612 183	41.58	3 926 705	35.40	1 095 645	9.88	—	—	1 095 645	9.88

国别	美国		法国		挪威		德国		荷兰	
年份	吨位	比率	吨位	比率	吨位	比率	吨位	比率	吨位	比率
1937	396 031	0.73	388 197	0.71	2 316 469	4.24	502 089	0.92	844 739	1.55

续表

国别	美国		法国		挪威		德国		荷兰	
年份	吨位	比率	吨位	比率	吨位	比率	吨位	比率	吨位	比率
1938	96 422	0.33	349 228	1.19	1 722 260	5.86	1 197 241	4.07	649 032	2.21
1939	56 405	0.26	261 970	1.19	1 704 574	7.72	939 710	4.25	787 607	3.56
1940	81 696	0.52	59 861	0.38	869 418	5.58	312 134	2.00	750 505	4.81
1941	13 685	0.12	—	—	24 500	0.22	6 478	0.06	608 383	5.48

国别	丹麦		意大利		葡萄牙	
年份	吨位	比率	吨位	比率	吨位	比率
1937	357 356	0.66	447 389	0.82	173 780	0.32
1938	470 771	1.60	1 008 502	3.43	565 786	1.92
1939	416 579	1.99	546 450	2.47	246 089	1.11
1940	90 894	0.58	187 846	1.21	60 905	0.39
1941	—	—	959	0.01	40 372	0.36

资料来源:中国第二历史档案馆、中国海关总署办公厅、中国旧海关史料编辑委员会编:《中国旧海关史料:1859—1948》,第 124、128、132、136、140 册。转引自萧明礼《"海运兴国"与"航运救国"》,第 306 页。

表 5-9 列出 1937—1941 年中国国内航线中各国船只总吨数的比率。中国、英国、日本是占比最大的三个国家,将这三个国家的占比数抽出,做成表 5-10。

表 5-10 中、英、日在中国国内航线中船只总吨数占比简表

年份	1937 年	1938 年	1939 年	1940 年	1941 年
中国	36.20%	15.56%	9.11%	9.65%	9.88%
英国	42.43%	54.63%	49.46%	40.97%	35.40%
日本	11.02%	7.69%	17.03%	32.08%	41.58%

由表 5-10 可以看出,随着战争形势的变化,在中国国内航线上占比最多的三个国家,航运能力占比也存在差异,趋势变化明

显。中国航运公司从 1937 年占比36.2%，到 1939 年缩减到不到
10%，下降了72%，一直到太平洋战争爆发，仍然没有超出 10%，减
少明显。那么，这部分中国的航运份额到哪里去了呢？从表 5－10
中可以看出，英国曾在 1938 年和 1939 年，航运势力从 1937 年的
42.43%增加到50%左右，在 1938 年达到高峰，占比超过一半，之
后，逐渐开始走下坡路，下降成为总趋势，到 1941 年占比 35.4%，
不及日本航运会社。在三个国家中，唯独日本基本保持上升的趋
势，1937 年占比11.02%，到 1939 年增加到 17.03%，1940 年增加
接近一倍，占比32.08%，到 1941 年达到41.58%，逐年上升的趋势
非常明显。由此可以看出，1939 年和 1940 年是日本在华航运势力
的转折点，这一时期正是东亚海运株式会社成立及快速增长的时
期，充分证明了东亚海运株式会社的成立对其逐渐垄断中国国内
航线产生的巨大作用。值得注意的是，日本航运势力虽然出现了
快速增加，但其超过英国却是在 1941 年。从表 5－10 中可以看出，
1938 年日、英航运占比分别为 7.69%和 54.63%，日本远远不及英
国公司，中国占比接近 40%。1939 年，日本航运能力虽然已经大
大增加，但是和英国的差距仍然很大，日、英占比分别为 17.03%和
49.46%。1940 年，日、英航运占比分别为 32.08%和 40.97%，差
距已经不大，到 1941 年出现反转，日、英比率变为 41.58%和
35.40%。而这三年中国的航运依然维持在不到 10%的水平。这
说明如下问题：第一，中国航运的份额在 1938 年之后逐渐被英、日
瓜分。中国的航运企业在英、日列强的压迫中艰难地生存和挣扎，
努力维持10%左右的占比，始终没有退出航运竞争。第二，1937—
1940 年，英国轮船公司在华业务呈现下降趋势，而日本基本呈现上
升趋势，尤其在 1939 年，东亚航运会社整合中国航路之后，航运能
力出现了连续两年的快速增加，每年都是上一年的两倍左右，飞跃

趋势明显。这充分说明东亚海运株式会社成立和运营对于协助日本经济、军事、政治势力向中国扩张和渗透产生的巨大作用。第三,英国一直是在华航运的主干力量之一,也是日本航运会社最大的竞争对手。东亚海运株式会社的成立是日本利用国家力量对抗英国在华航运势力的重要措施。在航运竞争中,这种方法收效非常显著,再次体现了"国策会社"的作用。在此基础之上,1940 年 9月由国家全面实施对航运的战时统制,是日、英航运在华势力出现反转的重要原因。

综上所述,日本侵华战争全面开始之后,经过多方讨论,1939年 8 月,日本航运业界在政府的主导下,成立垄断日华间和在华航运的"国策会社"——东亚海运株式会社。该会社成为日本通过国家力量组建大型会社,对抗欧美在华航运势力的典型案例之一。新会社由日本邮船株式会社、大阪商船株式会社、日清汽船株式会社等多家航运会社和个人投资组成,其中既包括实物投资也包括现金投资。

在短时间内组建管理体制完备、装备齐全、人员齐备的新会社,体现了国家命令在航运整合中的作用,更体现出日本控制中国内河和沿海航运、驱除英国航运势力、为不断扩大的侵华战争服务的意图,即"为使本会社确立在中国经营的地盘,以及了无遗憾地遂行我对华经营而决意者,是必须和长年以来拥有盘根错节基础、最强力的竞争对手演出白热战以打倒之,作为实现此一国策遂行之重任的准备,首先必须要成立极为严密的会社组织"。① 新会社成立后,在日本政府补助金支持下,在华航运总吨数不断增加,在

---

① 逓信省官房文書課:「次官指示事項」、『戦時海運関係資料』、mf98;W10;2616—17頁。转引自萧明礼:《"海运兴国"与"航运救国"》,第 320 页。

此基础上,1941 年日本开始实行战时航运统制,日本在华航运势力终超英国,成为在华航运的最大垄断者。东亚海运株式会社的成立和运营再次证明日本上到政府决策的制定,下到航运公司的运营,都卷入到战争的洪流中。

第三节　"大东亚共荣圈"的形成和航运统制

一、"大东亚共荣圈"构想的形成

"大东亚共荣圈"是处于第二次世界大战中的日本法西斯所提出的重要战略构想,从某一方面来说,"大东亚共荣圈"的构想是这一时期的日本处理其在亚洲事务的基准,是其这一时期的亚洲政策。"大东亚共荣圈"是日本尝试建立国际秩序的总体思想,酝酿了几十年之久,最后以"大东亚共荣圈"为名,成为基本国策。[①]　这是日本侵略亚洲,尤其是侵略中国的总方针。

"大东亚共荣圈"的构想,最早可追溯至 19 世纪的"亚洲主义"思想。19 世纪的西方列强对东南亚、东亚以及亚洲进行侵略,在这种急切的形势下,日本希望能够联合中国、印度等周边国家一起对抗西方列强、反抗侵略,这一思想被称为"亚洲主义",后来日本右翼将这一思想演变为"大东亚共荣圈"思想。19 世纪末、20 世纪初,日本也出现了学术界称之为"大亚细亚主义"的亚洲主义思潮。它表达的主要思想是,亚洲,特别深受东亚儒家文化的影响地区,由于大家有共同的文化背景,应该团结起来,以日本为主导,实行中、日以及亚洲各个

[①] 游国龙:《序列意识与大东亚共荣圈——对二战时期日本国家行为的心理文化学解读》,《日本学刊》,2013 年第 2 期,第 120—121 页。

国家的相互提携,共同抗击欧美等列强的侵略。这种思想形成于日本侵华前后,贯穿于日本军事侵略的全过程。

早期"大东亚共荣圈"的构想虽未以"大东亚共荣圈"之名号出现,而是以"东亚经济同盟""东亚新秩序"等名称出现,但是已具备了"大东亚共荣圈"的雏形。

"东亚经济同盟"出现于后藤新平在 1916 年向寺内内阁提出的建议案:"日本必须以'世界经济财政的和平战胜者'的姿态,建立一个足以和'中欧经济同盟''协约国经济同盟'以及与美国经济相撷抗的'东亚经济同盟'。"①再如之后的西原龟三提出了"东洋自给圈""主张废除日华之间的'经济国界',设立'日华经济区',以此为中心,把北起西伯利亚,南至印度、澳大利亚的广大地区,尽收眼底,其旗号是'王道亲善'。"② 日本以所谓"王道""亲善"掩盖其扩张野心。

"东亚新秩序"口号的提出则经历了一段过程。1933 年 2 月 27日,日本政府发表《退出国际联盟的通告文及诏书》,宣布退出国际联盟。退出国际联盟的日本决定"独自维护东亚'和平'"。③ 日本退出国联,其目的是摆脱"华盛顿体系"的束缚,"构筑自身主导的东亚国际秩序"。④ 九一八事变之后,"关东军"在中国东北扶持傀儡政府,1932 年 3 月 1 日,伪满洲国宣告独立,并阐述了"建国纲领",其内容是"顺天安民""五族协和""王道乐土"和"国际友好"。9 月 15

---

① 吕万和、崔树菊:《日本"大东亚共荣圈"迷梦的形成及其破灭》,《世界历史》,1983 年第 4 期,第 50 页。

② 同上。

③ 史桂芳:《从华盛顿体系到东亚新秩序——日本对外扩张政策的演进》,《抗战史料研究》,2015 年第 2 辑,第 26 页。

④ 同上。

日，日本政府承认"满洲国"，同时签订"日满议定书"。于是，确定了日"满"一体不可分的关系。可见这些理论的欺骗性、鼓动性极强。

1933 年日军占领热河省会承德并攻占了河北省，与中国相继签订了《秦土协定》与《何梅协定》，华北告急，1936 年 8 月 7 日广田弘毅内阁的五相会议制定了"国策基准"，标志着日本政府"南进"政策的正式提出。"国策基准"中提到："帝国在当前应该确立的根本国策，在于外交和国防相互配合，一方面确保帝国在东亚大陆的地位，另一方面向南方海洋发展。""排除列强在东亚的霸道政策，依据真正共存共荣主义，共享幸福。"①可见，"共荣"一词在 1936 年的《国策基准》中已经被提及，其鼓吹的理论与军事侵略相适应，积极配合战争进行。

1937 年卢沟桥事变后，全面侵华战争开始，日本御前会议制定"处理中国事变根本方针"，正是在"处理中国事变根本方针"中，日本提出了所谓"新支那"的构想："若支那先中央政府不来求和，帝国今后也不期待以其为对手解决事变，扶植成立新的支那政权，与之协商调整国交、建设新支那。"②暴露了日本扶植殖民政权的目的。

随后，即 1938 年，近卫文麿三次发表对华声明，在第二次对华声明中首次提及"东亚新秩序"："帝国所期求者即建设确保东亚永久和平的新秩序。……如果国民政府抛弃以前的一贯政策，更换人事组织，取得新生的成果，参加新秩序的建设，我方并不予以拒绝。"③"日本所期求的是，确保东亚永久之安定，此种新秩序的建设……在政治、经济、文化等各方面建立连环互助的关系为根

---

① 日本外务省编：『日本外交年表竝主要文書』下卷、東京：原書房、1978 年版、344 頁。
② 日本外务省编：『日本外交年表竝主要文書』下卷、東京：原書房、1978 年版、385 頁。
③ 日本外务省编：『日本外交年表竝主要文書』下卷、東京：原書房、1978 年版、401 頁。

本。……这就是有助于东亚之安定和促进世界进步的方法。"①第二次《近卫声明》表明："日本对中国侵略的主要目的,不在于领土或者其他资源,而在于建立新秩序。这个新秩序是相对于欧美的旧秩序(相当于温特所谓的霍布斯文化或洛克文化)而言。它表明了日本企图用'新秩序'取代欧美在亚洲的统治秩序。"②这种秩序是日本主导下的、充斥着野蛮霸权思想的新亚洲格局。12 月 22 日,近卫内阁发表第三次对华声明,重申"应以建设'东亚新秩序'为共同目标联合起来,共谋实现相互善邻友好、共同防共、经济提携"。其侵略性、反动性尤其明显。同年 10 月,为了贯彻"亚洲新秩序"的政策,日本内阁决定设立"对支院",以总理大臣为总裁,负责处理对中国的政治、经济和文化等事务,这是对华侵略的桥头堡。

"东亚新秩序"的理念得以广泛传播,和"东亚联盟论"和"东亚同盟运动"有关。所谓"东亚联盟论",是由九一八事变的策动者石原莞尔早在 1933 年提出的。1939 年,石原莞尔等人组建"东亚联盟协会",并由此发起了"东亚联盟运动"。作为"东亚联盟运动"的机关杂志,《东亚联盟》于 1939 年 11 月创刊,1945 年 10 月 8 日停刊,存在 6 年。但其登载的文章集中反映了这一时期"东亚联盟运动"的发展脉络与思想成熟过程,这一思想极具欺骗性,所谓"联盟"实为扩张。

石原莞尔在伪满洲国成立之初,找到了宫崎正义当作其思想代言人,假借他的著作来阐述自己的所谓"东亚联盟运动"之构

① 复旦大学历史系日本史组编译:《日本帝国主义对外侵略史料选编(1931—1945)》,上海:上海人民出版社,1975 年,第 276—277 页。

② 林庆元、杨齐福:《"大东亚共荣圈"源流》,北京:社会科学文献出版社,2006 年,第 382 页。

想。宫崎正义"东亚联盟论"所作的"序",实际上是石原所作,石原假借宫崎正义的"东亚联盟论""清楚地表露了心迹","宫崎君在满洲建国初期,就提倡以王道为基础结成'东亚联盟'为日本发展的新方式,同时是解救东亚各民族的唯一途径。多年来,君的努力都集中在与之相关的研究中"。很明显,这是假借所谓联盟推行侵略政策。石原莞尔的秘书杉浦晴男在 1939 年 8 月出版了"东亚联盟建设纲领",对宫崎正义的"东亚联盟论"进行了进一步的延伸。后期,即 1940 年 4 月,东亚联盟协会出版了同名的"东亚联盟建设纲领",这部"纲领",以杉浦晴男的"东亚联盟建设纲领"为蓝本,主体部分全盘吸收了杉浦的文章,附录部分增加了里见岸雄的文章"王道其结果不是皇道吗",这样一来,"东亚联盟论"最终在石原莞尔的"昭和维新宣言"中系统地出现,侵华的理论架构昭然若揭。

以"东亚联盟论"为理论指南,以"东亚联盟"为依托,"东亚联盟协会"的成员们发起了"东亚联盟运动"。1938 年 9 月"东亚联盟协会"成立后,日本的"东亚联盟运动"进入第一阶段(1938 年 9 月—1941 年 3 月),核心人物是木村武雄。1940 年 10 月 12 日,大政翼赞会成立后,"东亚同盟协会"归"兴亚院"所属的"兴亚同盟"管辖,至此,开始了"东亚联盟运动"的第二阶段,核心是石原莞尔,运动完全被政府控制,日本政府成为推进此政策的主导。

随着日本在中国侵略的扩大,联盟论鼓噪"日中提携政策",即以"国防的共同、经济的一体化、政治的独立"为基本条件,以"皇道"为指导原理,实现两国的合作和协力。① 继之,通过成立"东亚

---

① 岩波講座『日本歴史』21(近代 2)、1981 年版、291 頁。转引自赵建民:《"大东亚共荣圈"的历史与现实思考》,《世界历史》,1997 年第 3 期,第 11 页。

联盟协会"、发行机关杂志《东亚联盟》、开展"东亚联盟运动",致使《近卫声明》的趣旨在日本全体国民中理解和消化。显然,"东亚联盟论"以及"东亚联盟运动"就是要实行《近卫声明》,以达到文化、军事、经济各方面一致,"把'民族协和'扩大到亚洲全域的'东亚联盟'理念,虚构了包括日本在内的亚洲全域处在欧美帝国主义的统治下,意把日本对中国侵略的合理化"。① 可见,此时的言论极具欺骗性,妄图对侵略进行粉饰。

日本政府拉拢中国参与"东亚新秩序"的建设的第一个对象,正是汪伪政权。汪精卫素来对抗日抱有悲观情绪,1938 年《近卫声明》发表后,汪精卫立即发表"艳电"予以呼应,1940 年 3 月 30 日,南京伪国民政府即汪伪政权成立。1940 年 11 月,汪伪政府与日本签订了《日本国与中华民国间关于基本关系条约》,同日,日本、汪伪国民政府、伪满洲国签订了《日满华共同宣言》。"朝着建设东亚新秩序的共同目标迈进",日本还要继续扩大"新秩序"的成果,实现新的"发展"。② 汪伪政权逐步沦为日本侵略中国的帮凶。

1939 年 1 月,近卫文麿辞去了内阁总理大臣的职务,第一次近卫内阁结束。时隔一年,1940 年 7 月 16 日,米内光政内阁被迫全体辞职,7 月 18 日,日本天皇向近卫文麿下达了组阁命令。近卫文麿首先决定了陆、海、外三相的人选,接着便举行四首脑会谈,试图就当前军事、外交政策的基本方针问题协调意见,7 月 22 日完成组阁,第二届近卫文麿内阁就此宣告成立。1940 年 7 月 19 日,近卫文麿组阁前召开的"荻洼会谈"首先决定了武力"南进"的方针。1940 年 7 月 22 日,

---

① 古屋哲夫编:『日中戦争史研究』,吉川弘文館、昭和 59 年版、374 頁。转引自赵建民:《"大东亚共荣圈"的历史与现实思考》,《世界历史》,1997 年第 3 期,第 11—12 页。

② 史桂芳:《从华盛顿体系到东亚新秩序——日本对外扩张政策的演进》,《抗战史料研究》,2015 年第 2 辑,第 31 页。

近卫文麿第二次组阁后的第四天，即 1940 年 7 月 26 日，第二次近卫文麿内阁出台了"基本国策要纲"，再次提及"建设大东亚新秩序"。其基本内容为：(1) 根本方针。"皇国的国是为八纮一宇，在于肇国之精神，奠定世界和平。以此为本，应首先以皇国为核心……以作为建设大东亚新秩序的根本"。(2) 国防及外交。"以发挥国家总力之国防国家体制为基础，不惜扩大军备，皇国现下之外交，首先将重点解决中日纷争，掌握国际大变局，并以富有弹性力之政策，以期促进皇国国运发展"。(3) 国内形势之刷新。"我国内政的急务"得实现"确立为国家服务的国民道德观念""国政综合统一"和"国防经济的基础"等。"基本国策要纲"的起草者为松冈洋右，松冈是日本外交官中的强硬派，堪称"中国通"。松冈洋右 1927 年出任"满铁"副总裁，与"关东军"关系密切；1930 年当选为国会议员，高唱"对外强硬"论；1935 年 8 月就任"满铁"总裁兼任"关东军"顾问。1940 年 7 月份担任第二次近卫文麿内阁的外相。由此可见，以松冈洋右为代表的日本侵略势力愈发强硬，对军事侵略毫不掩饰，已成为日本政界侵华关键人物。

在"基本国策要纲"颁布五天后，这位外相发表了"皇道外交宣言"，在此文本中，正式出现了"大东亚共荣圈"。他在"皇道外交宣言"中提到："近来，我们向世界宣布的'皇道'就是我们皇国的使命。""要根据我们皇道的伟大精神，必须首先建立'大东亚共荣圈'，然后宣布强有力的皇道，贡献于公正的世界和平的树立。"[1]他的这些言论已成为日本侵华的主导思想。

---

[1] 奥村房夫等：『近代日本戦争史』第 4 編（大東アジア戦争）、同台経済懇話会、1995 年、298 頁。转引自赵建民：《"大东亚共荣圈"的历史与现实思考》，《世界历史》，1997 年第 3 期，第 11 页。

为了实现"大东亚共荣圈",获得国际支持,1940 年 9 月 27 日,日本同德、意签订了《德意日三国同盟条约》:"日本承认并尊重德意在欧洲建立新秩序的领导权,德意承认并尊重日本在'大东亚'建立新秩序的领导权;三国保证如缔约国一方受到目前未参与欧战或中日'冲突'中的一国攻击时,应以一切政治、经济和军事手段相援助;上述条款毫不影响各缔约国与苏联现存的政治地位。"同盟的成立,使日本得以加快推进梦寐以求的"大东亚共荣圈"。28日,近卫文麿通过广播向民众作了关于时局的演说:"试观东亚和欧洲的现状,明眼人不难看出,日德意三国的确是在各自所辖范围内,共同为打开旧秩序而不断地进行着努力。即德国和意大利正谋求在欧洲建设新秩序,日本正决心在大东亚地区按照亚洲本来的面貌建设新秩序。"足见日本对标德、意,加入侵略阵营的野心。"在世界历史的现阶段,还不能指望立即把世界组织成一个统一体,所以世界各民族形成几个共存共荣圈是一个必然的趋势。而日本在东亚,德国、意大利在欧洲,应居于领导这个共存共荣圈的地位,这无论是从历史上看,还是从地理上看或者从经济上看都是必然的趋势。我认为,正是因为企图阻止这种必然趋势的地方,在欧洲才爆发了第二次世界大战,在东亚才呈现出准战时的国际关系的紧张局势。""如果是这样,那么日本协助德意,德意协助日本,互相帮助,以至于根据情况还要发挥军事同盟威力,这也是必然的趋势。"①此时的日本学界、政界齐声鼓吹其同盟理论,掩盖侵略东亚的真实目的。

1940 年 10 月 3 日,日本内阁会议通过了的"日'满'华经济建设纲要"开始对"大东亚共荣圈"的范围进行了规定,包括"华

---

① 服部卓四郎:『大東アジア戦争全史(上巻)』、世界知識出版社、2016 年 1 月、43 頁。

中、华南、东南亚和南方各地区"，"通过综合一体地推进我国内体制的革新过程和生活圈的扩大形成过程，迅速建成国防国家""皇国之基本经济政策是：第一，完成国民经济的重新组合；第二，形成并强化自存圈；第三，扩大形成东亚共荣圈"。特别是第二点，"纲要"明确规定，"通过以皇国之国防和地政学的地位为基础的日、满、华北、蒙疆地区同华南沿岸特定岛屿形成有机的一体化自存圈，即形成政治、文化、经济综合性的强化组合"，"建立包括华中、华南、东南亚和南方各地区的东亚共荣圈"。[①] 此时的侵略理论更进一步。

1940 年的三国同盟谈判，对"大东亚共荣圈"的范围进行了进一步的明确，"大东亚共荣圈"由抽象的文本逐渐变成现实政策。"1940 年 9 月初，开始日、德、意三国同盟谈判。9 月 6 日，'四相会议'决定军事同盟谈判方针案，划定'大东亚共荣圈'范围：以日、'满'、华为基本，旧属德国委任统治诸岛、法属印度支那及太平洋诸岛、泰国、英属马来、英属婆罗洲、荷属东印度、缅甸、澳大利亚、新西兰及印度等"。[②] 这一范围的划定，进一步突显了日本扩张野心之膨胀。

二、"大东亚共荣圈"的推进

"大东亚共荣圈"的真正实施者是日本陆军大臣东条英机。1941东条英机取代近卫文麿组阁，也是在东条英机内阁时期，"大东亚共荣圈"的最高行政机构——"大东亚省"得以建立。

---

① 『杉山記録』(下)、東京：原書房、1976 年版、88 頁。转引自冯玮：《从"满蒙领有论"到"大东亚共荣圈"——对日本殖民扩张主义的再认识》，《抗日战争研究》，2020 年第 2 期，第125 页。

② 赵建民：《"大东亚共荣圈"的历史与现实思考》，《世界历史》，1997 年第 3 期，第 11 页。

　　1941 年 10 月 12 日,近卫内阁召开五相会议,讨论对美开战的问题,近卫内阁对发动战争持消极态度,近卫内阁宣布总辞职。10 月 18 日,东条英机组阁,以东乡茂德为外相,东条英机在就职声明中强调:"日本将执行其基本国策,实现中国事件之解决,并建立大东亚共荣圈,并认为——铁的意志与迅速之行动将为新内阁之基础。"东条英机的上台,标志着日本最富侵略性的法西斯军方人物执掌了全国政权。①

　　1941 年珍珠港事件后,太平洋战争爆发,与此同时,日本占领了马来半岛,进攻香港、菲律宾。"仅在四五个月之内,就占领了东南亚地区大约 1.5 亿人口和 386 万平方千米的土地,而日军的损失只有 1.5 万人、380 架飞机、4 艘驱逐舰。加上已占领的朝鲜、中国沦陷区和中南半岛,日本统治了大约 5 亿人口和 700 万平方千米的土地。"②日本向东南亚的进一步深入,势必将会与英美发生激烈冲突,面对局势的转变,"12 月 10 日,联络会议决定'今次的对美英战争及随着形势变化而发生的应有战争,包括'中国事变'在内,定名为'大东亚战争'"。③ 东条英机认为:"帝国据国家总力进行大规模作战向建设大东亚共荣圈迈进。大东亚共荣圈建设的基本方针是,大东亚各国及各民族各尽其力,确立以帝国为核心的基于道义的共存共荣秩序。这次新参加建设的地区,资源极其丰富,但是,最近百年来饱受美英两国的压榨,影响了文化发展。帝国来到这些地区,是为了确立大东亚的永久和平,进而与盟邦移到建设世界

————————————

① 王捷、杨玉文、杨玉生、王明主编:《第二次世界大战大词典》,北京:华夏出版社,2003 年,第 75 页。

② 吕万和、崔树菊:《日本"大东亚共荣圈"迷梦的形成及其破灭》,《世界历史》,1983 年第 4 期,第 53 页。

③ 赵建民:《"大东亚共荣圈"的历史与现实思考》,《世界历史》,1997 年第 3 期,第 12 页。

新秩序,这是亘古未见的大事业。"①日本帝国主义所谓的"大事业"
实则是对他国和他族的压迫。

东条英机口中的"以帝国为核心的基于道义的共存共荣秩
序",实际上是一种虚伪的对侵略行径的美化。为了积极准备与美
国与英国的战争,日本这时候需要有一种办法来整合已经占领地
区的资源,消除被占领地区人们的反抗心理,最好是吸引被占领地
区的人们与日本共同打仗,因此日本需要尽可能把"大东亚共荣
圈"包装得好一点,让它具有诱惑力,给当时处在欧洲统治之下的
印尼、菲律宾、缅甸、印度等这些国家人们许诺要帮助他们摧毁殖
民统治,甚至许诺战后会给他们国家独立,并给予他们经济帮助,
表面上日本给傀儡政权以盟友的资格。"日本建立'南方共荣圈'
的目的在于实现东南亚的对日附属化和一体化。日本对东南亚名
义上为实现'共荣共存'而实行短期的军政统治,但实质上采取了
作为本国领土的各种强制统治措施。"②

1942 年夏,日本占领了西起缅甸、马来亚,东到中部太平洋的
吉尔伯特群岛,北达阿留申群岛,南迄新几内亚、所罗门群岛的广
大区域,加上原先所占领的中国部分领土,初步实现了既定计划,
这是日本对外侵略史上最大的殖民帝国。伴随着在军事上取得的
进展,日本的"大东亚共荣圈"之国策也被提上日程。

先于"大东亚共荣圈"各机构设立的是"大东亚建设审议会"。早
在 1942 年初,东条英机在议会宣布"大东亚共荣圈"国策的同时,就
决定在其内阁设立"大东亚建设审议会"。1 月 17 日,日本阁议通过

---

① 江口圭一著:『大系日本の歴史 14』,小学館、1989 年版、30 頁。转引自史桂芳:《侵华战
　争时期日本的东亚"合作"论及其本质》,《社会科学辑刊》,2020 年第 5 期,第 166 页。
② 毕世鸿:《日本"大东亚共荣圈"构想与"南方共荣圈"的幻灭》,《南开日本研究》,2019
　年第 1 期,第 166—178 页。

的"关于设立'大东亚建设委员会'的方案",内有一份"'大东亚'建设审议会官制方案",规定该会的性质是"隶属于内阁,就有关大东亚建设的重要事项(不包括军事及外交事项),向内阁提出建议,并就内阁的咨询,进行调查审议"。该审议会设立总裁一人,"由内阁总理大臣担任","内阁总理大臣还可以根据需要,在大东亚建设审议会内设立部会,就特别事项进行调查审议","部会长从内阁总理大臣、国务大臣中指定",具体事务由企划院管理。[①]

　　根据东条英机的建议案,1942 年 2 月 13 日"大东亚建设审议会"得以建立,总裁为东条英机,企画院总裁铃木贞一任干事长,聘请朝野政客首脑、财阀巨头及各省次官为委员,共 40 名(后又增补 24 名),于 11 月间提出了"'大东亚'建设的基本方策"。[②] 2 月 21 日,东条内阁公布了"大东亚建设审议会官制",根据建设"大东亚"的不同内容,分别设立以下 7 个专门部会:行政部会(有关占领地各地区的行政组织的具体方策)、财政金融部会(有关"大东亚共荣圈"内的财政、通货及金融的具体方策)、矿工部会(有关扩大生产的综合计划及有关开发资源的具体方策)、农林水产部会("开发""大东亚共荣圈"内的农林水产的具体方策)、交易部会("大东亚"的建设与物资交易的具体方策)、交通通信部会(有关整理"大东亚共荣圈"内的交通通信的具体方策)、文教部会(有关指导"大东亚共荣圈"内诸民族的宗教、教育及厚生的具体方策)。同日,东条英机首相还决定了"'大东亚'建设审议会议事规则",其中规定"会议要秘密进行,但对于认为无妨的事项,可由

---

① 臧运祜:《战时日本对亚太地区的殖民统治机构之演变——以"大东亚省"的设立过程为中心》,《抗日战争研究》,2017 年第 2 期,第 120 页。

② 吕万和、崔树菊:《日本"大东亚共荣圈"迷梦的形成及其破灭》,《世界历史》,1983 年第 4 期,第 53 页。

总裁决定发表"。① 后期,"大东亚建设审议会"的机构又做了调整。

1942年2月起,东条英机内阁的陆、海军省与"兴亚院"、企划院,四者之间经过协商,在7月中旬的内阁会议上上,提出了设立东亚省的方案。8月底,在上述阁议东亚省方案的基础上,作成了"关于设置'大东亚省'的方案"。东条英机于8月29日命星野直树(内阁书记官长)就此访问各阁僚,征求意见。结果除外相东乡茂德之外,全部同意了上述方案。东条英机在举行了兼任外相的仪式之后,继续召开内阁会议,最终决定了设立"大东亚省"的方案。②东条内阁9月1日内阁会议决定的"关于设立'大东亚省'之件",指出设立该省的方针是:"为了完成大东亚战争以及完成大东亚建设,设立一省,担负对大东亚地区内各国及各地区的政务之实施,且整理、充实与此相应的现地机关。"并规定该省的性质是"对于有关'大东亚'地区(日本本土、朝鲜、中国台湾及库页岛除外)的政治、经济、文化等各种政务的实施的一元化机关,但有关纯外交的事务,则由外务省掌握";该省掌管的事项有:(1) 有关"大东亚"地区政治、经济、文化等各种政务的实施(纯外交除外)的事项;(2) 有关"大东亚"地区内各外国的帝国臣民的事项及保护帝国商业的事项;(3) 有关在"大东亚"地区移民、殖民及拓殖事业的事项;(4) 监督在"大东亚"地区以进行事业为目的、依照特别法律等设立的公司之业务的事项;(5) 有关"大东亚"地区的对外文化事业的事项;(6) 有关"大东亚"地区日本要员的训练事项;(7) 有关"关东局"的

---

① 臧运祜:《战时日本对亚太地区的殖民统治机构之演变——以"大东亚省"的设立过程为中心》,《抗日战争研究》,2017年第2期,第120页。

② 同上。

事项;(8)有关"南洋厅"的事项。此外,为配合统帅部,"大东亚省"还管理有关"大东亚"地区内占领地行政的事务。① 9 月 11 日,日本内阁会议决定了"关于内外地行政一元化之件",该文件决定在内务省里新设一个管理局,让内务大臣统一掌管"朝鲜总督府""台湾总督府"和桦太厅(库页岛厅)的事务,并称"根据情况,包含大东亚地域"的行政机构,都将实行统一管理。9 月 27 日,大本营和政府联席会议决定了"对泰国经济措施纲要",规定泰国的经济"实质上均须由帝国予以指导和掌握",并对泰国经济的各个行业作出了具体规定。②

1942 年 11 月 1 日东条内阁颁布了"'大东亚省'官制"。"大东亚共荣圈"的行政机构就此确立。内阁规定"大东亚"地区(除上次加以调整的日本本土、朝鲜、中国台湾、库页岛以外)的政务统归大东亚大臣管理。"官制"撤销了原"对满事务局"拓殖省、"兴亚院"等殖民机构,将二者的事务连同原来属于外务省的部分权限一并交给"大东亚省"。"官制"规定大东亚大臣的权限是:"执行有关'大东亚'地域各种政务(纯外交除外),管理有关日本在该地区各外国的商业保护,以及留居该地区日本臣民的事务和有关该地区的移民殖民、海外拓殖事业及对外文化事业。"同时,按照经营"大东亚共荣圈"内各占领地区的需要,"大东亚省"下辖"总务局""满洲事务局""支那事务局"和"南方事务局"等。③ 其中,"总务局"负责策划有关"大东亚"地区的重要政策和有关省务综合调整事项等;

---

① 《日本外务省档案》(缩微胶卷),中国国家图书馆藏,S623,S13110 - 2,第 112—118 页。转引自臧运祜:《战时日本对亚太地区的殖民统治机构之演变——以"大东亚省"的设立过程为中心》,《抗日战争研究》,2017 年第 2 期,第 122 页。

② 雷国山:《走向大东亚会议的历程》,《南京社会科学》,2005 年第 10 期,第 54 页。

③ 日本外务省编:『日本外交年表竝主要文書』下卷、577—579 頁。

"满洲事务局"主管有关伪满洲国的外政、监督有关以在伪满洲国的事业为目的,按照特别法令所设立的法人业务事项、有关伪满洲国移民殖民及伪满洲国拓殖事业,对"满"文化事业等;"中国事务局"和"南方事务局"分别掌管在中国或南洋占领区的殖民事务,集中了一般外交、经济、文化等各种权力。①

曾任大藏大臣的青木一男被任命为"大东亚大臣",此外,山本熊一被任命为"大东亚省"次官,同时,为方便"大东亚省"与相关各省的联络,在"大东亚省"内设立联络委员会。委员长由"大东亚大臣"担任,委员包括"内阁书记官长""法制局长官""企划院次长""情报局次长""技术院次长""各省次官""陆海军务局长""大东亚省总务局长"。②

"大东亚大臣"的权限很大,有权"管理有关'大东亚'地区(除日本本土、朝鲜、中国台湾、库页岛以外)的各种政务的实施(除纯外交以外)。日本在该地区对各国商行的保护,有关各外国与日本居留于该地区的侨民事务,和有关该地区移民殖民、海外开拓事业以及对外文化事业等事务",并统辖管理有关"关东局"及南洋厅的事务"大东亚省"。

1942 年 11 月 5 日日本在东京召开了"大东亚会议",这次会议是日本构筑所谓"大东亚共荣圈"的重要一环。③ 会议的讨论内容最终形成了"'大东亚'共同宣言":"'大东亚'各国应互相合作,完成'大东亚'战争,从英美的桎梏下解放'大东亚',完成其自存与自

---

① 日本外務省编:『日本外交年表竝主要文書』下卷、577—579 頁。

② 李晓倩:《大东亚会议研究——兼论"大东亚共荣圈"的侵略本质》,《日本侵华南京大屠杀研究》,2018 年第 4 期,第 74 页。

③ 同上书,第 73 页。

卫,建设'大东亚',以求贡献世界和平的实现。"①"以上宣言所指向的目标,在于让与会各国认识到本次战争的正义性,启发和培养'大东亚'各国基于血缘关系的共同命运观,在帮助'大东亚'集结的同时,促进重庆方面的反省,并使其成为对美英的政治攻势的工具。"②日本的宣传部门在会议召开前就进行了许多舆论宣传活动。会议结束后,日本更是动用了一切宣传机器、宣传力量和宣传手段(报纸、杂志、丛书、对内对外广播、电影、戏剧、音乐、画册、画展、演讲会、墙报等)进行宣传,以欺骗全世界。③

"'大东亚'共同宣言"的颁布标志着"大东亚共荣圈"的正式形成。日本在太平洋战争期间设立的"大东亚省",既囊括了此前设立的"对满事务局"(被改称"满洲事务局")、"兴亚院"(被改称"支那事务局"),并增加了针对东南亚地区的南方事务局,这是一个日本对包括中国东北、中国本土在内的亚太地区实施殖民统治的总机关。④

三、日本的海运统制

七七事变之后,日本逐渐将海运置于"统制"之下,但刚开始并非直接进入国家统制的模式,而是先从民间入手,首先实行"自治统制",再进一步进入"官民协力"阶段,最后实行"国家管理"。⑤ 其建立的过程是循序渐进的,本部分根据以下组织、法令、纲要的颁

---

① 服部卓四郎:『大東アジア戦争全史(中巻)』、世界知識出版社、2016 年 1 月、640 頁。

② 雷国山:《走向大东亚会议的历程》,《南京社会科学》,2005 年第 10 期,第 58 页。

③ 同上。

④ 臧运祜:《战时日本对亚太地区的殖民统治机构之演变——以"大东亚省"的设立过程为中心》,《抗日战争研究》,2017 年第 2 期,第 123 页。

⑤ 日本郵船株式会社:『七十年史』、日本郵船株式会社、1956 年、245 頁。

布和实施,考察日本海运统制建立的过程。

（一）海运自治联盟的成立

1936 年,二二六兵变发生后,日本进入准战时体制。当时日本海运界还处于迅速扩张的局面,甚至出现了运输船只不足的情况。当时,由于意埃战争和欧洲小麦产量的降低,世界海运界运送物资的需求增加,也给日本海运带来良机。但鉴于第一次世界大战时的教训,大家也看到,海运界的发展带来的运价高昂和航运成本的增加,也有负面的作用,那就是一些重要物资的输送会因此受到影响,而且运费的竞争也会造成海运业的不健康发展。于是,当时在日本经营纽约航路的 7 个会社,就联合组成一个组织,各自成为其中的会员,继而在 1937 年 7 月 1 日组成"海运自治联盟"。这 7 个会社是:日本邮船株式会社、大阪商船株式会社、山下汽船、三井物产船舶部、国际汽船、大同海运和川崎汽船。他们拥有的船只总量占当时日本整个海运界船只总量的一半以上。这个联盟刚刚成立,七七事变爆发,很多船只被日本海军征用,这样更加导致了运输船只的不足。这个联盟就和日本船主协会一起,抑制船价飞涨,并加强租用外国船的管理。其后,其他船主也想加入这个联盟,1938 年 4 月,海运自治同盟和日本船主协会组成"海运自治统制委员会",取代"海运自治联盟"对海运市场的统制,其重点放在运费和船用资金上。该海运自治统制委员会到 1941 年解散,运行了 4年。此外,1934 年,一些小型船的船主也组成了自己的组织,这些船的载重量在 100—1 000 吨之间,他们的组织叫"近海汽船同盟",并在 1938 年建立了"小型汽船自治统制委员会",对小型船船主的运营进行统制。

由以上七大会社组成的"海运自治统制委员会"和"小型汽船自治统制委员会",都是航运会社或者小型船船主的自治组织,都成立于日本全面侵华刚刚开始的阶段。其主要目的是迎合世界海运市场的变化,在协议运费、降低用船费用等方面组成合力,维持海运业的发展,此时,他们还未进入战时海运统制。

（二）《临时船舶管理法》的颁布

七七事变爆发后,运输量增大,于是,日本政府在 1937 年 9 月制定了新的管理办法,即《临时船舶管理法》,并于 10 月正式实施。这是日本海运正式被纳入战时体制下的重要标志。

1937 年的《临时船舶管理法》是体现日本国家战时意志的法令,可以称作日本为侵略战争进行的"国家总动员"的第一步。为了更为方便和直接地进行管理,日本政府设置船舶管理委员会,并由递信大臣直接担任会长。这也可以看出其自上而下管理海运,为侵略战争服务的实质。其主干内容包括:船舶的出让、借贷方面的限制、促进日本造船的措施、允许外国船进入日本市场、指定日本船舶航路和就航区域、运费和船舶使用费等方面的规定。

《临时船舶管理法》颁布之前,很多船主钻空子,他们购买老旧的外国船,再以外国人的名义使这种老旧船拥有外国船籍,投入旅大租借地和中国各港口的航运中。1933 年时,日本政府曾经颁布一个标准,禁止船龄 5 年以上、速度在 13 节以下的船舶进口,这就相当于从实际上禁止了外国船进入日本航运市场。随着七七事变的爆发,1937 年开始,《临时船舶管理法》颁布,日本放松了对外国船籍船舶输入的许可,规定只要船龄 15 年以下的船舶,日本政府无条件进口到航运市场,以满足侵华战争运输的需要。

从《船舶管理法》的执行上看,法令提出了众多具体的规定,但这些规定并未得到充分执行,只有松动对外国船进口条件的规定得到了有效实施,到 1938 年 12 月,进口的外国船有 83 艘,总吨数达 35 万吨。从这一点可以看出,这一时期,日本政府正在尽可能地将本国船只投入到战争运输或战斗中,而只能借外国船籍船舶补充航运能力。日本对海运的统制依然处在鼓励"自治统制"的阶段,还未上升到完全的"国家统制"。

（三）《国家总动员法》的颁布

《国家总动员法》是日本于 1938 年 4 月公布的法律,是日本政府为了应对侵华战争的长期化所制定的构筑战时体制的法案。其目标是在战争中投入全部国力,政府可以充分统制人力、物力服务于战争。

《国家总动员法》制定后,又颁布了其他相关法令,如让劳动者在军需品工厂工作的"国民征用令"、由国家决定商品价格的"价格统制令"等。日本政府通过这些法令,阶段性地构筑了"总决战体制"。其中,哪怕有些规定没有得到议会的批准,也用"敕令"的形式颁布。因此,这项旨在动员全国为战争服务的法律,实际上超出了宪法,明显带有军国主义色彩。

《国家总动员法》从通过到废除共修改了 3 次。第一次是 1939 年 4 月,第二次是 1941 年 3 月,第三次是 1944 年 3 月。每次修改后,该法律的控制范围都在扩大,直到日本战败。《国家总动员法》于 1945 年 12 月失效,1946 年 4 月正式被废止。

（四）海运统制协议会的设立

为了建设所谓"东亚新秩序",并应对国际形势的变化,应付日益增加的军事运输和重要战略物资的运输,日本政府决定强化海运统制。

1938 年 8 月,日本内阁会议决定颁布"海运统制措置要领",并于 9 月 1 日正式施行,其主要目的就是加强重要物资的顺利输送的能力。政府层面制定了大纲,并规定了如何有效利用民间机构的具体办法。比如,将民间机构强制变为法律主体,然后由官方出面实行官民协同。

9月1日,根据《临时船舶管理法》成立的船舶管理委员会的委员,组成"海运统制协议会",主管和海运统制相关的诸多事项的调查和审议。日本邮船株式会社的副社长被任命为主管,其权力相当于管船局局长。这是日本海运统制的重要转变,即从以前的"费率"为中心的统制,转变为以"配船"为中心的统制,后者主要目的就是加强对物资的输送。

同时,作为民间机构而存在的"海运自治联盟"改称为"海运联盟",其组织的主管也由"海运自治统制委员会"改称为"海运统制委员会"。该"海运统制委员会"下设总务、配给、运费和用船费、监督四个委员会。另外,成立专门负责实施运输的机构——"海运统制输送组合",加入该组合的海运会社有37家。与此相对,代表小型船主利益的"小型汽船自治统制委员会"也改组为"小型汽船统制委员会",下设"小型汽船统制组合"。根据海运统制协议会的调查审议,这些机构开始运行。首先是日本政府制定运输计划,原则上,组合所有成员都有资格承担运输任务,但统制委员会会在对各个从业者进行审查的基础上,将物资分为"不急"和"重要物资"两种。对于前者,予以停止运输;对后者,交给海运统制输送组合来运输。从这个角度上看,此时的海运统制,是政府积极参与的,由民间机构协助的海运统制。其主要构成如下:

(五)《海运组合法》的颁布

如上文所述,海运联盟、日本船主协会等民间团体在海运统制的实行上发挥了很大的作用。政府为了进一步给这些民间团体以法定的身份,更加强化团体内部的统制力,于1938年4月,制定了《海运组合法》,12月开始正式实施。这个组合法对上文提到的船主组合做了法律上的规定。比如,组合的设立虽然原则上是自由

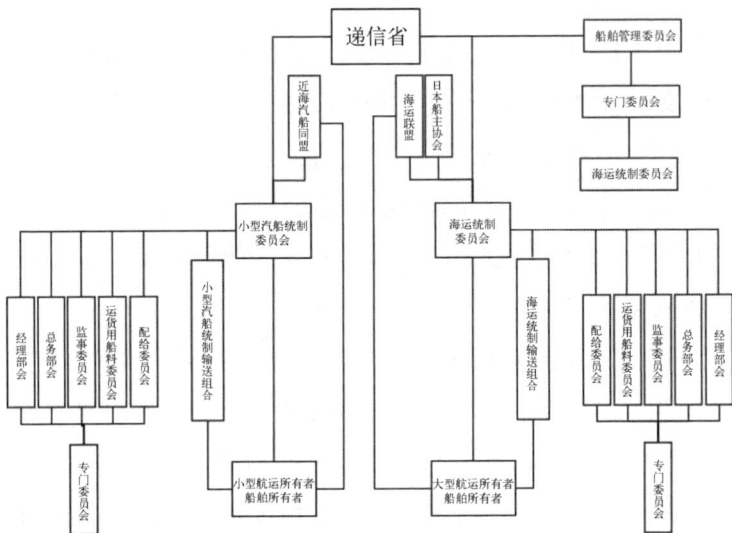

图 5-1　"海运自治统制委员会"构成

资料来源:据日本邮船株式会社:『七十年史』、日本邮船株式会社、1956 年、248 頁。

的,但是如果政府认为有必要建立一个新组合为政府服务的时候,就可以下命令强制设立。此外,虽然允许其他一些非组合会员的存在,但政府认为有必要的时候,也可命令他们强制加入。通过这个法律的实施可以明显看到,之前的航运组合是各大小船主为了协议运费、应对航运市场变化的"自治统制",现在这个系统已经上升到国家的高度,政府以法律的强势姿态介入航运组合的建立和运营中,成为"国家管理"性质的统制。

《海运组合法》的实施产生了新的效果。1940 年 5 月,之前的日本船主协会经过改组,成立"日本海运协会",成为"海运统制委员会"的下设组织。"近海汽船同盟会"改组为"近海汽船协会",成为"小型汽船统制委员会"的下设组织。接下来,1942 年 10 月,"日本海运协会"和"近海汽船协会"进行合并,成为全国统一的船主和航运业者的团体。前者是大型汽船会社和船主的组织,后者是小型汽船会社和船主的组织。两者通过《海运组合法》而合并,充分说明随着侵华战争进行,日本政府为了加强物资输送,整合全国航运能力的意图。

(六)《海运统制令》的颁布

第二次世界大战爆发后,为了支持战争的进行,日本对物资运输的需求急剧扩大,导致对船只需求的猛增,日本已有的船只逐渐难以满足运输需要,且在运输的分配和调度上也出现了混乱。1937年制定的《临时船舶管理法》已经难以适应战争扩大的需要。于是,为了进一步加强对海运的统制,1940年1月,根据《国家总动员法》,日本制定了《海运统制令》。该项统制令包括,在船舶建造许可制的前提下,发布促进船舶的修缮的命令;为了船只分配和调度的合理化及运输效率的提高,发布船舶租借或委托的命令;禁止或者限制特定航行及输送,并发布促进码头装卸效率的命令等。这些规定自1940年2月开始实施。这些法令是海运统制相关的命令法制化以及日本举国动员服务战争的标志。

(七)海运中央统制输送组合的成立

1940年9月,德、意、日三国同盟成立。海运统制方面,日本提出"高度国防国家建设"的口号,进一步强化国家对海运的管理。1940年9月27日,日本召开内阁会议,制定"海运统制国策要纲"。主要内容是,日本政府制定运输计划,决定船只的调配,并且制定运费和用船费用。在这个"要纲"的指导下,以航运业者为中心,以《海运组合法》为基准,成立"海运中央统制运输组合"。根据政府的指令,由"海运中央统制运输组合"来运送物资,并采取统一的核算。这样就从以前补充性的船只调配统制转变为有计划的、综合的配给统制。

　　以上提到的"海运中央统制运输组合"是根据《海运组合法》的要求建立的,是特殊法人组织,成立于 1940 年 11 月 1 日,到 1941 年 4 月正式实施。这个组合原本隶属于日本海运协会下设的"海运统制委员会",这次借新组合的成立而与"海运统制委员会"脱离,成为直接受日本政府监督和管理的部门,掌管整个海运运输统制。而"海运统制委员会"依然继续担当运费、用船费和价格相关的统制。两个机构在日本政府的控制下,相辅相成、互相配合。为了加强两个机构的密切联系,日本政府又专门增设了联络委员会。

　　"海运中央统制输送组合"并非自愿、自由加入,是必须强制加入的机构,会员主体是大型船只的航运业者,总共达 95 家之多。还有其他小型汽船统制运输组合也在这个大组合的管制范围内。其职员全部由政府任命,理事长为日本邮船株式会社社长大谷登。组合内部为了加强运输的集约化,设置成不同的运输小组。多数小组由不定期船 8 艘、定期船 1 艘、油槽船 1 艘、小型船 1 艘,合计11 艘船只组成,也有其他不同的分配和分组情况。各组的组员必须服从组长的统制和裁断。例如,日本邮船株式会社的远洋定期船,属于"海运中央统制输送组合"的第九组,组长就是日本邮船株式会社的副社长。日本邮船株式会社的不定期船被编为第六组,近海方面的定期船被编入第十组。[①] 之前的海运统制,除了"自治"之外,还有个特点是主要对不定期船实施管制,但从"海运中央统制输送组合"开始,定期船的船只和航运也包括在内。充分说明,随着战争的进行,运输需求的增加,日本政府已开始直接管理海洋运输。

---

① 日本郵船株式会社:「七十年史」、日本郵船株式会社、1956 年、249 頁。

由"海运中央统制输送组合"的成立及管理方式可以看出,到太平洋战争爆发之前,日本政府已经通过法律的制定直接介入航运组织的设立与管理。运输计划制定到船只的调配,运费的协调到人员的任命,统统纳入国家统制的范畴,以《国家总动员法》为基础,日本政府以强势的姿态全面、直接管理海洋运输,为侵略战争服务。

(八)《战时海运管理令》

随着侵华战争的推进,日本进一步强化海运国家管理体制。1941 年 8 月 19 日,日本召开内阁会议,制定了《战时海运管理要纲》,以完善战时海上输送。其内容是,完成日本所有船舶的一元化运航,确立船员的临战体制,以及船舶急速且大量的扩充,将船舶、船员、造船都放在战时国家的体制下进行管理。此外,还成立海务院等行政机构。1941 年 1 月,太平洋战争爆发,1942 年 3 月 25 日,根据"战时海运管理要纲",以《国家总动员法》为基础,日本政府又出台了"战时海运管理令"。其主干内容是:

(1) 日本全部船舶归国家使用;

(2) 船员的征用和劳务管理;

(3) 根据特殊法人船舶运营会的规定,国家使用船舶实行一元化运营。

以上提到的船舶运营会,设立于 1942 年 4 月,是根据日本政府命令设置的特殊法人,总裁由日本邮船株式会社的社长大谷登担任。前文提到的海运中央统制输送组合随之在 1942 年 4 月解散,海运统制的业务完全由船舶运营会来承担。日本政府根据战时海运管理令,将海运置于政府的综合计划之下,在船舶经营会的协作下,征用民间船舶和船员。

在战时条件下,日本船舶运营会相当于国家管理海运的政府执行机构,具有海运管理机构内核的重要地位。船舶运营会的成立,标志着日本所有的民间船舶都被当做国家的船舶来使用,自上而下实行一元化的运营和管理。这也标志着日本海运统制由最初的自主经营"自治"阶段完全转变为国家层面的全面统制。

　　从日本海运国家统制的形成可以看出,随着战争的深入和扩大,日本政府循序渐进实行战时统制的过程。这些法令的颁布、航运组合的成立和战争进程紧密相连,集中发生在七七事变之后到太平洋战争爆发之间。其目的都是加强战略物资以及战争所需人和物的输送。被指定为重要物资的有:煤炭、铁矿石、钢、盐、非铁金属类、棉、油类、纸张、棉花、羊毛、机械、车辆、木材、谷类、砂糖、磷矿石、肥料、饲料、油料、油料种实、生橡胶等,总共约 22 个品种。① 以下是实行国家海运统制后,海运业运输"重要物资"的数量。

表 5-11　战时重要物资输送实际情况

时间	输送吨数	备注
海运中央统制运输组合时代 (1941.4—1942.3)	4 821万吨	——
船舶运营会第一年度 (1942.4—1943.3)	4 002万吨	占政府运输计划的97%
船舶运营会第二年度 (1943.4—1944.3)	3 009万吨	占政府运输计划的90%
船舶运营会第三年度 (1944.4—1945.3)	1 780万吨	占政府运输计划的97%
船舶运营会第四年度 (1945.4—1945.8)	401 万吨	——

资料来源:日本邮船株式会社:『七十年史』、日本邮船株式会社、1956 年、306 页。

――――――――――――

① 日本邮船株式会社:『七十年史』、日本邮船株式会社、1956 年、305 页。

从表5-11可以看出,在战时物资输送中,海运业的运输量高达97%,这也是日本对海运实行国家统制的结果。

船舶运营会成立时,战局中心在太平洋中部及南太平洋地区。随着交战区域的增加,战争输送的需求也进一步增加,因此需要更多的船只投入战争物资的输送中。但是随着战争愈演愈烈,船只的损耗也加快加大,于是,日本增加了战争征用船只,确保战时运输。一边是船只因战损耗,另一边是政府抓紧修建新船和继续征用船只,如表5-11,1942年4月到1943年3月的第一年度计划基本实现。到第二年度计划时,政府继续采取措施,如对货物实行总管、推行航海奖励金制度、通过朝鲜南部港口实现大陆物资的中转、北方煤炭通过日本海航路输送、机器帆船的使用等等,使第二年计划也勉强完成。到第三年度计划时,随着战争局势的变化,日本节节败退,很多航路因此阻断,加上美国潜水艇的攻击,日本的航运方面也因此受到巨大影响。到第四年度计划时,随着美军对日本本土的轰炸,连日本海沿岸和濑户内海的航运也趋于停止,日本的海上输送在事实上出现了崩溃局面。

综上所述,"大东亚共荣圈"和航运统制策略的制定都不是一蹴而就,而是逐渐形成和发展的,两者有着相辅相成的联系。随着日本侵华战争的推进,"大东亚共荣"的口号被提上日程,为了推进"大东亚战争",日本开始进行大规模作战。为此,日本实行全民动员,为战争提供人员和物资的保障,逐渐将海运置于国家"统制之下",先实行民间的"自治统制",再进一步进入"官民协力"阶段,最终实现全面的"国家管理",即实行国家统制。反之,海运统制的实现过程也是日本拓展"大东亚共荣圈"的过程,作为岛国的日本,为了实现"东亚经济同盟""东亚新秩序"的目的,必须通过海运的国家化,海运是日本实现侵略扩张时期基本国策的有力工具。

第四节　日本对中国华北资源的调查

"满铁"的首任总裁后藤新平在《满铁经营策梗概》中公然声称，日俄战后伪满洲国经营唯一的要诀在于"表面上经营铁路，背地里百般设施"。此种主张又被拔高为殖民主义理论——"文装的武备论"。该理论强调伪满洲国经营的主要目的就是在大陆推行侵略扩张，这些活动必须以"满铁"为主体，以实现"文装的武备"，即以"文事设施"防备以俄国为首的其他列强。在综合经济、文化、教育、卫生、学术等非军事的"文装"行动的同时，做好准备，一旦有事也可"武断的行动"。这是以王道之旗大行霸道之实的典型。

"满铁"是日本帝国主义推行其经济侵略政策和掠夺计划的集大成者，是代表日本国家意志和代行政府职能的"国策会社"，无论从规模、活动，还是从地位、作用而言，"满铁"都是"国策会社"之首。随着日本侵华图谋的逐步推行，"满铁"在经营东北的同时，在华北的活动也逐渐展开。在这个过程中，海运会社积极配合了日本对华北资源的掠夺。

一、"满铁"入侵华北

从日本"大陆政策"的推行看，日本的既定计划是占领东北后继续往南推进，占领华北和华中地区。"满铁"作为日本侵略中国的非军事先锋在日本侵略华北过程中，也发挥了重要作用。

1931 年 11 月，关东军在制造天津事变的时候，就曾计划在华北同时下手，在占领东北的同时，也吃掉华北的整个地盘。1933 年 5 月 31 日，中方代表在《塘沽协定》上签字，不但使国民政府间接承认了伪满洲国，而且使华北的一大块土地——冀东，沦为中国军队必须撤出、日方可以从事种种活动的地区。从此日本对华北的侵略变本加厉、肆无忌惮,各种势力纷至沓来。1935 年 6 月,《何梅协定》签订,继冀东之后,国民党的军政力量被排除在整个河北省之外,日本对华北的侵略更进一步。

1935 年 9 月,"满铁"经调会推出了"华北经济开发方针大纲案",其中明确提出了以日本为中心的"日、'满'、华北经济集团",并把集团扩展到全中国。这就说明日本不但把伪满洲国而且企图将华北,乃至全中国都纳入日本的"总力战"体制。"华北经济开发方针大纲案"所体现的根本方针如下:

> 谋求日、"满"、华北经济的合理融合,确立以日本为中心的日、"满"、华北经济集团,以期平战两时的自给自足。
>
> 为实现如上方针,应注意要点是:
>
> 一、经济集团将以日本为中心的日"满"经济集团,扩展至华北并以将来扩及全中国为最终目标。
>
> 二、为尽快进行华北的经济"开发",先于诸外国,扶植牢固的日"满"经济势力,并期驱逐外国势力。
>
> 三、日"满"同种产业的"开发",尽量避免冲突。
>
> 四、努力获得和保持有关军需资源和一般利权,但在"开发"时考虑其经济价值。
>
> 五、努力克服中国经济危机,谋求增进民众的购买力。
>
> 六、为"开发"华北经济,不能丧失日"满"及华北经济不可缺少的华中、华南市场。①

"华北经济开发方针大纲案"按照部门进行分类,提出了交通、

---

① 解学诗:《满铁与华北经济(1935—1945)》,北京:社会科学文献出版社,2007 年 11 月,第25 页。

矿业、工业、农业、畜产、林产、盐业、金融、商业、贸易、财政等 11 部门的对策。与华北主要资源煤炭、铁、盐、棉等有关部门自当备受重视,特别是矿业,要求"第一位,应获得和保有铁矿、煤炭、锰、石灰石、钨、萤石、石油"。①

《何梅协定》签订后,1935 年 11 月 25 日和 12 月 18 日,"冀东防共自治政府"和"冀察政务委员会"成立,前者是日本唆使汉奸拼凑的日伪政权,后者是国民政府为应对日本"华北自治"阴谋而设立的标榜"自治"的华北地方政权。对此,"满铁"立即采取事关华北的两大举措:一是,"冀察政务委员会"出台后三天,也就是 1935年 12 月 20 日,成立"满铁"全额出资的"兴中公司";二是,11 月 22日设立"天津事务所",集"对外联系""调查""特别受命事项"于一身。之所以选定天津作为"满铁"在华北活动的中心,这是因为天津是日本在华"驻屯军司令部"所在地,在东北"关东军"的支持和参与下,可以成为蚕食华北的中心。但天津事务所成立初期"由于'满铁'在中国配合'国策方针',在目前情况下以调查为其主要任务"。② 七七事变之前,"满铁"又在青岛、济南、郑州、太原、大同、绥远、张北、多伦、张家口等地设立 9 个"驻在员事务所"。"天津事务所"和各地"驻在员事务所"的成立既是"满铁"对华北经济调查的强化,也是"满铁"华北调查活动进一步本地化的体现。1935—1936 年,"天津事务所"规模不断扩大,由 76 人增加到 181 人,成为"满铁"协助军部执行所谓"特殊使命"的华北中枢。

---

① 满鉄経済調査会:『北支経済開発方針大綱案』、1935 年 9 月、油印本。转引自解学诗:《满铁与华北经济(1935—1945)》,北京:社会科学文献出版社,2007 年 11 月,第32 页。

② 满铁档案:甲种,昭和 12 年度,总体,庶务,庶务,情报,第 20 册。转引自解学诗:《满铁与华北经济(1935—1945)》,北京:社会科学文献出版社,2007 年,第 25 页。

二、华北资源的重要性

日本全面侵华之前,中国各地区对日本经济的重要性排序是东北、华中南、华北。日本更看重的是华中地区,特别是在经济方面,华中地区是日本资本投资与活动的主要区域。七七事变后,华北与华中南的地位对换,其原因不在于经济发展水平,华北因地缘和资源关系地位上升,不仅成为日本从军事政治上镇压抗日力量的主阵地,而且逐渐成为日本支持大陆战争所需资源最主要的来源地,掠夺资源为战争服务,成为日本的重要目标。因此,日本一方面并未停止对华中的统治掠夺,另一方面着力点开始转移,竭力将华北纳入所谓的"日'满'经济圈"。"满铁调查部"的"满铁经调会"和"产业部"受命炮制占领华北后的经济政策和计划草案。

"满铁调查部"及其现地机关——"华北经济调查所",以及各地事务所调查室等机构,就利用"满铁"调查机关推出的系列"立案调查"计划,继续从事华北经济调查以及政策计划起草工作,其中就包括决定每年物资供需的华北物资动员计划。军部调查班、"兴亚院"以及以日本内阁为背景的"东亚研究所"等也在积极进行华北调查和制定计划,这些机构的重大调查项目仍然和"满铁"密切相关,多委托"满铁"和与"满铁"合作而进行。[①]

这一切调查和计划,都是为了获得所谓"国防资源",促进产业增产和对日输送,服务于战争资源掠夺。

（一）煤炭

华北七省,即山西、河北、山东、察哈尔（今河北省和山西省北

---

① 解学诗:《满铁与华北经济》,第3—4页。

部)、绥远、陕西、河南的煤炭储藏量占全国储藏量的86.7％,按照华北五省,即不含陕西、河南两省,占全国的54.48％。① 不管如何计算,华北的煤炭储量都占全国储量的一半以上。华北储藏量最多的山西省不但占华北煤炭储藏量一半以上,且占全国一半以上。从煤炭质量看,储藏量中可作工业原料煤的沥青煤和无烟煤占绝大多数。

日本利用华北煤炭资源最早从19世纪30年代开始,而且随着准战时体制的推行,日本进口中国煤炭的数量急剧攀升,包括运往朝鲜的输出量,1933—1937年,从80万吨增长到142万吨,输出到日本的主要是日本紧缺的黏结性原料煤,即开滦煤、中兴煤、井陉煤、六和沟煤,尤其以开滦煤为最。开滦煤的出口权由开平煤销售合资公司所掌握。在日本的主要销售地,以九州为首,还有东北、阪神、京滨等地,主要用户为日铁的八幡、釜石、室兰、广畑等厂,1936年用量超过5万吨。京滨地区的主要用户是东京瓦斯、京滨焦炭和日本钢管等会社。中兴煤的消费大户是日本钢管、日铁、东京瓦斯等会社,1936年达25万吨,在连云港用三井物产的社船运输。需要指出的是,华北无烟煤也是日本市场的抢手货,它不仅可做家庭燃料,而且由于煤质优良,也成为良好的工业原料煤。1936年,华北无烟煤出口日本达31 276吨,其中,仅门头沟无烟煤即达1.7万余吨,其余为柳江、淄川、长城、焦作等矿所产无烟煤。②

1938年9月,日本特务部颁布的"华北煤矿业开发要纲"明确规定,要"迅速'开发'华北煤炭,以适应日'满'产业计划目标",对日本出口的煤矿,主要靠邻近海港的煤矿生产,逐步扩展到其他煤矿。邻

---

① 『北支炭砿概要』,4 頁。转引自解学诗:《满铁与华北经济》,第186 页。
② 東亜研究所:『事変前中国石炭の生産と流通』,262—267 頁。转引自解学诗:《满铁与华北经济》,北京:社会科学文献出版社,2007 年,第198 页。

近海港的煤矿,包括山东的淄川、博山、中兴、华宝、华丰,河北的开滦、井陉、临城、磁县、六河沟等矿。这也从另一个侧面再次说明日本政府设置华北"命令航线",大力激励天津和青岛航线运营的目的,即在以日本邮船株式会社、大连汽船株式会社、大阪商船株式会社为主的海运会社协助下,大量攫取华北资源,支持侵略战争。甚至在1923年日本邮船株式会社专门成立"近海部",不到一年,又将"近海部"单独独立成立为近海邮船株式会社,专营华北航运业务。到1939年,天津、青岛、烟台、秦皇岛、龙口、威海六港成为华北对日出口的重要港口,其中,天津和青岛港成为华北航线的枢纽,是日本运输资源和倾销工业产品的主干。如下表5-12所示,华北港口输出的煤炭,主要用于日本军用和民用,分属不同的方向,有的直接输出到日本本土,有的输出到伪满洲国,有的输出到华中地区。

表5-12 华北煤炭供应情况表　　　　（单位:万吨）

年份	军用	铁路	工厂民需	船用	对日	对"满"	对华中	其他	合计
1936年	— —	＊109 (6)	594 (35)	— —	99 (6)	7 (1)	△296 (17)	594 (35)	1 699 (100)
1939年	70 (5)	65 (5)	522 (38)	9 (1)	393 (30)	32 (2)	173 (13)	85 (6)	1 349 (100)
1940年	86 (5)	83 (5)	706 (44)	12 (1)	419 (26)	38 (2)	172 (11)	70 (6)	1 586 (100)
1941年	99 (4)	196 (9)	717 (31)	38 (2)	479 (21)	206 (9)	176 (8)	359 (16)	2 270 (100)

（原注）＊系1934年津浦、京绥、京汉、正太、京山、胶济各铁路消费量。
　　　　△包括船用燃料。
　　　　（）内系百分比〔原表个别百分比印错,予以改正〕。
　　　　1936年按日"满"商事《华北煤炭界的现况》估算;其他据"兴亚院"华北联络部报告。
　　　资料来源:"'支那'占领地经济的发展",第194页。转引自解学诗《满铁与华北经济》,第201页。

从华北煤炭的供应情况可以看出,华北煤矿的主要用途是工厂民需,从方向上看,主要是对日输出。比较 1936 年和 1939 年的统计,1939 年对日输出出现暴涨。说明全面侵华战争开始后,日本对煤炭的依赖度显著增加。据日方资料记载,1939 年 6—12 月期间,华北六港进港船只 6 763 艘,包括日本、中国、英国、美国、丹麦、德国等国,其中日本船高达 4 156 艘,占到这些国家的 62%,基本垄断了华北港口的海运。[①] 日本海运会社充当了运送煤炭的主力。运往日本的煤炭除了供应平民百姓的生活消费,有很大一部分用于工厂。这些工厂生产的产品包括船舶、飞机、钢铁、枪炮等军事物资及其他民用工业制品,在日本战时经济统制下积极配合了侵略战争。到 1941 年,华北煤炭用于工厂民需方面的比例,由 1940 年的 44% 缩减到 31%,从另一个侧面说明,太平洋战争爆发后,日本战略物资对华北的依赖度开始降低,转向其他地区。

(二) 铁矿产及矾土页岩

煤炭和铁矿密不可分,加紧煤炭掠夺在很大程度上主要是为了增加对铁矿的掠夺。华北资源铁矿仅次于煤矿,但在将铁矿石变为铁钢及所谓"原料产业化"的行动方面,比煤炭做得更大。中国的铁矿资源,东北地区最为丰富,但多为贫矿。而日本计算不含东北地区的全中国的铁矿埋藏量为3.2亿吨。据《第五次中国矿业纪要》,华北的铁矿埋藏量占全中国 50% 以上。华北铁矿的分布,其顺序是察哈尔(今河北省和山西省的北部)、河北、山东等省。华北铁矿资源,无论从量还是从质方面来说,都首推察哈尔省,特别是该省的龙烟铁矿,据《第五次中国矿业纪要》记载,该矿矿量达9 164万吨,不仅是全国(东北除外)之冠,而且几乎与长江流域铁矿矿量总计 1.1 亿吨相

---

① 『華北敵偽経済概況』、48 頁。转引自解学诗:《满铁与华北经济》,第 436 页。

匹敌,而铁矿品位基本上都在50％以上,属于富矿。①

表5-13　中国(不含东北地区)铁矿埋藏量地区表（单位:千吨）

地区	总量	确定量和估计量
华北	174 604(总量的53.0％)	确定量141 509 估计量33 095
长江流域	111 800(总量的34.6％)	确定量102 220 估计量9 580
东南沿海	36 512(总量的12.4％)	确定量30 488 估计量6 024
计	322 916	确定量274 217 估计量48 699

资料来源:東亜研究所:『支那之鉄砿と制鉄業』、1941年12月、8—9頁。

表5-14　华北省别铁矿分布　　　　　（单位:千吨）

省别	埋藏量
河北	32 424
察哈尔	91 645
山东	13 700
绥远	(10 700)
山西	(30 000)
计	137 769 (178 469)

（原注）()内据《中国年报》,1939年。

资料来源:满铁调查部:『北支那制鉄業立地条件調査報告』、1941年3月、23—24頁。转引自解学诗《满铁与华北经济》,第207页。

1934年起,"满铁"将调查活动的重点逐步转向华北后,龙烟铁矿是主要调查的目标之一。1935年10月,"满铁"地质调查所经调查后得出结论:"作为华北'开发'的第一步,利用该铁矿制定炼铁

---

① 東亜研究所:『支那之鉄砿と制鉄業』、1941年12月、16—33頁。转引自解学诗:《满铁与华北经济》,第206页。

计划是很有前途的。"1936 年 12 月,日本制铁会社技师同领事馆领事、驻屯军井上垣等人,又调查了烟筒山铁矿和石景山炼铁厂以及将军岭石灰石矿。① 兴中公司于 1936 年 8 月拟定计划,着手谋取龙烟矿权,"冀察政务委员会"已决定龙烟铁矿国有化,并任陆宗舆为恢复委员会督办。② 于是兴中公司强行策动"中日合办","冀察委员会"1936 年末妥协,但在筹办期间,七七事变发生。1939 年 7 月 26 日,由华北开发会社和伪蒙疆政府出资 2 000 万元,设立龙烟铁矿株式会社,1942 年 5 月,又增资到 6 000 万元。1938 年和 1939 年分别采矿 226 255 吨和 235 123 吨,除去供应石景山等方面外,这两年对日输出分别为 98 727 吨和 97 827 吨。③ 从 1938 年起,制定龙烟铁矿的开采计划。

表 5‑15　龙烟铁矿开采计划与实际产量　　（单位:千吨）

年度	计划	实际产量
1938 年	200	176
1939 年	600	313
1940 年	700	309
1941 年	1 200	—
1942 年	1 000	605
1943 年	1 700	—

資料来源:"'支那'占领地经济的发展",第 201—202 页。转引自解学诗《满铁与华北经济》,第 213 页。

---

① 『駐天津総領事代理岸偉一致外務大臣有田八郎』、1937 年 1 月 14 日、機密第 74 号、日本語档案抄本,399,1090。转引自解学诗:《满铁与华北经济(1935—1945)》,北京:社会科学文献出版社,2007 年,第 209 页。
② 据《龙烟铁矿筹办处致日本大使馆函》(1936 年 1 月 28 日,龙字第 8 号,日文档案抄件,399,109)称,陆宗舆任龙烟铁矿主任。
③ 華北開発調查局:『龍煙鉄砿概要』、2057 頁、882 頁。转引自解学诗:《满铁与华北经济》,第 211 页。

华北的矾土页岩也被日本视为与煤、铁相当的重要战略资源，因此也提到政府的重要事业的地位来对待。铝是生产飞机的基本金属，而矾土页岩正是提炼铝的重要矿产。

七七事变前后，制铝产业在日本也有很快的发展。1939 年，铝产量达 4 万吨，当时预计 1941 年将达 13.6 万吨，以后更会有几何数级的扩大。[①] 铝的主要原料为明矾土、铝土矿和矾土页岩。日本由于矾土的匮乏，其铝的生产主要以明矾石和铝土矿为原料，所需的明矾石仰赖朝鲜，其他则从南洋和东欧进口。但是，由于"满铁"对中国东北地区矾土页岩的发现和用矾土页岩提炼铝技术的突破，日本的铝冶炼工业出现重大转机，开始将中国东北乃至华北作为原料和产品的来源基地。矾土页岩不仅是铝的原料，而且低品位者可以充做耐火材料和玻璃的原料，需求广泛。因此，矾土页岩作为战略资源日益受到重视。

表 5 - 16 华北矾土页岩埋藏量 （单位：千吨）

省别	矿产地	埋藏量	备注
河北省	临榆县石门寨附近	68 500	矾土页岩
河北省	磁县彭城镇	7 000	青土及白土
山东省	博山	15 000	矾土页岩
山东省	黑山	8 500	矾土页岩
山东省	淄川	236 000	矾土页岩
山东省	其他	283 000	矾土页岩

资料来源：東京商工会議所調査課編：『支那経済年報』、東京：改造社、1939 年、237 頁。

除中国东北地区外，中国的矾土页岩资源主要分布在华北，

[①] 山口高等商業学校東亜経済研究会：『支那経済年報』、東京：改造社、1939 年、236 頁。

尤其山东淄博地区和冀东石门寨煤矿附近以及开滦煤矿矿区,前者也是"满铁"地质调查发现的。第一次世界大战期间,"满铁"跟随日军侵入胶济铁路沿线时,发现矿藏。1931 年"满铁"地质调查所派职员调查淄博煤矿,结果在纯度很高的硬质黏土层中确认有优质的矾土页岩存在。1935 年 4 月,"满铁"再次派调查员调查淄博和章丘各煤矿的矾土页岩,从而确认那里页岩铝品位为50％,并拥有逾万吨的藏量。[①]"满铁"还发现了冀东和开滦煤矿区的矾土页岩。1935 年兴中公司出笼后即进行勘查,发现那里有丰富的矿藏。矾土页岩矿层夹杂在煤炭储埋地区,大部分未被采掘,特别未被作为提炼铝的原料利用,冀东和山东淄博地区的矾土页岩的埋藏量相当庞大,而且品位较高,冀东矿藏平均含铝 35％,最高达 78％,山东矿藏品位最低 39％,平均达 51％。[②]

(三) 盐

盐是仅次于煤和铁的第三位华北资源,作为化工基本原料的盐,直接关系日本战时化学工业的生产。

日本的盐产量不到世界总产量的 3％,就连国内食用盐都难以满足需要,根本谈不上供应工业用盐,基本上靠海外供应的盐。有所谓近海盐和远海盐之别,前者即中国东北、朝鲜、中国台湾和中国关内等各地的产盐,而中国关内产盐又可分为长芦盐、山东盐和海州盐。远海盐主要指索马里、西班牙、德国和英国的产盐,远海盐虽然纯度很高,但是近海盐在经济上更为有利。

华北拥有日本不具备的良好晒盐条件:少雨、多风、沿海地域

---

① 満史会:『満洲開発四十年史』,満洲開発四十年史刊行会、1965 年、253 頁、261 頁、266—267 頁。

② 参见解学诗:《满铁与华北经济》,2007 年,第 225—226 页。

宽阔平坦。第一次世界大战期间,日本侵占山东半岛,从青岛对日出口山东盐,这是中国盐第一次出现在日本市场上。根据中日签订的《山东悬案细目协定》规定,自 1923 年起,15 年内日本可在最高3.5亿斤,最低 1 亿斤的范围内购买青岛盐。但长芦盐和海州盐的出口依然被禁止。山东盐的运销被控制在日商手中。1937 年 2月,日本工商业界掀起了"华北热",由日华兴业、大日本盐业、田中国隆商店三家设立了山东盐业会社,资本 100 万元。七七事变后的 1938 年 4 月,又在"监督官厅"指导下,除原有三家外,三井物产、三菱商事以及其他不知名的商社也加入其中,资本一跃增至 1 000万元。山东盐业会社是完全属于日资的日本普通法人。不过组成山东盐业会社的各持股者大都不是盐业生产商,而是贸易商,他们控制着山东盐的产销。1939 年 4 月,根据"兴亚院"决定的"华北盐业开发要纲",山东盐业会社被纳入华北开发会社统制之下,成为华北开发会社融资并受其"统合调整"的会社。1941 年,山东盐产量达到52.9万吨,较上年增产 34％,对着输出 41 万吨,较上年增加 156％。①

作为华北两大盐田的另外一个盐田是长芦盐田,位于白河左右两岸,北至大清河,南至黄河(渤海沿岸,北起山海关南至黄河口)。1935 年华北事变后,特别是"冀察政务委员会"和"冀东伪政权"出现之后,"由于亲日的中国政府要人介入怂恿当局,政府方面也见于长芦盐全面态势,终于解除了过去的禁止政策,输出税方面决定每吨一元的合理税率。从民国二十五年实现了对日输出"。这是 1935 年末刚建立的兴中公司活动的结果。1936 年 11 月 20日,日本外务省正式指示兴中公司执行长芦盐的进口业务。

————————————

① 『華北開発株式会社沿革概略』,转引自解学诗:《满铁与华北经济》,第 235 页。

九一八事变后,"在我国工业盐的需要和工业原料盐自给自足制度必须建立的呼声很高。于是,着眼于长芦盐的生产力扩大,经中国驻屯军、专卖局、满铁等视察,昭和十一年达成了关于长芦盐对日输出的协议"。① 在兴中公司营业部设立前夕,1937 年 1 月"满铁"产业部拟定了"华北盐业开发纲要",规定"改良华北既有盐田(不含山东盐田),由现在生产的 35 万吨增产到 60 万吨,并积极开发新盐田,年产 45 万吨,谋求实现 75 万吨的大幅度增产,并使之全部输出日本"。② 1936 年实验性对日输出 7 万吨;1937 年,由兴中公司一手实现了 23 万吨的对日输出。③ 1937 年 4 月 1 日,兴中公司设立了盐业部。

华北开发会社成立后,1939 年 8 月 20 日,由华北开发会社和伪华北政务委员会出资 2 500 万元的"中日合办"华北盐业股份有限公司成立。华北盐业股份有限公司设立后,主要是取代兴中公司,即承担长芦盐对日垄断输出和长芦盐的所谓增产,从事长芦盐的生产、加工、再制和销售,对中国盐业者融资,以及碱类的生产、销售、出口等。华北盐业公司设立时所拟定的目标是,到1945 年,盐田达30 905町步(约 30 596 公顷)④,盐产量 175 万吨,其中对日出口 120 万吨。此外,华北盐业公司还继承兴中公司所管理的久大精盐厂和永利化学工业公司,这是两家在中国近

① 興中会社:『北支塩業概況と塩利用工業』、1939 年 12 月、22—23 頁。

② 満鉄産業部商工課工業系:『華北塩業開発綱要』、1937 年 1 月、日本語档案抄本、2057,2451。转引自解学诗:《满铁与华北经济》,第 231 页。

③ 満鉄産業部:『北支経済総観』、37 頁。1936 年度是三菱、华丰两商社经手向日本输出,带实验性质。1937 年,按日本外务省指令由兴中公司一手进行。此后,每年由日本专卖局长官向兴中公司下达进口长芦盐指标,如 1938 年度为 20 万—25 万吨,1939年为 35 万—40 万吨。转引自解学诗:《满铁与华北经济》,第 231 页。

④ 町步,面积单位,1 町步=14.85 亩=0.99 公顷。

代化学工业发展史上举足轻重的公司。

表 5-17 华北海盐对日输出量 （单位：千吨）

年度	长芦	山东	计
1936 年	7	294	301
1937 年	223	84	307
1938 年	369	289	658
1939 年	253	231	484
1940 年	625	189	814
1941 年	458	425	883

资料来源：『支那占領地経済の発展』，213—214 頁。转引自解学诗：《满铁与华北经济》，第 236 页。

以《华北海盐对日输出量》作图表如下：

单位：千吨

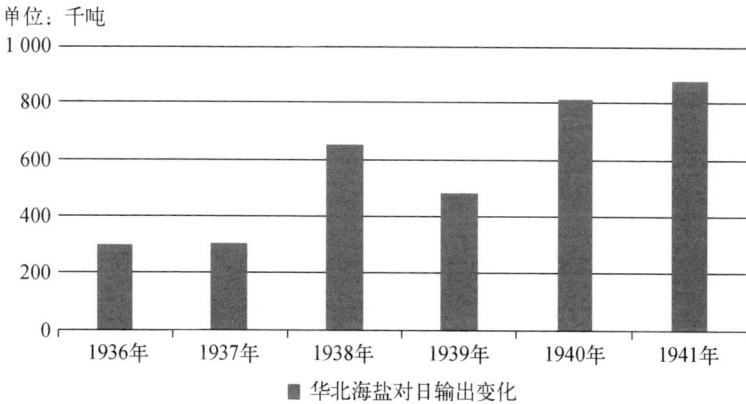

图 5-2 华北海盐对日输出量

除 1939 年外，由华北向日本出口的盐逐渐增加。由此可以看出，随着侵华战争的扩大和太平洋战争的爆发，日本急需扩充其化学产业，对作为化学原材料的盐，需求量日益增加。华北盐作为战略资源，成为支持战时化学工业的重要物资。

（四）棉花

中国是主要棉产国，地位仅次于美国、印度而居世界第三位。棉花是一般工业原料，也用于军事。"满铁"调查部在 1939 年做过一项调查，结论如下：

> 日本现在一年约需要棉花 1 300 万至 1 400 万担，但国内、朝鲜只生产 50 万担左右，仅为需要量的 4%。大部分依靠外棉，特别是由于印棉、美棉占大部分，非但给国际收支造成了很大影响，而且一旦有事，遇到经济封锁时，直接威胁到国民生活，并使火药、军需品的原料安排发生重大障碍。故从确保邻近资源的意义上，在日满华集团圈内增产棉花以确立纤维国策，非常重要。

对所谓"邻近资源"的获取，日本不遗余力。曾经对其殖民地和势力范围进行生产规划，如对朝鲜推行"北羊南棉"政策，1919 年就制定了棉花增产计划。伪满洲国成立后，推行"北麦南棉"政策，修改产业计划，规定棉花的种植 18 万公顷，产棉 4.5 万吨。但"尽管我们对朝鲜、满洲的棉花生产做出了许多努力和牺牲，可是从朝鲜、满洲得到的棉花，只不过 83 万余担。而在华北却取得相当其数倍的棉花生产实绩"①。就华北而言，在农业特产品中，棉花也属首位，河北、山东等地的土壤系黄土及其再冲积土壤，适于种棉。华北比较干燥的气候也似美国棉种植带，故亦适于种植美国品种棉花。由于种植棉花有利，日本国内纺织业发展迅速，加以国民政府推行奖励种棉的各种政策，致力于耕种改良，相当一段时间，亩

---

① 满铁调查部：『北支那の農業と経済』上卷、評論社、1943 年、319 頁。记载：1925 到 1933 年，平均亩产，河北为 29.5 斤，山东 25.6 斤，山西 25.5 斤，显然高于全国的 23.7 斤，并均高于世界的 17.8 斤，北美的 20.6 斤，印度的 9.8 斤，朝鲜的 16.0 斤。

产皮棉提高,甚至超过美国。

表 5 - 18　华北棉花种植面积和生产量(1934 年)

省别	播种面积(千亩)	占各省耕地的百分比	产量(千吨)
河北省	9 194	9%	2 836
山东省	5 466	5%	1 334
山西省	2 706	4%	601
河南省	4 091	4%	1 022
陕西省	3 710	9%	1 004
计	25 167	——	6 797

　　资料来源:『支那经济年报』,東京:改造社、1939 年、227 頁。转引自解学诗:《满铁与华北经济》,第 248 页。

　　在华北,棉花生产呈现为河北、河南、山东的次序,山西、陕西两省虽也出产,但与前二省相比相去甚远。河北省有西河、御河、东北河三个产棉区。西河区,即河北省西南地区,以京汉铁路为中心的平原地区,产棉县达 45 个,其产量占全省的 60%。日本占领时期产量曾达 150 万吨。山东棉的产地一般在黄河下游,分布在鲁南、鲁北和鲁西。

　　1936 年 6 月 29 日,日本外务省、陆军省、参谋本部和"对满事务局"就设立华北棉花会社问题达成协议,并由外务省密令兴中公司,要求其"尽快创办华北棉花会社"。1938 年 4 月 1 日,华北棉花株式会社设立。会社所在地为天津,日本法人,资本 300 万元。出资者为:大日本纺织联合会、在华纺织同业会、日本棉花同业会。兴中公司撤销后,1939 年 12 月 27 日,华北开发会社接替兴中公司的持股。华北棉花会社设立伊始,方针就是明确的,即确保棉花资源。当时华北主要棉产区仍在中国人民手中,对日本侵略者来说棉花量"比十年前减半",他们力图"将陇海路以北地区,作为年产

1 500万吨的棉产区"。华北棉花会社的任务就是通过棉花的保管、打包、处理、运输、辅助种植、配给种子、代购肥料农具、开垦新棉田（主要在陇海路沿线）等，对华北棉花生产和运销实施垄断。特别是"在确立配给制度的同时，承接军需棉的处理，取代向来在该业独占的英商，以发挥向日满输出配给的机能"。①

　　综上所述，"满铁"作为最大的"国策会社"，是日本侵华的急先锋，是日本对华实行侵略政策和掠夺计划的集大成者。随着日本"大陆政策"的逐步推行，"满铁"在经营东北的同时，在华北的侵略活动也逐渐展开。"满铁"调查部的一系列调查和"开发"计划以及在华北实行的经济统制，始终围绕产业增产和对日输送展开。华北是煤炭、铁矿、矾土页岩、盐、棉花等战略物资的重要产区，日本通过资源调查、设定一系列"开发"计划、设置专门的产业会社等措施，垄断这些战略资源的生产和运输，为不断扩大侵华战争服务。其中，对日输送是日本攫取资源的关键一环，必须由海运会社来承担，这也是华北六港在日本侵华时期沦为战略物资输出港的主要原因。1939年，日本特别设立了对中国航运实行统制的东亚海运株式会社。组成东亚海运株式会社的有日本邮船株式会社、大阪商船株式会社、日清汽船株式会社、近海邮船株式会社、原田汽船、三井物产船舶部、川崎汽船株式会社、山下汽船株式会社、阿波共同汽船会社等。这是日本在全面侵华开始后，整合全日本的海运势力，构建举国体制下的海运网络的体现。

---

① 『興中会社関係会社概要』、72頁。

三、日本对华北资源的调查与交通规划——以青岛为例

(一) 日本对青岛及其腹地的调查

日本曾经两次侵占青岛,特别是第二次日据时期,对青岛的政治、经济、文化的影响更为深刻。这一时期,日本提出了青岛在华北乃至整个中国的定位,并成立专门机构对青岛及其腹地进行了详细的调查和研究。本部分将以日本侵华机构"兴亚院"1940年提出的重要报告《青岛港背后地及其经济事情》为中心,结合其他档案资料,考察日本第二次侵占时期对青岛及其腹地一系列调查的实施及主要内容,揭露日本的侵略野心。

1. 日本第二次侵占时期对华北、山东及青岛地位的新认识

侵华战争之初,日本在讨论中国的问题时,所界定的"华北"一般只包含河北和察哈尔两个地区,并一直将天津作为华北的门户,制定了以天津为中心的铁路规划。1938年之后,日本的军事势力进一步南下和西进,深入中原及其他内陆地区,经济和军事的战略重心逐渐南移,试图打通中国南部和北部的经济联系和瓦解抗日政权。于是,日本对华北的地域概念进行了修正和扩展,提出必须对认为中国北部就是冀察两地"进行完全的扬弃",华北的范围应该扩大到可以"包括黄河以北及陇海铁路的六到八个省份",而且必须站在所谓的"大局"观点上对华北地区的重要作用进行审视,指出对中国北部政策的制定不仅是日本势力延伸到中国中南部,而且是日本势力在全中国发展的基础条件。①

日本主张的华北范围包括了当时的河北、山东、山西、察哈尔

---

① 青岛市档案馆馆藏:『青岛を中心した交通对策』、青岛日本商工会议所、1938年12月、1頁。

全省和绥远、河南、江苏的一部分，"北与外蒙古和东北沦陷区（伪满洲国）接壤，东临渤海、黄海，与朝鲜和日本相望，南达黄河与陇海铁路一线，西抵包头与黄河东岸，总面积达 100 余万平方公里，人口一亿多"。① 这一广大的区域具有这样三个特点：一是资源丰富——是中国重要的农业、矿业、盐业生产区；二是交通发达——便利的海运、铁路线、内河航运线、公路线交织成网；三是人口众多、文化深厚——人口是东北地区的三倍，并且是多个朝代的古都所在地。"从地理位置上讲，倘若全中国之版图像一只公鸡，东北恰是其硕大鸡首，而华北则是其咽喉和心脏。占据了华北，即扼住了我国咽喉和心脏，即可踞中枢而虎视全中国。"②可见，华北在经济和军事上关系到日本整个侵华战略的实施。

　　处于这一区域东部的山东，资源和交通优势更加凸显出来。曾在青岛日本商工会议所担任交通委员的松崎雄二郎③是这样看待山东的重要性的："从日本看来，山东省的重要性，就在它的广大地域在地理上具有适宜的条件，富有煤、铁及其他种种地下资源，还有农业畜产也很旺盛，并且这些资源和特产物运往海港极其便利，只须是用较少的经费资财，即可对于现局给予很大的给予了。"④作为华北重要门户的青岛甚至被当作"日'满'华经济圈"乃

① 日中派遣軍司令部：『占拠地域統計』、1941 年 2 月。转引自中村隆英：『戦時日本の華北経済支配』、山川出版社、1983 年、198 頁。
② 居之芬、张利民主编：《日本在华北经济统制掠夺史》，天津：天津古籍出版社，1997 年 5 月，第3 页。
③ 松崎雄二郎曾任青岛日本商工会议所内刊《經濟時報》的编辑兼发行人，曾著《青岛の現勢》《青岛商工案内》。1947 年受国民民政府留用，回顾了自己曾经参与的"山东产业开发计划"的情况。
④ 松崎雄二郎著、舒贻上译：《日本人的山东开发计划》，济南：山东新报社，1947 年，第 5 页。

至整个"大东亚"的圆心："试把新东亚地图展开,以青岛为中心,画个 600 公里半径的圆圈,那末,西就拥抱河北平原,达到太行山脉东麓、平汉铁路附近,北就经由北平、天津的路线,把辽东半岛收在圈内,东就出到朝鲜西海岸,以至仁川、京城、木浦,南就联络上海、南京的路线,背靠中原,成为海则为渤海、黄海所环绕,陆则为辽东、朝鲜两半岛所包围的形势,于是可以明白一件事实,就是山东位居通过所谓'中日满'的东西南北两线路之中央了。"[①]并断言青岛"在成为上海与天津之间的、'开发'大陆资源的新基地方面,具有地理上、经济上、历史上最大优势"。[②] 随着中日战局的变化、欧战的爆发和日本对华北及山东的逐步重视,位于山东半岛的青岛港以其先天的海港条件、明显的产业优势及便利的交通,逐渐取代天津港,成为日本侵略华北的"中心港"。

为了充分发挥青岛"中心港"的作用,日本预计从铁路、公路、航运、港湾建设上建立起以青岛为中心的庞大的交通网络,同时对青岛进行区域规划和城市规划,将其建成区域性的中心城市。作为这些行动的前提,日本成立了专门机构对青岛及其周边地区进行了详细的调查研究。

2. 日本第二次侵占时期对青岛及其腹地的调查研究

日本侵华机构"兴亚院"直接参与了对青岛及其腹地的调查研究。1938 年 10 月 1 日,日本政府决定设立一个掌管对华事务的综合机构,12 月 16 日,日本政府在东京正式成立"兴亚院",总裁由内阁总理大臣,即首相出任,而四位副总裁分别由外务、大藏、陆军和

---

① 松崎雄二郎著,舒贻上译:《日本人的山东开发计划》,济南:山东新报社,1947 年,第 4 页。
② 青岛市档案馆馆藏:『青岛を中心とする交通対策』,青岛日本商工会议所、1938 年 12 月、2 頁。

海军大臣出任,最高首脑总务长官由陆军中将柳川平助出任。"'兴亚院'作为日本政府对华侵略的最高行政管理机构,专门处理在华所遇到的政治、经济及文化问题,但其统治的范围不包括伪满和台湾。1939 年 3 月 10 日又成立了华北(设在北京)、蒙疆(设在张家口)、华中(设在上海)、厦门四个连络部和青岛出张所,……军事侵略只是手段,长治久安才是目的,'兴亚院'就是为了巩固日军的侵略'成果'而存在的。"[①]

为长期占领中国,实行"以战养战","兴亚院"曾动员庞大人力对中国经济和资源进行的大规模实地调查。[②] 1939 年 6 月,"兴亚院"华北联络部青岛出张所在青岛福山路 2 号建立"兴亚院都市计划事务所",其主要负责人为"满铁"技师折下吉延。青岛伪政权方面则由特别市公署建设局承担,辅助"兴亚院都市计划事务所"工作。[③] 9 月,"满铁"调查部正式发表"青岛都市计划派遣员一览表"[④],正式派员参与青岛都市计划所需的基本调查。

这里需要指出的是,"满铁"在"兴亚院都市事务所"成立中所起到的作用。"满铁"成立于 1906 年 11 月,在其存在的近 40 年间,一直是日本帝国主义推行侵华政策的主要殖民机构之一。"'满

---

① 房建昌:《1939—1942 年驻沪的日本兴亚院华中联络部》,《档案与史学》,1997 年第 6 期。

② 复旦大学历史系朱荫贵曾在纪念《中国经济史研究》杂志创刊 20 周年的文章中指出:"兴亚院"汇总的调查报告书类,最少达 1 900 件以上,是现在对该时期中国经济发展状况进行研究的重要资料。因种种原因,其具体数量、内容和现在的收藏地以及保管情况等详情长期以来一直不清楚。近年来以东洋文库的本庄比佐子、内山雅生、信州大学的久保亨等日本学者为首于 1998 年成立研究小组,开始了对"兴亚院"和"兴亚院"调查资料的研究,并在 2002 年由岩波书店出版了《兴亚院と战时中国调查》一书,对"兴亚院"在中国的调查活动,进行了综合的整理和分析。

③ 藤原钦爾:『青岛』,大陆都市丛书第三辑、日本国际観光局、1940 年 3 月版、11 页。

④ 青岛市档案馆馆藏:青岛都市计画派遣员一览表、档号 B23-1-311。

铁'是个以垄断经营铁路交通为主的营利企业,同时又是多方进行侵略活动的半官方殖民机构。以公司之名行侵吞别国之实虽然不是日本的首创,但是作为帝国主义时期日本式的侵华灭华的殖民公司,'满铁'堪称世界性的典型。"①"满铁"最初活动范围在"南满铁路"附近的东北及内蒙古地区。1939 年 4 月扩大其调查部,建立起遍布日本、中国东北、华北、华中的"东亚调查网"。由于"满铁"对于中国的调查开始最早、持续时间最长,实施的范围也最大,所以其调查经验更为"丰富",因此设在青岛的"兴亚院都市计划事务所"其最初的组织机构由"满铁"直接派遣,主要负责人为"满铁"技师折下吉延。可见,日本对青岛及周边地区的调查以"兴亚院"为主,同时,在组织机构上也受到"满铁"调查机构的部分影响,日本对青岛及华北侵略政策的制定是多部门共同协调的结果。

表 5‑19 "青岛都市计划"派遣员一览表

总括				
担当	所属	资格	氏名	备考
—	调查部	嘱托	折下吉延	—
—	调查局课长	参事	中西干爱	—
—	调查局调查役	参事	铃木清	—
—	调查局调查役	参事	小柳健吉	—
—	工务局课长	参事	大野严	—
联络				
担当	所属	资格	氏名	备考
—	调查局驻青岛办事处	职员	仓持博	—

---

① 关捷主编:《日本侵华政策与机构》,第 197 页。

续表

总括				
担当	所属	资格	氏名	备考
一般	总局调查局	职员	太田库吉	—
经理	调查局庶务课	职员	神代西二	—
印刷	调查局庶务课	佣员	高桥福巳	—
打字员	总文书课	佣员	小山高子	—

一般经济				
担当	所属	资格	氏名	备考
农业	调查部第一调查室	职员	奥田亨	—
水产	调查部第一调查室	职员	别府良夫	—
矿山	调查部第四调查室	职员	世仓正夫	—
工业	调查部第一调查室	职员	堀内清雄	—
商业	调查部第一调查室	职员	堀内清雄	—
金融	—	—	—	—

交通经济				
担当	所属	资格	氏名	备考
铁道经济	调查局	职员	桥爪正男	—
铁道经济	调查局	职员	东岛德次郎	—
铁道经济	调查局	职员	面高满	—
铁道经济	调查局	职员	冈秀雄	—
铁道经济	调查局	职员	加纳忠一	—
港湾经济	调查局	职员	高木第四郎	—
民船贸易	调查局	职员	西山一男	—
汽车运输	调查局	嘱托	住吉平治	—

续表

铁道技术				
担当	所属	资格	氏名	备考
车务	调查局	副参事	柴田季太郎	—
车务	调查局	嘱托	渡边精作	—
工务（计划）	调查局	职员	田中滋敏	—
工务（计划）	调查局	职员	东定雄	—
工务（计划）	调查局	职员	成松义清	—

铁道技术				
担当	所属	资格	氏名	备考
工务（计划）	调查局	职员	古川重夫	—
工务	建设局	副参事	齐藤甚治	—
助手（一般）	调查局	佣员	吉田节郎	—
助手（一般）	调查局	佣员	横山清治	—
助手（一般）	调查局	佣员	大谷泰夫	—
助手	调查局	雇员	伊藤明	—

港湾技术				
担当	所属	资格	氏名	备考
—	调查局	副参事	相马英雄	—
—	调查局	职员	中岛利彦	—
—	调查局	职员	赵南吉	—
—	调查局	雇员	吉田均	—
—	调查局	雇员	阿部德马	—
—	调查局	雇员	柏原平藏	—

土木				
担当	所属	资格	氏名	备考
土木	工务局	职员	下村节义	—

土木				
担当	所属	资格	氏名	备考
土木	工务局	职员	日野铁夫	—
土木	工务局	职员	带津治平	—
地质	工务局	职员	近藤利八	—
地质	工务局	职员	相越胜二	—
助手	工务局	雇员	宫代仙作	—
助手	工务局	雇员	儿玉昌三	—
助手	工务局	佣员	箕浦隆吉	—

由表 5-19 可以明确看出，"兴亚院都市计划事务所"设立了专门的调查机构，对青岛及周边地区进行详细调查。所谓的"一般经济"调查，包括农业、水产、矿业、工业、商业及金融情况等。这些调查内容涵盖各项基本经济信息，具有情报活动的性质，为日本制定"开发"计划，攫取青岛及其腹地的资源提供了信息支持。从人员的数量上分析，此表中涉及交通内容①的人员达 19 人之多，这 19 人中涉及铁路经济调查和建设的又达 16 人，达到 84％的高比例。此外，调查局中 6 人专门负责港口事务，占调查局主要职员②的近 20％，突出了都市计划事务所重视交通运输，尤其重视关系铁路运输的调查及铁路建设，又把港口建设放在重要位置的显著特点。可见，日本当局已经清楚认识到青岛的命运与港口和铁路建设息息相关。为使青岛充分发挥出其区位优势，成为侵略山东及华北的桥头堡，必须通过陆路交通的建设，实现内陆与港口的有机

---

① 包括表中"交通经济"和"铁道经济"两项。

② 除调查局主要官员和一般职员（如联络人员及印刷人员等），担任"一般经济"调查、"交通经济"调查、"铁道技术"调查及"港湾技术"调查四大部分人员之和，共 31 人。

结合。

从调查的具体内容上看,1939年11月,"兴亚院都市计划事务所"在"满铁"人员的协助下正式提出了"青岛都市计划经济调查书目录"。[①] 包括以下15个大的方面:

1. 青岛都市计划经济调查书(总括)

2. 青岛港背后地的概要

附:青岛港势力圈及背后地资源分布图

3. 青岛港背后地的矿产物生产预想及青岛港输移出量想定

4. 作为青岛港背后地的煤矿

5. 假定以青岛港为中心的海运大要

6. 青岛港输出入货物数量表

7. 青岛渔港计划

8. 青岛渔港计划上的参照诸点

9. 假定青岛小港为中心的民船贸易

10. 青岛港木材需给调查报告书

11. 假定以青岛为中心的农业调查

12. 青岛都市主要商品流通情况

13. 青岛的工业构成及现状

14. 假定以青岛为中心的铁路网

15. 青岛港的弱点及其对策

由以上15个方面可以看出,"兴亚院都市计划事务所"成立之后,提出的围绕青岛所进行的调查计划非常具体,涵盖了自然

---

① 青岛市档案馆馆藏:『青岛都市計画经济調查書目録』、档号B23-1-311。

地理、资源、交通、港口等各个方面,并且仍然将交通和港口规划建设放在最重要的位置。同时,对重要战略资源矿产和煤矿的产量作了估计,对农业和工业的现状进行了调查,并在此基础上对港口的扩建和交通线进行了新的设想。这些调查都以日本掠夺华北资源为根本目的,体现出日本侵略者觊觎华北资源的贪婪野心。

"青岛都市计划经济调查书目录"制定后,"兴亚院都市计划事务所"以"满铁"派来的 40 多人为主要官员和职员,并雇用大量的工作人员,立刻开始大范围的详细调查。从 1939 年下半年开始至 1940 年年底,上述内容基本调查完毕。这些调查结果一般以编撰报告的形式提交到"兴亚院"决策部门,为日本实施华北"开发",继而侵占全中国提供了详细的数据。以下将以《青岛港及其背后地经济事情》为中心,对调查的具体内容进行初步分析。

3. 日本对青岛及其腹地调查的内容——以《青岛港及其背后地经济事情》为中心

1940 年"兴亚院"政务部推出了"青岛港及其背后地经济事情"①,该档共计 375 页,分青岛港背后地概要、资源及产业、流通、海运四个方面,是"兴亚院"对青岛及其腹地进行的主要调查报告之一。

第一,从其中的《青岛港势圈及背后地资源分布图》中可以看出,所谓的"青岛港势圈"范围远远不止青岛市,乃至"大青岛市"(包括胶州、即墨两县),甚至已经超出了山东的范围,扩展到山西、河北、河南三省。这实际上体现出日本对青岛港腹地范围的认识,也充分体现出青岛在山东及整个华北地区的重要经济地位和战略

---

① 青岛市档案馆馆藏资料:「青岛港背後地经济事情」、興亜院政务部、1940 年。

地位。该图详细地标明了"青岛港势圈"的资源分布情况,如以煤矿、铁矿为代表的矿产分布,以花生、棉花、烟草为主的农产分布,以及与这些物产运输息息相关的铁路和公路现状。此图还着重标明了山东省的面积、人口、人口密度、耕地、未耕地的数量。可见,青岛港腹地主要以山东省为主,包括山西、河北、河南的一部分,沿胶济铁路和津浦铁路往内陆扩展。

第二,该图还特别指出了青岛港到日本主要港口神户、名古屋、横滨的距离,没有对青岛港到其他国内外港口的情况进行标注和说明,充分说明日本预计通过扩建陆路交通,扩展青岛港腹地,并且对青岛港进行"开发"和建设并不是以发展青岛港的海运为目的,其最终目标和根本意图是妄图把青岛港广大腹地内的资源掠夺到日本,使具有丰富资源的中国华北地区成为日本继续推行侵略战争的补给地,达到"以战养战"的目的,便于日本扩大侵略战争。

该图对青岛港的直接腹地范围进行了更详细的界定,并对今后腹地的"开发"概况作了估计,"(青岛港背后地)即黄海、渤海以西,东起荣成县的成山角,西到德县西部,北至蓬莱,南到诸城县以南。面积75 700平方千米,人口1 830万人,相当于山东全省的49%,耕地面积3 355千町步(约 3 321 450 公顷),如果加上(山东境内)黄河上游地区,面积将达到 61%,各种农产品的年产量约600万—700万吨。山西煤矿的"开发"有赖于铁道预定线的延长,那时,(青岛)腹地的范围将呈楔形扩大,面积将达到13.5万平方千米,相当于全山东省的 90%,而且人口也将增加3 100万人。耕地面积增大到6 123千町步(约 6 061 770 公顷),产量与现在的背后地势圈的产量相比也将有成倍的增加。"①从日本对青岛港腹

① 青岛市档案馆馆藏资料:『青岛港背後地経済事情』、興亜院政務部、1940 年、3—4 頁。

地"开发"的"乐观"估计,一方面可以看出,日本继续扩大战争,使侵略势力深达内地的意图,另一方面能看出日本对该地区调查的详细程度,包括耕地面积、物产产量及人口状况都作了相对准确的统计与估计。

对青岛腹地及青岛港所谓"将来性"的估计建立在详细的调查研究基础上。在《青岛港及其背后地经济事情》这份调查报告中,图表统计占了较大比重。现列举以下表格(表 5 - 20),可以看出其统计时间及统计项目分类等,代表该报告的主要写作体例。

表 5 - 20 1932—1935 年胶济铁路东向(由内地—青岛港方向)运输量统计

年别 种别	1932 年	1933 年	1934 年	1935 年	输送数量比例
矿产品	1 249 499 吨	1 483 891 吨	1 814 597 吨	1 834 673 吨	48%—59%
农产品	447 067 吨	389 148 吨	430 470 吨	357 328 吨	11%—17%
工产品	340 845 吨	304 906 吨	292 150 吨	285 965 吨	9%—13%
林产品	52 772 吨	53 903 吨	52 457 吨	50 273 吨	1%—2%
畜产品	54 879 吨	42 737 吨	46 169 吨	40 165 吨	1%—2%
铁道用品 政府用品	510 292 吨	539 266 吨	522 041 吨	598 080 吨	16%—20%
计	2 655 354 吨	2 813 851 吨	3 157 884 吨	3 166 484 吨	—

资料来源:『青岛港背後地経済事情』、興亜院政務部、1940 年、6—7 頁。

由表 5 - 20 可看出胶济铁路最主要的用途在于对矿产(比例达48%—59%)和农产(比例达 11%—17%)的运输,二者占到总货物量的 70% 以上。如前述,青岛港是否具有可以充当日本侵略华北"门户港"的资格取决于铁路线的延长和胶济铁路运输能力的增加。对全面侵华战争之前铁路的运输情况进行详细统计是规划新建铁路和扩建港口的依据。诸如此类,对 1937 年之前青岛港及其腹地的物产、交通情况的统计在调查报告中占了较大比例。这些表格有的按照物产名称分类,如矿产又分作煤炭、石油、石灰、黏土、金属等,农产又分作花生、棉花、烟草、小麦、面粉、花生油、高粱、大豆、果物等,工业品又分作棉丝、棉布、金属器具、砂糖、陶瓷、纸张、火柴、卷烟等,畜产又分作鸡蛋、牛、皮革等,还有林产中的木材,水产中的盐和鱼干。[①] 有的按照地区分类,统计同一种物产在河北、山东、山西的分布和产量情况。[②] 由此可见,日本以"兴亚院"为代表的调查机构对全面侵华战争前青岛及其腹地的调查分类之细,数字统计之具体,使人惊叹。

在此基础上,"兴亚院"又对军事占领后华北的农产量进行了估计。本节取其中一表进行分析(表5－21)。

表5－21　河北、山东、山西三省农业"开发"计划目标(1938—1946年)

项目	目标		现在能力		增减情况		增减率
作物	千担	千吨	千担	千吨	千担	千吨	%
棉花	10 001	599	420	252	5 796	347	137.8
小麦	128 699	706	119 548	7 156	9 151	548	7.7
玉蜀黍	40 878	2 448	41 209	2 462	230	14	0.6
粟	77 272	4 627	74 257	4 447	3 015	181	4.1
甘薯	80 731	4 834	71 191	4 263	9 940	571	13.4
花生	22 040	1 320	21 572	1 292	496	29	2.2
水稻	6 099	365	3 600	216	2 499	150	69.4
烟草	2 870	172	2 368	142	502	30	21.2

资料来源:『青岛港背後地经济事情』、兴亚院政务部、1940年、63页。

所谓对华北农产品的"开发目标"实际上是日本对华北可掠夺

---

① 参见『青岛港背後地经济事情』、兴亚院政务部、1940年、7—9页。

② 参见『青岛港背後地经济事情』、兴亚院政务部、1940年、27—29页。

农业资源的调查和估计,对日本侵略华北作用巨大。一方面,可以
掌握华北的农产品分布和产量等相关信息,结合日本国内的需求,
为进一步掠夺提供情报。另一方面,调查产量并估计将来的增产
情况也为扩建铁路并扩建青岛港提供了较为详实的依据。作为史
学研究的重要史料,从这些调查资料中我们也可以得到很多重要
信息。如,表5-21中棉花的增长率达137.8％,水稻的增长率也远
远超出其他农产品,体现出华北在日本掠夺视野中的位置,即日本
把华北当作国内棉花需求以及粮食需求的重要供给地,这些物产
虽然不像矿产那样可以直接用于军事生产,但是对于日本支撑侵
华战争来说同样具有举足轻重的作用。同类表格还有很多,都是
围绕青岛及周边地区的物产、铁路运输、港口运输能力等情况进行
统计说明,日本掠夺资源的用意昭然若揭。

　　除了物产的统计和预测,"青岛港及其背后地经济事情"的另
一个主要内容是对青岛港的贸易和运输状况的统计分析。如在其
中着重提出了以青岛小港为中心的民船贸易,概述了以青岛为中
心的海运情况,并分析了青岛港的弱点及相应的对策:"概括地说,
青岛港在地理上其腹地范围比较狭小,而且与背后地资源相联接
的交通设施和经济机关不够完善,这是青岛港最大的弱势。然
而……青岛在气候上与内地类似,并且又有日管时代以来通过'邦
人'①建立的联系,就整个大陆而言,我国投资额的比重又是最大,
(基于以上的原因)不难预测,如果实施在大陆上的经营据点政策
与工商业繁荣政策相结合,本港的发展会进一步大放光彩。"②

　　在"青岛港及其背后地经济事情"附录中,还提出了"以青岛为

---

① 日本对其占领青岛时期日本居留民(日侨)的称呼。
② 青岛市档案馆馆藏:『青岛港背後地经济事情』、兴亚院政务部、1940年、340页。

中心的铁道网预想"①,分"产业铁道"和"地方开发铁道"两大部分。在已有的胶济铁路、津浦铁路、京汉铁路基础上,延长铁路线至山西、河南境内,在几大铁路动脉中建立更多联系,用扩建、新建陆路交通的方式扩展青岛港的腹地范围,达到在更广大范围内占有战略资源的目的。这一设想将从1942年开始到1970年为止分四期对"产业铁道"进行改良和新建(见表5-22),妄图利用近30年的时间,使1970年的运输量达到4 000万吨,比1942年增长近6倍之多。

同时,"兴亚院政务处"还对铁道计划作了周密的资金预算(见表5-22),足见其可行性之强。值得注意的是,计划一直设计到1970年,足见日本长期占领华北、掠夺华北资源的侵略野心之大。如果没有抗日军民的顽强抵抗,至1945年最终取得抗日战争的胜利,使日本一系列侵华政策没有得到实施,将有更多华北乃至全中国的资源被日本帝国主义掠夺! 其结果必然是华北地区及全中国沦为日本强占资源、倾销商品的殖民地。

表5-22 "产业铁道"四期改良计划

分期	第一期 计划	第二期 计划	第三期 计划	第四期 计划
时间	1942年 (昭和十七年)	1946年 (昭和二十一年)	1960年 (昭和三十五年)	1970年 (昭和四十五年)
运输量目标 (万吨)	600	1 000	3 000	4 000
所需资金概算 (日元)	61 797 369	77 720 275	691 758 020	346 186 150

资料来源:『青島港背後地経済事情』、興亜院政務部、1940年、356—357頁。

---

① 参见青岛市档案馆馆藏:『青島港背後地経済事情』、興亜院政務部、1940年、356—369頁。

以青岛为中心建立交通网的设想,并非由"兴亚院"最先提出。早在1938年由青岛日本商工会议所提出的"以青岛为中心的交通计划"就对青岛及其腹地的交通作了更为具体的规划和设想。除铁路计划之外,"以青岛为中心的交通计划"还对公路、海运和港口扩建提出了具体的规划。①

由"青岛港及其背后地经济事情"的体例和具体内容可以看出,"兴亚院"除了对青岛及其腹地的现状进行详细调查外,还以这些调查为依据,对物产、交通、港口的"未来性"作出了估计和预想,充分体现了日本长远的侵略意图和野心。

综上所述,日本全面侵华开始后,在建立"日'满'华一体化"的过程中,华北的战略地位日益凸显出来。随着战局的变化,日本不仅对"华北"的地域范围作了新的修正,主张将华北的范围从"冀察论"扩大到包括黄河以北及陇海铁路的六到八个省,提出必须站在所谓的"大局"观点上对华北地区的重要作用进行审视。而且在华北"中心港"的问题上,选择青岛港作为华北的最主要港口。

为了最大程度上掠夺青岛及其腹地的丰富资源,维持战争机器的运行,日本"兴亚院"华北联络部青岛出张所于1939年在青岛设立了专门的都市计划机构"兴亚院都市计划事务所"。该事务所以日本主要殖民机构——"满铁"直接派来的40多人为主要官员,雇用大批人员对青岛及其腹地开展了详细而周密的调查研究。在调查基础上,"兴亚院"于1940年出版了"青岛港及其背后地经济事情"。这个报告将调查重点放在青岛及周边地区的物产、交通、贸易等方面,还对物产、交通的"未来性"作出了估计和预想。该报

---

① 参见杨蕾:「日本第二次占领青岛期间的交通计划和交通对策」、『海港都市研究』第5号、日本神户大学海港都市研究センター、2007年3月。

告中包含了大量的背景资料及统计数字,具有重要的史料价值。对这个报告的背景、内容等进行解读,可以使我们更全面地了解日本第二次侵占时期对青岛及其腹地的认识、定位和"开发"思想,揭露日本的侵略野心。

（二）日本对青岛港的交通计划与交通对策

青岛是日本侵略华北时的重点城市。随着战争局势变化,青岛作为华北的重要门户之一,在日本建立所谓"日'满'华一体化"的殖民地经济体系中,战略地位越发重要。日本试图把青岛建成"位于上海与天津之间的、'开发'大陆资源的新基地"。为此,青岛日本商工会议所于1938年12月制定了"以青岛为中心的交通对策"（以下称"对策"）。该"对策"共计214页,基于对华北、山东及青岛战略地位的新认识,以铁路规划为重点,从铁路、公路、港口建设、航运四个方面规划了以青岛为中心的交通网,试图形成以青岛港为门户、以胶济铁路和其他铁路线为纽带、以山东内陆为资源腹地、深入华北及中原的侵略格局。由于战争局势的转变,"对策"最终没能实施。但是,一方面,通过对"对策"出台背景、内容的分析,我们可以从一个侧面看出日本侵占华北乃至全中国的战略意图,并且可以揭示"对策"的制定在所谓"青岛中心论"形成中的作用。另一方面,该"对策"本身在处理港口、铁路、公路、航运、腹地之间关系上的若干意见,对于当今青岛以及山东的交通规划是否具有一定的借鉴作用,也是值得探讨的问题。

从"对策"的序言中可以看到,日本对华北地域范围的认识随着战争局势的改变不断进行着修正。战争之初,日本讨论中国的问题时所界定的"华北",一般只包含河北和察哈尔两个地区,并一直将天津作为华北的门户,制定了以天津为中心的铁路规划。1938年之后,日本的军事势力进一步南下和西进,深入中原及其他内陆地区,经济和军事的战略重心逐渐南移,试图打通中国南部和北部的经济联系并瓦解抗日政权。于是,"对策"对华北的地域概念进行了修正和扩展,提出华北的范围应该扩大到可以"包括黄河以北及陇海铁路的六到八个省份",而且必须站在所谓的"大局"观点上对华北地区的重要作用进行审视,指出"华北政策的制定不仅是日本势力延伸到华中、华南,而且是全中国发展的基础条件"。[①]

1. 对以青岛为中心交通网的规划

"对策"的主要内容是规划以青岛为中心的交通网。它着重指出青岛完全具备作为华北交通网中心基点的资格:"毫无疑问,华北的政治中心依然是北京、天津,这一点从现实考虑是无法否认的。之所以主张将青岛作为华北经济发展的门户,有这样几个原因:首先,基于和日本的地理之便;基于青岛港湾设备和其将来以及工商业的现状和发展性;还有日本曾经统治的辉煌历史;加上今后将逐步确立和政治中心京津相连结的交通线,成为与之联络的要冲,因此青岛完全具备大陆交通建设的中心基点的资格。"[②]并断言青岛"在成为上海与天津之间的、'开发'大陆资源的新基地方面,具有地理上、经济上、历史上最大优势"。[③]

(1) 铁路规划

确立了青岛作为"开发"大陆资源的门户和中心地位之后,以何种交通手段为主组建交通网成为亟待解决的问题。从地理位置看,处于山东半岛东南部的青岛并不具备像上海、天津那样便利的内河航运条件。上海和天津除了可以用铁路、公路,还可以利用长江、海

---

① 青岛市档案馆馆藏:『青島を中心とする交通対策』(以下略作『対策』)、青島日本商工会議所、1938 年 12 月(昭和十三年十二月)、1 頁。

② 青岛市档案馆馆藏:『対策』、2 頁。

③ 青岛市档案馆馆藏:『対策』、2 頁。

河及其众多支流加强与内地的联系。发达的内河航运系统在这两个港口城市的发展中发挥了举足轻重的作用。相比之下,青岛缺乏这样优越的内河航运条件,只能利用铁路、公路加强与腹地的沟通。然而就当时的客观条件来说,公路在运输量和安全性上显然比铁路更逊一筹,铁路成为青岛扩展腹地的首选。德国在占领青岛时期也是基于这样的认识,才筹资5 400万马克修筑了胶济铁路。1904 年 6 月胶济铁路竣工以来,起到了部分"开发"沿线的煤矿、铁矿和农产品等资源并扩展青岛腹地的作用。但是由于胶济铁路的西端只能到达济南,并且运力有限,到了抗日战争时期,已经远远不能达到为日本掠夺战略资源支持其长期侵略战争的需要。随着"日'满'华一体化"政策的逐步确立,日本方面意识到,铁路政策的制定和实施不仅决定着青岛港的地位和前途,而且关系到日本在华北一系列的"开发"计划的实施,甚至可以影响整个东亚战略的全局。因此《对策》将以青岛为中心的铁路规划放在第一位——改良和强化胶济铁路并增建其延长线,提高胶济铁路的运输能力。

首先,着手强化胶济铁路,即"时速的高度化和线路的复线化"。计划改良现有的单线,使胶济铁路的年运输量最多达到 350万—900 万吨,但根据对沿线农产品和煤、铁等战略资源产出的调查和估计,胶济铁路的年输送量必须达到可以顺畅地输送1 000万吨物资以上,才能满足需要输送的物品产量的要求,因此必须使胶济铁路实现复线化。另外,计划还提出了提高时速,更好地发挥青岛港作为华北良港的作用,并加强和京津地区的联系。

其次,着手胶济铁路的延长,即济彰线(济南—彰德)的修建。通过铁路线的延伸和利用漳河水运网络以便深入山西内部,贯通山东、河北、河南、山西四省,达到打通华北东部和西部的目的。"向平汉线的彰德推进,日后再使它从彰德向山西内部进展,遇必要时,还可以另修支线(龙王庙—道口镇,东昌—临清),和道口镇、临清相连接,借此'开发'黄河两岸流域的山东、河北、河南的平原。"①日本的目的在于:一方面,掠夺资源;另一方面,倾销商品,将中原地区的一部分纳入以青岛为中心的贸易圈中。

最后,新设线路。一是铺设高兰线(高密—兰封线)。高兰线被日本认为是最重要的新线路。其意图除了掠夺农产品和畜产品之外,重点在于"开发"新泰的煤田,加上对山东南部的"开发"和吸收徐州附近的集散物资,妄图实现可掠夺物产达200万吨的计划。其中,煤炭的开采为重中之重,以铁路线的修建促进新泰煤田的进一步"开发",达到年开采量100万吨的目标。高兰线还可与中原的干线陇海铁路相联系,窥视山西、河北、河南等地丰富的资源,扩大青岛的腹地。二是铺设德石线(德州—石家庄线)。其主要意图是掠夺山西井径的煤矿,连接正太、石德、津浦、胶济四条铁路线,"开发"石德线沿线的河北平原。三是铺设高徐线(高密—徐州线)。其主要意图是"开发"鲁南资源,将腹地扩展到鲁南,掠夺中兴煤矿的煤,通过徐州吸收陇海铁路的物资。

"对策"中的铁道规划制定了以青岛为中心的铁路网,试图形成以青岛港为门户、以胶济铁路和其他铁路线为纽带、以山东内陆为资源腹地、深入华北及中原的侵略格局,以便更多地掠夺战略资源,从而满足侵略战争和日本国内的需求。

(2)公路规划

山东省被日本占领之前就有公路运输网络,并且有一定数量的汽车。据"对策"统计,"山东省的公路网共分成六个区:烟潍区、胶莱区、东临区、泰沂区、济武区、兖曹区⋯⋯全省的通车里数合计

①青岛市档案馆馆藏:『对策』,3頁。

11 531华里,车辆合计331辆"。① 但是在货运方面却不能充分发挥公路交通网和汽车的作用,其主要的原因:一方面,全山东省的汽车中用于物资运输的货车数量只占很小一部分;另一方面,由于山东省的货物一般为煤炭等较重的物资,选择运费更低廉的交通手段比追求运输速度更为重要,公路运输在全部的货物运输中占的份额较少。并且,大多数公路的路况比较差,影响了卡车运输。"对策"充分认识到发展交通的重要性,并且提出了修缮已有的公路和修建新公路:"交通便利与一个国家的文化程度成正比,交通的发达是一个文明国家组织机能最紧要的方面。而且对于面积广大、人口众多,并且地势变化较多的中国,交通发展更为必要。今后,应当在维持治安的前提下,恢复原有公路的通车,并且新修公路。除了旅客运送之外,运用卡车加强物资的快速运输也是很有必要的。"②

"对策"引用了1934年出版的《山东省内长途自动车及长途电话》的"自动车编"对山东省内交通网的统计,详细列举了道路的路局归属、各车站之间的距离以及运费等,计划首先将既有的公路进行恢复通车,这些道路按照六区来划分,其中五区的路线情况如下表:

表 5 - 23 山东省内公路线

分区	公路线
烟潍区	烟潍线、烟福线、石荣线、石威线、烟石线、威俚线、烟文线、烟荣线、威文线
东临区	济濮线、德南线、济东线、清临线、邱馆线、禹临线

———————————

① 青岛市档案馆馆藏:『对策』、80 页。

② 青岛市档案馆馆藏:『对策』、81 页。

续表

分区	公路线
泰沂区	潍台线、石莒线、临枣线、临郯线、石涛线、诸高线、泊北线、益沂线、坊蒋线、胶铺线、胶红线、黄安线
济武区	周清线、济利线、枣辛线、济霑线、周博线、益羊线、新广线
兖曹区	济城线、郓济线、济历线、济荷线

资料来源：根据『对策』82—94 页内容整理。

以青岛为中心的公路运输主要以六区中的胶莱区为主，《对策》专门对此进行了详细的论述。胶莱区的公路网包括：青烟线（青岛—烟台线）、青黄线（青岛—黄县线）、青金线（青岛—金口线）、青沙线（青岛—沙河线）、青海线（青岛—海阳线）、烟徐线（烟台—徐店线）、蓝莱线（蓝村—莱阳线）、蓝掖线（蓝村—掖县线）、胶东线（胶州—东宋线）、烟海线（烟台—海阳线）。这十条路线"总里程2 798华里，……占全省道路里程的 24％，发达程度居六区第一位"[1]。胶莱区 10 条公路线中有 5 条的起点为青岛。1937 年之前，以青岛为中心的公路运输相当发达，但是 1937 年之后，多数都已中断。因此对于急于利用公路运输掠夺资源的日本来说，首要任务是恢复正常的公路运输，其中最关键的就是整修现有的道路。在 5 条以青岛为起点的公路中，日本最重视的为青烟线。这条线路附近是山东重要的农产品区和矿产品区，尤其是招远、灵山一带富饶的金矿更使日本侵略者垂涎三尺，这些资源对于日本的"开发"战略极为重要，掠夺这一地区的资源被称作"急务"。

从烟台的地理位置看，青烟线的恢复和修缮可以将山东南部和大连联系，组成陆海交通线：青岛港—青烟公路线—烟台港—

① 青岛市档案馆馆藏：『对策』，97 页。

大连港,在华北和伪满洲国之间建立新的经济、军事联系。青烟线的建设还可以借公路的运输能力,进一步发挥烟台港的作用,使烟台扮演青岛港的辅助港角色,分担青岛港的进出口压力。

此外,在胶莱区内,日本还计划增建烟台—高密的铁路,连结高徐铁路(高密—徐州),通过铁路运输和烟台港的中转:大连—烟台—高密—徐州,实现大连到徐州的最短距离。在这样的计划背景下,更能看出青烟公路线的恢复和修缮以及运输能力的增强,对于日本整个侵略构想的重要意义,即以青岛为中心建立铁路线、公路线,二者相互配合,最终形成遍布重要城市和港口的交通网,连结东北、华北以及华东,实现经济上掠夺中国中部和东部腹地资源、军事上全盘侵略中国的目的。

(3)扩张青岛海港计划

日本帝国主义为了实现侵略目的,除了加强铁路规划和建设之外,还把港口配套设施的建设放在比较突出的位置。"新线(的建设)在经济上和政治上都具有极其重大的意义。伴随这些陆上交通机关的整备,接下来不得不考虑的问题就是海港设施的扩充。"①松崎雄二郎的"日本人的山东开发计划"曾经形象地比喻了港口建设和铁路规划相辅相成的关系:"铁路这种东西,本来必须它本身的延长和为它首脑的港湾之设备,两相适合,才有充分发展的希望,假使那个等于食饵摄取口的港湾设备,不足以养他的躯体,那么,它的活动却没有多大的期待。"青岛港的扩张计划和铁路网规划是同时拟订的,由此也能看出日本人对港口建设的重视:"然则中国的唯一横断线陇海铁路,海州可说是没有养它的资格吧。这样说来,山东、山西、河南的富源究竟应当在何处求它的门户呢? 前

---

① 青岛市档案馆馆藏:『对策』、103 頁。

篇所述的济彰线、高兰线、高徐线的重大意义,就在这里了。但和这个铁路计划同时拟订了的,当然是青岛港设施的扩张计划了。"①

"对策"初步估计了所规划的铁路线通车之后,青岛港吞吐的货物总量达1 623万—1 645万吨,其中煤炭约占一半。这样,青岛港扩建的吞吐能力需达到2 000万吨左右才能配合铁路运输,充分发挥二者的最大效能,将煤炭为主的战略物资源源不断地输送到日本。但是当时青岛港的吞吐能力只有500万吨上下,至多600万吨,与计划目标差距较大。要实现扩建4倍的目标必须改善港口设施,提高现有港口吞吐能力,并且建设达到吞吐能力为1 000吨左右的新港。为此,"对策"提出了所谓"大青岛港"的扩建规划,包括前期计划——现有旧港湾的扩张和后期计划——增建新港两大部分。

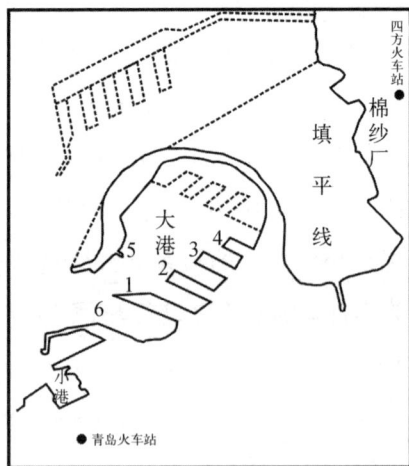

图5-3 日本所谓"大青岛港"扩建示意图

---

① [日]松崎雄二郎著,舒贻上译:《日本人的山东开发计划》,济南:山东新报社,1947年11月,第18页。

前期规划包括四大步骤：第一，危险码头（有污染的货物码头及危险品码头）的扩充。现有的危险码头长 170 米、宽 30 米，面积远远不能满足运输的要求。第二，将大港北面从四方隆兴纱厂到福昌大楼旧址附近填平，筑造三个南向的码头，成为运输煤炭的专用码头。第三，在填平地的附近空地上设大型车站，并将已有的四方火车站建成专用的货物车站大量转运货物。第四，加强配套设施的建设，如筑造堆栈、建设仓库，在煤炭专用码头设置有利于煤炭堆放的设施，建设深入埠头的铁路延长线等。

后期规划围绕新港的建设展开，主要包括新防波堤的筑造和码头的建设。防波堤的位置从填平地延伸到五号码头，长度约 2.5—3.6 千米，宽度达到可以通过双轨铁路的要求。

从第五码头外突出的部分到四方一侧的防波堤，厚度需达到 200 米左右。大港西北部建设五个南向的新码头，使其具有 800 万吨的吞吐能力。

日本计划约用 8—10 年完成前期、5 年完成后期，总共花费 13—15 年的时间，使青岛港的吞吐能力达到 2 000 吨，预言"青岛港的规模将列亚洲第一，在世界范围内成为首屈一指的大型港口"。并且指出青岛港规划在其侵略决策中的作用："这个大计划从日本整个大陆计划的角度看，可以上升到国家百年大计的高度，排除万难去完成它。"①由此看见，日本已经将青岛及其腹地纳入长期侵占的计划中。青岛港扩建后，和铁路、公路规划相配合将成为日本侵略山东、华北乃至全中国的重要门户。

（4）航运规划

航运问题不仅对日本帝国主义支持侵略战争起着至关重要

———————————

① 青岛市档案馆馆藏:『对策』、109—110 頁。

的作用,而且也将决定日本和其他帝国主义国家在中国势力的对
比,"列国对支商权的确立,其前哨战就是海运,可以说海运直接
左右着各国商权的优胜劣败"①。各列强国家在中国商权的争夺
围绕土地、人口和财富而展开。这三大资源对于国土狭小、资源
匮乏的日本具有极大的诱惑力。"对策"对中国资源的状况以及
日本的消费情况作了对比,"从财富方面看,中国的煤炭埋藏量为
232 559百万吨,日本的年消费量为 35 百万吨,这样算来,中国的
煤炭可以供日本使用 6 700 年;石油储量2 227百万桶,如果日本
的年需为 3 亿加仑的话,可以满足日本 300 年的需要;另据美国
人的研究,仅陕西省的石油储量就能供全世界使用 300 年。……
另外,中国有广大而肥沃的土地,盛产米、麦、棉花,棉花可以支持
日本的棉纺织业……其他如皮革等畜产资源也相当丰富,牛、猪
等畜产还能使 1 亿日本国民的食用问题无后顾之忧。……这些
肥沃广大的土地以及无限的地下资源使世界各国垂涎,而且众多
的人口也是资源之一,作为消费国家中国也有着巨大的魅力。"②
由此可见,中国广阔的土地、众多的人口和富饶的物产使日本垂
涎,对于日本支撑帝国主义战争并且满足日本国民的需要具有重
要的战略价值,同时,这些资源也是日本和其他列强展开商战的资
本。掠夺这些资源,快速而安全地运送至日本本土,并且占有这些
资源为日本赢得与其他列强商战的主动权,是日本进一步"开发"
以青岛为中心的航运业的根本目的。

　　日本和其他国家相比,发展与青岛的海运更具地利之便,《对
策》提出打捞国民政府炸毁的沉船,修缮码头,恢复战前的海运,甚

---

① 青岛市档案馆馆藏:「对策」、162 頁。
② 青岛市档案馆馆藏:「对策」、163 頁。

至提出今后悬挂着日本国旗的船舶将遍布于中国的内河以及海岸,日本将掌握中国河海的航运权最终成为"东亚的盟主"。具体计划有六个大方面:第一,日本—青岛定期航路的充实;第二,中国沿岸线(包括南方航路)的充实;第三,日本外洋船只停靠港的增加;第四,加强燃料港建设,吸引外洋船停靠;第五,海州港航路的充实(基于将连云港作为青岛港的辅助港的认识);第六,横滨—名古屋、北海道—里日本航路的充实。

2."青岛中心论"的最终形成

"对策"的最大特点是体现出日本对青岛的重视。从"对策"中可以看出,自 1938 年起,日本的一部分人开始逐渐将目光转移到以青岛为门户的华北"开发"上来,并开始围绕以青岛为中心的交通规划进行有计划的调查和研究。但是,这一规划制定之初并没有引起日本军政高层的太多注意,1938 年 6 月日本内阁制定的"华北产业开发的第一次五年计划"确定将天津作为华北的门户重点"开发",并未把青岛作为中心来对待。这和当时天津港与青岛港的现状不无关系。七七事变前后,天津港是华北地区唯一没有被中国当局炸毁并始终控制在日本人手上的北方大港,是日本军队供给军需和大批战略物资的集散地,对日输出华北煤、铁、棉、盐等国防资源,并充当兵站和基地。统制华北主要国防产业的"兴中公司"和掠夺华北资源的中枢机构"华北开发公司"及其附属子公司也设在天津,此外,日本的三井、三菱、住友、东芝、大仓等财团也在天津增加投资,形成垄断局面。[1] 与此相对比,青岛港则因中国市政当局的"焦土政策",全市工厂企业和港口运输陷于瘫痪。疏浚青

---

① 于佐臣:《"山东开发计划"与青岛在华北沦陷区的定位》,青岛:青岛市档案馆,1999年,第 41 页。

岛港、恢复其支柱产业——纺织业尚待时日。因此,"天津中心论"呼声较高。天津在"华北产业'开发'第一次五年计划"和1940年日本政府制定的"日'满'华经济建设要纲"中居于中心位置,天津成为日本对华北推行掠夺和侵略政策的中心地,而青岛则居于次要的地位。

但是,在自然条件和扩建前景上,青岛港具有天津港所不具备的优势。

表5-24　青岛港、天津港对比

	天津港	青岛港	结论
港域条件	1. 位于白河河口上溯35里处; 2. 航道曲折、流狭、沙多、水深变浅; 3. 七七事变后连1 000吨级船进港亦有困难; 4. 白河口外水深不足,航行明显受阻; 5. 大型船舶只能在港口外10里海上作业。	1. 位于胶州湾内; 2. 不冻不淤,水深足够; 3. 自然条件优越,没有天津港的一系列缺点,从港口设施看也是华北首屈一指的。	青岛占优,前者无法比拟。
扩建条件和前景	1. 受自然条件限制,难以发展,只能以天津为辅助港来扩建塘沽港; 2. 如扩建塘沽,估计要花费1.5万亿—2万亿元,大约要10年时间; 3. 完成后吞吐能力可提高到750万吨。	1. 青岛港扩建便捷,围绕大港防波堤外侧向北,有很大发展余地; 2. 投资只需要前者的25%; 3. 吞吐能力可以从500万吨提高到1 000万吨。	后者占优。

资料来源:寿杨宾《中国水运史丛书:青岛海港史(近代部分)》,北京:人民交通出版社,1986年,第202页。

除了这些自然条件,战局的变化也使"天津中心论"的地位逐渐受到挑战。首先,欧战和太平洋战争爆发后,反法西斯国家开始联合起来对日本实行禁运,天津港日益受到封锁。其次,华北境内敌后抗日武装收复了大块失土,晋察冀根据地等许多抗日根据地相继建立,使日军可以控制的天津港腹地逐渐缩小。华北敌后的抗日斗争不仅牵制了日军的大批兵力,而且给以天津为中心的"华北开发计划"的实施造成巨大的障碍。再次,1939 年的海河大水灾①,又使天津经济遭受重创。更关键的是,在海港扩建上,用人工改良塘沽港,不仅耗资巨大,而其进展非常缓慢。塘沽新港从 1939 年 8 月起动工,到 1942 年才基本完成了一期工程,与日本侵略者的预想相距甚远。相比之下,青岛方面,青岛港的航运实现了快速恢复和扩建,到 1942 年,青岛港成为对日输出盐、煤和棉花的华北第二大港。青岛的棉纺织业自 1938 年 6 月基本完成所谓"再建复兴"后,1940 年产量超过上海,居"上青天"(上海、青岛、天津)之首。在日本政府调整殖民掠夺经济政策,变原料出口为成品半成品出口之后,青岛的产业优势更为明显。② 由此,青岛港和青岛的优势逐渐显现出来,"青岛中心论"渐渐居于上风。

1941 年之后,日本基于对国际和国内形势的通盘考虑,制定了"以战养战"的政策,对正在华北进行的大规模经济"开发"作出了适当调整。提出集中资金、器材和技术力量,重点"开发"和增产煤、铁、粮食等急缺的战略资源,并加强交通、港湾、电力、通讯业的建设,为掠夺资源服务。这就是所谓重点主义

---

① 1939 年 7 月下旬,海河流域发生全流域性大洪水,河北全境以及河南北部、山东西部均遭受水灾,受淹面积4.9万平方千米,受灾人口 886 万人。白洋淀东堤决口,永定河、大清河、子牙河、南运河相继猛涨,后相继决口,洪水汇成一片冲进天津市市区。天津市有 80% 的面积被淹,市中心和比较低洼地带水深几达 2 米,街上行船,工厂停工,交通中断,受难人口达 65 万人,经济损失巨大。

② 于佐臣:《"山东开发计划"与青岛在华北沦陷区的定位》,青岛:青岛市档案馆,1999年,第 40 页。

的"开发"方针。有学者曾经指出:"1942年,日本对青岛——山东战略地位的认识更进一步,其'地域重点开发主义'的坐标明确指向青岛和山东……'青岛中心论'最终取代了'天津中心论'。"①这一转变证明了"对策"关于山东和青岛在华北战略定位的认识也具有"远见性",也证明了此前青岛日本商工会议所制定的以青岛为中心的交通网规划符合日本后来的侵略意图。由此可见,当时制定"对策"的青岛日本商工会议所虽然只是日本工商企业的代表机构,但它也是日本侵华战略的策划者之一,是军国主义发动和扩大侵略战争的一股势力。

中国军民顽强的抗战打破了日本企图通过速战速决来灭亡中国的计划,日本从1941年起陷入长期战争的泥潭,无暇顾及抗战初期制定的一系列"开发计划",使这些计划基本以破产而告终。"对策"的具体内容因为战争局势的变化未能全部实施。从青岛方面说,虽然日本通过分析讨论制定了交通网规划,但是仅仅在港口建设上稍有行动,其他均未实施。对青岛港的建设主要是进行了五号码头的部分扩建和六号码头的建设。五号码头的扩建从1940年4月开始动工至战争结束仍未完工。六号码头的兴建虽然未在"对策"中明确提出,但是与"对策"对大港的扩建思想是分不开的。由于战争的进行和资金、技术等现实原因,日本对于大港的扩建并没有按照"对策"提出的在原有码头的北部兴建三个新码头,而是选择了在南部建设六号码头。六号码头建设工程从1939年12月开始动工建造岸壁,1940年5月开始利用疏浚土回填,8月着手建设货场,到1943

---

① 于佐臣:《"山东开发计划"与青岛在华北沦陷区的定位》,青岛:青岛市档案馆,1999年,第39页。

年竣工。建成后的六号码头有两个泊位,码头南岸长 445 米,北岸长 296 米,宽 200 米。[1] 其他的规划内容,尤其是对于日本侵华战略具有决定性影响的铁路规划完全没有实施,胶济铁路延长线以及高兰线、德石线、高徐线为主的新设线路最终成为"纸上线路"。

综上所述,全面侵华开始后,日本妄图利用以铁路为主,结合公路、港湾建设和航运的"开发"与"建设",建立以青岛为中心的交通网,继而建立起贯通南北东西的经济掠夺体系,更疯狂地掠夺中国大陆丰富的农产品及煤、铁等重要战略资源。可以说,规划以青岛为中心的华北交通网是日本帝国主义实现"日'满'华一体化",并进一步扩大侵略战争的重要步骤。

---

[1] 寿杨宾:《中国水运史丛书:青岛海港史(近代部分)》,第 209 页。

第六章　太平洋战争与日本在华海运的终结

第一次世界大战以来,日本实行举国动员、充分利用全国的人力和物力实现总体战略成为战争的新模式。对于四面环海、国土狭小、资源匮乏的日本来说,要维持侵略战争,除了调动全国的资源外,还需要更加深入地榨取各占领区的资源,推进战时经济和军事扩张的继续扩大。这就进一步要求国家实行战时对经济的统制和对海运的统制,两者紧密结合,以维持战争这一庞大系统的运行。

太平洋战争爆发后,日本政府通过制定法律法规、成立特殊的海运机构、实行各种补助等形式,刺激造船和海运行业,确保国家垄断下的海上运输,满足资源的统一调配,全面服务于战争需要。

第一节　中国占领区煤铁资源在日本战时经济中的地位①

日军全面侵略中国时期,中国占领区的煤铁资源在日本战时经济中具有举足轻重的作用。1937 年 6 月,近卫内阁提出财政经

---

① 本节主要参考萧明礼《"海运兴国"与"航运救国"》,第 329—340 页。

济三原则,即生产力扩充、国际收支均衡、物资供给顺畅。近卫内阁于 1938 年 11 月再次发表声明,鼓吹建立日、"满"、华互助合作,和平反共的"东亚新秩序",并拉拢国民政府"参加新秩序的建设",尽力强化对中国东北、华北、华南之间的物资掠夺,以达到以战养战的目的。1938 年,日本发表《国家总动员法》和"生产力扩充计划要纲"。前者授予政府一切的经济命令权,使统制经济的范围涵盖日本各领域。[①] 后者则是日本军财官首脑以战前拟定的"日'满'军需工业扩充计划"为基础,可说是借由《国家总动员法》,以国家机器的力量强制整编与改造日本产业的方案。[②] 但是这些行动妨碍了美国的在华利益,于是,1939 年 7 月,美国宣布终止《日美通商航海条约》,期满后不再续约。这对战争期间严重依赖美国进口石油、钢铁、机械的日本造成极大影响。日本为了避免与北方的苏联开战,继续推进"南进"政策,意图夺取英、美等国在东南亚的资源。日本政府希望靠武力占领东南亚,并夺取丰富的橡胶、锡、石油、铜等天然资源,以维系日本战时统制经济的推行,这是日本推行"南进"政策的重要目的之一。这些重要战略物资的运输,都依赖于航运业的发展。1940 年 9 月,日本军队侵占中南半岛,严重侵害美国在东南亚的利益。美国政府随即于 10 月扩大对日禁运范围,限制所有废铁及部分汽油制品输往日本。1941 年 7 月底,日本攻占了法属中南半岛南部,美国政府决定冻结日本在美国的资产,并实施全面的石油禁运。这也直接导致日本对东南亚油田和其他战略资源的掠夺。这也是日本从"日'满'华一体化"向"南进"继续

---

① 小林英夫:『帝国日本と総力戦体制』,東京:有志舎,2004 年、135—137 頁。

② 小林英夫:『大東亜共栄圏の形成と崩壊』,東京:御茶の水書房,2006 年、114—115 頁,转引自萧明礼《"海运兴国"与"航运救国"》,第 222—223 页。

推进的重要转折点。1941 年 12 月 8 日(东京时间),日军偷袭珍珠港,太平洋战争爆发。

　　日本本土的资源匮乏,决定了太平洋战争期间必须依赖其他国家和地区的矿业、钢铁、机械、纺织等资源。东南亚作为重要战略物资的供给地,与日本本土的联络必须依赖海运的发展。

一、"第二次生产力扩充计划"

　　1938 年制定的"生产力扩充计划"结束后,企划院于 1942 年制定"第二次生产力扩充计划",最优先项目为"船舶的新造、造船能力的扩充及钢铁的增产",将船只生产与钢铁增产列为同等级优先事项。① 依此计划,铁矿石与钢铁生产成为日本战时经济最关键的核心之一,此时日军迅速攻占东南亚,理论上当地铁矿资源可充作日本战时重工业生产的重要原料来源,事实却是日本仍须仰赖中国大陆的铁矿供应。"第二次生产力扩充计划"中企划院预估将东南亚铁矿产量由 1942 年的 60 万吨增加至 1946 年的 250 万吨,但1942—1945 年间,由东南亚输往日本的铁矿砂实际数量分别为21.5万吨、27.1万吨、9.6万吨与2.7万吨,远低于计划值,亦低于1940 年的328.8万吨、1941 年的213.6万吨。②

　　战时日本占领区资源运输顺序的形成,要回溯到日本与英、美等国濒临开战前的 1941 年 11 月底,大本营政府联络会议制定"南方占领地行政实施要领"。并在 12 月 12 日制定了"南方经济对策要纲"。企划院在 1941 年年底与 1942 年之交,制定"第二次生产力

---

① 小林英夫:『大東亜共栄圏の形成と崩壊』、御茶の水書房、2006 年、385 頁。转引自萧明礼《"海运兴国"与"航运救国"》,第 331 页。

② 同上书,第 332 页。

扩充计划"与"昭和十七年度（1942年）物资动员计划"，详列"开发"
与分配新夺得的东南亚占领区资源，制订东南亚物资运往日本的
优先级，镍、铬、锰、铜等具备军需生产重要性的金属矿，以及磷矿、
奎宁等热带特产被列为A级物资，需优先运回日本本土。铁矾土、
锡亦为东南亚盛产，且为日本战时军需工业原料，但前者已利用中
国东北、华北之矾土页岩等矿物提炼，后者则可通过泰国、法属中
南半岛取得，因此被列为B级物资。如此的分配模式似乎是在有
限船只吨位下达成运输效率最佳化的合理策略。①

二、中国占领区铁矿和煤矿生产在日本战时生产计划中的地位

太平洋战争爆发后，日本制订的占领区物资榨取计划带有强
烈分工特性。"第二次生产力扩充计划"中，1942—1944年间的铁
砂计划产量，大致上为日本本土与殖民地（即日本文献中所谓"内
地"）、中国东北、中国关内（华北、华中、海南岛等地）各占1/3。关
内铁砂所估比重略高于日本本土与中国东北，直到1945年中国东
北铁砂比重才有增加。以《昭和十七年度（1942年）物资动员计划》
为例，日本本土的铁砂仅占其势力范围内铁砂产量的12％，如加上
殖民地朝鲜半岛，亦不超过30％。相对的，1942年与1943年物资
动员计划内，中国关内铁砂的比重分别高达39％与36％，且其中的
81％与63％需供应日本本土钢铁厂。1944年的物资动员计划中，
虽然关内铁砂所占比重降为27％，其中仍有约68％运往日本本土，
在实际值方面，1942年中国关内铁砂的实际产量将近500万吨，占
日本经济圈总产量的35.45％，高于中国东北的33.49％以及日本
本土与殖民地朝鲜合计的31.06％。其中有414万吨运往日本，比

---

① 萧明礼:《"海运兴国"与"航运救国"》,第332页。

重高达 84％,高于计划值。①

　　进入 1943 年,随着战局扩大,日本对中国的铁砂需求与日俱增,依据每年审定的物资动员计划数据来看,1942 年日本帝国经济圈内的铁砂生产量为 1 654.9 万吨,1943 年增为 1 718.3 万吨,1944 年锐减至 1 046.6 万吨。1943 年日本经济圈实际铁砂生产总量 1 527.4 万吨,高于 1942 年度的 1 396.2 万吨,此为中国东北、日本与朝鲜铁砂增产超过预定量所致。反之,中国关内铁砂产量比前一年减少约 14.5 万吨,仅达到计划量的 78％,但运往日本的铁砂却占关内总产量的 68％,高于当年度物资动员计划。② 此种情形正反映因战局扩大,日本对华北、华中与海南岛铁矿资源依赖性的增高,同时,关内铁砂产量不如预期,日方在中国大陆的钢铁增产计划连带受挫。

　　不只是铁砂,1940 年日本输入的煤炭中,华北煤炭之比重高达 38％,1941 年输日量将近 480 万吨,较 1936 年中日开战前的 99.3 万吨大约翻了五番,显见华北煤炭成为日本战时钢铁工业与军需产业的重要动力来源,对维系其战时经济有着不可或缺的地位。太平洋战争爆发后,中国煤炭资源的角色更为重要。③

　　中国占领区的煤铁资源成为左右日本战时经济兴衰的关键。对日本来说,只要战略资源能运回本土,战争经济就能持续运转,支援整场战争。一旦最重要的流通运输被盟军封锁,则不论工矿原料产地如何增产,战争机器只有停摆,海运成为决定战争成败的关键因素之一。于是,日本在太平洋战争爆发前后,采取了更多措

---

① 萧明礼:《"海运兴国"与"航运救国"》,第 334 页。

② 同上书,第 336 页。

③ 同上书,第 337—338 页。

施,强化战时运输。

第二节　战时 A 船、B 船、C 船和战时运输强化

一、A 船、B 船、C 船

根据 1942 年 3 月颁布的"战时海运管理令",可以作为政府使用船的必须是总吨数 100 吨以上的汽船及 150 吨以上的机器帆船。其具体的操作方法是,由递信省大臣将使用命令书下达给船舶的所有者,接到使用命令书的船舶所有者具有交付船舶的义务。递信省大臣接收这些船主交付而来的船舶,再将这些船舶以租借的形式交付给船舶运营会。这些被政府使用的船只,由船舶运营会向船舶的所有者拨付一定的使用费。可以说,船舶运营会名义上是向政府租借船舶,实际上相当于花钱向船舶所有者租借船舶,而船舶的真正使用者是日本政府。

各种船舶收到递信省命令,交付的时间略有不同,1942 年 5 月 10 日,日本的大型船舶开始交付;5 月 25 日,小型船舶开始交付;8 月 1 日,机帆船开始交付。此外,日本之外的地区,尤其是殖民地的船舶也在命令书下达的范围之内,如朝鲜籍船、外国船、作为战利品的船只、"关东州"船舶运营会的委托船等。可以说,随着"战时海运管理令"的颁布,日本政府为了应对战争运输,已经将能利用的所有船舶都包含在战时航运体制之下,由日本政府出面,再通过船舶运营会调配和经营。

1941 年 12 月,太平洋战争爆发时,日本登记在册的汽船中,100 总吨以上的船舶有 2 693 艘,载重总量共 630 万吨。此外,还有外国籍船舶 49 艘,载重总量 16.4 万总吨。这些船只统统归日本调配,被分

成陆军御用船、海军御用船、民间船及官厅船三大类，分别被称为 A
船、B 船、C 船。实际被征用的船舶数量和载重吨数如下表：

表 6-1　战时 A、B、C 类船数量和载重吨数

	船舶类型	数量	吨数
	A 船（陆军御用船）	519 只	2 161 千吨
	B 船（海军御用船）	482 只	1 740 千吨
	C 船（民间及官厅船）	1 528 只	2 436 千吨
合计		2 529 只	6 337 千吨
C 船（民间及官厅船）	货物船及货客船（包含拿捕船、外国船和伪满洲国船）	1 112 只	2 060 千吨
	油槽船	48 只	156 千吨
	特殊船（包含 200 只官厅船，共 15 万吨）	368 只	220 千吨
合计		1 528 只	2 436 千吨

资料来源：日本邮船会社『七十年史』、日本邮船株式会社、1956 年、302 頁。

　　由表 6-1 可以看出，当时被列为 A 船、B 船、C 船的，总共有
2 529 艘，其中被军方征用的 A 船和 B 船，共计 1 001 艘、3 901 吨，数
量占被征用船只总数的 40%，载重量占总载重量的 62%。可以说，
随着太平洋战争的爆发，在"战时海运管理令"颁布后，接近总载重
2/3 的船舶用于军事运输。其余的 1/3 为 C 船，主要为民间和地方
政府的船舶，作为货物船和客货船运输重要物资和人员。

　　船舶运营会创立之初，其目标是使物资动员用的船舶达到 300
万总吨，交付国家使用。太平洋战争第一阶段战斗结束后，物资运输
的需求急剧增加，运营会计划将军事征用船中 110 万总吨的船舶转
换为物资动员用船舶，但中途岛战役后，船舶的损耗很大，也就无法
从军事征用船中再分出船只用于物资运输，只能扩大作为货物船和

客货船使用的 C 类船的征用。这样,到 1942 年 10 月,用于物资动员船的船舶总吨数达到 345 万吨,是历年来最高的数额。表 6 - 2 是 1941 年 12 月太平洋战争爆发到 1945 年 8 月太平洋战争结束,日本"战时海运管理令"下 A 船、B 船、C 船的数量和载重量变化:

表 6 - 2　战时钢船使用数量和吨数(100 总吨以上的钢船)

时间	全部船舶		A 船 (陆军征用船)		B 船 (海军征用船)		C 船 (民用及官厅船)		C 船中的物资动员对象船(包括未运营船只)	
	只数 (只)	总吨数 (千吨)	只数 (只)	总吨数 (千吨)	只数 (只)	总吨数 (千吨)	只数 (只)	总吨数 (千吨)	只数 (只)	总吨数 (千吨)
1941 年 12 月	2 529	6 337	519	2 161	482	1 740	1 528	2 436	584	1 778
1942 年 4 月	2 629	6 393	509	2 113	559	1 825	1 561	2 455	1 028	2 317
1942 年 10 月	2 632	6 158	359	1 319	556	1 705	1 717	3 134	1 069	2 689
1943 年 4 月	2 715	5 841	462	1 507	673	1 810	1 580	2 524	871	2 048
1943 年 10 月	2 749	5 547	397	1 208	699	1 621	1 653	2 718	809	2 027
1944 年 4 月	2 620	4 631	322	964	578	1 029	1 720	2 638	872	1 996
1944 年 10 月	2 638	3 853	247	627	481	745	1 910	2 481	943	1 880
1945 年 4 月	2 459	2 864	122	271	368	378	1 969	2 215	970	1 791
1945 年 8 月	2 018	2 207	49	77	340	289	1 629	1 841	653	1 315

资料来源:日本邮船会社『七十年史』、日本邮船株式会社、1956 年、303 页。

根据表 6 - 2,绘制战时钢船使用数量比较图和战时钢船使用吨数比较图分别如下:

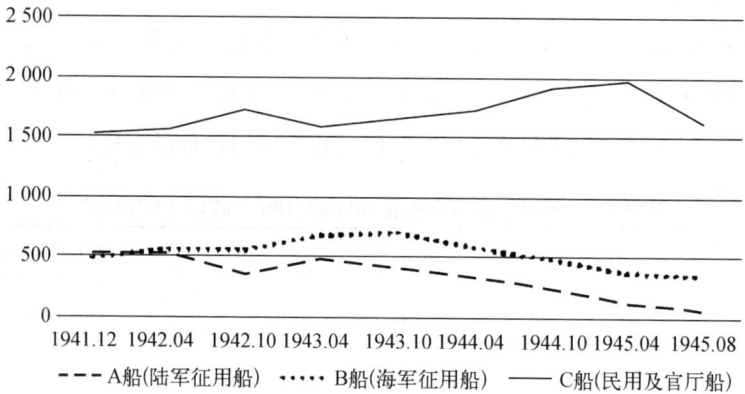

图 6 - 1　A、B、C 船比较图：战时钢船使用数量（100 总吨以上的钢船）

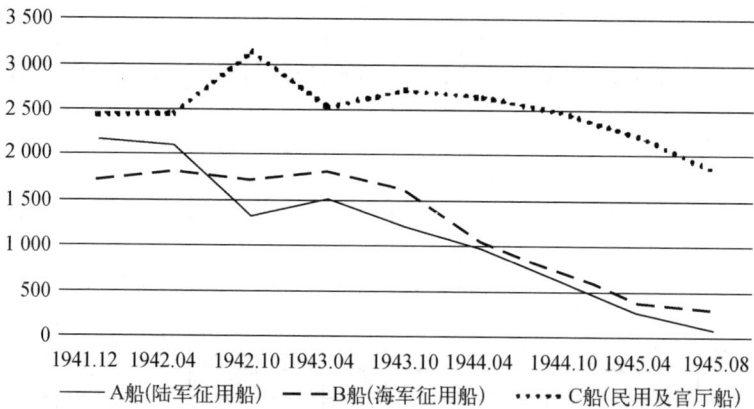

图 6 - 2　A、B、C 船比较图：战时钢船使用吨数（100 总吨以上的钢船）

　　分析以上战时钢船使用数量和吨数比较图，从被征用的船只数量看，C 类船，也就是民间和官厅船的数量大大高于陆军和海军的征用船。陆军征用船从 1943 年 4 月、海军征用船从 1943 年 10 月开始，逐渐呈现下降趋势。这可能和太平洋战争的瓜达尔卡纳尔岛战役有一定关系。该岛位于南太平洋所罗门群岛的东南端，是所罗门群岛最大和最主要的岛屿，地理位置极其重要。瓜达尔卡纳尔岛战役最初以美军小型登陆战开始,随后日军为夺回岛屿而逐次增兵,并在海上、陆地、空中展开了空前的争夺,从而演化成日本与盟军的决战。双方历时半年多的争夺,均损耗了大量的战舰、飞机,而日本的人员伤亡也远超美军。最终,日本因无力进行消耗作战,而在1943年2月选择从瓜岛撤军。美军最终完全占据瓜岛,尔后夺取所罗门群岛,最终获取了整个南太平洋地区的制海权,美军因此开始进行战略反攻。瓜达尔卡纳尔岛战役是继中途岛战役之后日本的再次失败,也是日本从战略优势走向劣势的转折点。从世界范围来看,1942年年底盟军在瓜岛的反攻和胜利,与同时期的斯大林格勒会战、阿拉曼战役一起,成为同盟国进入战略反攻阶段的开始。日军在瓜岛战役中投入大量舰船,损失巨大,从瓜岛撤退后,一直到太平洋战争结束,日本海军征用船逐年呈下降趋势,进一步说明日本的国力,尤其是舰船的储备和改造已经无力及时地支持对盟军的作战。

与以上陆海军征用船呈明显下降趋势相对,1943年4月以后,C类船的征用数量却在上升。一方面,由于1942年3月"战时海运管理令"的颁布,全国所有船只统统纳入国家管辖范畴,加之船舶运营会的成立,也促进民间船只的征用。另一方面,从1942年8月美军反攻至1943年3月日军完全撤出瓜岛期间,日本共损失各式商船90万吨。此时日本商船的主要威胁除了潜艇,美军战机的空袭也是重要因素。遭击沉的90万吨商船中,56.3万吨毁于潜艇作战,5万吨左右为海难损毁,其余28.7万吨几乎都因空袭击沉。商船损伤、船只不足和战争物资运输需求的急剧上升成为该时期战时运输的主要矛盾。必须扩大对民间商船的征用,才能保证战争物资的持续供应,这也是该时期商船征用数量持续增加的原因。但对比图6-1

和图 6-2,可以发现,虽然 C 类船的征用数量增加,但是征用的船只载重吨数却逐年下降。其主要原因可能有以下几点:首先,随着太平洋战争的进行,船只的消耗增加,日本对船只的征用已经从前期对大型船的征用,转到对小型船的征用,数量虽多,但是总载重下降。其次,对于日本的造船厂来说,由于建造新船和维修伤船同时进行,再加上美军的禁运和封锁,建造和修建大型船舶的钢材和其他原料也越显不足。战争越激烈,维修的成本和时间花费越高,也就更没有能力建造更多大型船只,导致建造和维修船只的速度已经远远跟不上船只损耗的速度。最后,在美军对日本本土的轰炸中,日本的造船厂船坞也遭受重创。以上种种原因可以解释两图显示的数量和吨数成反比,也充分显示随着太平洋战争转折点的到来,日本投入战争的人力、物力已经难以应付和盟军的作战。

就航运会社的营收来看,以日本邮船株式会社为例,自 1942年船舶运营会成立,开始对海运实行国家一元化管理,该社的经营就完全脱离了自主经营,所有的运输和收支全部纳入战争体系下。此时日本邮船株式会社的收入主要来自出借船只的费用、国家使用船的使用费、航运业务处理的手续费等。虽然战争期间损耗巨大,但是收入自七七事变以来逐渐增加,1941 年是收入最高的一年,达到 1.9 亿元,随着战争的转折,到 1945 年减少为 0.59 亿元。由此也可以看出,以日本邮船株式会社为代表的航运企业在日本对外战争中大量船只被征用,为战争运输服务,并由此获得日本政府的船使用费等。"国策会社"的命运和日本政府关系密切,更能体现出"国策会社"和政府密切相连,为日本军国主义服务的本质。

二、战时运输强化及陆海军对船舶的征用

船舶运营会创立后,致力于配合政府进行重要物资的海上运输,但实际上,运输的业绩并不十分理想,没有达到日本政府的预期。其主要原因是,随着战局的进一步发展,美军潜水艇鱼雷的攻击和飞机的轰炸非常频繁。为了躲避鱼雷和轰炸,避开危险区域,船舶必须绕道而行,船队的编队也因战时的特殊情况而受到影响,使得航海的日期比平时延长数日。此外,海港设施的损毁也很严重,导致装卸的效率大大降低。许多船都因等待装卸和等待入港而在港外堵塞。加上船舶的损毁、修理时间的延长、船舶燃料的不足等,运输船舶的往返效率受到极大影响,加剧了日本战时运输状况的恶化。于是,船舶运营会在日本政府支持下,采取了新的对策,以强化战时运输,支持战争进行。

（一）各种奖励金制度

1. 航海奖励金制度

1942 年 4 月,日本开始施行航海奖励金制度。经过 1943 年和 1944 年两次修改,设奖励金如下:

（1）不定期船航运效率奖励金。分为缩短航海天数和提高运输吨数两类情况,分别奖励船主和航运实务者。

（2）定期船航运效率奖励金。奖励船主和航运实务者。

（3）本船乘员奖励金。

（4）特殊奖励金。

2. 曳航奖励金

随着战局的进展,日本方面燃料油不足的情况越来越严重,船舶因为缺少燃料而停滞的情况也在增多,为了解决这种情况,日本开始采用小型燃油船及机器帆船进行曳航(拖拽航行)。1944 年 5

月 15 日,政府开始向这些船只拨付奖励金。

3. 改 E 型船①航运效能特别奖励金

从 1943 年秋天开始,战时标准船中的改 E 型船投入使用,并逐渐增加,但性能不佳,航运能力较差。1944 年 5 月,日本实行改 E 型船航运效能特别奖励金,对改 E 型船比标准航海天数缩短的部分,按照天数进行奖励;对改 E 型船比标准载货量增加的部分,按照增加的吨数进行奖励。和前面的奖励措施不同,此奖励金直接给船舶的乘务员。

4. 特别载货奖励金

随着战局的发展,运输需求激增,这导致运输能力的极度不足。为了提高现有船只的利用率,甚至使现有船只的使用达到极限,1944 年 7 月,和其他奖励金一起,日本对载货多的船只颁发特别奖励金,按照季节不同,分为以下两种:

(1) 夏季特别载货奖励金。

(2) 冬季特别载货奖励金。

上述四种奖励金的出台,其主要目的就是增加太平洋战争期间日本船只的运输效率。由政府出资,对船主、船员、轮船进行奖励,加大、加快物资的运输量。但因战局的变化,日本逐渐走向战败,加上其他和船员、船舶修缮等有关的原因,以上奖励法被迫于1945 年 1 月废除。

---

① 1942 年日本发布建造战时标准船的计划。第一次战时标准船建造计划预计建造的标准货船分为 A、B、C、D、E、F 六种型号。E、F 型船是用于在日本周围地区进行货物运输的货船。随着日本对战时标准船需求的增加,对原有的战时标准船建造计划进行修改,形成第二次战时标准船建造计划。在本次计划中,将第一次战时标准船建造计划中的原 E、F 型货船进行修改,形成了第二次战时标准船建造计划中的改 E 型货船。与原型号相比,增加了货船的吨位和载重量,航速有所下降。

（二）满载吃水线的提高

船舶的干舷①因为具有保障海上安全性的作用，所以法令对此作有规定。但是，随着七七事变的发生，需要补充货仓的不足。由于干舷的降低等同满载吃水线的增高，也就代表船舶载货量的增加。自1941年9月起下水不到15年、长度超过60米的货船，申请能够降低干舷，并在1942年12月，扩大货船范围到下水以来不到20年，并使干舷降低更多。在作为第二次处置对象的416艘船舶中，至1943年年底降低干舷的船舶共256艘，由此增加的重量达59 263吨。日本邮船株式会社符合的船舶全都降低干舷。这样的战时特别措施到1946年3月底战争结束后停止。

（三）行政审查和奖励

因战局变化，日本政府格外重视重点产业，海运的行政审查就此展开。审查的结果是改善各项政策，支持战争运行。与海运相关的内阁首长山下鬼三郎，从1943年12月开始进行青函联络输送的审查；在1944年4月进行朝鲜半岛南部转运输送的审查；在1944年10月进行濑户内海石炭输送的审查。又鉴于当时紧张的海运形势，在整个1944年3—4月份施行"海上运输力非常动员"，增强船舶港湾装卸工作的能力；对船员、装卸劳动者强化慰问和援护力度；对成绩优秀的船只、船员和劳动者给予奖励金，予以表彰；设立港湾作业会社的装卸责任数量制度，并对装卸速度快的给予奖励金，以提高运输能力。此外，日本政府集中一切力量，增强海上输送能力，包括货物的装卸、北洋煤炭和大陆物资的铁路转运、船舶定期化及中间检查的延长等。这一切措施，都是以维持战争为目的。

---

① 干舷，船舶甲板在水面上的高度。干舷越高，船只吃水越浅。

（四）商船改造

太平洋战争时期,日本邮船株式会社的大部分船舶都被战时陆军和海军征用,被称作"御用船"。在1945年4月,也就是所有军队征用船移交船舶运营会之前,都是军队直接和船主签署契约,进行征用,双方协定关于征用的有关事项。陆军方面,为了征用船只,曾专门成立"陆军御用船委员会",由日本邮船株式会社担任委员长,每月都召开一次委员会,与军队进行交涉和联络,商议关于御用船的征用问题。而且,以日本邮船株式会社为代表,也召开陆军御用船船主的会议,共同商议征用相关问题。

日本邮船株式会社被海军征用的船只也很多,有新田丸、八幡丸、春日丸等。这三艘客货船都被改装成航空母舰直接参与太平洋战争,作为运送战机和物资的航母使用。此外,赞岐丸及相良丸还被改装成特设水上机母舰,平安丸、日枝丸及靖国丸被改装成特设潜水艇母舰,浅香丸、粟田丸、赤城丸及能代丸被改装成特设巡洋舰,白山丸、筥崎丸被改装成特设港务舰,冰川丸、朝日丸被改装成特设医疗船。这些船只都被列入军舰船籍,其中的大部分是作为特设运输船来使用的,对以上改装船进行归纳,如表6-3:

表6-3　太平洋战争时期日本邮船会社船舶改装军舰一览表

船名	改装后功能	船名	改装后功能
新田丸	航空母舰	平安丸	特设潜水艇母舰
八幡丸		日枝丸	
春日丸		靖国丸	
赞岐丸	特设水上机母舰	白山丸	特设港务舰
相良丸		筥崎丸	

船名	改装后功能	船名	改装后功能
浅香丸			
粟田丸	特设巡洋舰	冰川丸	特设医疗船
赤城丸		朝日丸	—
能代丸		—	—

资料来源：日本邮船株式会社：『七十年史』，日本邮船株式会社、1956 年、323—324 页。

　　由此可见，日本邮船株式会社作为"国策会社"，在战时不仅承担重要物资的输送工作，还将该社的 17 艘船舶经过改装，变身为军舰，直接参与战争。这是航运业"国策会社"服从日本军国主义、服从侵略战争需求的最直接表现。

第三节　战时标准船、商船改造航母及战时航运的崩溃

一、盟军的空中轰炸和潜艇攻击①

　　第二次世界大战期间，日本军需生产依赖海外原料供应，海运是日本的战争"生命线"。因此在对日战争中如能摧毁日本漫长的海上交通线，即可迫使其战争机器停转。基于这样的概念，破坏日本航运线成为盟军瓦解日本战争实力的重要作战方针之一，其实在珍珠港事件爆发后 6 小时，获悉夏威夷遭日军攻击消息的美国海军作战部长便立即下令对日本航运线发动无限制潜艇与空袭作

① 本节主要参考萧明礼：《"海运兴国"与"航运救国"》，第 355—377 页。

战。① 只是战争初期盟军处于退却态势,无足够军力阻绝日军航运。② 加上美军受潜艇鱼雷数量不足、引信及定深装置设计缺陷等问题困扰③,以致击沉的日本商船数量相当有限。不过,从 1942 年6 月中途岛海战美军反败为胜,并于当年 8 月 7 日登陆瓜达尔卡纳尔岛正式展开对日反攻后,盟军对日航运交通破坏战终于出现成功曙光。

　　1942 年 8 月美军反攻至 1943 年 3 月日军完全撤出瓜岛期间,日本共损失 90 万吨各式商船,此时日本商船的主要威胁除了潜艇④,更重要的威胁是空袭。遭击沉的 90 万吨商船中,56.3万吨毁于潜艇作战,5 万吨左右为海难意外,其余 28.7 万吨损毁几乎都是空袭所致。1943 年后,日本运输船损失数量便以惊人的幅度攀升,1943 年的前 7 个月,平均每月日本商船沉没数约在 10 万吨左右,但 1943 年 8 月之后数量激增。至战争结束,日本沉没的 2 259 艘(总吨位 812 万吨)各式轮船中,共有 1 150.5 艘(483 万吨)遭到潜艇击沉。受盟军空袭而沉没的则有 750 艘(246 万吨),两者合计共占太平洋战争期间日本沉没商船总吨位的89.8%。由此可知,导致战时日本航运体系崩溃的主要因素是潜艇攻击与飞机轰炸。

　　潜艇封锁是太平洋战争期间日本商船队瓦解的主因之一。曾任哈佛大学教授,且于太平洋战争期间受美军征召,战后获海军少将军衔的历史学家莫里森(Rear admiral Samuel E. Morison,

① 『太平洋戦争報告書』、560 頁。
② 此时期盟军空袭日本航运,主要为阻止日军攻势作战,而非破坏日本战时经济。アメリカ合衆国戦略爆撃調査団編:『太平洋戦争報告書』、453—454 頁。
③ 防衛庁防衛研修所戦史室:『海上護衛戦』、朝雲新聞社、1971 年、68—72 頁。
④ 此时潜艇攻击率提高,主因并非鱼雷问题解决,而是美军增加太平战区的潜艇部署数量。アメリカ合衆国戦略爆撃調査団編:『太平洋戦争報告書』、561 頁。

1887—1976 年)指出,美军潜艇击沉了日本商船总吨位的 63％,以及超过 1/3 的日本海军舰艇。而大井笃在《海上护卫战》一书中,亦借其实地参与规划护航作战的经验,生动描绘出日本海军面对美军潜艇攻击束手无策的实情。[1] 战时日本商船沉没总吨位中的30.3％仍是空袭所致。

　　盟军在华南沿海的空袭行动,对日本战时航运的破坏,不仅表现在有形的船舶损耗,还有迂回航行时间浪费与燃料消耗,影响战时运输计划的执行进度,最终导致军需产量下跌。日本海运总局输送课的资料更能凸显空袭对日方海上运输效率的扰乱效果。该资料分析了 1943 年第四季度不定期轮船的航速绩效。首先,日本西岸航线的 19 艘船(共 22 航次)的总航行时数为904.2天,其中延迟时数高达509.3天,因战争风险所致者高达 38％,其他原因为18％。在战争风险的延迟中,为躲避敌军袭击而中途靠港停泊就占30.2％(以总延迟时数为 100％计算,以下同),船团低速航行迂回危险区域则占13.3％。

　　综上所述,太平洋战争时期,海运是日本维持战争的海上生命线。而盟军则实行新的作战方针打击其海上交通,迫使其战争机器停止运转,最终达到瓦解日本战争实力的目的。主要的措施包括潜艇封锁和飞机轰炸两个方面,这两项措施有效地扰乱了日本的海上运输效率。一方面直接攻击运输船只,使船只损毁,数量减少,导致日本战争运输船只严重不足,无法将战略物资供给生产军用物资的工厂;另一方面,潜艇、鱼雷和空袭

---

[1] サミユエル・モリソン(Samuel E. Morison)中村五郎訳:『太平洋戦争アメリカ海軍作戦史』第三巻(下)、東京:改造社、1950 年、74 頁。防衛庁防衛研修所戦史室:『海上護衛戦』、154—169 頁、286—287 頁。

也导致日本运输船的航行时间大大延长,运输效率大大降低。海运作为其战争有力工具的作用无法正常发挥,使日军作战陷入僵局。

二、战时标准船计划

日本从第一次世界大战以来就建立了战时标准船的概念,目的是快速建造统一规格的船舶。这一概念经过长期的酝酿,到1937年后才逐渐形成。1939年日本船舶改善协会发布了战时标准船的造船标准,后来成为日本侵华战争期间遵循的造船规格。太平洋战争爆发后,日本的船舶损失数量巨大,为补充因战争损耗而数量锐减的运输船,日本政府于1942年发布了第一次战时标准船计划。根据此计划建造的船舶后来成为日本战时运输物资和人员的主力。日本的战时标准船建造计划分四批,第一批建造三种类型的船舶,分别用来运输不同的物资。但由于战争局势的变化,战时标准船损失远超日方预估,日本脆弱的海上运输线对战局造成了重大影响。于是日本决定采取措施加大造船能力,继续推出新的战时标准船计划,以维持侵略战争的进行。

（一）日本战时标准船的产生背景

1939年,日本船舶改善协会发布了造船标准,为日本战时标准船的设计提供了参考。1940年,日本趁法国、荷兰在第二次世界大战中投降之际,意图向当时归属于法国殖民地的中南半岛和荷兰的殖民地印度尼西亚地区进行扩张侵略,增加自身在当地的利益。在具体措施方面,日本要求法属印度支那地区中止与中国的贸易往来,封锁中国对外获取物资的渠道;对待印尼地区,则要求荷属贸易公司对日贸易时多作让步,将各种资源以更低廉的价格出售给日本。1940年9月,日本、德国和意大利三国签订《三国同盟条约》,美国方面对日本如此行为表示强烈抗议,并决定对日本实施制裁——限制日本从美国运输飞机燃料和碎金属等,但对石油这种与日本紧密相关的资源并没有进行限制。来自美国方面的制裁使日本受到了严重的打击,1941 年 7 月,日本又要求法国维希政权允许日本在印度支那地区南部建立军事基地,使当地实际上成为日本的占领地。这使得美国对日本的禁运措施更加严厉,美国冻结了日本的在美资产并对日本实行了全面石油禁运。石油是许多动力机械的燃料,同时又可以作为润滑油和溶剂,对日本的工业运作和武器等至关重要。而当时日本国内几乎不产出石油,日本的石油严重依赖美国进口,美国对日本实行石油禁运,将使作为一个岛国的日本陷入困境。日本为获得足够的石油必须占领位于印尼地区的石油产地,维持日本整个国家的运作。日本对石油产地的占领与美国的意愿相违背,从而加深了与美国的矛盾,日美间战争的到来便只成了时间问题。正如一名观察者所写到的,对日本而言,"石油量器等同于计时器"。①

在与美国开战之前,日本国内的明智之士便已经认识到日、美国力的巨大差距,为了战争的胜利,日本需要在战争之前准备足够的船只,并且在战争进行时有大量的船只进行补充。美国资源丰富,工业力量强大,拥有实力强劲的海、空军力量。而日本与美国相比,国土狭小,资源贫瘠,海军实力无论在质量还是数量上都低于美国。因此在与美国海军交战的过程中,日本必须保证将海军扩建成为足以与美国海军一战的力量。另外,在制定作战策略方面,日本需要向东南亚、菲律宾、印尼等地区增兵,以及用运输船只

---

① ［美］玛丽·贝丝·诺顿著,黄少婷译:《特别的人民,特别的国家——美国全史》第 9 版,上海:上海社会科学院出版社,2018 年,第 815 页。

从资源产地运回石油和铁矿等物资,保证国内生产。最后,与运输物资的船只相对应,也需要足够的护航船队来保护日本货船不被敌对潜艇袭击。这些因素都要求日本建造足够的货船来补充战时的损耗与战时物资的补给和运输。

在船舶建造方面,日本船舶建造的材料、技术和人力资源等方面都难以与美国抗衡。因此,日本在战时标准船的设计上,最初只需要满足两方面需求:一是尽可能地节省造船材料,二是建造可以承担战时运输任务的船舶。在此需求下,造船主要强调将船舶的材料规格统一、附属设备统一、制作工艺简易。太平洋战争初期,日本方面打算迅速给予美国海军沉重打击,迫使美国在短时间内退出战争①,这样一来,建造的战时标准船还可以在战后继续使用。因此第一次战时标准船总体性能方面有一定的保障。但随着战争局面的不断变化,日本被迫对原有的造船计划进行改进,先后推出了4次战时标准船建造计划。

(二) 太平洋战争时期日本战时标准船的建造

日本的地理位置影响了战时标准船的设计和建造。日本是位于太平洋西岸的岛国,四面环海,货物的运输主要来源于运载量大的海运,大量的海外资源通过海运运输到日本,因此海运对日本的国家生存和发展至关重要,海运也可以称为日本侵略战争的"生命线"。日本国内资源短缺,大量资源需要从外国进口,和平时期作用尚不明显,在战争时期,海上运输线的作用便凸显出来,海上运输不仅对维持日本国民的日常生活至关重要,在战争方面更具有举足轻重的作用,毫不夸张地说,战争中的物资动员

---

① [日]山冈庄八著,兴远译:《太平洋战争》,北京:金城出版社,2011 年版,第 105 页—108 页。

就是"船舶动员"。① 海上运输线往往是脆弱的,因为运输物资的船只仅装有少量武器甚至不带有武器,无法应对飞机或潜艇的威胁,一旦被导弹或鱼雷命中后,整船物资和人员都要陷入危机。要维持这条漫长而又脆弱的生命线,日本需要建造大量的、能在战争中投入使用的货船,来弥补日本在战争时期的损失。根据以上各方面要求,日本需要实行有组织、有规划的战时造船计划,满足战时运输需要。

　　一战后,日本受制于《华盛顿条约》②,海军实力受到英、美的强力压制,难以与英、美单独对抗。1940 年,日本拥有的船舶吨位为600 万吨,美国船舶保有量却有 1 000 万吨。从吨位方面讲,日本海军仅为美国的 1/2 多一点,日本海军实力仅比美国太平洋舰队强大,但与美国海军整体相比却相差巨大。为保证太平洋战争期间日本的海军实力,日本递信省制定了从 1941 年到 1945 年新增 400万吨船舶的两个计划方案。第一方案为在日本本土地区建造船只275 万吨,在外地造船 20 万吨,购船 105 万吨;第二方案为在日本本土建造计划造船吨数的 90%,即 370 万吨,其余 30 万吨由外地造船厂建造。与此同时,日本企划院也制定了一个增船计划方案。在这些增船计划中,船渠会社均被分配有一定的生产任务。③

　　第一次战时标准船建造计划是在太平洋战争刚爆发时的规划。战争初期,日本在太平洋战争前期交战中取得胜利,打击了美

---

① [日]有泽广巳主编,鲍显铭等译:《日本的崛起——昭和经济史》,哈尔滨:黑龙江人民出版社,1987 年版,第 364 页。

② 1922 年华盛顿会议期间,美国、英国、日本、法国和意大利五个海军强国签订了《限制海军军备条约》,规定美、英、日、法、意五国海军的主力舰(战列舰和战列巡洋舰)总吨位比例为 10∶10∶6∶3.5∶3.5。

③ 《大连造船厂史编委会》编:《大连造船厂史(1898—1998)》,1998 年版,第 47 页。

国在珍珠港的舰队基地,打败了英国的海军部队,并获得了日本周边海域的制空权,这使得日本的运输船在飞机和护航编队的保护下损失较小,船舶损失量尚在预料之中,此时日本需要大量能够运载各种资源的货船,将占领区的资源运输回日本,作为战时资源消耗的补充。此时日本出台的战时标准船建造计划表如下:

表6-4 第一次战时标准船计划

类别	船型标准	吨数	载重(吨)	速度(节)	最大马力
货物船	A	6 400	10 425	12	3 600
	B	4 500	7 336	12.3	2 200
	C	2 700	4 476	11	2 000
	D	1 900	2 850	10	1 200
	E	830	1 320	10	750
	F	490	771	10	600
矿石船	K	5 300	8 423	10.5	2 400
油船	TS	10 000	15 600	15	8 600
	TM	5 200	7 790	12.5	3 300
	YL	1 010	1 272	10	1050

资料来源:防衛庁防衛研修所戦史室:『海上護衛戦』、朝雲新聞社、1971年、172页。

此时日本的战时标准船造船计划是建造有不同用途的货船、矿石船和油轮三类。[1] 在货船方面,第一次战时标准船建造计划为建造六种船型,分别为 A 到 F 型的战时标准船,标准为根据货船大小进行分类,排水量依次减小:A 型和 B 型的货船体型都相较于后面的型号较大,二者主要应用于南海的往返运输和从中国到日本

---

[1] [日]岩多重四郎著,杨哲群、洪沛嘉译:《战时运输船图鉴》,新北:枫书坊文化出版社,2011年版,第10页。

本土地区的大型货物运输;C 型货船在排水量方面不如 A 型和 B
型,可以运输一些前两者不便运输的货物或作为前两者的补充,也
主要应用于中日之间的战时运输任务;D 型货船载重量虽然更加
小,却也有前三者没有的优点,D 型货船的船尾闸门可以打开,由
于其特殊的设计,加宽了 D 型货船的船舱,使得其可以运输如车辆
等大件货物,因此也被认为是日本建造的战时标准船中最为出色
的一种;E 型和 F 型货船是六种货船中运载量最小的型号,这两种
型号的货船主要应用于日本本土各地之间、日本与朝鲜之间或东
南亚各资源产地之间的运输任务。在矿石船方面,其设计之初是
为了方便在各地之间运输铁矿石,主要用于中国与日本制铁所之
间的铁矿石运输。随着战争的进行,为了战争需要后来也参与了
日本本土之间的运输。日本第一次战时标准船建造计划中还有油
轮,油轮是专门应用于运输原油或原油提炼品等石油化工液体产
品的液货船,与运输固体的运输船不同,油轮的货仓更适合运载液
体货物。

　　日本在第一次战时标准船建造计划中建造了三种油轮,根据
运载量由大到小分别为 TL、TM、TS 三种型号的油轮。油轮主要
负责将印尼等石油产地产出的石油运输到日本,作为随行油船,为
作战船只提供燃料或在日本各地之间进行石油的调配。① 这些战
时标准船都采用了方尾(方尾是船舻板采用平面形式),这是因为
方尾建造施工方便,同时又扩大了尾部空间,被当时的集装箱船、
滚装渡轮广泛采用。与美国由生产线生产船只的各个部件,最后
运送到船坞进行组装不同,日本战时标准船的建造是完全在各个

---

① [日]有泽广巳主编,鲍显铭等译:《日本的崛起——昭和经济史》,哈尔滨:黑龙江人民
　　出版社,1987 年版,第 366 页。

造船厂中建造完成的,造船厂负责造船组件到船只下水的整个过程,因此船只的建造速度远远落后于美国。据统计,日本第一次战时标准船建造时间为1942—1943年,共建成186艘战时标准船,共计约72万吨。[①]

1942年下半年,日本船舶损失量月度损失大幅度增加,出现这种情况有多个方面的原因。首先,美国潜艇此时积极参与对日作战活动,对日本各地的补给线进行打击,日本反潜护航工作不利,许多用于护航的改装航母被美国的潜艇击沉,同时也使日本损失了大量运输船;其次,此时美国已经掌握了瓜达尔卡纳尔岛附近的制空权,而日本的空军力量在中途岛战役中受到严重打击,缺少拥有足够经验的飞行员,在与美军制空权的争夺上陷入下风,这使得美国空军可以在已控制的海域对来自日本的运输船进行袭击,破坏其补给线;最后,从日本的殖民地分布角度看,日本在二战前及二战初期占领的殖民地分布过于分散,而每个殖民地都需要建立防御工事和运输补给,这使得日本很难像英、美一样为运输船队组织护航力量,船只一旦遭到攻击,便会造成巨大的损失。

日本方面在瓜达尔卡纳尔岛战役中,为挽救瓜达尔卡纳尔岛上缺少弹药粮食补给的日本军队,海军实行了"东京快车"[②]的运输补给计划,日本白天无法将物资运输到瓜达尔卡纳尔岛,只能趁夜间美军休息时向日本军队运送补给物资,但仍会被美军发现并予以打击,不可避免地损失了大量船舶。瓜达尔卡纳尔岛战役中,日本实行的"东京快车"计划受到严重阻碍。美国的航空兵和舰载机不断空袭日本的"东京快车"的起点站——肖特兰岛。日军的货物

---

① 防衛庁防衛研修所戦史室:『海上護衛戦』、朝雲新聞社、1971年、66页。
② 光亭、天枢:《二战中的日本》,长春:时代文艺出版社,2015年,第94页。

和船只受到美方的严重打击。自从 1942 年 12 月 11 日田中的驱逐舰编队遭到美军鱼雷艇攻击后,日本海军有将近三周的时间没有组织水面舰艇向瓜达尔卡纳尔岛运送补给。数量巨大的船舶损失完全超出了日本海军的预期,日本军队面临着严重的船舶短缺问题。在这种情况下,日本于 1942 年 12 月和 1943 年 3 月发布了新的造船计划,是为第二次战时标准船建造计划。第二次战时标准船的建造计划是在日本船舶吨位损失超过预期的情况下出台的,因此在战时标准船的种类方面虽然与第一次战时标准船相似,也分为货船和油船,但在设计方面有所改变,此时的战时标准船的设计已不再强调船只能在战后继续使用,而把建造的重点放在了节约建造材料和缩短建造周期方面,将船只结构大幅度简化。同时,由于石油供应短缺,船只的动力系统供应不足,这使得第二次战时标准船的航速和船只的系统运行功率都不如第一次建造的战时标准船。在第二次战时标准船的建造过程中,将船只的体型进行了扩大,目的是装载更多的物资;船体外板由单一平面代替双重曲面;减小船体所用板材厚度以节省原料。在建造战时标准船的过程中,许多日本公民被征召加入日本的战时工厂,在生产线旁不断地工作。日本的战时工厂为了生产出更多的武器,实行两班倒制,工人中也包括妇女和小孩,战争后期,每人每天工作 12 小时,休息时就在工作地旁边睡觉,醒来接着工作。[①] 在日本工人高强度劳作和日本政府采取的各种措施的促进下,第二次战时标准船建造的数量超过了第一次战时标准船的建造数量,实际共建造成 844 艘,共计约 186 万吨,这也是日本各战时标准船建造计划中实际建造最多的一次,建造时间为 1944—1945 年。第二次战时标准船建造

---

① 光亭、天枢:《二战中的日本》,长春:时代文艺出版社,2015 年,第 163 页。

计划建造的战时标准船是日本太平洋战争期间海上运输的绝对主力。[①]

　　第三次战时标准船建造计划在日本船舶动力系统提升的情况下出台。1943 年 12 月，日本推出了第三次战时标准船建造计划，主要包括四种货船和两种油船。[②] 根据两年来战争的经验，第三次战时标准船建造计划强调了商船运输速度的重要性，要求建造比前两次快的新型战时标准船。因此，第三次战时标准船在建造过程中加大了发动机的功率以提升船只的航行速度，日本方面希望通过提升运输船的速度，以在日本已经丧失制空权的情况下依靠速度突破盟军航空兵和潜艇的攻击，提高运输船的寿命。在抗沉性方面，通过增加船体横隔壁来提升船的储备浮力，使得船只能在受损的情况下航行更远距离。但此时日本在太平洋战争中已呈现劣势，来自美军的空中打击却越来越频繁，能够使用的造船资源急剧减少，第三次战时标准船建造计划的各型号船只建造完成不久，日本便宣布接受《波茨坦公告》并无条件投降。战争后期，战时标准船所能发挥的作用越来越有限，日本逐渐将资源倾斜向其他方向，使得应用于战时标准船建造的资源不足，第三次战时标准船仅建造成功 6 艘，共 4.73 万吨。[③]

　　第四次战时标准船建造计划是日本在太平洋战争期间提出的最后一个战时标准船建造计划，多停留在纸面上，并未有建造完成的成品。到 1944 年，美国对东南亚制空权和制海权均已掌控，此时的日本已经难以组织有效的战斗与美军争夺制海权和制空权，更无法保证东南亚到日本本土的资源运输,只能寻求更加快速的运输船来突破美国对日本的海上封锁。在这种情况下,日本设计了第四次战时标准船建造计划。由于此时的日本资源已经全面枯竭,此次建造计划仅有四种主要船型,包括一种货船和三种油船。除应急油船外,另外三种船型的设计运输速度都达到 18 节以上,从建造计划中就可以看出,日本此时对石油资源有迫切的需要,急需能够运载石油供给船队的货船。[①] 但第四次战时标准船建造计划还未等到开工建设,战争便已经宣告结束。

总的来说,日本在太平洋战争期间通过了四次战时标准船建造计划,共计建造战时 1 036 艘标准船,合计 263 万吨。[②] 这些战时标准船除了货船、油轮和矿石运输船外,还有铁道部的青函联络船、油轮、兼作航母的特型 TL 油轮(利用油轮宽大的甲板搭载攻击型飞机)以及陆军的特殊登陆舰。这些由钢铁制成的船舶和日本战前拥有的 600 万吨商船共同构成了日本战时运输的主要力量。加上日本政府战争末期用木材建造的木船,日本战时标准船共计建造约 300 万吨,与对手美国相比相差巨大。

(三)战时标准船建造计划的变迁与影响因素

日本最初的战时标准船建造计划是以当时日本建造船舶的造船能力为基础的,并没有考虑到战争因素对日本战时标准船建造所造成的影响,所以在战时标准船建造过程中出现了多次变化。1942 年 1 月,日本海军次官向当时造船相关的主管机关海务院长官提出了战时计划造船的最低要求量如下表 6-5 所示:

---

① [日]岩多重四郎著,杨哲群、洪沛嘉译:《战时运输船图鉴》,第 17 页。
② 防卫厅防卫研修所战史室著:『海上護衛戦』、朝雲新聞社、1971 年、545 頁。

表 6 - 5　战时造船最低要求量　　　　　　　（单位：吨）

年度	货物船	矿石船	油船	总计
第一年	260 000	82 000	60 000	402 000
第二年	390 000	110 000	200 000	700 000
第三年	541 000	110 000	150 000	801 000

资料来源：防衛庁防衛研修所戦史室『海上護衛戦』、朝雲新聞社、1971 年、169 頁。

从表 6 - 5 我们可以看到：日本在计划建造战时标准船期望方面，初步准备建造的船只种类有货物船、矿石船和油船三种。不同种类的船只每年预计生产的吨位也不尽相同，其中又以货物船的总吨位最大，矿石船次之，油船最小，通过日本在战争期间对不同种类船只的需求大小可以看出日本对不同资源的需求情况。从年份方面看，日本每年计划建造的战时标准船总吨位不断提升，日本的战时标准船总吨位在表中由第一年的 40 万吨提升到第三年的 80 万吨，翻了一倍，从这数据中可以看出日本战时造船能力，也从一个侧面说明其战争损耗巨大。总体来看，在日本建造战时标准船的初期设想上，意图以当时的造船基础不断提高造船设施和造船能力，但是，忽略了战争进程变化等外界因素，只基于自身造船能力而理想设计的造船计划，并不可能完全按其预想发展。

第一次战时标准船建造计划在最初方案上经过多次修改后出台。1942 年 4 月，形成了最终的第一次战时标准船建造计划。该计划建造的船舶种类和数量如下表 6 - 6：

表 6 - 6　第一次战时标准船建造计划船舶种类及数量

年度	1942 年		1943 年		1944 年		1945 年	
船型	船只数	万吨	船只数	万吨	船只数	万吨	船只数	万吨
货物船	123	26.8	157	38.2	182	49.7	188	51.9
矿石船	12	6.8	20	10.9	17	9	17	9

续表

年度	1942 年		1943 年		1944 年		1945 年	
船型	船只数	万吨	船只数	万吨	船只数	万吨	船只数	万吨
油船	12	4.6	27	13.5	36	17.4	40	20.5
客货船	10	6.8	4	1.6	—	0	—	0
特种船	4	2.8	2	1.8	1	0.5	—	0
杂种船	41	1.7	22	3.0	9	0.7	12	0.9
总计	202	49.5	232	69	—	77.3	—	82.3

资料来源：防衛庁防衛研修所戦史室『海上護衛戦』、朝雲新聞社、1971 年、170 頁。

　　海军次官曾向日本负责战时船舶制造的长官提交过造船需求，第一次战时标准船建造计划与此相比，不仅增加了船只种类，还规定了更详细的造船数量和吨位，是适合当时日本生产能力的造船方案。在不同种类的船型中，以客货船、矿石船和油船为主。但是，即便是修改后的战时标准船建造计划，也未充分考虑到战争、资源等因素对造船的现实影响。太平洋战争中，日本在面临远超预料的船舶大规模损失和资源枯竭局面时，不得不对战时标准船建造计划再次进行更改。

　　日本在太平洋战争期间实行的四次战时标准船建造计划各不相同，在战争的不同时期对应了不同的战时标准船建造计划。可以说，日本的战时标准船建造计划是围绕着日本的作战大局而制定的，完全是以维持战争机器的运转为目的。第一次战时标准船计划制定于 1942 年 4 月，建立在日本尚处于对盟军作战的优势地位时，是一份为巩固已占领的殖民地统治和加速推进战争进程而制定的造船计划。此时日本计划建造的船舶，质量相比于之后建造的船舶要好很多，在建造中使用了相对较多的材料，意图取得战争胜利后继续使用。第二次战时标准船建造计划制定于 1943 年 3

月,是在日本已初步丧失战争优势,失去制海权和制空权的时期发布的。此时日本在战争中已经初步显露败相,却依旧盲目自信,仅仅减少了战时标准船的使用寿命,不再要求能够在战后继续使用。第三次战时标准船建造计划是日本在战争中已经进入溃败的局面时出台的。此时的日本已经失去大片殖民地以及制海权和制空权,在美军飞机的轰炸和潜艇的袭击下,运输船的护航工作难以进行,日本的运输船和物资遭到大量损失,日本急需补充船只进行资源运输。在此情况下,日本于1943年12月发布的第三次战时标准船建造计划,吸收了前两次战时标准船建造的经验,着重强调了船只的动力性能,希望货船能够凭借优秀的动力系统突破美军的封锁袭击,完成运输任务。第四次战时标准船建造计划是日本在战争失败前几个月制定的。此时的日本几乎丧失抵抗能力,海军力量不堪一击,更难以保护运输补给线。造船计划主要是为突破美军封锁而设计建造的高速运输船,但仅仅停留在纸面上,未实际开工建造。总体而言,日本在太平洋战争的不同时期设计了不同的战时标准船,因战争局势的变化而不断改变,不得不逐渐缩减船只的结构和用料。可以说,战时标准船建造计划的变迁体现了日本在太平洋战争中不断走向溃败的过程。

　　太平洋战争期间,日本海军和陆军的矛盾也影响了战时标准船的建设。作为岛国的日本,在对外扩张的情况下都必须考虑陆军部队的海上运输以及登陆作战等问题。当时的日本海、陆军几乎处于各自为战的境地,互不协调,因此日本陆军意图建立自己的装备基地,拥有自己的海上装备。在此情形下,日本陆军方面开始建造属于自己的造船工厂,并在其中建造专属于陆军的运输船。日本陆军在造船能力方面甚至一度超过海军,据统计,截至日美战争爆发前夕,日本海军掌握船舶总吨位约为150万吨,而同期的日本陆军手中掌握的船舶总吨位却已达到 210 万吨。[1] 在日本本土的航运方面，陆海军之间也没有交流协作，双方甚至刻意躲避对方。实际上，日本海陆两军从未交换过任何关于船只航行、航路、装载和到达时间等信息。[2] 内部严重的矛盾减缓了日本的船舶运输效率，也在一定程度上影响了日本推进战争的速度。

日本战时标准船的建造也受到资源供给的影响。太平洋战争爆发初期，日本占领东南亚，在东南亚地区实行了竭泽而渔的经济统制政策。大量的铁矿、石油等资源从占领区运回日本。东南亚各地油田的石油产量曾在 1943 年达到最高值。[3] 由于造船原料的不足，日本能够建造的战时标准船难以与战争前期相比，战时标准船的生产速度下降，质量也大不如前。资源产量的下降与运输船的减少形成恶性循环，使日本在 1945 年之后再难以从东南亚地区获得任何资源补给。这也是日本在战争后期战时标准船建设大幅缩水的重要原因。

（四）日本战时标准船的作用

在太平洋战争期间，除了在一部分极端情况下由驱逐舰和潜艇进行运输工作外，战时标准船与其他各类运输船舶承担了日本绝大部分运输工作，既包括物资运输和补给，也包括战争的人员调动，是日本战时运输的绝对主力。可以说，战时标准船为日本的侵略战争运输了大量的人力、物力，是日本战争机器得以运转的重要因素之一。

日本所建造的战时标准船根据航行的目的地等方面的不同，

---

① 松原茂生、達藤昭：『陸軍船舶戦争』、戦志刊行会、1966 年、91—92 頁。

② ［美］时代生活丛书编辑著，唐其芳译：《疯狂的岛国》，北京：中国社会科学出版社，2004 年，第67 页。

③ 毕世鸿：《太平洋战争期间日本对东南亚的贸易统制研究》，《东南亚研究》，2011 年版，第 83—88 页。

合理地设计了能够应用于各种不同地区的不同类型的标准船,各型号在上文已有介绍。其设计分配看似合理,但这恰恰是日本工业力量不足的表现。日本建造的标准货船,分为 A 型到 F 型 6 种型号,载重不一,每种型号的货船由于各方面的限制只能在一定的航线内进行运输活动,当面临缺少某种型号的船只的情况时,其他型号的标准船几乎不能代替缺少的船只型号,这势必限制日本在战争期间的物资运输。不同型号的标准船也会为日本护卫运输船的护卫舰带来麻烦。性能较好的船舶有更大的几率在敌人的袭击下生还并继续执行运输任务,而性能较差的标准船则会在敌军的袭击下沉没。日本设计建造不同型号的标准船,是为了推进侵略战争,在战时条件下适应不同运输需要而采取的应急举措。

日本陆军兵力投放的主要途径是海运,日本战时标准船也有调动、运输兵员的作用。1937 年 11 月,在淞沪会战期间,日军从华北抽调部队增援淞沪战场,驻扎在华北的日军第 16 师团从石家庄乘火车至大连,经海路最终在长江白茆口登陆。在攻陷南京后,第 16 师团于 1938 年 1 月经原路返回华北。太平洋战争开战时日本南海支队从小笠原群岛母岛长途海运 1 600 千米攻占关岛,1942 年 1 月再次越洋 2 000 千米攻占新不列颠岛主要城市拉包尔。后来,美军形成了有组织的有效的破交战,以阻挠甚至阻断日本的作战物资运输和兵员补充为目的,在发现日本的海上运输线后进行追踪和破坏,限制了日本海上兵力机动能力和物资运输能力,成为盟军取得太平洋战争胜利的重要原因。

客观地说,日本战时标准船的建造也有一定的积极作用,即为日本战后造船业迅速恢复发挥了重大作用。太平洋战争期间,在大量建造战时标准船的过程中,工人的造船技术不断成熟,造船速度加快,新的造船方法被应用,以第三次战时标准船建造计划为例,日本在建造船只的过程中实现了技术突破,可以为货船安装速度更快的发动机,直接导致了日本对原战时标准船建造计划进行修改,设计出台了以生产快速船为特点的第三次战时标准船建造计划。在战后 20 世纪 50 年代,日本超过英国成为世界第一造船大国,这一地位一直持续到 20 世纪末。① 日本造船业重回世界第一位,与日本在太平洋战争期间的大量造船密切相关。

三、商船改造航母

除了加速造船,日本还采取转换船舶用途的方式补充战船。日本航运业的“国策会社”,遵从日本政府和军方的统筹与安排,在和平时期从事商业运输,在战争时候进行军事输送。除此之外,商船还被改造成航母和巡洋舰直接参与海战。

太平洋战争时期,由普通商船改造而成的航空母舰一共有 7 艘。

大鹰级:大鹰、云鹰、冲鹰

飞鹰级:飞鹰、隼鹰

神鹰级:神鹰

海鹰级:海鹰②

以上 7 艘航母中,有 6 艘是由日本航运业会社的普通商船改造而来。

为了迎接 1940 年召开的东京奥林匹克运动会,日本邮船株式会社计划建造三艘大型轮船,投入欧洲航路的运营中,分别是新田丸、八幡丸和春日丸。这三艘大型轮船刚刚建造完成,就被日本海

---

① 吴家鸣编著:《船舶与海洋工程导论》,广州:华南理工大学出版社,2013 年,第38 页。
② 『日本海軍総覧』,新人物往来社、1994 年 8 月、145 页。

军征用，并改造为航空母舰，被重新命名。新田丸曾被命名为"冲鹰"、八幡丸被命名为"云鹰"、春日丸被命名为"大鹰"。但这三艘船直到太平洋战争开始时才改装完成，所以战争爆发后，只有春日丸"大鹰"号和另外一艘航母"龙骧"一起变成第四航空战队，投入战争使用。

（一）"大鹰"号

春日丸于 1941 年 8 月 31 日作为特设航空母舰，正式命名为"大鹰"号。

战争爆发后，"大鹰"号和"龙骧"号参与了南方海域的作战，但因为航行速度慢，不能实现和"龙骧"号的同行，仍然用作飞机及军队人员的运输和其他船队的护卫舰使用。1943 年 9 月，"大鹰"号右舷被美国潜水艇发射的六个鱼雷击中，其中五个鱼雷没有爆破，才侥幸没有被击沉。1944 年 8 月 18 日，"大鹰"号在驶向新加坡途中，在菲律宾北部遭美国潜水艇发射的鱼雷命中，被击沉。

（二）"云鹰"号

特定航空母舰"云鹰"号，其前身是日本邮船株式会社欧洲航路的使用船八幡丸。作为"大鹰"级的二号航母，它从 1942 年 1 月开始，在工厂进行改造，只用五个月时间就被全部改造完成，同年 8 月开始编入航空母舰编队，正式被命名为"云鹰"号。

1943 年 1 月之前，"云鹰"号一直从事特鲁克、帕劳、达沃、苏腊巴亚方向的输送任务。仅 1943 年一年，就往联合舰队的基地特鲁克岛运送了 11 次。1944 年，"云鹰"号从特鲁克回程途中，在关岛东南偏东地方遭美国潜水艇的鱼雷攻击，回到横须贺港。1943 年 9 月 16 日，它从新加坡回航途中，遭遇美国潜水艇，被鱼雷击中，损毁严重，次日沉没。

（三）"冲鹰"号

新田丸曾是日本邮船株式会社最新的豪华客船，为三菱长崎造船所所建。它曾经在当时的报纸和杂志上被大肆宣传，得到日本国民的强烈关注，但其从事商业运输的时间仅仅为一年。1941年9月12日，它被交付于日本海军。从1942年5月，它开始被改造为航空母舰。随着日本在中途岛战役的失败，新田丸的改造速度加快。由此，原来作为客船使用的新田丸，改造完成的第一个月就加入战斗序列，被命名为"冲鹰"号，主要从事从横须贺到特鲁克岛的飞机和人员运输。1943年12月3日，"冲鹰"号回横须贺港的途中，在八丈岛附近，船身前部左舷位置受到美国潜水艇发射的鱼雷攻击。其后，"冲鹰"号曾尝试独立航行，但第二天早上5点，再次被2个鱼雷命中，12月4日上午8时47分沉没。

（四）"海鹰"号

大阪商船株式会社的"阿根廷丸"曾是为日本所自豪的豪华客船，从事环球航路的航行。其船舱中的客房具备长期居住的完善设施，船内的装饰也处处用心。这艘于1939年5月完工的豪华客轮，仅仅在环球线上运营了3年就被日本海军所征用，被改造成航空母舰。由于改成航母所需要的时间很长，所以当时是作为特设运输舰来使用的。

它的航母改造工程完工于1943年11月，被正式命名为"海鹰"号，编入海上护卫总司令部，从事南方各地的输送任务。1945年1月，"海鹰"号从新加坡装载燃油等物资回航，被称为"最后的护卫作战"。其后在别府湾作为海军特殊攻击武器和鱼雷的靶标舰使用，从事军事训练。1945年7月24日，"海鹰"号在训练中触雷受损，7月28日遭遇美国舰载机的空袭，舰船的机电室被一发炮弹击中，在别府湾日出海岸沉没。

（五）"隼鹰"号

"隼鹰"号前身是日本邮船株式会社向三菱长崎造船所预定的橿原丸。该船在建造过程中,1940 年 5 月开始,停止作为客船建造,而改成作为航母来建造。虽然最初目的是建造客船,但政府"有事"时,可以改为航母,为此,政府给日本邮船株式会社拨付建造费用的 60%。橿原丸竣工于珊瑚海海战之前的 1943 年 5 月,直接作为特设航空母舰使用,编入军籍,名为橿原丸,同年 7 月改名为"隼鹰"号。"隼鹰"号和刚刚竣工的航空母舰"飞鹰"号一起编成第二空战战队,参与南太平洋海战和马里亚纳海战。

在马里亚纳海战中,"飞鹰"号沉没。其后,"飞鹰"号与由潜水母舰改造而成的航空母舰"龙凤"号、航空战舰"伊势"号、"日向"号共同编成第四航空战队。由于"隼鹰"号搭载舰载机不足,没有参加比岛冲海战,从事的是往前线输送飞机等物资的任务。曾受美军的攻击而受损,该舰一直服役到 1945 年太平洋战争结束。

（六）"飞鹰"号

日本邮船株式会社从 1937 年开始,计划建造两艘总吨数 2.4万吨的大型客船,以从事太平洋航路的运输,即出云丸和橿原丸。日本海军关注到新船的建造,于是,日本政府向日本邮船株式会社出资两艘客船建造费的 60%,以方便在"有事"时调配到军方,改造为航空母舰使用。

但随着日美关系的恶化,海军方面完全中止了这两艘客船的造船计划,直接将这两艘船舶改为按照航空母舰的标准来建造。于是,出云丸被命名为"飞鹰"号,橿原丸被命名为"隼鹰"号。

"飞鹰"号竣工之时,正值日本在中途岛战役失败之时,于是与"隼鹰"号一起编成第二航空战队,进出所罗门海域。除因设备故障未参加南太平洋海战之外,其他作战全部参加。

1944年6月,"飞鹰"号出战马里亚纳海战,受到美国军机的猛攻,为避开攻击而欲返回冲绳中城湾基地,途中受到美国舰载机追击及潜水艇鱼雷射击的双重攻击,在塞班西部沉没。

表6-7　日本邮船株式会社、大阪商船株式会社商船改造航母一览表

商船名称	所属会社	改造后航母名	改造完成时间	沉没时间	排水量	军事装备
出云丸	日本邮船	飞鹰	1942年7月	1944年6月	24 140吨	舰载机53架、12.7厘米高射炮12门、25毫米机枪24挺
橿原丸	日本邮船	隼鹰	1942年5月	未沉没	24 140吨	舰载机53架、12.7厘米高射炮12门、25毫米机枪24挺
春日丸	日本邮船	大鹰	1941年9月	1944年8月	17 830吨	舰载机27架、12厘米高角炮6门、25毫米机枪8挺
新田丸	日本邮船	冲鹰	1942年11月	1943年12月	17 830吨	舰载机30架、12厘米高角炮6门、25毫米机枪8挺
八幡丸	日本邮船	云鹰	1942年5月	1944年9月	17 830吨	舰载机27架、12厘米高角炮6门、25毫米机枪8挺
阿根廷丸	大阪商船	海鹰	1943年11月	1945年7月	13 600吨	舰载机24架、12.7厘米高角炮8门、25毫米机枪24挺

资料来源:『日本海軍総覧』、新人物往来社、1994年8月、143—146页。

综上所述,日本为了支持侵略战争,曾经想尽一切办法补充战时用船。一方面,启动四次战时标准船建造计划,在节省原料、缩

短建造时间的基础上,批量生产特殊用途的船只。另一方面,用从事商业运输的船舶改造成航母或海军用船,从事战争运输和作战。随着战争的推进,这些措施依然没有转变日本在战争中日趋走向失败的局面。

日本政府曾于太平洋战争爆发前的 1941 年 3 月,制定了"《船舶保护法》",其主要目的是连同海军一起,对运输船只采取必要的保护措施。太平洋战争爆发后,根据《船舶保护法》",海军对船舶实行海上保护,包括航路的指引、船只编队航行等。即便如此,1942 年 6 月的中途岛海战后,日本商船的损耗仍然十分巨大,一度达到 93 万吨的规模。

1944 年 2 月,日本特鲁克岛基地遭受空袭,6 月又战败于马里亚纳、8 月和美军在比岛激战,这些战役导致日本舰船严重损耗。加上美军以马里亚纳为基地对日本本土的空袭,到开战 3 年 9 个月时,日本船舶的损毁达到 172 艘、802 万吨,加上平时遭遇海难损失的船舶 41 万吨,日本合计有 843 万吨的船舶在太平洋战争中损耗。日本被拖入战时船只损耗——船只数量不足——运输能力不足——增加船只数量——继续遭遇击沉——继续建造船只的死循环中。这种循环终因无法满足战争需要而走向崩溃。

总之,随着太平洋战争的结束,日本在华航运统制也因为盟军的空袭、潜艇的攻击、占领区金融和物流体系的崩溃、中国和亚洲其他国家人民的抗战而陷入瘫痪,逐渐走向崩溃。

结　语

　　进入 21 世纪,日本侵华战争研究进入范围逐渐拓展和内容更加深化的新阶段,学界全面聚焦政治外交、军事战争、经济扩张、文化统治等领域,不但在史料的发掘和史实研究上成果斐然,在史识与史观的构建上也出现了研究创新。但从目前已有的研究看,以海洋史为主要视角的侵华史研究尚属起步阶段。

　　在侵华战争中,日本的海运业对其战争机器的运转曾起到至关重要的作用。日本的海运业不仅承担大部分军事和民用运输任务,积极配合日本对华资源掠夺和战备输送,而且以日本邮船株式会社为代表的海运会社还将所辖部分商船改建成巡洋舰和航母,纳入海军正式编队参加军事行动。本书基于已有的研究成果,在前人研究的基础上,梳理近代日本海运业的发展,力求从江户时期的"海上扩张思想"开始,按照从"侵略思想"到"侵略政策",到"战略准备",再到"侵略战争"的主线,阐明近代日本海运会社的成立和发展历程以及其积极参与侵华战争的过程。

　　近代日本"大陆政策"形成过程中,出现了以本多利明、佐藤信渊、吉田松阴、福泽谕吉等为主要代表的思想家、政治家,他们的思想体系中都涉及制海权、海洋贸易、海战、海军战略等内容。无论是"北攻""南进",还是进而"雄飞"于海外、"挫美折欧",他们都不约而同地强调了日本海外扩张过程中造船业和海运业的重要性。这些日本近代思想家和政治家的理论和实践,被深深地打上了由海洋向大陆扩张的烙印,深刻地影响到近代日本对外扩张决策的形成和对外侵略方案的制定。

　　1853年,美国"黑船来航",日本被迫打开国门。在与欧美航运势力的竞争中,在日本政府的鼓励下,日本的海运会社相继建立,日本近代海运业初步兴起。1870年,岩崎弥太郎创办三菱会社,日本政府通过注入国家资本等方式,将三菱会社打造成日本明治维新开始后的第一大航运会社。岩崎弥太郎虽然曾经宣布"三菱商会是自己的私人产业",但由于主动承担了日本第一次侵台战争期间的军事运输,他的命运已经开始和日本对外扩张战略紧紧挂钩,逐步走上国家"公业",平时进行航运贸易、战时承担军事运输。三菱会社是日本海运"国策会社"的源头。在日本内战西南战争中,日本政府更加"痛感军事输送的重要性",力求打造用于军事的大型海运会社。于是,由海军出资、海军高级军官担任社长的共同运输会社应运而生。1885年,三菱会社和共同运输会社在日本政府主导下合并成更大的、迄今为止仍活跃在世界海运市场的新会社——日本邮船株式会社。显而易见,这个会社诞生之初,就带有强烈的军事色彩,是具有"国策会社"内核的半民半官的企业。几乎同时期成立的大阪商船株式会社,从组织结构、资金来源、业务范围等看来,是由多家经营大阪附近航海业务的私人会社合并组建,但日本政府逐渐以航路补助金、造船奖励金等方式对大阪商船株式会社实施助成、控制和干涉,最终大阪商船株式会社在历次侵华战争中积极参与军事运输,逐渐蜕变为"国策会社"的附庸。1907年,日本政府整合参与长江航运的四家日本航运会社,成立了日本首家以经营中国国内航线为主的"国策会社"——日清汽船株式会社。该会社的成立凸显了日本抢占中国内河航运市场，将势力深入中国内陆的战略决策。甲午战争和第一次世界大战的爆发使日本海运业迎来发展"良机"。到1914年，日本一跃成为世界第7位的海运强国。尤其在一战期间，欧洲大国忙于战事，东亚及世界海运市场一度空虚，日本海运界迎来"千载难逢"的机会，中小型海运会社不断涌现。本书从20世纪上半叶200余家日本海运会社中抽出与中国航线有关的15家海运会社，简单回顾了这些航运会社的成立和发展，包括国际汽船株式会社、原田汽船株式会社、太洋海运株式会社、山下汽船株式会社、阿波共同汽船株式会社、岛谷汽船株式会社、冈崎汽船株式会社、川崎汽船株式会社、三菱商事株式会社船舶部、三井物产会社船舶部、东洋汽船会社、朝鲜邮船株式会社、近海邮船株式会社、大东汽船会社、湖南汽船会社等。可以说，以日本邮船株式会社和大阪商船株式会社为代表的大型海运会社及其他中小型海运会社，都是近代日本海运产业的重要组成部分，也是日本推行"大陆政策"过程中，承担军用和民用运输的主力。

　　为了刺激海运业的发展，日本政府于1896年颁布了《航海奖励法》《造船奖励法》，并于1909年颁布了《远洋航路补助法》。同时，与此相配合，对特殊航路实施"特定航路补助金"。这些法律法规的制定，大大促进了日本海运业的发展扩张，尤其是对海外航路的设立和运行产生了非常重要的影响。其中，《航海奖励法》规定了船舶越大、速度越快、距离越远，收到的奖励金越多。这既是政府鼓励建造和使用大型船舶，鼓励开辟远洋航线，参与世界航运市场竞争的表现，也是日本在改订和西方列强的不平等条约，取得通商航海平等权利后，意欲与西方列强平起平坐的表现。此外，《航海奖励法》还规定只奖励实际承担海上运输的船舶,而非直接颁发给某个人或者某会社。这就杜绝了个人和会社为获取奖励金而造假或得到奖励金后挪作他用的情况。《航海奖励法》还有一个最重要的特点,即奖励金由政府发放,所以获得奖励金的船舶可以在特殊情况下由政府征用,船长可被政府的递信省支配。充分证明了其奖励金的国家属性——政府正是通过发放航海奖励金,对船舶和航线实行特殊补助的办法,将大型的、快速的、适合远洋航行的船舶纳入政府控制范围内。这项规定就为日本历次对外战争中征用海运会社的船舶做了法律上的准备。因此,后来的日俄战争、第一次世界大战和日本侵华战争中,许多大型船舶参与其中,以"御用船"的身份为战争运输物资和人员。可以说,近代日本的海运会社主动和被动地成为支持侵略战争的工具。《造船奖励法》的实施,使日本船舶在 1918 年左右实现了由依赖进口到国产化的重大转变。三菱造船所、大阪铁工所、川崎造船所已经成为日本最主要的造船企业。它们建造的商船补充了日本海运的实力,而且还借《造船奖励法》的实施逐渐获得了建造大型军舰的技术和设备。这些军舰成为日本海军扩充军备的重要来源,成为日本扩大侵略战争的物质基础。《远洋航路补助法》于 1909 年颁布,明确补助以 4条航路(欧洲航线、北美航线、南美航线和澳大利亚航线)为主的远洋航线。此外,值得注意的是,《远洋航路补助法》还提出对近海航路的大力资助,其中包括中国的长江航线,体现了日本政府不惜重金拓展长江航路,将势力深入中国内陆的意图。

　　第一次世界大战前后是日本海运业快速发展的时期,日本海运会社除继续运营首条海外航线横滨—上海线之外,还开辟了其他的东亚航线,如日本—琉球航线、日本—天津线、日本—青岛线等。本书利用日本海运会社的社史、新闻报道、新闻广告等资料,以实证的方法探讨了这一时期日本海运会社开设的东亚航路,有助于我们了解日本通过规划、开辟、经营这些轮船航线,构建区域海运网络的过程。

抗战爆发前,日本以不同海运会社为中心,构建了不同地区的航运网络,如大阪商船株式会社的华南航路、日清汽船株式会社的华中航路、大连汽船株式会社的东北航路和近海邮船会社的华北航路。这些区域航路以"国策会社"为先导和主干,航路间彼此相互联系,又和日本本土密切相连。同时,受国家的干预,通过不同级别的"命令航线"获得国家的资金支持,进入国家统筹范围内。可以说,20世纪上半叶,日本已经逐步构建了一个有效的东亚航运网络,为侵华战争的扩大做了交通运输上的准备。

七七事变爆发前,日本在中国经营的沿海、沿江航路,除了政府特别补助的航路之外,其他航路基本都处在自由经营的状态。日本侵华战争全面开始之后,日本政府认为必须尽快结束这种自由状态,由国家对航运进行整备和统制以适应战争的需要。1939年8月,日本海运界在政府的主导下,成立垄断日华和在华航运的"国策会社"——东亚海运株式会社。该会社成为日本通过国家力量组建大型会社对抗欧美在华航运势力,妄图独占在华利益的典型案例之一。在短时间内组建管理体制完备、装备齐全、人员齐备的新会社,体现了日本的国家力量在海运整合中的作用,更体现出日本控制中国内河和沿海航运、驱除英国航运势力、为不断扩大的侵华战争服务的意图。

随着侵华战争的推进,日本开始谋求建立新的国际秩序,即所谓"大东亚共荣圈"构想。为实现这一构想,加强所谓"大东亚"的联络和"共荣",日本开始进行大规模作战,实行全民动员,为战争提供人员和物资的保障。为此,日本逐步将海运置于"统制"之下,先实行民间的"自治统制",再进入"官民协力"阶段,最终实现全面的"国家管理"。"大东亚共荣圈"和航运统制策略都不是一蹴而就的,而是逐渐形成和发展的,两者共同推进,相辅相成,是日本举国动员维持侵略战争的直接体现。

太平洋战争爆发后,煤铁资源在战时经济中的地位愈发明显,这些维持战时军备的战略物资甚至成为左右战争进程的关键。如何扩大管制、建立具有垄断性质的海运体系,确保最大量的资源运回日本本土,成为日本政府的当务之急。在此最高原则下,日本重新制定符合战争要求的统制法规并垄断占领区航运企业。将所有船舶统统置于政府的调配范围之内,分成陆军御用船、海军御用船、民间船及官厅船三大类,分别被称为 A 船、B 船、C 船。在《战时海运管理令》颁布后,约占总载重量近 2/3 的船舶属于 A、B 船,用于军事运输,其余的 1/3 为 C 船,主要为民间和地方政府的船舶,作为货物船和客货船运输重要物资和人员。甚至出现了以日本邮船株式会社为代表的大型会社将所辖商船改造成航母直接参与战争的特例。随着太平洋战争的进行、船只消耗的增加,日本对船只的征用逐渐从前期对大型船的征用,转到对小型船的征用,征用船只数量虽多,但是总载重量下降。此时,造船厂同时担负建造新船和维修伤船的任务,再加上盟军的禁运和封锁,建造和修建大型船舶的钢材和其他原料也越显不足。战争越激烈,维修的成本和时间花费越高,也就更没有能力建造更多大型船只,导致建造和维修船只的速度已经远远跟不上损耗的速度。而且,在盟军对日本本土的轰炸中,日本的造船厂船坞也遭受重创。太平洋战争中后期,盟军采取了潜水艇攻击和空中轰炸相结合的方式,推行"破交战",破坏日本的海上交通运输线,不仅使日本运输能力大大降低,还对日军的战时补给造成了毁灭性的打击。即便日本 1941 年制定了快速造船的"战时标准船"计划,以达到使用更少的材料、更快地建造新船的目的,仍然难以抵挡盟军的攻击。最终随着太平洋战争的失败,战时海运统制和战时造船计划都走向了完结,日本持续近百年的海运扩张也随之走向崩溃。

近代日本海运从崛起到崩溃的过程可以给我们以现实启示和警示。通过日本海运业发展带动造船、钢铁、能源等其他产业迅速崛起的经验教训可以看出,唯有在国家层面积极保护和促进基础工业综合发展,才能在世界竞争中占据主动和优势。

参考文献

一、著作

（一）中文

陈真等编:《中国近代工业史资料》,北京:生活·读书·新知三联书店,1957年。

杜恂诚:《日本在旧中国的投资》,上海:上海社会科学院出版社,1986年。

樊百川:《中国轮船航运业的兴起》,成都:四川人民出版社,1985年。

樊亢、宋则行主编:《外国经济史》第三册,北京:人民出版社,1986。

冯昭奎编著:《日本经济》,北京:高等教育出版社,1998年。

复旦大学日本研究中心、陈建安主编:《面向21世纪的日本经济》,上海:上海科学技术文献出版社,1994年。

金明善、宋绍英、孙执中:《战后日本经济发展史》,北京:航空工业出版社,1988年。

金明善:《现代日本经济问题》,沈阳:辽宁人民出版社,1983年。

金明善主编:《战后日本产业政策》,北京:航空工业出版社,1988年。

居之芬主编:《日本对华北经济的掠夺和统制》,北京:北京出版社,1995年。

孔经纬:《东北经济史》,成都:四川人民出版社,1986年。

李东贤:《日本现代流通产业》,北京:清华大学出版社,2001年。

李永连:《战后日本的人力开发与教育》,石家庄:河北人民出版社,1986年。

刘天纯:《日本产业革命史》,长春:吉林人民出版社,1984年。

刘玉操主编:《日本金融制度研究》,天津:天津人民出版社,2000年。

满颖之主编:《日本经济地理》,北京:科学出版社,1984年。

米庆余:《明治维新——日本资本主义的起步与形成》,北京:求实出版社,1988年。

宓汝成:《帝国主义与中国铁路(1847—1949)》,上海:上海人民出版社,1980年。

聂宝璋编:《中国近代航运史资料》,上海:上海人民出版社,1983年。

彭泽益编:《中国近代手工业史资料》,北京:中华书局,1962年。

戚其章:《国际法视角下的甲午战争》,北京:人民出版社,2001年。

仕文侠、昌有晨主编:《日本的宏观经济管理》,北京:航空工业出版社,1988年。

色文编著:《现代日本经济的发展与对策》,北京:北京大学出版社,1990年。

盛继勤主编:《战后日本国民经济基础结构》,北京:航空工业出版社,1988年。

《世界历史》编辑部编:《明治维新的再探讨》,北京:中国社会科学出版社,1981年。

宋绍英:《日本崛起论》,长春:东北师范大学出版社,1990年。

苏崇民:《满铁史》,北京:中华书局,1990年。

孙毓棠编:《中国近代工业史资料》第一辑下册,北京:科学出版社,1957年。

孙执中主编:《日本泡沫经济新论》,北京:人民出版社,2001年。

孙执中主编:《战后日本财政》,北京:航空工业出版社,1988年。

寿杨宾:《中国水运史丛书:青岛海港史(近代部分)》,北京:人民交通出版社,1986年。

谭一夫编著:《日本式管理》,北京:西苑出版社,2000年。

田桓:《日本战后体制改革》,北京:经济科学出版社,1990年。

万峰:《日本资本主义史研究》,长沙:湖南人民出版社,1984年。

汪世荣编注:《曾国藩未刊信稿》,北京:中华书局,1959年。

王键:《日本企业集团的形成与发展》,北京:中国社会科学出版社,
2001年。

王铁崖编:《中外旧约章汇编》,北京:生活·读书·新知三联书店,
1959年。

王晓秋:《近代中日启示录》,北京:北京出版社,1987年。

王芸生编著:《六十年来中国与日本1—8》,北京:生活·读书·新知三联
书店,2005年。

王振锁:《日本农业现代化的途径》,天津:天津社会科学院出版社,
1991年。

吴廷璆主编:《日本近代化研究》,北京:商务印书馆,1997年。

武汉大学经济学系编:《旧中国汉冶萍公司与日本关系史料选辑》,上海:
上海人民出版社,1985年。

许涤新、吴承明主编:《中国资本主义发展史(第二卷)》,北京:人民出版
社,1990年。

薛敬孝等编:《当代日本产业结构研究》,天津:天津人民出版社,2002年。

薛敬孝等编:《日本经济现状研究》,北京:中国社会科学出版社,1998年。

严中平:《中国棉纺织史稿》,北京:科学出版社,1955年。

严中平等编:《中国近代经济史统计资料选辑》,北京:科学出版社,
1955年。

阎坤:《日本金融研究》,北京:经济管理出版社,1996年。

萧明礼:《"海运兴国"与"海运救国":日本对华之航运竞争(1914—
1945)》,台北:台大出版中心,2017年。

杨栋梁:《日本战后复兴期经济政策研究:兼论经济体制改革》,天津:南开

大学出版社,1994年。

夏东元:《盛宣怀传》,成都:四川人民出版社,1988年。

夏东元编:《郑观应集》(上、下册),上海:上海人民出版社,1988年。

张传杰、冯湜等:《日本掠夺中国东北资源史》,大连:大连出版社,1996年。

张国辉:《洋务运动与中国近代企业》,北京:中国社会科学出版社,1979年。

张后铨主编:《招商局史(近代部分)》,北京:人民交通出版社,1988年。

张健:《战后日本经济的恢复、调整与起飞》,天津:天津古籍出版社,1994年。

张贤淳:《战后日本经济高速发展的原因》,长春:吉林大学出版社,1986年。

张心澂:《中国现代交通史》,上海:良友图书印刷公司,1931年。

张宗汉:《光复前台湾之工业化》,台北:联经出版事业公司,1951年。

赵兰坪:《日本对华商业》,上海:商务印书馆,1933年。

郑励志、陈建安主编:《战后日本对外贸易》,北京:航空工业出版社,1988年。

中国企业管理协会编:《日本生产性运动与经济效益》,北京:企业管理出版社,1982年。

中国日本史研究会编:《日本史论文集》,北京:生活·读书·新知三联书店,1982年。

中国社会科学院近代史研究所:《日本侵华七十年史》,北京:中国社会科学出版社,1992年。

中国史学会编:《洋务运动》,上海:上海人民出版社,1961年。

中国史学会编:《中日战争》第1册,上海:上海新知识出版社,1956年。

朱绍文、生野重夫主编:《日本市场经济与流通》,北京:经济科学出版社,1997年。

[加]诺曼著,姚曾廙译:《日本维新史》,北京:商务印书馆,1962年。

[美]埃德温·奥·赖肖尔著,陈文寿译:《当代日本人:传统与变革》,北京:商务印书馆,1992年。

[美]埃兹拉·沃格尔著,谷英等译:《日本名列第一:对美国的教训》,北京:世界知识出版社,1980年。

[美]埃兹拉·沃格尔著,韩铁英、黄晓勇、刘大洪译:《日本的成功与美国的复兴:再论日本名列第一》,北京:生活·读书·新知三联书店,1985年。

[美]安·格拉德著,叶林、李林译:《日本的土地与农民》,北京:世界知识出版社,1957年。

[美]休·帕特里克、亨利·罗索夫斯基编,本书编译组译:《亚洲新巨人:日本的经济是怎样运行的》,上海:上海译文出版社,1980年。

[美]西里尔·E·布莱克等著,周师铭等译:《日本和俄国的现代化:一份进行比较的研究报告》,北京:商务印书馆,1984年。

[美]查默斯·约翰逊著,戴汉笠等译:《通产省与日本奇迹》,北京:中共中央党校出版社,1992年。

[日]柴垣和夫著,复旦大学历史系日本史组译:《三井和三菱——日本资本主义与财阀》,上海:上海译文出版社,1978年。

[日]福泽谕吉著,北京编译社译:《文明论概略》,北京:商务印书馆,1992年。

[日]楫西光速等著,阎静先译:《日本资本主义的发展》,北京:商务印书馆,1963年。

[日]垄断资本研究会著,倪虹译:《现代日本垄断资本》,北京:世界知识出版社,1961年。

[日]守屋典郎著,周锡卿译:《日本经济史》,北京:生活·读书·新知三联书店,1963年。

[日]小岛直记、邦光史郎等编,葛东来译:《三菱财阀》,台北:台湾时报文化出版公司,1986年。

[日]中央大学经济研究所编,盛继勤译:《战后日本经济:高速增长及其评价》,北京:中国社会科学出版社,1985年。

〔日〕吉田茂著,孔凡,张文译:《激荡的百年史》,北京:世界知识出版社,1980 年。

〔苏〕卢基扬诺娃著,林林译:《第二次世界大战期间的日本垄断资本》,北京:商务印书馆,1959 年。

〔英〕G. C. 艾伦著,蔡谦译:《近代日本经济简史 1867—1937 年》,北京:商务印书馆,1962 年。

〔日〕奥村宏著,金明善译:《日本六大企业集团》,沈阳:辽宁人民出版社,1981 年。

〔日〕奥村洋彦著,余熳宁译:《日本"泡沫经济"与金融改革》,北京:中国金融出版社,2000 年。

〔日〕日本经济新闻社编,王革凡等译:《东洋奇迹:日本经济奥秘剖析》,北京:经济日报出版社,1993 年。

〔日〕都留重人著,马成三译:《日本经济奇迹的终结》,北京:商务印书馆,1979 年。

〔日〕饭田经夫等合著,马君雷等译:《现代日本经济史:战后三十年的历程》,北京:中国展望出版社,1987 年。

〔日〕服部之总著,舒贻上译:《明治维新讲话》,北京:生活·读书·新知三联书店,1957 年。

〔日〕绀野与次郎著,梁汀译:《日本农村阶级分析》,北京:世界知识出版社,1964 年。

〔日〕高桥龟吉著,宋绍英等译:《战后日本经济跃进的根本原因》,沈阳:辽宁人民出版社,1984 年。

〔日〕户川猪佐武著,刘春兰译:《战后日本纪实》,天津:天津人民出版社,1984 年。

〔日〕江口圭一著,宋志勇译:《日中鸦片战争》,天津:天津人民出版社,1995 年。

〔日〕金森久雄著,萧明伟译:《日本经济增长讲话》,北京:中国社会科学出版社,1980 年。

［日］井上清、铃木正四著，杨辉译：《日本近代史》，北京：商务印书馆，1959 年。

［日］井上清等著，张廷铮等节译：《战后日本》，北京：世界知识出版社，1955 年。

［日］井上清著，宿久高等译：《日本帝国主义的形成》，北京：人民出版社，1984 年。

［日］内野达郎著，赵毅等译：《战后日本经济史》，北京：新华出版社，1982 年。

［日］片山潜著，王雨译：《日本的工人运动》，北京：生活·读书·新知三联书店，1964 年。

［日］桥本寿朗著，复旦大学日本研究中心译：《日本经济论：20 世纪体系和日本经济》，上海：上海财经大学出版社，1997 年。

［日］矢野恒太纪念会编，司楚等译：《日本 100 年》，北京：时事出版社，1984 年。

［日］樋口弘著，北京编译社译：《日本对华投资》，北京：商务印书馆，1959 年。

［日］小林义雄者著，孙汉超等译：《战后日本经济史》，北京：商务印书馆，1985 年。

［日］信夫清三郎编，天津社会科学院日本问题研究所译：《日本外交史（上、下）》，北京：商务印书馆，1980 年。

［日］信夫清三郎著，周启乾译：《日本政治史（第一卷）》，上海：上海译文出版社，1982 年。

［日］有泽广巳主编，鲍显铭等译：《日本的崛起：昭和经济史》，哈尔滨：黑龙江人民出版社，1987 年。

［日］远山茂树等著，吴文译：《昭和史》，北京：生活·读书·新知三联书店，1958 年。

［日］中村哲著、吕永和等译：《近代东亚经济的发展和世界市场》，北京：商务印书馆，1994 年。

　　[日]陆奥宗光著，赵戈非、王宗瑜译：《蹇蹇录——甲午战争外交秘录》，北京：生活·读书·新知三联书店，2018 年。

　　（二）日文

　　畝川鎮夫：『海運興国史』、海事彙報社、昭和五年。

　　師岡國編輯：『三菱會社内幕秘聞録』、『海事史料叢書』第 20 巻、成山堂書店、昭和四十四年。

　　安藤良雄編：『日本経済政策史論』（上）、東京大学出版會、1973 年。

　　安藤良雄編：『近代日本経済史要覧』、東京大学出版會、1990 年。

　　久米邦武：『特命全権大使美欧回覧実記』、岩波書店、1980 年。

　　高橋亀吉：『日本資本主義発達史』、日本評論社、1928 年。

　　寺島成信：『帝国海運政策論』、厳松堂書店、1924 年。

　　秦郁彦：『日本近現代人物履歴事典』、東京大学出版會、2013 年。

　　石井寛治：『日本経済史』、東京大学出版會、1992 年。

　　浅居誠一：『日清汽船株式会社三十年史及追補』、日清汽船株式會社、1941 年。

　　浅原丈平：『本邦海運発展要史』（私家版）、東京大学総合図書館蔵。

　　『三菱社志』（復刻版）、東京大学出版會、1979 年。

　　浅香貞次郎：『臺灣海運史』、臺灣海務協會、1941 年。

　　船舶運営会編：『船舶運営会会史』、船舶運営会、1947 年。

　　大島清、加藤俊彦、大内力：『明治初期の企業家』、東京大学出版會、1983 年。

　　大久保利謙：『岩倉使節の研究』、宗高書房、1976 年。

　　大久保利謙編：『近代史史料』、吉川弘文館、1969 年。

　　朝日新聞社編、中村隆英題解：『明治・大正期日本経済統計總觀』下巻、並木書房、1999 年。

　　楠井隆三：『戦時臺灣経済論』、南方人文研究所、1944 年。

　　日本経営史研究所編：『日本郵船百年史資料』、日本郵船株式会社、1988 年。

日本史籍協會編：『大久保利通文書』第 4、5、6 冊、東京大学出版會、1983 年。

日本通信省編：『遍信事業史』第 6 巻、1941 年。

日本郵船株式會社編：『創立満三十年記念貼』、1915 年。

日本郵船株式會社編：『日本郵船株式會社五十年史』、日本郵船株式會社、1935 年。

日本郵船株式會社：『七十年史』、日本郵船株式会社、1956 年。

神田外茂夫編：『大阪商船株式会社五十年史』、大阪商船株式会社、1934 年。

岡田俊雄編：『大阪商船株式会社 80 年史』、大阪商船三井船舶株式会社、1966 年。

日本郵船株式會社編：『日本郵船株式会社百年史』、日本郵船株式会社、1988 年。

富久祐治：『交通に書における資本主義の発展』、岩波書店、1953 年。

麻生平八郎：『海運と海運政策』、厳松堂書店、1942 年。

麻生平八郎：『海運及海運政策研究』、泉文堂、1956 年。

小林英夫：『帝国日本と総力戦体制』、有志舍、2004 年。

小林英夫：『大東亜共栄圏の形成と崩壊』、御茶の水書房、2006 年。

『日本海軍総覧』、新人物往来社、1994 年。

防衛庁防衛研修所戦史室：『海上護衛戦』、朝雲新聞社、1971 年。

松原茂生、達藤昭著：『陸軍船舶戦争』、戦志刊行会、1966 年。

矢野暢：『日本の南洋史観』、中央公論社、1979 年。

臺灣拓殖株式會社：『事案概観』、臺灣拓殖株式會社、1940 年。

小風秀雅：『帝国主義下の日本海運　国際競争と対立自立』、山川出版社、1995 年。

福田英雄編：『華北の交通史——華北交通株式会社創立史小史』、TBSブリタニカ、1983 年。

理化學興業株式會社調査課：『海運界の近状と對支海運の整備』、理化學興業株式會社調査課、1939 年。

松浦章：『近代日本中国台灣航路の研究』、清文堂出版、2005 年。

松浦章：『汽船の時代と航路案内』、清文堂出版、2017 年。

松浦章：『近代東アジア海域の人と船：経済交流と文化交渉』、関西大学出版部、2014 年。

松浦章：『汽船の時代：近代東アジア海域』、清文堂出版、2013 年。

松浦章：『近世中国朝鮮交渉史の研究』、思文閣出版、2013 年。

松浦章：『東アジア海域の海賊と琉球』、榕樹書林、2008 年。

松浦章：『江戸時代唐船による日中文化交流』、思文閣出版、2007 年。

（三）英文

J. B. Eames, *The English in China* (London, 1908).

Liu Kwang-thing, *Anglo-American Steamship Rivalry in China*, 1862 - 1874(Harvard University Press, 1962).

A. Wright, *Twentieth Century Impesions of Hongkong*, *Shanghai and Other Treaty Ports of China* (London, 1908).

二、论文

（一）中文

陈潮：《从齐价合同看轮船招商局与外国资本的关系》，《近代中国》1991 年第 1 期。

陈绛：《唐廷枢与轮船招商局》，《近代史研究》1990 年第 2 期。

杜小军、闫晓艳：《从世界主义到天皇制——冈仓天心"亚洲一体论"渊源与流变探微》，《史志学刊》2019 年第 1 期。

杜小军：《日本战后海运政策研究》，南开大学博士学位论文，2003 年。

杜小军：《社会转型与"日本型文明"的特殊路径》，《社会科学论坛》2019 年第 2 期。

杜小军：《长崎传习与日本近代海军的初创》，《外国问题研究》2010 年第 3 期。

段廷志、冯梁:《日本海洋安全战略:历史演变与现实影响》,《世界经济与政治论坛》,2011 年第 1 期。

高兰:《日本海洋战略的发展及其国际影响》,《外交评论(外交学院学报)》2012 年第 6 期。

黄梅婴:《"东亚共同体"与"大东亚共荣圈"》,《学习月刊》2009 年第 21 期。

黎志刚:《轮船招商局国有问题》,《中央研究院近代史研究所集刊》第 17 期上册。

李晓倩:《大东亚会议研究——兼论"大东亚共荣圈"的侵略本质》,《日本侵华南京大屠杀研究》2018 年第 4 期。

李宇平:《第二次世界大战初期英日海运在亚洲国际海域的竞争(1936—1939)》,《中央研究院近代史研究所集刊》73 期。

林玉茹:《国策会社的边区开发机制:战时台湾拓殖株式会社在东台湾的经营管理系统》,《台湾史研究》9 卷 1 期。

林志龙:《1903—1905 英日航业长江航运竞争——以日本邮船收购参边洋行事件为例》,《国立政治大学历史学报》26 期。

刘广京:《中英轮船竞争(1872—1885)》,"中研院"《清季自强运动研讨会论文集》下册。

罗运璇:《大东亚共荣政策与日本资产阶级》,《贵州民族学院学报(社会科学版)》1995 年第 3 期。

吕实强:《中国早期的轮船经营》,《中研院近代史研究所专刊》(四)。

吕万和、崔树菊:《日本"大东亚共荣圈"迷梦的形成及其破灭》,《世界历史》1983 年第 4 期。

马家骏:《明治政府的殖产兴业政策》,《世界历史》增刊《明治维新的再探讨》,1981 年。

明居正:《不平等条约在中国的出现与废除—体系理输的诠释》,《近代中国》152 期。

[日]松浦章著,李玉珍译:《英商道格拉斯汽船公司的台湾航路》,《台北文

献》直字第 142 期。

汪熙:《论晚清的官督商办》,《历史学》1979 年第 1 期。

王承仁、柏峰:《论洋务运动失败明治维新成功与西方列强的关系——与徐泰来同志商榷》,《广东社会科学》1989 年第 4 期。

王幼麟、李安华:《第二次世界大战中日本南进政策的制定时间和行动标志》,《四川大学学报(哲学社会科学版)》1981 年第 2 期。

吴承明:《中国近代农业生产力的考察》,《中国经济史研究》1989 年第 2 期。

修斌:《日本海洋战略研究的动向》,《日本学刊》2005 年第 2 期。

游国龙:《序列意识与大东亚共荣圈——对二战时期日本国家行为的心理文化学解读》,《日本学刊》2013 年第 2 期。

张景全:《日本的海权观及海洋战略初探》,《当代亚太》2005 年第 5 期。

张青磊:《19 世纪以来日本东亚秩序观的主要历史演变》,《齐齐哈尔大学学报(哲学社会科学版)》2010 年第 6 期。

张小明:《东亚共同体建设:历史模式与秩序观念》,《世界经济与政治论坛》2011 年第 1 期。

赵建民:《"大东亚共荣圈"的历史与现实思考》,《世界历史》1997 年第 3 期。

于佐臣:《"山东开发计划"与青岛在华北沦陷区的定位》,《档案公布与研究》,1999 年。

朱德兰:《日汪合作与广东省政府关像一个侧面的考察》,《人文及社会科学集刊》12 卷 4 期。

朱荫贵:《从中日两国近代航运业发展状况的不同看国家政权在近代化过程中的作用》,《教学与研究》1994 年第 2 期。

朱荫贵:《论国家政权在中日近代化过程中的作用——十九世纪中日两国海技自立的比较研究》,《中国经济史研究》1994 年第 2 期。

朱荫贵:《中日早期现代化中资金问题的比较研究(1870—1911 年)》,《上海行政学院学报》2001 年第 3 期。

(二)日文

宫本又次:「廻漕會社の興廃」、『魚澄先生古稀記念国史学論業』第 20 卷、昭和 34 年。

　　遠藤昭：『東亜海運株式會社略史』、戦前船舶研究資料集第 54 号、戦前船舶研究會、1996。

　　加地照義：「揺籃期のわが国海運企業」、神戸商科大学『商大論業』23 巻 3 号、昭和 46 年 12 月。

　　加地照義：「日本資本主義の成立上海運」、日本海運集會所発行、『海運』273—295 号、昭和 25、26 年。

　　加地照義：「明治初期における海運政策的転換」、『商大論業』24 巻 4 号、昭和 47 年。

　　加地照義：「明治年代における外人船員排除について」、『商大論業』22 巻 2、3、4 号、昭和 46 年 1 月。

　　溝口敏行、梅村又次：「旧日本植民地経済統計——推計と分析」、東洋経済新報社、1988。

　　三和良一：「戦前期日本海運政策史の一考察」、青山学院大学経済学会編『青山経済論集』36 巻 2、3、4 号、昭和 60 年。

　　山口和雄：「明治初期の外国海運と三菱會社」、『世界経済分析』(1)『脇村義太郎教授還暦記念論文集』、岩波書店、昭和 37 年。

　　松浦章：「ドイツ占領期の青島と上海間の汽船航路」、『海事史研究』、第 67 号。

　　小風秀雅：「英国 P&O 汽船の日本進出と三菱との競争について」、日本歴史学會編『日本歴史』503 号、1990 年 4 月。

　　小風秀雅：「帝国主義形成期における日本海運業」、『史学雑誌』92 巻 10 号、1983 年。

　　小風秀雅：「明治後期における海運政策の展開」、『社会経済史学』48 巻 3 号、1982 年。

　　小風秀雅：「明治初期海運政策の形成と大蔵省」、『御茶の水史学』28 巻、1985 年。

附　录

附录 1:20 世纪与中国航路相关的日本中小海运会社

轮船公司的成立和运营是海洋运输发展的重要载体。19 世纪中后期到 20 世纪初期,三菱会社、日本邮船株式会社、大阪商船株式会社、日清汽船株式会社相继成立,这些大型轮船会社的成立和整合,从成立之初就打上日本"国策会社"烙印,是日本政府主导下"半官半民"海运会社创立和发展的主要标志。

除了上述大型航运会社外,近代以来,日本其他轮船会社也纷纷成立和发展起来,不仅数量多,总体规模也很大,整体运输力量并不逊于大型航运会社。在日本政府的鼓励和扶持下,这些在日本各地建立的近 200 家大中小型航运会社,经历甲午战争、日俄战争、第一次世界大战三个发展阶段,在政府的鼓励和支持下逐步壮大,形成各自的航运路线并相互配合形成近代日本的海运网络。本节利用亩川镇夫的《海运兴国史》等相关资料,从 20 世纪初期运营的 184 家航运会社中抽取成立于 19 世纪末、20 世纪初并经营中国相关航路的 15 家日本航运会社,对这些航运会社的成立和初步发展进行了梳理和归纳。

一、国际汽船株式会社

第一次世界大战使各国之间交通方面的需求暴涨,在此环境下,欧美各国船舶的运力尤显不足,这样就给日本航运业带来了发展机遇,造船业也迎来了新的发展,出现一个造船业兴起的高峰。随着第一次和第二次日美"船铁交换协议"的完成,日本为美国提供船舶约45艘,总重量约37.4万吨,而利用美国的原材料建造的船只总共约为100万吨。这样,日方给美方提供的船只和总共造船数相比,有63万吨的差额,这些差额就是"船铁交换协议"下日本利用剩余材料所建造的船舶。以这些船舶为主要资本,又由各方投资人投资,1919年8月组成新的航运会社,这就是国际汽船株式会社。

第一次世界大战期间为了维持日本在一战中获得的地位,并进一步与欧美列强为伍继续对外扩张,日本朝野间兴起了一系列讨论和辩论。最后一致认为,必须采取国家层面的政策,对航运和造船进行援助,比如,政府应该对造船业实施奖励、制止各航运业者间的不良竞争、采取措施防止国内优良船只流失海外、维持日本海运界的安定、刺激对外贸易的发展等。以树立"对外海运"的国策为目的,在政府主导下,由几位船主提供船舶,用资本金一亿元,在神户创立了新的会社,企图实现所谓"海外雄飞"的愿望。所以,将新会社命名为"国际汽船株式会社",期待在国际航运市场大有所为。这些提供给新会社的汽船有几个硬性的标准:都是1918年1月以后入水的新船;通过国际认证可以航行于全世界各地;每艘总吨数在4 900吨以上。到1920年6月为止,新船全部提供完成。

国际汽船株式会社所经营的航路包括太平洋航路、欧美航路、

中国沿海航路、南美和澳大利亚方向的航路,也的确履行了会社创立之初的"国际"宗旨。具体航路和航海次数如下表[①]:

国际汽船株式会社运营航线一览表

线路名	航海次数	线路名	航海次数
濠州线	每月一回	孟买线	每月一回
第一纽约—极东线	每月一回	第二纽约—极东线	每月一回
汉堡—极东线	每月一回	意大利—纽约线	每月二回
汉堡—纽约线	每月二回	高雄—横滨线	每月二回

资料来源:畝川鎮夫『海運興国史』、海事彙報社、1927 年。

其中的"纽约—极东线"经过北美大西洋沿岸港口、墨西哥港口、经过巴拿马运河到日本和中国。"汉堡—极东线"经过汉堡港外欧洲大陆北岸的港口、经苏伊士运河到新加坡、香港、上海、门司、神户、大阪、横滨。"高雄—横滨线"途经名古屋、大阪、神户、门司、基隆、安平。以上四条线路都和中国港口有关,是连接北美、北欧和东亚的重要运输线路。

二、原田汽船株式会社

原田汽船株式会社的创始人是鹿儿岛的藩士原田十次郎,此人曾经在鹿儿岛藩内的军舰上工作,并参加过日本西南战役等内战。后来创办"原田商行",购入汽船从事海洋运输业,并在甲午战争、日俄战争中承担运输任务,获得政府赏识并积累大量财富。一战爆发后,因欧洲各国忙于战事,原田商行在东亚的业务进一步扩张。1916 年 4 月,以资本金 50 万元成立株式会社,将商会改为原田汽船株式会社,又在两年后增资 200 万元。原田十次郎死后,继

① 畝川鎮夫:『海運興国史』、海事彙報社、1927 年、付録、206 頁。

承社长的是原田家的养子浅见又藏，此人也兼任南洋邮船株式会社的社长。

1906 年 4 月，原田商社看到青岛发展的前景，开通了日本和青岛的定期航线，从递信省拿到运送邮政物资的命令。此后，逐渐开始进行进出口货物的运输，并逐渐增加航线中使用的船只数量。1914 年年底，日军占领青岛后，原田商社的汽船曾作为陆军的御用船使用，并在青岛设立了会社的支店，青岛成为日本新的航运据点。1923 年 4 月开始，日本和青岛之间的航路成为政府的命令航路，是原田汽船株式会社唯一经营的航路。这条航线名为"青岛线"，主要在神户和青岛间航行，回航经过门司、宇品，每四天发船一次。

三、太洋海运株式会社

1917 年 7 月由石田贞二、广田保两创立，当时正值一战期间日本海运的大发展时期，太洋海运株式会社也借此迎来初创期的快速膨胀，拥有船只 40 艘，总共约 30 万吨的载重量，经营到北美、澳洲、南洋、印度、欧洲等到达世界各地的线路。但是随着一战结束后的萧条期到来，航运业也大受打击。太洋海运株式会社只能减少船只，维持经营，一度将 30 万吨的载重量减少到 10 万吨以下，主力经营北美、澳洲、南洋、印度及近海方面的线路。到 1924 年才实现了经营的基本恢复，拥有（包括雇佣船）船只 35 艘，总载重重新回到 30 万吨。后来，太洋海运株式会社又购入洋仁丸和大有丸，在大连成立了大华汽船株式会社和日出汽船株式会社，主营中国东北的航运业务。这个会社和其他会社不同，一直遵循"佣船并用主义"的原则，即属于本会社所有的船只并不多，通过雇佣其他会社的船只来经营业务。刚成立的时候资本金为266.665万元。

四、山下汽船株式会社

山下汽船株式会社的社长是山下龟三郎,从明治大学毕业后进入横滨竹内兄弟商会的石炭部工作,后来继承了该商会,进行独立经营,后改称横滨石炭商会。这个商会可以看做山下汽船株式会社的起点。1893 年,该商会购买英国轮船,起名为"喜佐方丸",开始经营海运业。在日俄战争中,商会的汽船被日本政府征用为御用船,从事军事运输,获得巨大利益。随着日俄战争对经济的刺激,横滨石炭商会的业务得到较大发展。经过日俄战后的萧条时代,到 1911 年,该商会在神户设立支店,又购买了丰昌丸、彰化丸、八幡丸三艘新船,以资本金 10 万元的规模,将商会改名为山下汽船合名会社。一战对海运业产生了巨大影响,并带来新的航运需求。为了更好地发展,1914 年,山下汽船合名会社与日本商船会社合并。1915 年,又从山下石炭株式会社分离,资本金达 200 万元。1917 年,成立株式会社,以资本金 1 000 万元创立了山下汽船株式会社,在国内外设立 30 余处支店或出张所。其航运事业扩张到印度、南洋、中国南部等地。1918 年秋,又在中国台湾设立支店,开始经营中国台湾和日本间的定期航路。继而又在新加坡设立支店。1920 年开设朝鲜航路,1921 年受"台湾总督府"命令,开设基隆海防航路,1922 年开设天津航路。1922 年 3 月 16 日,山下汽船株式会社与山下矿业株式会社合并,成立山下汽船矿业株式会社,资本金达到 3 000 万日元。1924 年,又将名称改回到山下汽船株式会社,购入北光丸、晓光丸、南光丸、西光丸、东光丸五艘汽船,在大连设立了山下汽船株式会社的姊妹会社山下汽船合资会社。

山下汽船株式会社经营的线路包括 8 条定期航路及东洋、南洋、澳洲等远洋不定期航路。山下汽船会社在世界各地设立了支

店和出张所经营航运业务。具体支店和出张所有：东京支店、大阪
支店、台湾支店、大连支店、上海支店、香港支店、伦敦支店、沙市支
店、横滨出张所、门司出张所、若松出张所、小樽出张所、基隆出张
所、高雄出张所、哈尔滨出张所、天津出张所、青岛出张所、悉尼出
张所、旧金山出张所、温哥华出张所。

　　主要航路和周期如下表：

山下汽船株式会社经营航路表(1926年)①

线路名	使用船数	航海次数	线路名	使用船数	航海次数
日本—北美线	18艘	每月6回	澳洲—东洋线	6艘	每月2回
小樽—日本内地线	3艘	每月3回	日本—天津线	2艘	每月3回
日本—青岛线	3艘	每月3回	基隆海防线（命令航路）	1艘	每月1回（与大阪商船株式会社共同经营）
日本—台湾线	5艘	每月5回	日本—朝鲜线	4艘	每月6回（与大阪商船株式会社共同经营）
其他东洋、南洋、澳洲等远洋不定期航路					

---

① 畝川鎮夫：『海運興国史』、海事彙報社、1927年、付録、219—220頁。

五、阿波国共同汽船株式会社

阿波国共同汽船株式会社创立于 1887 年 9 月 14 日,这个会社的发展属于逐步积累,逐步扩大的方式。最初创立时资本金只有 5 万元,只有 1 艘汽船,总吨数只有数百吨。1894 年资本金增加到 9.4 万元,船只增加到 2 艘,总吨数 360 吨。1896 年,资本金增加到 50 万元,总吨数增加到 661 吨。到 1913 年资本金继续增加,达到 200 万元,拥有汽船 7 艘,总吨数 4 529 吨。到 1926 年,达到 10 艘汽船,总吨数 1.23 万余吨。主要从事中国航路的运输,经营的定期航路有:阿摄航线、大连—芝罘—青岛线、大连—芝罘—威海卫—仁川线,以及其他不定期航线。共有两个支店,一是小松岛支店,一是大连支店。

六、岛谷汽船株式会社

岛谷汽船株式会社的创办者岛谷德三郎,1917 年继承家族的航运事业,以资本金 50 万元组成株式会社,并改名为岛谷汽船株式会社。成立后,正赶上一战期间航运发展的机会,到 1918 年 2 月,短短一年,资本金增加到 100 万元,当年 8 月,6 个月时间,资本金再次翻倍,达到 200 万元。到 1926 年,再次增资,资本金达 300 万元。该会社最初创立的地点是山口县,1919 年 3 月在北海道小樽设立出张所,1919 年 8 月,又在神户设立出张所。1922 年在伏木、1926 年在仁川和大连设立出张所。1923 年 7 月,将会社本部迁移到神户。创立时,只拥有汽船 6 艘,总吨数 6 572 吨,到 1926 年,达到汽船 16 艘,总吨数 27 899 吨。经营命令航路、私营航路,一共 4 条线路,有北海道厅命令航路,主要是函馆—千岛线;朝鲜—北海道—库页岛线,主要包括北海道—库页岛—勘察加线;"朝鲜总督府"命令航路，主要包括朝鲜—北海道—大连线，连接中国中部和南部；自由航路，主要包括大连、朝鲜和日本南部线。出张所有小樽出张所、伏木出张所、仁川出张所、大连出张所。

七、冈崎汽船株式会社

1894年，出身佐贺县的冈崎藤吉购入汽船开始经营航运业。甲午战争结束后，台湾成为日本的殖民地。受日本政府的命令，冈崎汽船会社开始经营台湾沿岸的邮便定期航运业务。到日俄战争，日本海运界业上了一个新台阶。1907年，日本邮船株式会社放弃了对日本西回线的经营，这条航路由西回汽船商会继承经营。西回汽船商会就是由冈崎汽船会社、岸本汽船会社、辰马汽船会社合并而成的新会社。后来，岸本汽船和辰马汽船两家会社退出该航线的经营，冈崎汽船会社就垄断了这条航路。随着一战爆发，日本海运业迎来发展机遇。但冈崎汽船走了一条和别的汽船会社不同的道路。一战期间，船价高升的时候，冈崎汽船逐渐卖掉持有的汽船，只留下少数汽船观望局势。一战后的萧条期，船价暴跌，冈崎汽船又逐渐购入汽船。1918年7月，资本金70万元，之后迅速增加到100万元，拥有汽船13艘，主要经营近海航路、中国华北航路和库页岛航路。

八、川崎汽船株式会社

川崎汽船株式会社的成立和川崎造船所密切相关。随着一战的爆发，世界性的船舶不足日益显现。战争对造船业的刺激，使得川崎造船所制订了扩张造船业务的计划，并逐渐积累造船材料，准备在战时大量制造船舶，抢占造船市场。此时，就航运业来说，能拥有欧美航路的，只有3家会社，即日本邮船株式会社、大阪商船株式会社和东洋汽船株式会社,这 3 个会社,总共有十几艘轮船从事欧美航路的运输。1916—1917 年间,川崎造船所的订单应接不暇,工厂夜以继日地造船,甚至造出了超出订单的多余的船只。于是,1918 年,川崎造船所新增一个部门——船舶部,开展航运业务。1919 年 4 月,川崎造船所建造 9 100 吨的汽船 11 艘,连同其他股东一起出资,以资本金 2 000 万元的规模设立了川崎汽船株式会社。

1919 年 8 月,正值国际汽船株式会社成立,川崎汽船株式会社分两次,向国际汽船株式会社提供本会社船只 12 艘。为了进一步扩大规模,又从川崎造船所补充 9 艘新船。1923 年,购入总重量 7 500 吨的中小型汽船 14 艘。1924—1926 年,又购入 2 500 吨汽船 1 艘,5 000 吨汽船 3 艘,1 200 吨汽船 1 艘。1926 年,川崎造船所新造更大的船只,总重量达到 9 200 吨,也被加入到川崎汽船株式会社中。

川崎汽船株式会社刚刚成立时,计划利用本社船舶和从其他会社租借的船舶进行经营。但是欧洲战事刚刚结束,进入衰退期,船只的租借受到影响,于是,川崎汽船株式会社就把自营确立为经营方针。在伦敦和纽约派驻人员,开设海外航线。同时,开展海运方面的研究,对航路进行开拓和扩张。但是,战后海运界的不景气波及川崎汽船株式会社,他们只能勉强维持海外的不定期航线。但不定期航线很难和外国会社进行竞争,终究还是要开拓定期航路,争夺航权。川崎汽船株式会社最初的定期航路是和国际汽船株式会社、川崎造船所一起,三社共同加入“极东运价同盟”之后。1922 年和 1923 年,以三社同盟的名义经营纽约—极东航线、纽约—汉堡航线、意大利—纽约航线。1923 年开始,经营环球航线,逐渐完善在海外的各种机构。三社的同盟逐渐在世界海运市场占有了一席之地。

在太平洋航路和近海航路方面,1926 年开始,川崎汽船株式会社开始经营太平洋航路,每月配船 3 艘,到 1923 年之后,又购入中小型船 19 艘,全部用来经营"自营"航路,如日本内地线、朝鲜线、浦盐斯德线、桦太线等重要的近海航路,定期航线达到 15 条。1925 年,签订了与乌苏里铁路的"船车联络协定",这样日本海沿岸的北日本地区的港口和浦盐斯德实现联系,并从递信省获得浦盐斯德航线的命令航线。实现了东亚和东北亚的联络网。

九、三菱商事株式会社船舶部

1912 年 12 月在门司市,三菱合资公司在营业部下设置了船舶科。这就是该公司船舶部的起点。第一位科长由植松京先生就任,其后历任科长分别为三宅百太郎、坂本正治,1915 年,欧洲战乱频发,也由此神户一跃成为世界性的海运市场,该公司也于 1917 年 10 月将公司的船舶科转移到了神户,1919 年 5 月,公司把该科进行了组织变更,正式改名为三菱商事有限公司船舶部,任命坂本正治为该部部长。

三菱商事早在很久之前就已经开始从事海运活动了,除了把自家公司物品运输到海外以外,1900 年以后,八幡制铁所的大冶铁矿的年生产量约为 35 万吨,三菱商事垄断了大冶铁矿的运输。1918 年 8 月以后,中国政府扣押了与上海大陆轮船公司新航业组合的经营有关的德国、奥地利船共 12 艘,在整整两年期间,三菱商事帮助其管理和运用总吨位为 3.5 万余吨的这 12 艘船。1919 年以后又开始了新加坡—山打根(属马来西亚)线、日本—新加坡线、新加坡—汕头线、基隆—马尼拉线、阪神—汉口线以及朝鲜航线的航行。然而,1923 年年末,随着近海邮船株式会社设立,该公司所有船 9 艘,总吨位达 3.1 万余吨,三菱商事把关于大冶铁矿的一切事项都转让给了近海邮船有限公司,之后,三菱商事为顺应时代发展,开始把入手最新式机动船作为第一要务。1927 年,三菱商事在长崎三菱造船所开始建造两艘总吨位为9 000吨的狄赛尔引擎式货船,以及 2 艘总吨位为 1 万吨的同款型油槽船,三菱商事让货船在美国、加拿大、中国内陆诸港之间的副定期航线上行驶,让油槽船从事运输圣保罗的石油。

　　　　船舶部干部
　　　　部长:早川茂三
　　　　副部长:桥本恭助
　　　　行政管理、配船管理、(兼)远洋负责人:桥本恭助
　　　　近海负责人:山口彰
　　　　会计负责人:大井龟吉
　　　　东京在岗首席:藤咲　无二卫门
　　　　若松在岗首席:纲谷舒
　　　　小樽在岗首席:水泽嘉一郎

十、三井物产会社船舶部

(一) 创立之初的发展

　　三井船舶部是三井物产会社的一个下属分部,创立于 1903 年 4 月。当时共有船只 7 艘,总吨位 21 172 吨,然而三井公司只是在整理其内部的职务分工时正式设置了船舶部。实际上三井会社早在 1876 年刚刚成立时,就已经开始着手航运业。他们借用政府的船只,将本公司的商品运送到日本内地沿岸各个港口。将当时官营的三池矿山的煤炭运送到上海,并第一次在市场上进行委托销售。在 1880 年以前,三井会社虽然通过借用官船以及临时雇佣船等方式,使得船只得以供应,但是随着三池煤炭的贸易范围扩展到

上海、香港等市场,公司对船只的需求日益增加,到 1880 年,三井会社买的帆船的总吨位为 460 吨,而汽船的总吨位达到了 496 吨。至此三井会社也作为船主活跃了起来。随后公司的营业日渐昌隆,在上海、香港、伦敦等世界主要贸易城市也相继设置海外支店。随着营业地区的不断扩大,他们不仅为本公司的船舶业,也为日本其他从事不定期航线的船主提供了自身难以享受到的调配船只的便利。三井会社作为日本不定期航线的开拓者,在海运界的地位无可替代。由于公司贸易的发展,随着对船舶的建造或者购买日益增加,到 1894 年,公司共有帆船 2 艘,总吨位 759 吨;汽船 6 艘,总吨位达 9 589 吨。同时,上海也成为当时东方海运市场的中心。在所属关系上,船舶部到 1894 年为止都是由上海分店主管的,甲午战争时,该支店不得不关闭。1894 年 10 月,公司在东京总店任命了船舶负责人,让其总管船舶事务,这也成了几年后船舶部得以形成的胚胎。

(二) 甲午战争当时及之后的发展

加上在甲午战争中新购入的船只,三井会社的 7 艘船几乎都被作为政府专用船,提供给军方使用了。随着甲午战争后公司的不断发展,船只不足的状况变得愈来愈显著。为此,公司也年年通过建造或购买船只的方式进行补充。1897 年至 1903 年,公司增加了汽船 4 艘,总吨位为 12 161 吨,并通过对其他老旧船只的维修改造,为该会社的海运业补充运力。而且在 1901 年,为了方便,公司把从上海迁到东京的船舶事务转移到了口之津支店,并于 1903 年将其据点转移到门司,让其统辖该公司的商品运输及一切船舶主管业务。1904 年后,把本部转移到日本对外贸易以及海运中心——神户,并持续至今。

（三）日俄战争当时及之后的发展

1903 年，三井船舶部设立当时，有汽船 7 艘，总吨位为21 172 吨。1904 年增加汽船 3 艘，日俄战争爆发后，该船舶部将公司的船只全部提供为军方专用船，在两年期间为战争服务。由于举全公司力量为政府提供专用船，于是公司的船舶部只能依靠雇佣的船来运送货物。为此他们紧急物色外国的船，在1904 年、1905 年，包含定期雇佣船以及临时的雇佣船，平均每月要有数十万吨的雇船用于救急。

（四）第一次世界大战时的发展

1914 年 8 月，日本同德国断交，船舶部作为陆海军御用船，提供了公司船 5 艘、总吨位为 19 077 吨的船。在此之前一般行业的经济一直不景气，1914 年后更加严重，海运界也是陷入了少有的惨况，船只过度剩余。由于世界环境不利，这个行业陷入了有史以来最大的困境，而该船舶部在此期间将公司一部分船投入外国航线，巧妙地避开了困难局面。之后随着一战的发展，三井船舶部日益壮大。特别是在战争中期的 1916 年、1917 年之交，该公司船只吨位为 10 万吨，加上定期雇佣船以及临时雇佣船平均达每月 100 万吨，行驶于国内国外，涉域十分广泛。值此期间，1918 年 2 月，美国政府向日本申请提供船只供给，于是日本向美国提供了 23 艘船，总吨位为 15.1 万余吨。因此该部率先将公司的两艘总吨位达10 696吨的船供美国使用了 6 个月。另一方面随着三井会社诸般事业规模逐渐壮大，运输能力也时常处于供不应求的状态。于是，1916—1921 年间，建造了汽船 12 艘，总吨位39 583吨，由于当时造船材料难以获得，便建造了 5 艘木船、总吨位4 541吨，用来充作近海沿岸运输船。合计造新船 17 艘，总吨位为44 124吨。这些新船的建造进一步扩大了运力。由于船舶部的主要目的是运输公司内部货物,对于欧洲的配船可以说是完全不定期的,但是一战末期,三井会社愈发认识到了北美定期航线的重要性。于1920年开始,该航线有8艘船,吨位量约6.6万吨,定期在日本和中国华北地区、北美之间出航。

(五)第一次世界大战后的发展

一战后该船舶部鉴于世界海运发展的大趋势,专注于对公司船的整备,即淘汰老旧船并专注建造经济适用船。在1924年,造了两艘7 000吨级别的船,1925年造了4艘4 000吨级别的船。这些船都是在三井会社的造船所建造的。尤其是在1924年新造的赤城山丸号(总吨位为4 634吨)是当时最新型的机动船,也是当时日本机动船的先锋。

三井会社的资本共1亿日元(缴纳完毕的),各种积累基金为4 489万日元,一战后船舶部有汽船30艘,总吨位达159 972吨。这些船以运输三井会社货物为主。

十一、东洋汽船会社

甲午战争一结束,日本政府制定实施《航海奖励法》《造船奖励法》。浅野总一郎和涩泽荣一等一起以650万元的资本金成立东洋汽船会社。之前旧金山至日本间的航路由太平洋邮船会社、东洋汽船会社占据,浅野氏亲自渡美与两会社多次交涉,终于获许东洋汽船会社加入旧金山和日本间航路的运营。作为东洋汽船会社主要航路,旧金山至香港间的航路,配备最新式6 200百吨、速度18节的客船3艘。其中2只在英国造船厂定做,1只其他造船厂定做。三船竣工,各自被命名为日本丸、亚美利加丸、香港丸。在当时的太平洋上,该船舶在装备和其他方面都是最好的舰艇之一。三船接受政府严密的检查,符合《航海奖励法》的规定,日本丸于

1898 年 12 月 15 日,亚美利加丸于 1899 年 1 月 15 日,香港丸于 1899 年 1 月 28 日,全部在香港投入使用。

东洋汽船会社将联系东洋和北美的旧金山—香港线作为定期航路,由于维护该航路的发展是日本国策级别的重要事项,该会社特向日本政府提出申请,以求获得政府的定额补助金。从 1899 年起,政府每年给会社提供 100 万元的补助,期限为 10 年。于是,东洋汽船会社的"国家使命"变得更加重要。此后,该会社不断努力改善太平洋航线,逐步认识到拥有定期船的必要性。

1900 年罗森塔丸和马尼拉丸两只船作为备船被购入,罗森塔丸和马尼拉丸分别被派往香港和马尼拉,在香港—马尼拉航线航行。香港—马尼拉航线由 3 艘外国船舶运营,在货物处理和客户待遇方面,东洋汽船会社对货主和客户的服务很好,获得极大好评。由于与外国船的竞争愈发激烈,罗比拉丸也被加到此航线。日俄战争爆发后,罗森塔丸和马尼拉丸两船被政府征用为御用船。由于战争影响和航线船只不足,此航路被迫被废止。

1904 年日俄战争刚爆发,在和平时期受到国家极大保护的东洋汽船会社,为了日本政府的利益,在战时将会社拥有的船舶全部拿出,执行御用船任务,支持战争。

该会社成立之时,浅野社长就着眼于亚洲和南美诸国日益重要的贸易关系,1905 年 12 月,南美航路开辟。这是日本航船南美航路的开始。

南美航路经营伊始亏损极大,但仍被认为前途有望。该会社租用的船笠户丸被分派于南美航路。1909 年,该航路成为政府命令航路,作为政府的扩张航路。亚美利加丸、香港丸从北美航路被转配到此航路。这样,南美航路至 1913 年成为两月一次从日本发船的定期航路,分派新造船安洋丸、纪阳丸、静洋丸。从 1907 年开始，伴随着海上交通的频繁，船舶需求益增。于是，美国太平洋邮船公司在太平洋航路上分派 1.9 万吨的巨轮 4 艘，大北铁道会社分派 2 万吨巨船 2 艘。东洋汽船会社鉴于航运界的变化和美国的应对措施，也新建了 1.3 万吨速度 21 马力的新船 3 艘。船舶从长崎三菱造船厂订购，第一艘船天洋丸于 1908 年 5 月、第二艘船地洋丸于 1908 年 11 月、第三艘船春洋丸于 1911 年竣工，开始在太平洋航路航行，一直延续至 20 世纪三四十年代。其中地洋丸于 1916 年在香港搁浅沉没。这三艘船始航后，一直在该航路上航行的亚美利加丸于 1912 年、香港丸于 1915 年全部被大阪商船株式会社收购。

欧洲大战爆发时，日本海运界曾一时受到冲击。受战争影响，世界的船舶变得短缺，日本海运业呈现一派兴旺景象。之前该会社于 1908 年资本金倍增，成为拥有 1 300 万元资本金的会社，至 1916 年更增加到 3 250 万元。由于 1915 年末，美国议会通过美国海员法，美国太平洋邮船公司撤退了太平洋航路上全部船舶，该航路废止。东洋汽船会社于 1916 年收购美国太平洋邮船公司三艘船舶，开始在旧金山和香港间的航路上航行。换言之，从此，东洋汽船会社从太平洋邮船会社的手中，获得了旧金山—香港航路。为了满足太平洋航路上船舶的需求，该会社从日本船主那里租赁货船，主要经营旧金山和亚洲间的航路。而且，1916 年 3 月末，安洋丸在香港海面沉没，是对太平洋上运输能力的巨大打击。

1918 年，在日本政府与美国政府船铁交换条件下，日、美商定，日本向美国提供租用船。东洋汽船会社根据政府的谈判结果，提供静洋丸、波斯丸两艘船舶给美国。1919 年 2 月美国废除租赁船舶计划，船舶返还日本。1920 年 1 月，日本丸出售给南美汽船会社。1921 年，日本政府取得来自德意志政府的一份赔偿，接受 1.4 万吨的巨轮，将其命名为太洋丸。并且，该会社鉴于欧洲大战的经

验,看到新船建造的必要,1919 年南美航路使用 9 000 吨级客船 3
艘,8 800吨级船 9 艘,合计建造和使用 12 艘轮船。货船建造一完
工,1920 年,东洋汽船会社开始经营绕世界一周航路即日本—纽约
航路(经过巴拿马运河)。亚洲—北美—波特兰航路也开始运营。
1923 年 11 月神户和爪哇间的定期航路开始运营,波斯丸从北美线
撤出,在此航线上开始航行,到 1924 年初这条航路停航。东洋汽
船会社还在神户直接经营东方大酒店,东方大酒店获得亚洲一流
酒店的名声。

　　1926 年 5 月 14 日,该会社经营的旧金山和南美西岸航线,使
用船及航路营业权,全部转让给日本邮船株式会社。由此,东洋汽
船株式会社的美洲航线结束。

十二、朝鲜邮船株式会社

　　朝鲜半岛的海岸线绵长,从地势上看,海运业应当发达,但在
韩国,并没有看到该行业的发展。大体上只有少量御风而行的草
篷船,进行短距离的航行。在日韩合并之前,虽然有少数业务经营
者,但是他们在运输方面各自为政,航运和运费缺乏统一性,交通
运输十分不便。日韩合并后,海运业迎来大发展。1925 年秋,日本
计划统一朝鲜半岛的航路,组建海上唯一的交通组织,进一步控制
朝鲜。在"朝鲜总督府"的补助下,创建了 300 万元资本金的朝鲜
邮船株式会社,并于 1912 年 4 月 1 日开始营业。

　　由此,朝鲜半岛上的海运业已经摆脱了原来的状态,稳步扩
张。首先,朝鲜半岛航路创建时,从东边的雄基港到西边的镇南
浦,朝鲜全沿岸的许多航线也同时得到了整顿。其次,元山—浦盐
斯德线(延长至大阪),仁川—芝罘线和清津—敦贺线等近海航路
也投入运营。并且,在西鲜—阪神线开辟的同时,许多新船也相继

竣工。此外，递信省下令，横滨—西鲜线开始（运营），西鲜对日本内地贸易发展起来。从此，该会社业务逐年扩大，1922 年 4—9 月，"朝鲜总督府"增设新的命令航路：朝鲜—中国线，同府线和咸镜北道的命令航线，元山—清津线（往返于元山、清津的铁路联络航路），咸镜南道和江原道命令航路，元山—长箭线（夏季金刚山游览航路）。此外，依照全罗北道的命令，私营航线仁川—青岛线延长至群山，西线改称为青岛—大连线。1924 年上半年，朝鲜—上海新线开始运营，对多年存在的中朝贸易问题做出了重要的贡献。1925 年上半年初，"朝鲜总督府"革新命令，该会社继续受命运营清津敦贺线之外的十几条航线。朝鲜—长崎—大连线已经实现了相关地区的联络，起到了辅助日本控制朝鲜和中国东北的目的。

而且，朝鲜邮船株式会社经营的 11 条沿岸航路、10 条近海航路都已经成为日本加强殖民地控制的工具。

十三、近海邮船株式会社

为了抢占近海航路的市场，并实现对近海航路的独立经营，1922 年 4 月，日本邮船株式会社将本会社的东洋课事务单独分离出来，成立近海部，并将其独立，形成新的轮船会社，也就是近海邮船株式会社。虽然该会社创立时候，正赶上地震对日本经济带来负面影响，且日本海运业也在持续衰退，但是由于有日本邮船株式会社在背后的有力支撑，近海邮船株式会社刚刚成立一年，便成为近海区域内位居第一的海运会社。

到 1926 年 9 月，近海邮船株式会社的资本金为 1 000 万元，债务 300 万元，拥有船舶 42 艘，总吨数 9.8 万余吨，其他社外备船 22 只，总吨数达数 10 万吨，经营近海区域 15 条线路，从 1926 年 3 月到 9 月，运送货物 137.2 万余吨，船客 4.8 万余人。

经营航线①

递信省命令航路

横滨—牛庄线

往航港口：横滨（发船）、名古屋、四日市、大阪、神户、长崎、大连、天津

复航港口：牛庄（发船）、大连、长崎、神户

使用船只：4 只

航海次数：每 5—9 日一次

备注：在冬季，往航不停靠神户、长崎；复航不停靠长崎，停靠神户、大阪。在结冰的情况下，不停靠牛庄、天津，停靠秦皇岛

神户—天津线

港口：从神户、天津两港发出的船只往返，在门司停靠，方便大阪回船

使用船只：3 只

航海次数：每 5 日或 6 日一次

备注：冬天天津或大沽结冰时停航

函馆—桦太线

往航港口：函馆（发船）、青森、小樽、大泊

复航港口：真冈（发船）、大泊、小樽、青森

使用船只：2 只

航海次数：一月至十一月，每月 6 次；十二月，每月 3 次

---

① 畝川鎮夫：『海運興国史』、海事彙報社、1927 年、付録、151—152 頁。

小樽—亚港线

港口：真冈、泊居、惠须取、安别

使用船只：1只

航海次数：六、七、八月各1回

"台湾总统府"命令航路

基隆—神户线

港口：门司

使用船只：3只

航海次数：每月6次

高雄—横滨线

往航港口：直航

复航港口：名古屋、大阪、神户、宇品、门司、基隆、安平、长崎（每月停靠1次）

使用船只：2只

航海次数：每月2次

备注：根据载货情况临时停靠在鹿儿岛

北海道厅命令航路

函馆—纲走—千岛线

航线：汽船4只（包含一只预备船）进行如下航行

1. 函馆纱那间

2. 函馆占守间

3. 函馆纲走间

桦太厅命令航路

芝浦—真冈线

往航港口：函馆、小樽

复航港口：大泊、小樽

使用船只：2 只

航海次数：四月至十月每月 2 次

备注：如不在小樽停靠，则临时停靠横滨、青森、函馆

东京府命令航路

横滨—小笠原线

港口：八丈岛、小笠原父岛、母岛、冲港、北港、北硫磺岛

使用船只：1 只

航海次数：每月 1 或 2 次

私设航路

神户—小樽线（东向）

港口：大阪、函馆

使用船只：5 只

航海次数：每月 6 次

门司—小樽线（西向）

港口：函馆

使用船只：2 只

航海次数：每月 3 次

备注：依据运载货物情况在濑户内海返航

高雄—大阪线

往航航线：大阪直航延长到函馆、小樽

复航港口：小樽、函馆、横滨（东京）、名古屋、大阪、神户、宇品、门司、基隆、安平

使用船只：4 只

航海次数：每月 3 次

备注：依据运载货物情况最后临时停靠在鹿儿岛

门司—钏路线

港口：神户、大阪、横滨、芝浦、函馆

使用船只：3 只

航海次数：每月 3 次

芝浦—北海道线

港口：函馆

使用船只：3 只

航海次数：每月 6 次

若松—大冶线

港口：上海、汉口

使用船只：约 8 只

航海次数：一个月大概 8 次

十四、大东汽船公司①

随着中国沿海和长江沿岸航运路线的逐年开放,各国的汽船公司在这个新的舞台上展开争夺。日本在甲午战争前国力还不够强盛,在中国的航运上丝毫不能插手。

伴随着甲午战争的胜利,日本各界突然产生了在中国"经营"和"开发"的言论,其中铁道、矿山、航运等都是重点,但是最先成为试金石的却是连接上海、苏州、杭州的内航水路。依据《马关条约》,1896 年 7 月,中日两国缔结了通商航海条约,同时清政府也制定并公布了洋商在苏杭通航的试行章程(第三年改为《内航行运章程》)。从此长江除主干道以外的内河支流开始实现开放,物资、旅客频繁往来的江南航运业忽然受到中外人士的关注,内河航运也依靠着小蒸汽船产生了业绩。

在此期间,首批对中国进行经营的白岩龙平,于 1896 年 5 月在上海组织了大东新利洋行,并开始向内河航路发展,但中国官民对此予以反对。虽然计划被打破,但是当时的上海总领事珍田舍巳尽可能地对白岩给予庇护,终于在 5 个月之后,于同年(1896 年,光绪二十一年)10 月 15 日开通了上海至苏州的航路(80 里)。最初汽船分公司使用的船只仅仅是总吨数不超过 15 吨的大东号和新利号两艘汽船。

新利洋行就此发展起来。白岩等人在 1897 年 1 月开通了上海至杭州的航路(150 里)。很快获得了代表日本政府当局的近卫笃麿等政客的认可,得到他们的支持。1898 年 10 月,原公司改组为

---

① 参见浅居诚一:「日清汽船株式会社三十年史及追補」、日清汽船株式会社、1941 年、17—21 頁。

大东汽船合资公司,并迁移至大阪。同时政府对上述两条航路,在4 年 10 个月的时间内给予每年 3 万日元的国库补助金。

于是,大东汽船会社的基础逐渐稳固,业绩不断增长。在 1899年 12 月,该公司移动至东京(位于日本桥区木材木河岸 54 号),在次年 4 月将资本为 10 万日元(分 4 次调入)的公司改组为大东汽船株式会社,并在同月开通了苏州至杭州的航路(127 里)。对于这条新航路,政府同样给予每年约 2 万日元的补助金。大东汽船株式会社的规模并没有从发展到扩大。

创业时高层领导人员如下所示。

董事会长:田边为三郎

董事会常务:白岩龙平

董事会员:柏原文太郎

监察人员:岸田吟香

监察人员:吉田顺藏

1900 年 7 月,日本政府更改了命令书,从 1901 年 4 月到 1903年 6 月,在 2 年 6 个月的时间内制定航路补助,主要事项如下所示,可以得知公司的事业从创办时使用 2 艘汽船到 5 年后大踏步地扩张。

(一)航路、使用汽船、航海数

1. 上海—苏州线

有 3 艘总吨数 8 吨以上,最高速度在 5 海里以上的引船,3 艘总吨数 15 吨以上的拖曳船。每月行驶 25 次以上,上海、苏州两地发船。

2. 上海—杭州线(在嘉善、嘉兴停靠)

有 4 艘总吨数 8 吨以上、最高速度 5 海里以上的引船,3 只总吨数 15 吨以上的拖曳船。每月行驶 10 次以上,上海、杭州两地发船。

3. 苏州—杭州线(在平望、南浔、湖州停靠)

有 3 艘总吨数 8 吨以上、最高速度 5 海里以上的引船,3 艘总吨数 15 吨以上的拖曳船,每月行驶 10 次以上,苏州、杭州两地发船。

(二)补助金

1. 上海—苏州线

每年 17 672 元(每航行 1 海里支付 45 钱)

2. 上海—杭州线

每年 12 506 元(每航行 1 海里支付 45 钱)

3. 苏州—杭州线

每年 27 694 元(每航行 1 海里支付 85 钱)

与资本相关的限制:

不允许将外国人作为会员、职员和股东。

到 1902 年 7 月,开通了苏州至镇江段的自由航路(145 里),1905 年 5 月,同样开通了镇江至清江浦段(144 里)和镇江到扬州段(20 里)两条自由航路。据此,航路总共延长了 660 余里。

1907 年 3 月,值日清汽船会社创立株式之际,拥有 12 年历史的大东汽船会社参加了合并。在合并前使用的船只中,共有引船 15 艘,包含借入的 8 艘;共有拖曳船 15 艘,包括借入的 6 艘。在航运方面,上海分店(位于美国租界铁马路 291 号)、苏州、杭州的办事处、镇江、嘉兴、湖州、清江浦的分局,以及其他重要地区的 14 个代理店,各船每年航行里数超越 30 里。

十五、湖南汽船公司①

外国航运路线在长江的延长，一方面意味着中国主权的丧失，但另一方面也客观上促进了中国经济的发展。在两方面的作用下，1898 年 7 月，清政府公布了内河行驶章程。根据这份章程，即使是在中国国内，外国的航船只要拥有了税务关口的登录手续，就可以从开放港口地区到内港，也就是不开放港的地区自由航行。也就是说，外国船只的航行已经不仅仅局限于开放的港口之间了。

日本举国上下都对内河行驶章程十分关注。关注的焦点，就是自古以来所说的"两湖熟、天下足"的中心地区即拥有洞庭湖的湖南地区。

因为湖南地区的排外思想十分强烈，以及原住民民风剽悍，当时欧美传教士的足迹只能到达人迹稀少的地方。汽船行进也如此。1899 年，白岩龙平的同事河本碳平为开通航路做了沿途调查，留下了日记和水路图，证明开通航线是非常困难的。

在同一年，日本邮船株式会社的董事长近藤廉平游览了中国各地，并在回国后就长江方面航路的扩张之事与东洋各方面航路的问题同大臣商议。1901 年后，该公司副董事长加藤正义也就此进行考察并回国。在进行讨论后，湖南汽船株式会社的成立时机逐渐到来。

1902 年 2 月，岩永省一、原六郎、早川千吉郎、大谷嘉兵卫、大仓喜八郎、加藤正义、田边为三郎、园田孝吉、中桥德五郎、南乡茂光、安田善次郎、马越恭平、益田孝、近藤廉平、男爵有地品之允、浅田正文、男爵涩泽荣一、白岩龙平等发起人，通过了公司创立的决

---

① 浅居诚一:『日清汽船株式会社三十年史及追補』、日清汽船株式会社、1941 年、27—
　31 頁。

议。恰逢在国会召开的帝国会议上根据这项建议政府制定了对该公司进行补助的议案。仅仅在 3 月 7 号、8 号两天就获得了众议院和参议院的同意。在公司成立前的议会上，像这种补助决议的快速通过，反映了日本朝野上下将势力扩张到中国内陆的强烈愿望。在 1902 年 4 月 16 日召开的创立委员会上，制定了公司章程。5 月，进行了股份的公开招募。

于是，湖南汽船公司在 1902 年 9 月 13 日创立总会召开后正式成立了。公司的公共资本共 150 万元（第一次和第二次缴纳的资本共计 75 万元），一只股票为 5 元。创立时的高层人员如下所示。

董事会长：加藤正义
董事会常务：白岩龙平
　　　　　土佐孝太郎
董事会员：男爵　有地品之允
　　　　　中桥德五郎
监察人员：大谷嘉兵卫
　　　　　田边为三郎

公司发起人或股东都是当时日本财经界的一流人士。

公司成立两天后（9 月 15 日），递信省就交付了补助命令书，补助的方式与过去航路的补助不同：

从公司成立登记日期起 5 年内，在开始营业前每年给予交纳股金的 60％的利息。开始营业后，如果公司的收益不是每年 60％的话会补充到 60％。无论利息如何补给，都以每年交纳股金总额的 60％为限。

于是，政府命令公司用 3 艘汽船经营湖南航路。此外命令股份不得为外国人所有，但是总额在 1/5 以下的则可由中国人所有。

公司将总部设置在东京市,同时开始着手建造 2 艘专用的浅水船。虽然各项准备都在推进,但是应对前述的湖南强烈的排外思想并不容易,在长沙购买码头也是困难重重。在汉口设立分店,在长沙设立了办事处。

在此期间造船工作也在推进。1903 年末,沅江号和湘江号(共计 935 吨)竣工,凭借这两艘船得以航行。最终在 1904 年 3 月,沅江号作为第一艘船开通了汉口至湘潭的航路(246 里)。每月航行 8 次(枯水期除外),途中在长沙停靠。虽然在新堤、宝塔州、城陵矶、岳州府、芦林潭、湘阴、靖港停靠,但是本条航路实际上是日本最早在洞庭湖的汽船定期航路。

综上所述,大型航运会社之外的中小型航运会社,也是日本海洋运输业的重要组成部分,即海运产业的一部分。这些航运会社运营中国航路的过程也是日本在明治维新之后逐步推进"大陆政策"和"南进政策"的过程,也和近代日本"大陆政策"推动下的海洋扩张道路息息相关。

附录 2:《航海奖励法》原文

航海奖励法

第一條　帝國臣民又ハ帝國臣民ノミヲ社員若ハ株主トスル商事會社ニシテ自己ノ所有ニ專属シ帝國船籍ニ登録シタル船舶ヲ以テ帝国ト外国トノ間又ハ外国諸港ノ間ニ於テ貨物旅客ノ運搬ヲ営業トスル者ニハ此ノ法律ノ規程ニ依リ船舶ニ對シ航海奨励金ヲ下付ス

第二條　此ノ法律ニ依リ航海奨励金ヲ受ケヘキ船舶ハ總噸數一千噸以上ニシテ一時間十海里以上ノ最強速力ヲ有シ遞信大

臣臣ノ定ムル造船規程ニ合格シタル鐵又ハ鋼製汽船ニ限ル

　　第三條　　左ノ船舶航海奨勵金ヲ受ケルコトヲ得ス

　　第一　　此ノ法律施行以後帝國船籍ニ登録ノ際製造後五箇年ヲ経過シタル外国製造ノ船舶

　　第二　　製造後十五箇年ヲ経過シタル船舶

　　第三　　帝國政府ノ命令ニ依レル航路ニ使用スル船舶

　　第四條　　航海奨勵金ハ總噸數一千噸ニシテ一時間十海里ノ最強速力ヲ有スル船舶ニ對シ、總噸數一噸航海里數一千海里ニ付二十五銭ヲ支給シ總噸數五百噸ヲ増ス毎ニ其ノ百分ノ十最強速力一時間一海里ヲ増ス毎ニ其百分ノ二十ヲ増給ス但總噸數六千五百噸以上又ハ最強速力一時間十八海里以上ノ船舶ニ對シテハ總噸數六千噸又ハ最強速力一時間十七海里ノ船舶ニ對スル割合ニ依リ支給ス航海奨勵金ハ製造後五箇年ヲ経過セサル船舶ニ對シテハ全額ヲ支給シ五箇年ヲ経過セサル船舶ニ對シテハ一年毎ニ其ノ百分ノ五ヲ遞減ス

　　航海奨勵金ヲ算定スルニハ一噸未満一海里ノ端數ヲ算入セス

　　第五條　　航海里數ハ各港間ノ最近航路ニ依リ之ヲ算定ス

　　帝國各港ヘ寄港シ外國ヘ發航スル船舶ニ在テハ最終ノ寄港地ヲ起點トシ又外國ヨリ發航シ帝國各港ニ寄港スル船舶ニ在テハ最初ノ寄港地ヲ終點トシテ其ノ航海里數ヲ算定ス

　　航海里數ヲ証明スルニハ寄港地官廳ノ寄港証明ヲ以テスヘシ

　　第六條　　遞信大臣ハ命令ヲ發シ相當ノ金額ヲ給與シテ航海奨勵金ヲ受ケル船舶ヲ公用ノ為ニ使用スルコトヲ得

　　船舶所有者前項ノ給與金額ニ對シ不服アルトキハ其ノ通知

ヲ受ケ前項ノ出訴ハ使用ヲ停止セス

　　　第七條　航海奨勵金ヲ受クル船舶ノ所有者ハ遞信大臣ノ命令ニ依リ左ノ割合以内ニ於テ其ノ費用ヲ以テ航路修業生ヲ該船舶ニ乘組マシメ同大臣ノ定ムル手當ヲ支給スヘシ

　　　總噸數一千噸以上二千五百噸未滿　　二人

　　　總噸數二千五百噸以上四千噸未滿　　三人

　　　總噸數四千噸以上　　　　　　　　　四人

　　　第八條　航海奨勵金ヲ受クル船舶ノ所有者ハ遞信大臣ノ許可ヲ受クルニアヲサレハ外国人ヲ其ノ本支店ノ事務員若クハ該船舶ノ職員ト為スコトヲ得ス

　　　第九條　航海奨勵金ヲ受クル船舶ノ所有者ハ遞信大臣ノ命令ニ從ヒ該船舶ニ郵便吏員ヲ無賃乘船セシメ及該船舶ヲ以テ郵便物、小包郵便物、郵便用品及小包郵便用品ヲ無料遞送スヘシ

　　　第十條　航海奨勵金ヲ受クル船舶ノ所有者及其承継人ハ航海奨勵金ヲ受ケ航海スル期間並ニ其ノ航海ヲ終リタル日ヨリ五箇年間其ノ船舶ヲ外国人賣渡、交換、贈與、質入、書入スルコトヲ得ス但既ニ其ノ船舶ヲ受ケタル航海奨勵金ヲ償還シ若クハ遞信大臣ノ許可ヲ得タルトキハ之ノ限リアラス

　　　第十一條　遞信大臣ハ此ノ法律ニ依リ船舶所有者ノ義務ニ属スル事項ニ付テハ其ノ代入若クハ船長ニ命令ヲ下スコトヲ得

　　　第十二條　詐偽ノ所為ヲ以テ航海奨勵金ヲ受ケタル者及第十條ノ規程ニ違背シタル者ハ一年以上五年以下ノ重禁錮ニ處シテ二百圓以上一千圓以下ノ罰金ヲ附加ス

　　　前項ノ罪ヲ犯サムトシラ未タ遂ケサル者は刑法未遂犯罪ノ例ニ依リ處断ス

　　　第十三條　此ノ法律ニ依リ遞信大臣ノ發スル命令又ハ第八

條ノ規程ニ違背シタル者二十圓以上五百圓以下ノ罰金ニ處ス

第十四條　此ノ法律を犯シタル者ニハ刑法數罪倶發ノ例ヲ用ヰス

第十五條　詐偽ノ所為ヲ以テ航海奨勵金ヲ受ケタル者ハ其ノ因テ得タル金額ヲ償還セシム第十條ノ規程ニ違背シタル者ハ其ノ既ニ受ケタル航海奨勵金ヲ償還セシム

第十六條　船舶所有者此ノ法律ヲ犯シタルトキハ遞信大臣ハ航海奨勵金ノ下付ヲ停止スルコトヲ得第十一條ノ場合二於テ其ノ代入又ハ船長ノ犯シタルトキ亦同シ

第十七條　前數條ノ罰則ハ商事會社ニ在テハ其ノ各條ニ掲クル所為ヲ為シタル業務擔當ノ任アル社員若クハ取締役ニ之ヲ適用ス

第十八條　此ノ法律ハ明治二十九年十月一日ニヨリ施行ス

附录3:《造船奖励法》原文

朕帝國議會ノ協賛ヲ経タル造舩奨勵法ヲ裁可シ茲ニ之ヲ公布セシム

睦仁

明治二十九年三月二十三日

内閣総理大臣臨時代理樞密院議長伯爵　黒田清隆

遞信大臣　白根專一

法律第十六號　造舩奨勵法

第一條　帝國臣民又ハ帝國臣民ノミヲ社員若ハ株主トスル商事會社ニシテ遞信大臣ノ定ムル資格を備フル造舩所ヲ設ケ舩舶ヲ製造スル者ニは此ノ法律の規程ニ依りソノ製造舩舶ニ對シ

造舩奨勵金ヲ下付ス

　　第二條　此ノ法律ニ依リ其ノ造舩奨勵金ヲ受ケヘキ舩舶ハ鐵製又ハ鋼製ニシテ總噸數七百以上ヲ有シ遞信大臣ノ定ムル造舩規程ニ従ヒ其ノ監督ヲ受ケ製造シタルモノニ限ル

　　第三條　造舩奨勵金ハ總噸数七百以上一千噸未満ノ舩舶ニ有テハ舩體總噸数一噸ニ付金十二圓一千噸以上ノ舩舶ニ有テハ一噸ニ付金二十圓ヲ支給シ其ノ機関ヲ併セ製造シタル場合ニハ一實馬力ニ付金五圓ヲ増給シ但シ帝國内ノ他ノ工場ニ於テ機関ヲ製造セシメタルトキト雖豫メ遞信大臣ノ許可ヲ得タルトキト亦同ジ

　　第四條　造舩奨勵金ヲ受ケヘキ舩舶ノ舩體及機関ニハ遞信大臣ノ定ムル規程ニ依ルノ外外國製品を供用スルコトヲ得ス

　　第五條　詐偽ノ所為ヲ以テ造舩奨勵金ヲ受ケタル者ハ一年以上五年以下ノ重禁錮ニ處シテ二百圓以上一千圓以下ノ罰金ヲ附加ス其ノ因テ得タル造舩奨勵金ハ之ヲ償還セシム

　　前項ノ罪ヲ犯サムトシラ未タ遂ケサル者は刑法未遂犯罪ノ例ニ依リ處断ス

　　第六條　此ノ法律を犯シタル者ニは刑法數罪倶發ノ例ヲ用ヰス

　　第七條　前二條ノ罰則ハ商事會社ニ在テハ其ノ所為ヲ為シタル業務擔當ノ任アル社員若ハ取締役ニ之ヲ適用ス

　　第八條　此ノ法律ハ明治二十九年十月一日ニヨリ十五箇年間之ヲ施行ス

附录 4：《远洋航路补助法》原文

遠洋航路補助法

第一條　主務大臣ハ帝國臣民又ハ帝國臣民ノミヲ社員若ハ株主トスル商事會社ニシテ運送業ヲ營ム者ニ本法ニ依リ航海補助金ヲ支給シ五年以内ノ期間ヲ限リ左ノ遠洋航路ニ於テ定期航海ニ從事セシムルコトヲ得、但シ補助金額及年限ニ付テハ帝國議會ノ協賛ヲ求ムヘシ

　一、歐洲航路

　二、北米航路

　三、南米航路

　四、濠州航路

本法ニ於テ補助航海ト稱スルハ前項ニ依ル定期航海ヲ謂フ

第二條　補助航海ニ使用スル船舶ハ總噸數三千噸以上ニシテ一時間十二海里以上ノ速力ヲ有シ主務大臣ノ定ムル造船規定ニ合格シ且帝國船籍ニ登録シタル船齡十五年以内ノ鋼製汽船ニ限ル、船舶ノ速力ハ主務大臣ノ定ムル方法ニ依リ之ヲ算定ス

第三條　外國製造ノ船舶ハ補助航海ニ使用スルコトヲ得ス、但シ帝国船籍ニ登録ノ際船齡五年以内ノ船舶ニシテ已ムヲ得サル事由ニ因リ其ノ使用ニ關シ主務大臣ノ認可ヲ得タルモノハ此ノ限ニ在ラス

第四條　航海補助金ハ使用船舶總噸數一噸航海里數一千海里ニ付速力一時間十二海里ヲ有スルモノニ對シ五十錢以内、速力一時間一海里ヲ增ス毎ニ其ノ百分ノ十ヲ增シタル金額以内ニ於テ航路ノ狀況ニ應シ之ヲ支給ス、但シ船齡五年ヲ超ユル船舶

ニ對シテハ一年毎ニ其ノ百分ノ五ヲ遞減ス

　外國製造ノ船舶ニ對シテハ前項ノ規定ニヨリ支給スヘキ航海補助金ノ半額ヲ支給ス

　特ニ主務大臣ノ認可ヲ得タル設計ニ依リ製造シタル船舶又ハ定期航海ノ開始後五年ヲ経過セサル航路ニ使用スル船舶ニ對シテハ前二項ノ規定ニ依リ支給スヘキ航海補助金ノ百分ノ二十五以内ヲ増給スルコトヲ得、航海補助金ノ算定ニ於テハ航海里數ハ各港間ノ最近航路ニ依リ一噸未滿又ハ一海里未滿ノ端數ハ之ヲ除算ス

　第五條　補助航海ニ於ケル旅客、貨物ノ運賃ハ主務大臣ノ認可ヲ得テ之ヲ定ムヘシ

　主務大臣ニ於テ必要ト認ムルトキハ種類ヲ指定シ旅客、貨物ノ運賃ヲ低減セシムルコトヲ得

　第六條　補助航海ニ使用スル船舶ニハ主務大臣ノ定ムル所ニ從ヒ郵便物及郵便用品ヲ無賃ニテ搭載シ無線電信ノ通信ニ關スル設備ヲ爲シ且通信事務又ハ航海視察ノ爲主務大臣ノ派出スル吏員ヲ無賃ニテ乗船セシムヘシ

　第七條　補助航海ニ從事スル者ハ主務大臣ノ定ムル所ニ從ヒ定期航海ノ維持ニ必要ナル施設ヲ爲スヘシ

　第八條　補助航海ニ從事スルモノハ主務大臣ノ定ムル所ニ從ヒ左ノ割合以内ニ於テ其ノ費用ヲ以テ航海修業生ヲ使用船舶ニ乗組マシムヘシ

　總噸數　三千噸以上五千噸未滿　　四人

　總噸數　五千噸以上八千噸未滿　　五人

　總噸數　八千噸以上　　　　　　　六人

　第九條　補助航海ニ從事スル者ハ主務大臣ノ認可ヲ受クル

ニ非サレハ外國人ヲ其ノ本店若ハ支店ノ事務員又ハ使用船舶ノ
職員ト爲スコトヲ得ス

　　外國ニ於テ死亡其ノ他已ムヲ得サル事由ニ因リ使用船舶ノ
職員ニ缺員ヲ生シタルトキハ前項ノ規定ニ拘ヲス之ヲ補フコト
ヲ得此ノ場合ニ於テハ補助航海ニ從事スル者又ハ船長ヨリ直ニ
主務大臣ノ認可ヲ請フヘシ

　　第十條　補助航海ニ從事スル者ハ主務大臣ノ定ムル所ニ從
ヒ補助航海ニ關スル収支計算書及営業状況報告書ヲ提出スヘシ

　　主務大臣ニ於テ必要ト認ムルトキハ補助航海ニ從事スル者
ノ本店、支店、代理店又ハ使用船舶ニ吏員ヲ派遣シ其ノ収支計算
及営業状況ヲ監督セシムルコトヲ得

　　前項ノ場合ニ於テハ補助航海ニ從事スル者ハ當該吏員ノ求
ムル所ニ從ヒ業務上一切ノ事項ヲ開申シ帳簿其ノ他一切ノ文書
ヲ検閲ニ供スヘシ

　　第十一條　主務大臣ハ相當ノ補償金額ヲ定メ補助航海ニ使
用スル船舶ヲ公用ノ爲収用又ハ使用スルコトヲ得

　　補助航海ニ使用シタル船舶ニ付テハ最終ノ航海ヲ終リタル
日ヨリ三年間仍前項ノ規定ヲ適用ス

　　補償金額ニ對シ不服アル者ハ収用又ハ使用ノ通知ヲ受ケタ
ル日ヨリ三月以内ニ通常裁判所ニ出訴スルコトヲ得

　　前項ノ出訴ハ船舶ノ収用又ハ使用ヲ停止セス

　　第十二條　補助航海ニ使用スル船舶ハ航海補助金ヲ受ケテ
航海スル期間及最終ノ航海ヲ終リタル日ヨリ三年間之ヲ外國人
ニ譲渡シ、貸渡又ハ擔保ニ供スルコトヲ得ス。但シ其ノ船舶ニ
對シ支給シタル航海補助金ヲ償還シタルトキ、天災其ノ他ノ不
可抗力ニ因リ航行ニ堪ヘサルトキ、又ハ主務大臣ノ認可ヲ得タ

ルトキハ此ノ限ニ在ヲス

第十三條　左ノ事項ハ主務大臣之ヲ定ム

一、補助航海ノ起點、終點及寄港地

二、使用船舶ノ數、總噸數、速力、船齡及代船ニ關スル事項

三、航海度數、航海日數及發着日時ニ關スル事項

四、航海補助金ノ支給方法

五、義務ノ不履行ニ基ク航海補助金ノ減給、停止、廢止、償還又ハ其ノ他ノ處分ニ關スル事項

第十四條　主務大臣ハ補助航海ニ從事スル者ノ義務ニ屬スル事項ニ付テハ直ニ其ノ代理人又ハ船長ニ命令ヲ下スコトヲ得

第十五條　第十一條ノ規定ニ依ル船船ノ收用若ハ使用ヲ拒ミタル者又ハ第十二條ノ規定ニ違反シタル者ハ二百圓以上千圓以下ノ罰金ニ處シ且ツ當該船舶ニ對シ支給シタル航海補助金ニ相當スル金額ヲ償還セシム

前項償還金ハ國稅滯納處分ノ例ニ依リ之ヲ徵收スルコトヲ得但シ先取特權ノ順位ハ國稅ニ次クモノトス

第十六條　明治三十三年法律第五十二號ハ本法又ハ本法ニ基キテ發スル命令ニ依ル犯罪ニ之ヲ準用ス

附录5：第一次世界大战前特别补助航路[1]

一、递信省命令航路

线路：欧洲航路、安特卫普线

---

[1] 畝川鎮夫：『海運興国史』、海事彙報社、1927 年、456—458 頁。

航行船舶：吨数 6 000 吨以上 9 000 吨以下，速度每小时 14 海里以上，16 海里以下的船舶 11 只，每 2 周一次，一年内航海 26 次。

停靠地：横滨—安特卫普间

神户、门司、上海、香港、新加坡、槟城、科伦坡、苏伊士、赛德港、马赛、伦敦、安特卫普停靠。返航时在伦敦、马赛、赛德港、苏伊士、科伦坡、新加坡、香港停靠。

命令期间：明治四十三年（1910 年）一月开始到明治四十七年（1914 年）十二月结束。

受命者：日本邮船株式会社

二、北美航路

（一）西雅图线

总吨数 6 000 吨以上 6 500 吨以下，速度每小时 13 海里以上 14 海里以下的船舶 3 艘，每 4 周一次，一年航行 13 次。

航线为东回线（横滨至西雅图间）：往返都在维多利亚港停靠

西回线：往返都在神户、门司、上海停靠

命令期间：明治四十三年（1910 年）一月开始到明治四十七年（1914 年）十二月结束。

受命者：日本邮船株式会社

（二）塔科马线

总吨数 6 000 吨以上 6 500 吨以下时速每小时 13 海里以上，14 海里以下船舶 6 只，每 2 周航行一次，一年航行 26 次。

东回线：横滨至塔科马，直航

西回线：横滨至香港，往返都在神户、门司、上海停靠

命令期间：明治四十三年（1910 年）一月开始到明治四十七年（1914 年）十二月结束。

受命者：大阪商船株式会社

（三）桑港线

总吨数 1.3 万吨以上 1.4 万吨以下航行速度每小时 18 海里以上 20 海里以下的船舶 3 艘，每周航行一次以上，一年期间航行 15 次。

东回线：横滨至桑港，往返都在檀香山停靠

西回线：横滨至香港，往返都在神户、长崎、上海停靠。

三、南美航路

（一）西岸线

总吨数 5 000 吨以上 9 300 吨以下，速度每小时 12 海里以上 17 海里以下的船舶 3 艘，每两个月航行一次，一年间航行 6 次。

东回线：横滨至（智利）科罗内尔港，往返都在檀香山、（墨西哥）萨利纳克鲁斯、卡亚俄（秘鲁）、伊基克（智利）、瓦尔帕莱索（智利）停船。

西回线：横滨至香港，往返都在神户及门司停船。

命令期间：明治四十三年（1910 年）一月开始到明治四十七年（1914 年）十二月结束。

受命者：日本邮船株式会社

四、澳洲线

总吨数 3 500 吨以上最大航行速度每小时 16 海里以上的船舶 3 艘，每 4 周航行一次以上，一年间航行 13 次以上。

横滨至墨尔本，往返都在神户、长崎、香港、马尼拉、木曜岛、布里斯班（澳大利亚）、悉尼停靠，但是往航也在门司停靠。

明治四十一年（1908 年）四月开始，明治四十六年（1913 年）三月结束。

受命者：日本邮船株式会社

索　引

后　记

　　回顾本书的写作过程,我要特别感谢北京大学的臧运祜教授。在臧运祜教授的指点下,我认识到近代日本海运史研究具有时代特性:在研究日本海运本身发展历程的同时,也要结合史实探讨海上运输和近代日本海外扩张的问题,这无疑为我打开了新的研究视野。本书在写作过程中,得到了张宪文教授的亲切关心,张先生鼓励我继续努力,更深入地揭示近代日本海运在日本侵华中的作用。南京师范大学的张连红教授、山东大学的徐畅教授,百忙之中抽出时间对本书的结构和内容给予耐心指导,为本书提出宝贵的修改意见和建议,令我万分感动。在此,向各位教授致以最衷心的谢意!

　　我还要向以下几位师友致以诚挚的谢意。首先,对我的两位导师表示深深地感谢。一位是中国海洋大学的修斌教授,另一位是日本关西大学的松浦章教授。两位教授将我引领到海洋史、尤其是东亚海运史的研究道路上。两位导师的谆谆教导和深切关怀,不仅是我获得今天点滴学术成绩的力量源泉,更是我在这条道路上继续前进的动力!其次,我还要感谢在我学术道路上提供大力支持和长期帮助的各位师友,感谢赵兴胜教授、李庆新教授、韩庆教授、陈奉林教授、毛锐教授、李云泉教授、孙立祥教授、李光贞教授、朱荫贵教授、樊如森教授等师长的精深指导。陈奉林教授对于日本"南进"政策形成过程的研究是本书第五章第一节的写作基础。我在山东师范大学历史文化学院指导的硕士研究生祁鑫、黄攀为、杨承志分别参与了本书第三章第二节"日本对北鲜三港的'开发'和航线运营"、第四章第二节"日清汽船会社的长江航路"、第四章第三节"19世纪末20世纪初日本对英国航运势力的驱逐、20世纪出日本对台航运垄断的最终形成"的写作,衷心希望他们在今后的研究中不断进取。最后,我还要诚挚感谢未曾谋面的台湾学者萧明礼教授。萧明礼教授利用大量资料和数据,从经济史角度对航运和侵华的密切关系进行了深入研究,给本书以重要启发和参考。

本书的出版得到了江苏人民出版社的支持,特别是责任编辑为本书的出版付出了巨大的努力。在此,我谨向江苏人民出版社致以深切谢意。

由于本人学识水平尚浅,还存在一些疏漏,敬请学界同仁和广大读者不吝赐教。

杨蕾

2021年7月于山东师范大学